近世宗教考古学の研究

松原典明 著

雄山閣

1　身延山久遠寺の養珠院塔

2　大野山 本遠寺の養珠院塔

3　玉澤妙法華寺（左：養珠院塔、中：養珠院慈母塔、 右：養珠院慈父塔）

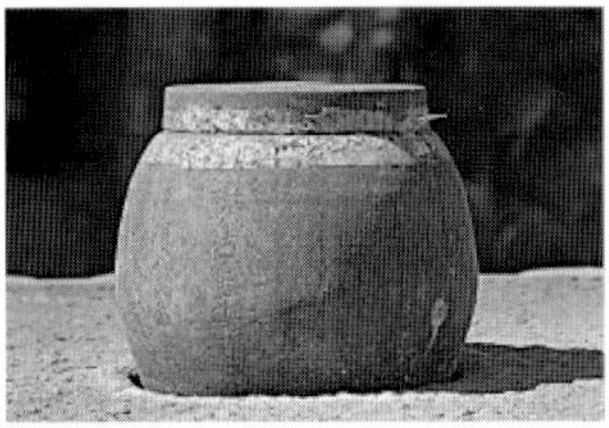

1

2

3

1 青銅製骨蔵器出土状態

2 青銅製骨蔵器出土状態

3 青銅製骨蔵器

4芳心院殿墓所全景（上空より・下が東）

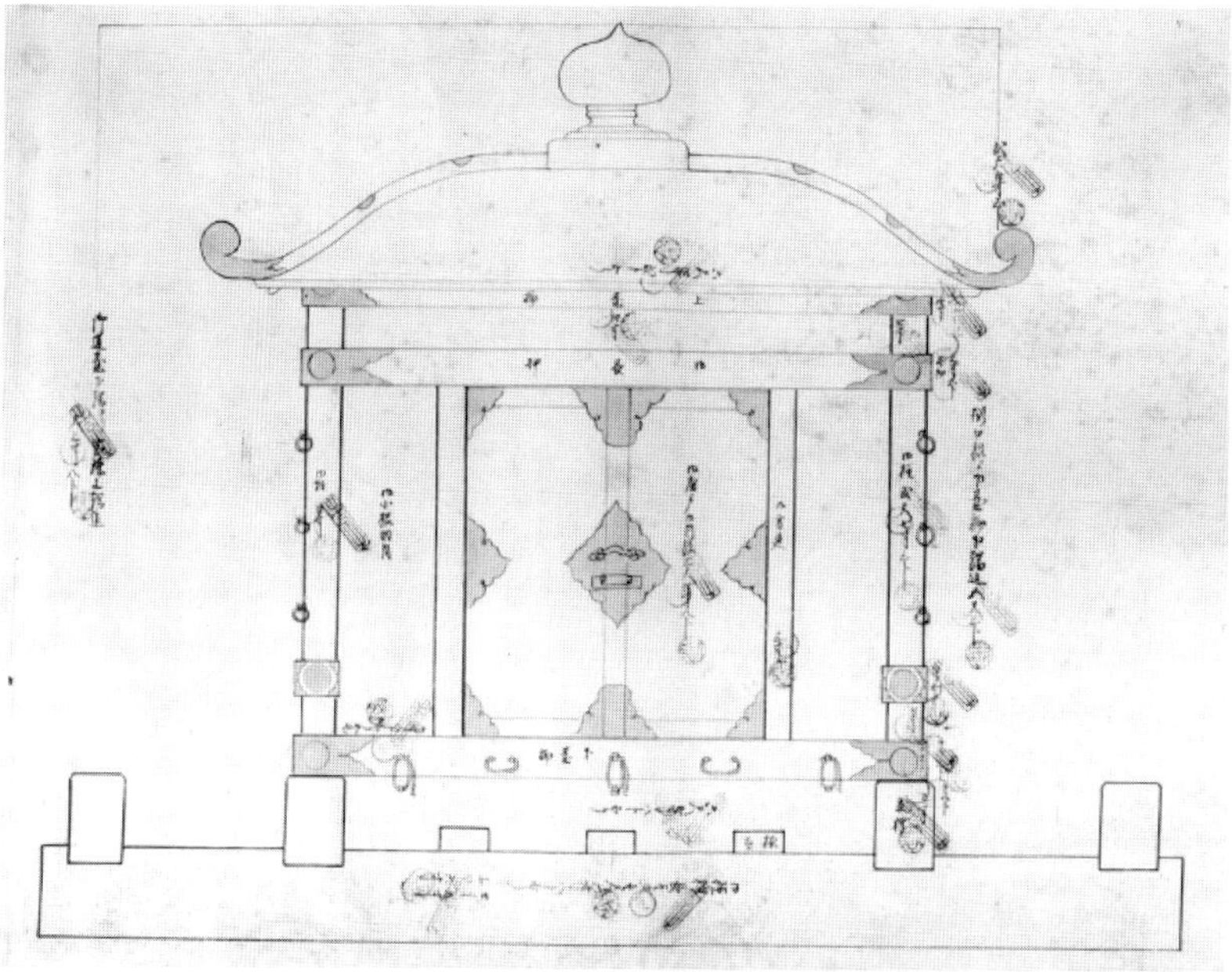

1　葬送の御輿絵図面（國土安穏寺所蔵）

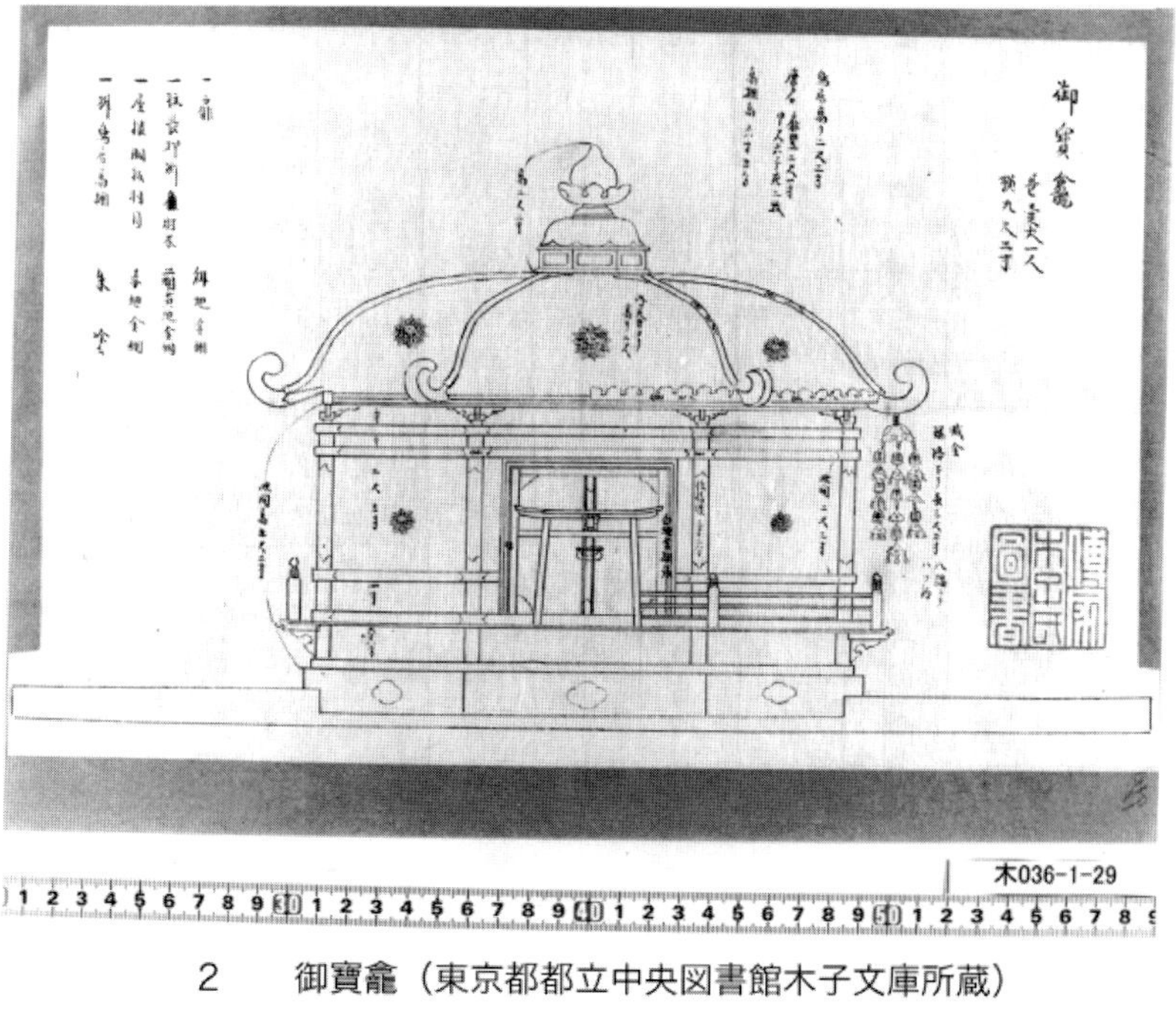

2　御寶龕（東京都都立中央図書館木子文庫所蔵）

1　日蓮聖人註画讃　葬列の御輿部分（池上本門寺所蔵）

2　日蓮聖人註画讃　葬列の幡（池上本門寺所蔵）

序文

　日本の考古学が近世分野の調査と研究を意識的に視野に入れてきたのは一九七〇年代の初頭のことであり、それは近世都市「江戸」の発掘調査を契機とした研究の開始であった。他方、個別考古学の分野である宗教考古学の研究は、日本においてはまだ組織化されていないが、仏教・神道・修験道、また、祭祀・キリシタンの各分野ごとに研究が展開している。

　この度、松原典明さんが日本における近世の宗教考古学に関する論文を纏めて『近世宗教考古学の研究』と題する一書を上梓されると言う。若い頃から一貫して日本の歴史考古学の研究に目標を定め、古代の窯跡と瓦塼、中・近世の石造遺物などの調査研究を意欲的に進めてきたが、その成果の一端が本書に収められている。収録された論文は、石造塔婆の調査結果とその分析にたって近世の仏教徒の葬制と信仰の側面を明らかにしたものである。とくに自ら調査した大名家裏方墓所の成果は、造墓の実態と儀礼の姿を鮮明にしている。また、礫石経の研究は積年にわたる成果である。「近世宗教考古学」と題する本書は、日本の考古学界において近世と宗教を視野に入れた著作として稀有な存在であり、新しい分野の開拓を意識する意欲作である。

　近頃、松原さんは、石造文化財調査研究所を発足させて調査に勤しむ傍ら、近世の葬墓制と信仰の諸相に眼を向けてユニークな視点から研究を展開している。近い将来、さらなる宗教考古学の深化と日本近世の宗教諸分野の究明を期待しつつ本書の続編の刊行を期待したいと願っている。

二〇〇八年一二月

於　瓢全舎　坂詰秀一

近世宗教考古学の研究　目次

序章

一　宗教考古学の前提

わが国の考古学はこれまで遺跡・遺構・遺物などを中心にまさに形而下の「モノ」から人類史を復元することを標榜として研究され目的の一部を達成しえたといえる。有史以前の研究では方法論において「モノ」の同異を捉えることで彼らの足跡を復元することがクロノロジカルにはできたといえる。そして一万数千年の列島の人類史時間を時系列に語るには容易であったと思われる。しかし様々な考古学的な資料が蓄積してくる中で、人類史は「モノ」の時系列の変化のほか「モノ」の面的な広がりを捉えることが必要となり、濱田耕作が示した「土俗学的方法」による「モノ」の捉え方は、ランドスケープ的に日常的な生活の中で係わった道具の形態的な復元、道具の使用方法、使い方などを経験的に想像することは容易であった。しかし、非日常的な「モノ」についてはすべて「祭祀」、「まつりごと」としてしか意味づけることが出来ず「カミ」との遭遇のための道具として位置づけてきた。これは間違いではなく、これ以上のことを示すことは想像と推測以外のなにものでもなかったことも事実である。このような考古学の方法論の限界に対するジレンマは、常に付いてまわっていたものの発掘調査の情報の蓄積や「モノ」の物理的な復元を精緻に繰り返すことで補ってきた。このようなジレンマに対して日本はもちろんのこと、むしろ日本より早く世界においては、その方法論の模索が始まっていた。これらの方法論的な限界に対する危機感に対して、民族考古学の方法を重視したアメリカでは仮説モデルを設定して多くの民俗誌の対比を繰り返すことで科学的に人類の足跡を捉えようとした新考古学やプロセス考古学を展開させる動きとなった。これらの方法論は、時空を超えた人間活動に対して普遍的なモデル設定や人間の活動を単純に理論化できるのかといったような批判もあるが、「モノ」に終始していた考古学が人類史の変化を新たな方法論で「説明」しつつあり、人間を理解するための試みでもあり、いわゆる理論考古学の登場であった。簡単に言えば「遺物」を「モノ」という捉え方から「道具」として捉え、道具がどのようにして造られ使われたかを、あらゆる周辺科学あるいは文献を駆使して歴史叙述することを視座に置いたものであった。それは、人間を研究する科学の一分野となりうる可能性が示されていた。考古学からの歴史叙述へのアプローチのための方法論の根幹となるともいえるような理論は、いみじくも我々が考古学の基本書に立ち返ってみれば、先にも示したが濱田耕作が大正十一年発行の『通論考古学』(1)第四編研究法第二章特殊研究法七一で、先史考古学の方法論の根幹となる特殊な三方法論として型式学、層位学とともに挙げていることに気付くのである。

「モノ」から「道具」へ変換させるには解釈が必要となる。

渡辺仁は、「土偶の生涯モデル―破損状態の多様性の説明」という論考(2)で、明治二十八年に坪井正五郎が示したコロボックル風俗考(3)に端を発し、広く研究者たちに認識されている縄文土偶の「故意破壊論」・「儀礼的破壊論」に対して、土偶が発掘調査によって発見されるまでの間、つまり「遺物」となるまでには製作→使用→修理→破損→最終処理→遺物というプロセスがあり、使用から破損までを道具として使用し、最終的に廃棄あるいは儀礼的処分が行なわれているというリメイクされる生涯が存在することを各地の遺物の個別観察と出土状態の区分から示しており、これらの認識を踏まえることで「モノ」から「道具」の概念が意味を成し縄文人の意識として叙述することが出来ることを示されている。さらに、これに加えて重要なのは、土偶の製作には、目的を持って向かった縄文人がいたはずなので、作品と向かい合った彼らの精神状態に着目すべきであろう、ということを示唆されている。これを注意したのが上野佳也(4)が示した「ポテンシャル」の考え方ではないだろうか。つまり製作に向かった彼らの精神状態は描かれた文様やその形容に示されていると捉えることであり、使用目的との関連も喚起された。このような先学の遺物捉え方に対する示唆的な理論を踏まえると、遺物の解釈をどのようにしたか、するかという視座によっては遺物が目的以外の別の道具に成りかねないのであり、解釈を加えるまでのプロセスが、より真実に近づくためには重要であることを忘れてはならない。つまり経験的にミドルレンジセオリーによって解明しようとしている「モノ」が何のための道具であるのかが想定、推測できるものについては問題なく「モノ」に近づくが、そこに反映された「ヒト」の意識や観念に属する形而上の部分は、考古学の解釈だけでは不可能である。人間構造の内部に形成された「ココロ」は、信仰が形成されていることを認識できて初めて象徴的な要素として認めることが出来るのである。認識に到るまでのこれらのプロセスは、考古学的方法論だけでの解決は不可能で、宗教学的な方法論を加える必要があり、宗教という概念でしか考察できない部分もある。「ココロ」、「意識」がモノを造らせ、祈りが生まれる。その逆もあり、祈りが「モノ」を作らせている場合もある。つまり祈りの本質構造が考察できれば「モノ」を祈るためのあるいは「祈り」に用いられた「道具」として捉えることが出来ることになり、信仰として理解できるようになる。(5) これが宗教考古学の究極の目的であり、理想である。宗教学あるいは考古学は、互いに「祈り」、「ココロ」を解明するための一方法論であるという前提に立ち、本論は考古学から出来る宗教の復元と「ヒト」の「ココロ」の復元を目的として纏めたものである。

二　宗教学と考古学の接点

本論は、宗教に係わる遺跡、遺物に着目し、形而下のモノから形而上の信仰を復元することを目的とした。信仰を復元するということは、宗教学が本来持ち合わせている時系列にそって主として過去の宗教現象を研究するという宗教史学の実践的な方法に近いといえよう。文化現象として現われた宗教の産物として存在する形而下の「モノ」を考古学的な方法論を用いて考察することで、近世宗教の一端を明らかにするために試みたものである。

信仰を考古学の方法論により復元するということは、明治期以来、日本考古学においては意欲的に多くの先学が立ち向かってきた。大正年間の方法論としては、谷川磐雄（大場磐雄）の「石器時代宗教思想の一端（一・二）」(6) で縄文時代の動物型土偶をトーテミズムという概念(7) を示して縄文社会における宗教的な側面を解き明かそうとした。そして、これらの研究を発展的に展開した人物として磯前順一(8) や吉田敦彦(9) の方法論がある。特に磯前順一の『土偶と仮面―縄文社会の宗教構造』では、考古学的な基本的方法論である型式学的な研究方法の重要性を示すとともに、常に研究の前提条件であることを実践的に示された。さらに、文化人類学的な方法論として土偶を扱う場合などは「母性」という経験的概念という視点からみた土偶の位置づけや出土状態の解釈が必要であり、伝統的な社会儀礼としての「死と再生」の観念が根底に存在することを喚起しており注視したい。ここではこれらの先学の方法論を回顧しながら方法を模索してみたい。

三　近世宗教考古学の方法

宗教考古学は、「形而上の宗教現象を形而下の物質的資料によって極めることを目的とする」。そして対象とする宗教は、もともと神学の一部として神学者によって研究されていた。その主な研究方法とは、様々な分野の研究者が行なった民族学的資料の比較検討から異教の存在を認識したことで、宗教の比較研究という方法論を刺激し、「比較宗教学」へと発展し、現在の宗教学の方法論として成り立っている。これは異教を比較するという意味から現在では、学問的に「宗教学」と同義で使用されている[10]。

宗教を比較するときに「創唱宗派と自然（非創唱）宗派[11]」という大きな二つの潮流が存在している。具体的には創唱宗派（教）とはキリスト教徒と仏教や回教で、自然（非創唱）宗派（教）とは、自然崇拝的な宗教で神道、道教などをさしており、一種の民族宗教（民間信仰）としてもわが国では岸本能武太によって最初に用いられた[12]。

考古学が対象とする形而下の物質的資料は、ある宗教行為達成のために作られ、使用されたいわば道具である。その道具を考古学的観点から、形の変化や同一性についてクロノロジー的に考察することによりある程度の時代や地域の宗教行為のパラダイムは、位置づけられる。さらに、個々の「モノ」あるいは発見された「場」には、それがどのように造られ、どのように使用されたかの痕跡が遺存している。これらを観察することで、特定の宗教行為そのものを考古学的方法論によって、復元出来る部分があると考える。

以上のような考え方は、先史時代を対象とした宗教考古学研究でかつて磯前順一が縄文社会の仮面論で示した「型式属性」の概念から導き出されるものであり、有効な方法論として重要視したい。具体的には「各型式のもつ形態、文様の特徴のみならず、広義には分布や出土状況・出土数を含む総称とする。（中略）本来、型式というものがその背景となる各集団の観念・行動様式の表出の産物である以上、時期区分に留まらず、文化内容の表出として理解することこそ研究の重要な目的である。」としている。したがって人間集団のアッセンブリッチを捉えて比較検討と有機的な繋がりを相対として把握することが重要であることを示しており、解釈については、分析心理学的解釈のように個々の多様性に富む解釈を積み重ねることによって蓋然性を高めていくことが重要であることを示している。以上のような先史学における宗教行為解釈のための考古学的な方法論は、歴史時代、中でも近世を中心とした時代の宗教の様相を明らかにするための方法論としても有効と思われる。創唱宗教と非創唱宗教という違いがあるが、宗教行為の復元という目的は変わらない。非創唱宗教における復元は、観念やいわゆる目に見えない「ココロ」を解釈することになるが、歴史時代における宗教は、神道、道教のような非創唱と教祖を中心とした仏教、キリスト教のような創唱宗教が存在し複雑になる。この複雑な近世の宗教を解釈する方法の一つとして、形而下の「モノ」を考古学的に観察することによって宗教行為の解釈が可能になる。しかし、特に仏教における宗教行為の解釈をすることは、教祖を中心とした教義が存在しそれによって宗派（教団）があり宗教行為も様々であることを理解しておかなければならない。また、教団外的信仰の存在、つまり教団に収斂されない場合の信仰・宗教行為を行なう人々も存在するのである。また、信仰の受容者が教団の構成とはイコールではなく、民間信仰として地域に個々に根付いている人々や信仰も多いと考えられる。加えて重要なことは、近世の宗教行為は、個々の「ココロ」を示した「モノ」は存在しにくいということである。つまり、「カタチ」として残っているものはすべて教義、教団、あるいは導師のような介在が入り作られた「モノ」である場合がほとんどである。例えば、「ココロ」を伝える方法としては読誦のような行為は信仰を示していると考えられる。読誦を証として石塔に刻んだときには、それを勧めた介在者が存在していたことを理解したうえで、「モノ」を捉える必要があり、モノを見る前の前提条件として、言葉は不適切かもしれないが、傀儡者が必ず存在することを注意したい。

近世の宗教行為によって具現化されたと思われてきた「モノ」には、「ココロ」が端的に示されている場合は少なく、作り出された「カタチ」であることを十分理解しておく必要があろう。

先史時代の宗教的とされる「モノ」を考古学的に解釈することは、人間の「ココロ」を理解することに繋がるが、近世の宗教的な「モノ」を考古学的に解釈するときには、「モノ」の存在は信仰心の証の痕跡としては認めることは出来るが、個々の「ココロ」は示されていない。そこには仏教的に勧化された「ココロ」が、集団で造立される塔や札などのように置き換えられ、形を変えて登場した造形物であることを認識した上でその存在の意味や背景を探ることが、より個々の「ココロ」の中を解釈できるものとして考えておきたい。

四　近世宗教考古学の視座

ここで示した近世宗教とは、近世期の人々の心の中にある神、仏、あるいは生死への思い（思想）を特定な儀式として行なうか需要した場合を指すもので、時には信仰や観念、帰依などと抽象的なことばで表現されることもあり、明確な形はない。すなわち人間に係わるすべての思想、信仰、死生観などが儀式を伴って表現された場合に宗教的行為として考えたい。そして、それらの行為の具現化された痕跡、証として墓や、墓石、礫石経など様々なモノがある。そしてそれら残されたモノに観察を加え、あるいは発掘調査で確認される遺物については、出土状態などを併せて観察することによって宗教的な儀式の一端が反映されたものとして復元的に捉えることも重要であろうと考える。したがって、研究の対象物を宗教的な遺物に限って考古学的な方法論を用いて儀式を復元的に考察を加えることを行なった。特に石造塔婆、礫石経、経筒などの遺物を取り上げてそれぞれの出土状態に着目し、儀式の痕跡を復元的に考察し、儀式の背景について考察を加えた。敢えて宗教という概念で纏めたのは、近世期においては、仏教儀式の証は非常に多いと思われるが、一方では、神仏が混在した形の儀式なども多く認められる。これらの混在した形も近世社会の思想、宗教の特徴でもあるといえるからである。

戦後まもなくは、堀一郎によって「民間信仰」という概念が示された(13)。これは、いわゆる非創唱宗教全体を含んでおり、かつ創唱宗教とも接点があり混融複合的なものを指して使われた。これを発展的に概念づけたのは宮家準である[14]。創唱宗教、非創唱宗教の範疇では捉えられない人々の生活に根づいた中から発生した通過儀礼、俗信、年中行事の宗教的な世界観をも含めた全体を広義の「民俗宗教」とした。さらに、民俗宗教の構造について、J・ワッハの宗教現象の捉えかたから発展的に新たに示した。宗教的世界観を構築する要素として美術・儀礼・物語が存在しこれらの要素が宗教的な世界観を造りだしていることを明示され民俗宗教の概念を具体化し、理解しやすいものとされた。

つまり、宮家準が示した民俗宗教の三要素は、「人間の生」そのものと言える。「人間の生」によって生み出されたすべての「モノ」が宗教考古学の対象となる。これまでの近世の宗教を示そうとした時には、創唱宗教としての仏教の寺檀制度を中心に語られてきてしまっていた。これらの視点に新たに考古学的な見地として、民俗宗教という大きな概念の範疇に入る儀式などによって残された物質文化にも着目し、それらから宗教儀礼の痕跡としてのモノを復元的に捉えることこそ宗教を考えることであり、解釈することであると考える。

儀式・儀礼の復元では、主催する側と受ける側の両面を考察しそれぞれの思惑を導き読み取ることで、時流が把握できる。それは、儀式・儀礼で残された遺物の同異を確認することで地域における特異性なども指摘でき社会構造の解明にも結びつけられよう。仏教教義だけでは捉えられない民衆の精神構造を石造塔婆の造立や、礫石経の埋納形態などを通して明らかに出来ると考える。仏教が近世において民衆に普遍的に展開したという視点から一歩でて、モノから近世を見直すべきである。

近世の人々の「ココロ」の中には、カミもホトケも同時に存在し、彼らは、目的に応じて神に祈り、霊を追善する。したがって、彼らの「ココロ」をすべて解明することは他の諸学を持っても不可能であろうと思われる。しかし、彼らが何を目的に「神」への祈りを捧げたのか、誰のために追善を尽くしたのかは、銘文や墓の存在が示している時もある。注意しなければならないのは、墓標を例に取れば、墓標に刻まれた銘文は、被葬者が誰であるかを示しその没年も示すことも多い。しかし墓が造立されるまでの経緯を想定してみると、年忌供養に際して石塔造立が希望され、寺に造立の申し願いが出され、寺の介入により石屋が介在し、金銭的な契約のもとに、大きさや様式が決定される。つまり、何某のための供養を思い立ったときは、宗祖や祖烈、個人に関係なく敬う気持ちが信仰という形に変化している。しかし、彼らの信仰の思いは、彼ら自身が仏像や墓を築き上げげたときには彼らの信仰が「モノ」の形に示されたことになるが、信仰における大きさや思いは、金銭に置き換えられ、大小様々な石塔が造立されることに変化してしまうといえる。近世人の信仰の大きさ、深さの物差しは悲しいかな金銭的な点でしか計ることが出来ないのかもしれない。これも近世の形であろう。信仰・宗教を考古学的に解釈考察するということは、現実的には、経済社会の中で置き換えられた「モノ」から施主の気持ちを解釈することであろうと考える。モノがそこに存在する限り、そこに登場するまでのプロセスがある。そのプロセスに介在した寺院や、石工などを総合的に考察することが宗教を考古学的に解釈することに必然的に繋がるものと考える。形而下のモノを復元的に考察し積み重ねることが、形而下の「ココロ」の推測を可能にすることが出来る唯一の方法であろうと思われる。考古学的な復原的考察と推定を重ねることで、その蓄積が形而下の「ココロ」を有意味化できるのであろう。

五　創唱宗教理解のための仏教考古学

宗教的思惟が反映されていると推考される物質的資料を対象として宗教の本質的な構造を考えるために提唱されたのが宗教考古学である。自然宗教とされる「非創唱宗教」と、教祖が存在しその啓示・主張によって開教された「創唱宗教」の区別を前提とし、非創唱宗教として道教・神道があり、創唱宗教としてキリスト教、回教や仏教がその対象と考えられている。特に創唱宗教としての仏教を考古学で扱う場合、教祖の啓示とも言える経典を中心に考える経典の考古学と、思惟が反映された仏教文化としての物質的資料を対象とした仏教考古学が見出され、石田茂作の概念を継承展開させた坂詰秀一が示した仏教考古学の概念と実践的な研究によって、仏教が漸くアジアから世界宗教空間における重要な概念のひとつであることが認知されるようになったといえる。

一方、仏教考古学の発展は、先に示した通り、次のような石田茂作から坂詰秀一への歴史的な展開がある。(15) 簡略的ではあるが概観し、宗教考古学における仏教考古学の重要性を再確認しておきたい。

石田茂作が仏教考古学の体系化を目指したのは、昭和十二年日本考古学界の総会の席で当時の会長であった三宅米吉の「考古学の定義」に感化されたことに始まり、当時仏教史の研究に力を注ぐようになった。その石田茂作の仏教史の学問的な基礎を培ったのは、島地黙雷など東京大学印度哲学の人々などの応援であった。石田茂作は、仏教的遺跡、遺物を通じて古代仏教を考えることを目的とすることが「仏教考古学である」と定義し、さらに「仏教考古学は遺物、遺跡の個々の研究が主であり仏教文化史はそれを素材としての全体的研究である」と定めた。そして仏教考古学の対象物について「仏教考古学への道―七十年の思い出―」(『日本歴史考古学論叢』一九六六年)において次の如く整理された。

仏像　金仏（金・銀・銅）、木仏（一木・寄木）、石仏・塑像・乾漆仏（脱乾漆・木心乾漆）、瓦仏・懸仏、押出仏、仏画（絹本・紙本・壁画・板絵）、織成仏、繍仏・印仏・摺仏、如来像、菩薩像、天部像、明王像、祖師像、垂迹像、曼荼羅、光明本尊、涅槃図、名号（六字・九字・十字）・題目（一遍主題、十界互具）

経典　写経（紙本経・紙本血書・装飾経・紫紙金字・紺紙銀字・色紙経・反古紙経・一字一塔経・一字蓮台経）、版経（宋版・元版・高麗版・春日版・高野版・五山版・古活字版）、繍経・瓦経・滑石経・銅版経・柿経・一字一石経・細字経文塔婆・細字経文仏画・経絵・経塚

仏具　《梵音具》梵鐘・鰐口・雲版・打版・磬・引磬子・鉦・伏鉦・木鉦・法螺・木魚・太鼓・団扇太鼓・槌砧鐃・撥　《荘厳具》天蓋・華鬘・幡・幢幡・戸張・水引・前机・脇机・礼盤・打敷・曲象・厨子・仏壇　《供養具》香炉・柄香炉・常香盤・香印座・花瓶・華籠・常華・灯明台・竿灯炉・釣灯炉・仏飯器・常仏餉　《密教具》花瓶・火舎・六器・鈴・杵・橛・輪宝・金櫪・灑水器・塗香器・大坦・護摩坦　《僧具》袈裟・横被・法衣・座具・帽子・笈・念珠・持念珠・錫杖・麈尾・払子・柱杖　《仏塔》三重塔・五重塔・

十三重塔・宝珠塔・多宝塔・宝塔・宝篋印塔・五輪塔・無縫塔・碑伝・板碑・雲首塔・木造塔・銅塔・鉄塔・石塔・泥塔・瓦塔・籾塔・印塔

寺院　《伽藍配置》飛鳥寺式伽藍・四天王寺式伽藍・法隆寺式伽藍・法起寺式伽藍・薬師寺式伽藍・東大寺式伽藍・山岳伽藍・臨池伽藍・禅宗伽藍・浄土宗伽藍・日蓮宗伽藍　《堂舎》金堂・講堂・門・廻廊・僧坊・鐘楼・経蔵・本堂・庫裏・法堂・大雄殿・鎮守堂　《建築部分》瓦・礎石・塔心礎・基壇　《その他》寺印・扁額・納札・絵馬・拝石・結界石・標石・町石

以上のような分類綱目を仏教考古学の研究対象の主なるものとして挙げられており、それは綱目の内容を見ても具体的でかつ多岐にわたって整理され体系化されたものである。これらの体系化が具体的に実践されたのは、一九七五年から一九七七年にかけて編纂された『新版 仏教考古学講座』である。あらためて示すと、この中で石田茂作は、その第一巻総説「仏教考古学の概念」で次のように仏教考古学における遺跡と遺物を大きく捉えている。

仏教遺跡は、1寺院・寺跡（飛鳥・奈良朝寺院、天台真言など各宗寺院、境外仏堂）、2経塚（紙本経塚・瓦経塚・銅板経塚・滑石経塚・青石経塚・一石経塚・貝殻経塚）、3仏教的墳墓、4磨崖石仏・磨崖石塔、5修験行場（一の覗き・二の覗き・三蟻の戸渡り）、6火葬場遺跡、7十三塚、8瓦塔遺跡、9瓦窯跡、10巡礼通・町石、寺院庭園の十の綱目を示され、仏教遺物として次の七類を示している。1仏像（金銅仏・乾漆仏・木彫仏・塑造仏・石仏・泥仏・塼仏・仏画・繍仏・印仏など）、2経典（貝葉経・写経・版経・紺紙経・金泥経・装飾経など）、3僧侶（羅漢、高僧像・袈裟・曲彔・遺墨・遺品）、4仏塔（重層塔・宝塔・多宝塔・宝篋印塔・五輪塔・笠塔婆・碑伝・板碑など）、5仏具（鐘・鈴・金剛杵・香炉・燈台・花瓶・華鬘・華籠・柄香炉・磬・鰐口・鉦・木魚・幡・念珠・如意・払子など）6寺院建築（金堂・講堂・鐘楼・経蔵・門・廻廊・僧坊・院坊・本堂・祖師堂・茶所・鼓楼・倉庫・庫裏・禅堂・方丈・書院・東司・西浄など）、7その他（扁額・竿燈籠・門標・水盤・絵伝絵巻・納札など）

仏教考古学の概念とそこから派生する体系化の方向性について先学の見解を瞥見してくると、諸先学の見解は大綱において一致していることがわかる。そして、石田茂作の示した細目の綱目からなる仏教考古学の研究対象の整理によって導き出された体系化は、現在の研究においても指針となっている。

石田茂作が示した、「仏教的遺跡、遺物を通じて古代仏教を考えることを目的とすることが仏教考古学である」という定義と、「仏教考古学は遺物、遺跡の個々の研究が主であり仏教文化史はそれを素材としての全体研究である」と定めた方法論と概念のエッセンスは今日においても示唆的な見解として重要視しなくてはならないものである。

しかし、石田茂作が示した概念の内、「仏教的遺跡、遺物を通じて古代仏教を考える」とされた部分については、坂詰秀一は、「石田の仏教考古学研究は、古代に止まらず、中世さらには近世に及んでいることは周知の通りである」とされ、「古代」を「古（いにしえ）」と理解し、「古代仏教」を「古の仏教」と読み換えることによって「石田仏教考古学」の定義と実践的調査研究の成果を融合的に把握することが可能となることを示唆しており、坂詰秀一は、かかる概念と定義について、次のように示されている。

仏教考古学とは「宗教考古学の一分科。紀元前六世紀、インドにおいて釈尊を教祖として形成された仏教の歴史を考古学の方法によって闡明することを目的としている。地域的には仏教伝播地域―アジアの全域にわたり、時間的には紀元前六世紀より今日に及び、云々」[16]と纏められている。

これまでに瞥見した多くの諸先学の仏教考古学の研究の目的と概念は一応に共通しており石田茂作の具現化された概念を基本とするが、坂詰秀一による、仏教考古学の定義によって、対象とする時間と地域が明確に示された点は重要である。かかる石田茂作の概念を敷衍化し展開させた坂詰秀一による仏教考古学の概念[17]は明解といえる。

六　本書の構成

第一章では、「近世宗教考古学とその実践」と題して特に石造文化財（石塔）を材料として型式学的な方法論や、金石文の調査結果などを援用して仏教寺院間における宗教活動の実態や、教線拡張の例、あるいは政治と密接な関連性において造立される石塔類が存在したことを明らかにした。特に第一・二節で近世前夜とも言うべき潮流の大きな変換点における宗教活動の実態を考察するために、同型式の石塔を材料にして特定な寺院の活発な教線強化の一端を明らかにし、第三節で特定宗派と政治の係わりについて詳しく触れた。第四節では地域における石造文化財の展開の様相には宗派の教線拡張と密接に関連することを考察した。第五節で石造物を宗教考古学の研究材料として扱う場合の視点について、特に「石造塔婆」としての石塔に着目し、研究の現状と今後の課題などを纏めた。

第二章では、宗教における儀式としての近世の葬制を取り上げ諸問題と題して、調査事例から明らかになった葬具や埋葬例から「葬制」の復元的研究を試み、出土遺物については、絵画史料などから葬具と葬列の復元を試みた。

第三章では、近世の経塚として位置づけられてきた礫石経という遺物に着目し、礫石経研究の基礎的な考察として全国的な視野でその様相を明らかにした。その中で、明らかになったことは、神仏に関係なく滅罪生善などの願意によってあらゆる場面で埋納が行なわれていることである。儀式を執り行なう指導者も神仏に属さない「半僧半俗」のような人物たちの関与の可能性が大きいことを示せたと思う。また、第四節では、「葬送と礫石経」と題して文献で確認できる紙本経の経典埋納と礫石経の埋納の概要に触れ、礫石経が葬送に密接に関連して埋納されることを明らかにした。

第四章では、近世の礫石経に関連して、六十六部聖が係わった経塚の遺物として奉納された同型式の経筒に着目した。特に霊場とされる場所への奉納が顕著であり、その中でも太田南八幡神社に奉納された経筒を例にとり、その奉納経筒の規格に注視した。その結果、奉納された経筒には既製品的な側面がある可能性を指摘した。聖地、霊場への勧請を生業とした人々として六十六部聖の存在があることはすでに指摘され既存の研究も多い。彼らが神仏には属さず、極論すると「半僧半俗」でありながら神仏を道具に民衆の「ココロ」を巧みに捉えて勧化を促す行為に導くという活動を行なっていると考えられている。これらのパラダイムに対して、太田南八幡の奉納経筒の同一規格の経筒例は、既成品化された経筒とも考えられることを指摘した。そのような既製品を生み出した六十六部聖たちの活躍・活動が、近世に展開する開帳、詣などの下地を形成した可能性が充分にあると考えている。

六十六部聖たちは「半僧半俗」で所属がない人々であったことを記したが、中世における一向一揆の中心的な教団とされる本願寺においては「毛坊主」と呼ばれる人々などが存在し、地域ごとに道場を構え宗教活動を行なったとされている聖が存在したことも指摘されている。しかし、十六世紀代の奉納経筒の銘文に確認できる「〇〇住〇〇坊」というような聖たちは、寺などの名前を記さないということは、おそらくは地域などに拠点もなく、定着することもできなかった人々(遁世聖)ではなかろうか。近世にはびこる里修験と称されている人々も同属の人々であろう。彼らは生活の糧を得るために勧化行為を促し巡礼を行なった。このような推測は、奉納経筒の盛行する時期が一時期に限られていることからも可能にしている。このような聖の活動は特に十六世紀に活発になり、十七世紀以降は幕府の成立と政策により姿を消すが、一部近世には、奉納により多大な現世利益が得られるという宗教的な材料を民衆に説いて勧化を促した遺跡として東京都稲城市の平尾原経塚を参考としてあげた。

以上のように、第一章から第四章まで形而下の「モノ」を考古学的方法論によって様々な視点から考察してきた。これによって死や祈りに関する様々な宗教儀礼を明らかにした。

第五章では、近世を宗教考古学的な視点で捉えるためにはどうしたらよいかを考えてみた。

参考文献

(1) 濱田耕作　新装版『通論考古学』雄山閣、二〇〇四年
(2) 渡辺　仁『縄文土偶と女神信仰』同成社、二〇〇一年
(3) 坪井正五郎「コロボックル北海道に住みしなるべし」(『東京人類学会報告』一二―一二、一八八七年)

坪井正五郎「コロボックル内地に住みしなるべし」(『東京人類学会報告』一二―一四、一八八七年)
(4)上野佳也『縄文コミュニケーション』海鳴社、一九八六年
(5)安斎正人『理論考古学入門』柏書房、二〇〇四年
安斎正人『人と社会の生態考古学』柏書房、二〇〇七年
安斎正人『縄文社会論』(上・下)同成社、二〇〇二年
(6)谷川磐雄「石器時代宗教思想の一端(一)(二)」(『考古学雑誌』第一三巻四号・五号、一九二三年)
(7)アラン・バーナード著 鈴木清史訳『人類学の歴史と理論』明石書店、二〇〇五年
(8)磯前順一『土偶と仮面―縄文社会の宗教構造』校倉書房、一九九四年
磯前順一「宗教と考古学」(金子裕之編『日本の信仰遺跡』雄山閣、一九九八年)
(9)吉田敦彦『縄文土偶の神話学―殺害と再生のアーケオロギー』名著刊行会、一九八六年
吉田敦彦『縄文の神話』青土社、一九八七年
(10)後藤光一郎『宗教と風土―オリエントの場合―』リトン、一九九三年
田丸善徳『講座宗教学』(第一巻―宗教理解への道―、東京大学出版会、一九七七年)
(11)小口偉一『宗教社会学』東京大学出版会、一九五五年
(12)岸本能武太が一八九六年比較宗教学会を設立。
岸本平也『宗教学』大明堂、一九六一年
(13)堀 一郎『民間信仰』岩波書店、一九五一年
堀 一郎『我が国民間信仰史の研究』東京創元社、一九五三年
堀 一郎『民間信仰史の諸問題』未来社、一九七一年
(14)宮家 準『宗教民俗学』東京大学出版会、一九八九年

(15) 坂詰秀一『歴史と宗教の考古学』吉川弘文館、二〇〇〇年
(16) 坂詰秀一「日本のキリスト教考古学―その回顧と展望―」(『立正史学』六五、一九八九年。後に『歴史考古学の視角と実践』雄山閣、一九九〇年所収)
(17) 坂詰秀一「仏教考古学の構想」(『立正大学大学院紀要』八、一九九二年。後に『仏教考古学の構想』雄山閣、二〇〇〇年所収)
坂詰秀一「仏教考古学序説」(『シンポジウム仏教考古学序説』雄山閣、一九七一年)
坂詰秀一「仏教考古学の発達」(『新版 仏教考古学講座』第七巻、雄山閣、一九八四年)

第一章　近世宗教考古学とその実践

第一節　同型式石塔からみた宗教事情

一　はじめに

十三～十五世紀における膨大な量の板碑の造立が、十六世紀には一変して激減する。この板碑造立数が激減する要因は多くの研究者によって諸説言及されている。種子に着目すると、ほとんどが阿弥陀一尊種子で、若干阿弥陀三尊種子が存在しており両者で全体の板碑の九二％を占めている。したがって弥陀一尊種子板碑の減少が武蔵国全体の板碑の造立数に大きく影響したことが指摘されている。そして、この一尊種子板碑が減少する要因として、民間信仰を背景とした結衆板碑の盛行や、他形式の石塔造立が盛んになったことがあげられている。(1)それは、弥陀信仰が否定されたということではなく、信仰表現の方法が変化し、その結果板碑造立が結衆という方法で造立されるようになったため減少したとされている。また、そのほかの誘因として他宗派の台頭が指摘されている。具体的には明確ではないが臨済禅と曹洞禅、日蓮宗による教線拡張による影響が阿弥陀種子の板碑造立数の大きな減少をもたらした可能性が高いのではないかということが指摘されている。そこでここでは、特に、曹洞宗と日蓮宗における石塔造立から見た両宗派の教線拡張について触れることで当該時期の宗教事情を改めて考えたい。

資料としては、時期的には若干ずれることになるが、曹洞宗については群馬県の南西部に分布する特徴的な宝篋印塔の展開と消長について触れ、日蓮宗については、合掌型宝塔と称される日蓮宗独特の宝塔について若干触れてみたい。加えて、板碑が減少傾向になる一方で全国的にも造立数が増大する形式として一石五輪塔にも触れてみたい。

二　戦国期宝篋印塔の特徴と変遷

戦国期宝篋印塔（以下戦国期塔と表記する）の塔型式は、基本的に関東型式で下から反花座、基礎、塔身、笠、相輪から成り、組み合わせにおいて何ら宝篋印塔と変わらない。しかし笠の各部に華燭が施されていることと、造立時期が戦国期に集中することでこの名称が付されている。(2) そこでここでは、通常の宝篋印塔とは異なる笠部に観察の視点を置き、あらためて各部位を観察することで戦国期塔の特徴を抽出したい。

反花座　本来、反花と筺部から成る返花座は、多くの塔に具備していたと思われるが、現在遺在している塔は極めて少ない。なお、岩槻市の芳林寺の例では薄い板状の台座がつく。寄居町東国寺の例では線刻複弁の反花座が遺っている。

基　礎　基礎は、段形二段で一区画の輪郭を廻すものと、輪郭を施さないものがある。基礎の正面には、月輪と種子を刻むものと、種子だけを刻むもの、そして両者を刻まない基礎がある。種子は、正龍寺の三基以外は、薬師如来である「バイ」を主尊とする顕教四仏を配す。さらに戦国期塔の大きな特徴の一つともいえる短冊形あるいは塔婆形の一対の彫り込みがあるものとないものとがある。銘文は基礎の短冊に彫られるのを通常とするが、短冊部分の範囲を越えたり月輪の範囲内に銘文が及んだりする資料が多い。基礎における形態的な特徴は、紀年銘を重視すれば、基礎の筺部の形態的特徴が台形から方形に変化する。

塔　身　塔身は正方形に近いか縦が若干低く扁平な筺形で、輪郭を巡らすものと巡らさない種類がある。輪郭を巡らす型式は中央に薬研彫りの種子を配す。輪郭を巡らす塔身は、塔身いっぱいに大きな月輪を深く彫り窪めその中央に梵字を配する型式となっている。なお梵字の彫りも極めて深く薬研彫り状を呈している資料が多く彫りでは古い石塔との判別がつかないほどである。したがって銘文が確認できない遺物について梵字の年代観によって年代を決定するには注意が必要と思われる。またこのほか、墨で輪郭を引く例には、寄居町正龍寺例がある。

相輪　相輪は、二つの特徴がある。一つは、関東型式の塔では露盤の上に伏鉢、請花、九輪、請花、宝珠が基本形であるが、戦国期塔の場合、露盤がなく笠の段に直接相輪部がのる関西形式を採用している。そしてもう一つの特徴は、伏鉢と請花の間に算盤玉を上下に扁平につぶしたような環を巻いている。この形状は、近隣の埼玉県内、群馬県に顕著に見られる。(3) 年代的には、組み合わせが明確な塔では、深谷市の個人墓地にある観応二（一三五一）年銘宝篋印塔や少し時代が下って吉見町金蔵院の永和二（一三七六）年銘の多重式宝篋印塔に(4)認められる。埼玉県の重要文化財でもある元亨二（一三二二）年銘の東松山市光福寺宝篋印塔には認められないことから十四世紀第二四半期以降のどこかの段階で考案されたものと考えられる。

笠　笠の形態的な大きな特徴として二点ある。一つは、通常の中世宝篋印塔の隅飾り部は、一段あるいは複数段以上の高さに造出し、内側に肉厚に丸みを持たせた造りとなる。しかし戦国期塔の場合は、隅飾り上端部と軒の一段目を水平に造り筐形に仕上げており、正面観が筐形を呈している。二つ目は上段下段形態と隅飾りの形態にある。これらの特徴を細分すると次のようになる。笠の造りの違いによりいくつかの種類に分類できる。

笠における分類基準は二箇所にあり、一つは笠の隅飾りに配される輪郭の形態的な文様構成で二種（a・b）に区分できる。二点目は笠上段の形態に二種（i・ii）あり、これらの形態の違いの組み合わせにより塔のタイプが四種（A・B・C・D）存在する。分類を細かに確認してみたい。

(1)　輪郭の分類（図1）

輪郭の二つのタイプ（a・b）の特徴は次のようである。aは一弧で突起を構成する。bは、二弧で突起を構成する。

aタイプは、隅丸方形のように徐々に蕨手が垂下して箱型に近いイメージである。突起の上端部で二枝に別れ先端部は外側から内に巻いている。bタイプは突起が二弧で構成される。突起の上端から大きく弧を描きながら垂下し、大きく左右に二枝に分かれ、突起の内に入る蕨手の先端は外から内に巻き、笠の中心に向かって伸びる蕨手が水平に垂下し先端部は外から内に巻いている。

(2) 段の形状分類（図1）

上段は台形（i）と逆台形（ii）の形状の二種に区分できる。下段は、形状より二段以上のタイプ（①）と一段だけのタイプに区分できる（②）。

以上の輪郭と段の形状から笠のタイプを抽出すると、輪郭aタイプは上段が台形のタイプだけで、下段の段によって区分できる。複数段の塔をA（図3―1・2・5・6・7・9・10・11・13・14・15・16など）・一段の塔をB（図3―10）とした。続いて輪郭が二弧のbタイプ笠は、下段はすべて複数であるため、上段の形態で区分できる。逆台形のタイプをC（図3―3・4）に区分できる。Aタイプが戦国期塔の基本形であり、Bタイプは一段のタイプが簡略化したタイプと考えられ、年代的にも江戸期に入る。Cタイプの上段が逆台形状のタイプは、宝積寺と向陽寺に見られるが独立したタイプである。戦国期と江戸期の宝積寺の隆盛を見るとこれを反映して独自のタイプとして逆台形状に造り上げたのであろうか。華燭の文様を見ると、最古である興禅院塔（図2）に初出する竪連子と割菱で初段部分を装飾する施文を基本としており、割菱の部分にヴァリエーションが認められる。そこで、最も古いタイプと新しいタイプの戦国期塔を比較して各部の変遷を再度確認してみたい。

図1　笠の分類

(3) 完成した塔型式　藤岡市興禅院塔（図2）

この塔は、基台、基礎、笠、相輪から成り、塔身が欠損しているが最古の類例として取り上げる。

基台は、基礎より若干大きい矩形の篋である。基礎は、段形二段の輪郭を巡らす型式で台形を呈す。輪郭縁が高い。

輪郭内中央に径七㎝前後のやや小さめの月輪が刻まれ、その中に顕教四仏の主尊である薬師如来「バイ」が配されている。銘文は月輪の左右に配されている。年代は天文十八（一五四九）年の造立が判読されており同型式の塔では最古例となる。

笠は、上三段、下二段である。軒は五㎜程度の幅の輪郭を巡らせ、幅広で彫りの深い竪連子が中央と左右端に配され、中央を挟んで蝶型の線刻が左右に配されている。一段目中央正面、隅飾りに挟まれた部分に点を四方に配する点菱ともいうような文様が表現され、二段目に竪連子と割菱の組み合わせが配され、最上段に竪連子だけで華燭している。竪連子幅も五～七㎜あり、深さも平均五㎜位で力強く刻まれており、文様が際だっている。

隅飾りは、約五㎜幅の輪郭が回り、正面中央の軒に接する部分で蕨手が内巻きに表現されている。また輪郭内は頂部の中央付近から内側に蕨手文が外巻きに下がるように表現されているＡタイプである。隅飾りの外側の角度は、約一一％外傾しているが全体から受ける感じはほぼ箧形に見える。

相輪は、基部が太く笠最上段の幅と同じ幅の径を有す伏鉢である。線刻で複弁を四葉表現している。算盤玉状の環を挟み、請花となる。請花は、九輪の上の請花と同じ文様で、線刻の単弁の表現で、間に間弁を小さく表わす。請花の上は宝珠が配されている。

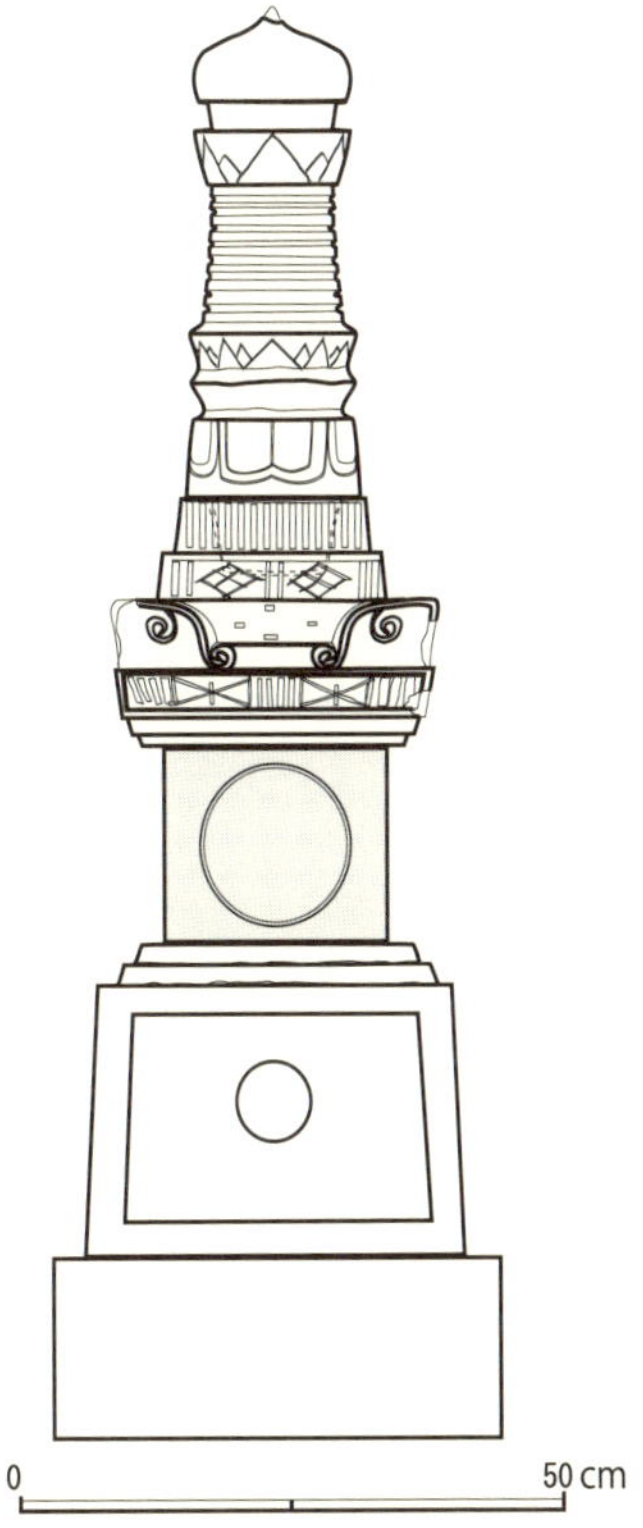

図２　興善院塔

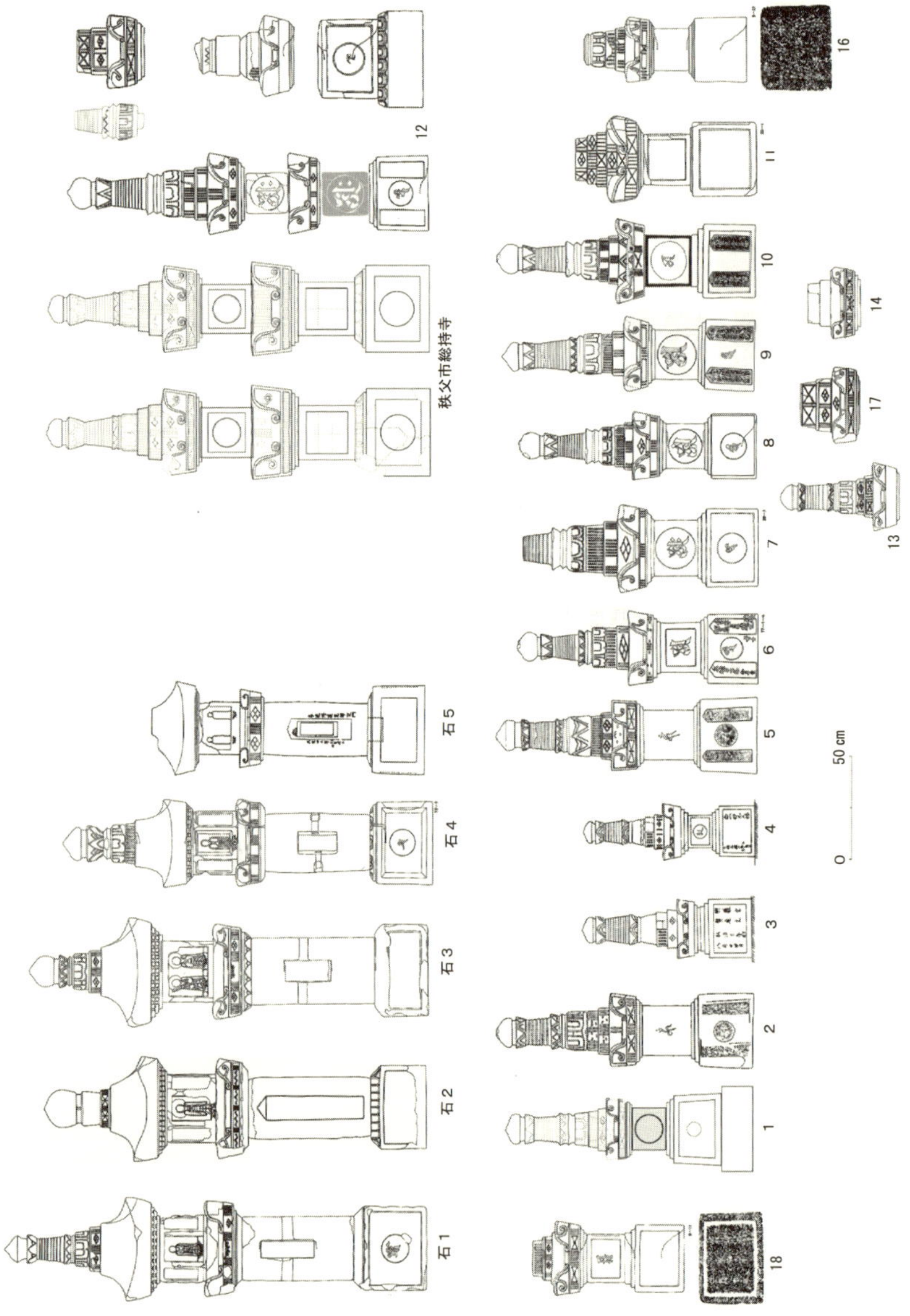

図3　各地の戦国期塔と石幢

(4) 年代的な変遷について

続いて、最古型式の興禅院の塔と最も新しい造立である寄居町正龍寺慶長二年銘塔（表1―10）と比較観察し、各部の変遷についてふれておく。

基礎は、段形と輪郭はほぼ画一的に認められるが、形状では台形から矩形への変化となる。続いて笠では、隅飾り

表1　戦国期塔一覧

番号	銘文	西暦	所在	本末関係	備考
	国済寺殿憲英／大宗興公大定門／梵字／応永十一年甲申／八月二日	一四〇四	国済寺　深谷市国済寺五二一	臨済宗	臨済宗・重層宝篋印塔笠
1	盛看栄隆□／バイ／十一月廿二日／天文十八年	一五四九	興禅院　群馬県藤岡市高山二八八	通幻派・光徳院寺末	
2	興巖宗／賢庵主／弘治三年丁巳／八月廿四日	一五五七	宝積寺　甘楽郡甘楽町轟	通幻派・双林寺末	ほか四基分笠
3	西山妙光大姉／干時永禄二年巳未三月日	一五五九	向陽寺　甘楽郡甘楽町天引	月江派・仁叟寺派	
＊	／干時永禄二年巳未三	一五五九	向陽寺　甘楽郡甘楽町天引	月江派・仁叟寺派	
＊	／二年／三月八日	一五五九	向陽寺　甘楽郡甘楽町天引	月江派・仁叟寺派	ほか四基分笠・相輪
4	祖繁禅門／梵字／天文廿四年九月十三日	一五五五	正龍寺　寄居町藤田一〇一-一	無極派・龍穏寺末	
5	嶺梅芳春大姉／梵字／永禄五□月九日	一五六二	正龍寺　寄居町藤田一〇一-一	無極派・龍穏寺末	
6	神祇／当寺／昌安／道也／開基／居士／梵字／永禄十一年八月廿三日	一五六八	芳林寺　岩槻市本町一-七-一〇	大源派・洞雲寺末	
＊		一五六八	聖徳寺　甘楽郡南牧村大久保		
＊		一五六八	聖徳寺　甘楽郡南牧村大久保		
7	掩粧梅室元芳／大姉／梵字／孝子／敬白／元亀四年癸酉二月六日	一五七三	高台院　深谷市田谷三〇八	了庵派・昌福寺末	
8	為帰真　梅安／浄香禅定門／梵字／天正七年己卯四月二十六日	一五七九	東国寺　寄居町立原三〇三	無極派・龍穏寺末	
＊	花翁宗□禅定尼／バイ／干時天正十一年癸未八月□日	一五八三	天龍寺　児玉町金屋一四二-一	了庵派・最乗寺末	
9	花屋宗栄大姉／梵字／文禄二癸巳五月十日	一五九三	正龍寺　寄居町藤田一〇一-一	無極派・龍穏寺末	
10	天室宗青居士／慶長二丁酉八月八日	一五九七	正龍寺　寄居町藤田一〇一-一	無極派・龍穏寺末	
11			三光院　深谷市		
12	要山簡公上座／梵字／天正三年三月廿八	一五七五	昌福寺　深谷市人見一三九-一	通幻派・双林寺末	
13			坂本家墓地　児玉町下真下五〇九		笠・相輪
14			無量寿寺　東松山市下野本	大源派・石雲院末	笠・幸春院と同じ形態
15			幸春院　神川町関口字池上四〇一-一	大源派・浄空院末	
16			妙玄寺　毛呂山町毛呂本郷	泰叟派・長栄寺末	
17			皎心寺　深谷市谷之五五	了庵派・昌福寺末	笠
18	大日如来報身真言／真龍球用蔵王／大永五乙年二月七日	一五二五	養竹院　比企郡川島町		
19			龍源寺　寄居町桜沢六二八	泰叟派・大梅寺末	臨済宗から改宗
20			龍源寺　寄居町桜沢六二八	泰叟派・大梅寺末	

において年代的な変化がある。隅飾りの傾きは最古例が一一％であるのに対して、慶長塔は二五％の傾きがあり、変化としては、宝篋印塔に一般的にある直立から外傾への変化が認められた。外傾とともに扁平の台形から丸みを帯びた三角形に近い形状に変化している。さらにこの影響で、外傾とともに正面中央の幅も広がる。文様の彫り、配置、配列の仕方、刻みは極めて稚拙になる。また上段一段目の高さが低くなり、隅飾りの頂部を若干造り出す。特に慶長二年塔は、他の塔と比較すると笠の造りは製作技法が違う可能性が極めて高いので注意したい。相輪についての顕著な変遷は認められない。以上のように最古例と慶長二年の塔を比較すると基礎と笠の形態に年代的な変遷を見ることができる。

以上、最古型式の興禅院の塔から約五〇年という時間軸における型式変遷は、基礎部が台形から筐形に変化し、笠の隅飾りの傾きが直立から外傾へと変遷したことが明らかになったが他の部位については顕著な変化は捉えられなかった。つまり短期間に画一的に造られているといえるのではなかろうか。五〇年という短期間にどのようにして画一的な塔型式が確立したのであろうか。深谷市昌福寺にある部材の組み合わせを考えることで、塔型式成立のヒントを探してみたい。

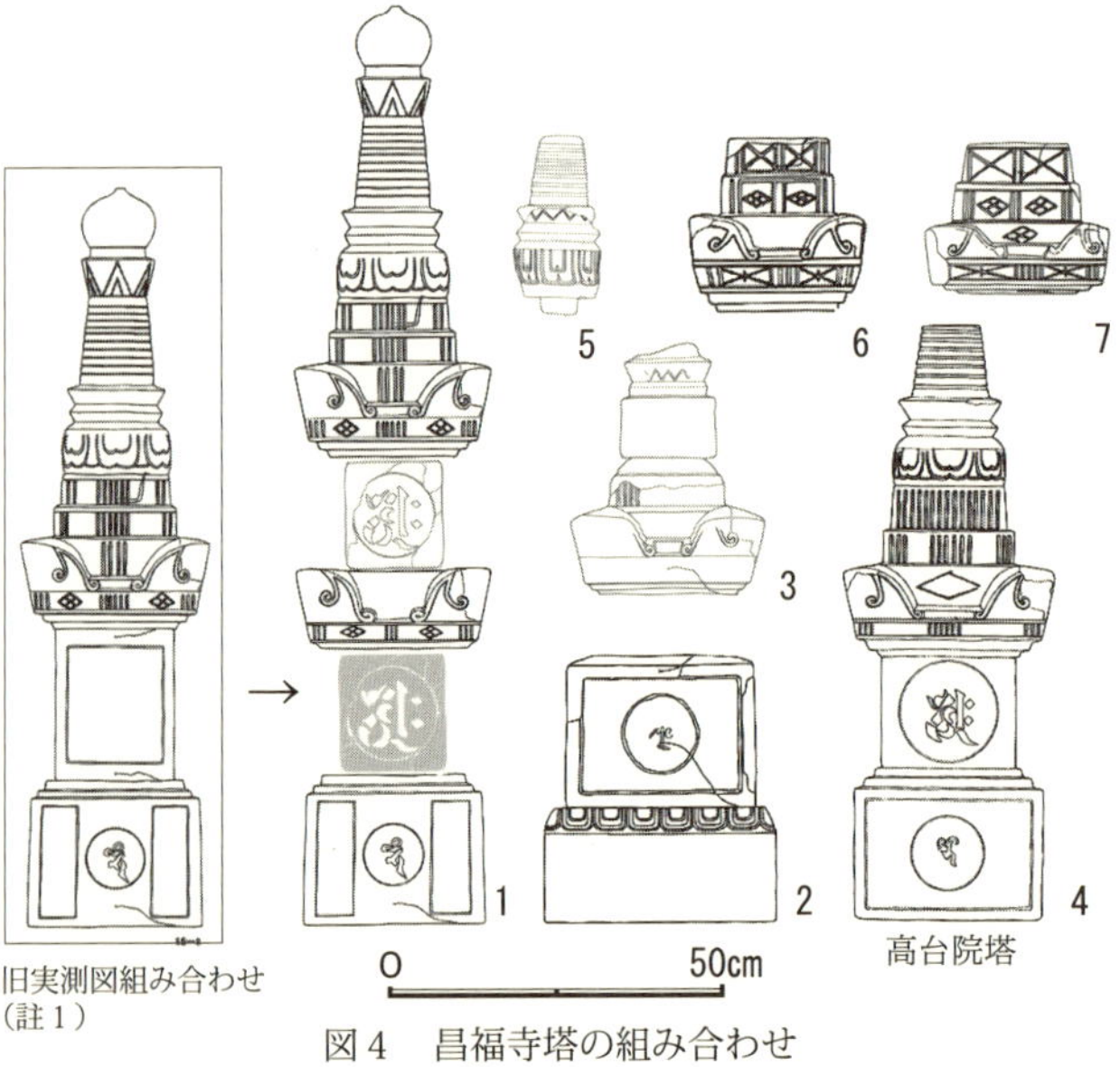

図４　昌福寺塔の組み合わせ

(5) 昌福寺塔の組み合わせと多重宝篋印塔の可能性（図4）

戦国期塔において完全に部材が揃い塔型式が完結する資料は、岩槻市の芳林寺塔と深谷市の東国寺塔と正龍寺の文禄二年銘塔、藤岡町向陽寺・聖徳寺（二基）の六基だけであろうと思われる。昌福寺の石塔についても部材を組み合わせて図4左の旧実測図に示したような完結した戦国期塔として提示されている。しかし、その他の部材を観察すると中台が存在する。また石材の点では砂岩も混入しており、戦国期以前の宝篋印塔と、戦国期塔の部材が混在している状況があった。これらを整理すると、図4に示したとおり、実測図の組み合わせは塔身部分がプロポーションの部分で問題がある。塔身部分は他に月輪に「ア」を刻む塔身が別にあるが若干小さい。他の部材に目を向けると中台がありこれとの組み合わせは十分に考えられる。全体的な組み合わせを考えた結果、図4—1の塔としての成立を考えてみた。したがって塔形は重層宝篋印塔になる可能性が高いと思われる。さらに注意したい点は、この重層宝篋印塔の石材と深谷市の高台院の戦国期塔（図4—4）の石材は黒色の強い安山岩で共通することに注意しておきたい。昌福寺例でも明らかなように、戦国期塔の型式成立には、形では多重宝篋印塔とが関連しており、加えて文様なども装飾部分に着目すると共通点が多いことに気がつく。続いて、多重宝篋印塔と文様の系譜、分布の特徴や造立背景などについて考えてみたいと思う。

三　文様と制作技法の系譜からみた塔型式の成立について

笠に見られる竪連子と割菱の華燭はどのような系譜であろうか。併せて笠が造られる製作技法についても考えてみたい。華燭の文様の内、竪連子文様は、全国的には応永期段階の石塔には軒の装飾や露盤を表現するためにすでに採用されていることは確認できる。(5)

竪連子と割菱の華燭の文様は、周辺の宝篋印塔には顕著に認められないので他の種類の石造物に注目してみると重制石幢に同様な華燭が認められる（図3　石1〜石5）。

石幢は、山梨県や群馬県に集中して分布しており、さらに今回取り上げる戦国期塔が集中する埼玉県北西部にも多いことがすでに指摘されている。山梨の石幢については畑大介(6)と持田知宏(7)による詳細な調査報告がなされている。また群馬県と埼玉北西部の石幢については近藤昭一(8)が詳しい。改めて先学の地域的な研究成果を踏まえて石幢と戦国期塔の関係を見てみたい。

近藤は、昭和四十三年にすでに群馬県南西部、埼玉県北西部の利根川流域に分布する三六基の石幢の内、輪廻車石を有する石幢の分布の背景には中世武士団による地蔵信仰が密接に関連していたと思われることを指摘した。近藤が示した輪廻車石の石幢のほか、埼玉県の行なった調査から石幢を抽出してみると表1の通りである。抽出した石幢は、宝珠部分と中台の文様の種類や竪連子の施文が戦国期塔のそれと共通し、加えて強調したいのは中台の形である。中台の隅飾りは、龕の六地蔵を見せるために龕がのる部分の平面とほぼ同一面に仕上げていることが特徴である。この造りが戦国期塔の笠の造りにも共通する。つまりこの石幢の中台の上に上段二段を造れば戦国期塔の笠となるのである。もう少しこの両者の造りが共通することについて強調すると、埼玉県内では十四世紀第3四半期にすでに多重宝篋印塔（吉見町金蔵院）で中台型式は完成している。したがって戦国期塔がこの多重宝篋印塔の系譜で製作されていれば、通常の宝篋印塔の隅飾りの形態と造りが踏襲されるはずである。しかし戦国期塔の笠の隅飾りを段と同じ高さに造る形状を採用していることから、戦国期塔の制作には当該地域の石幢中台の製作技法が特に採用されて型式が成立したと思われる。そこで具体的に石幢あるいは多重宝篋印塔との関連について比較検討してみたい。また、戦国期塔へ中台様式が

図５　秩父市総持寺多重宝篋印塔

取り入れられる技術的な系譜を考えるときに注意したいのが秩父総持寺の多重宝篋印塔[9]（図５）である。

この塔は、石幢と多重宝篋印塔の製作技術が集約され創出された塔といえる。具体的に見てみると基礎の反花の表現が花の輪郭を陽刻して立体的に表現しており特徴的である。石幢の基礎様式を取り入れている。また、笠の施文に三連の山形文と竪連子の組み合わせなどの系譜も直接的には上里町大光寺石幢（図10）にあると思われる。そして戦国期塔の形が完成する興禅院塔や総持寺塔と比較してみると、笠への華燭の文様の組み合わせや、隅飾りの形態的な

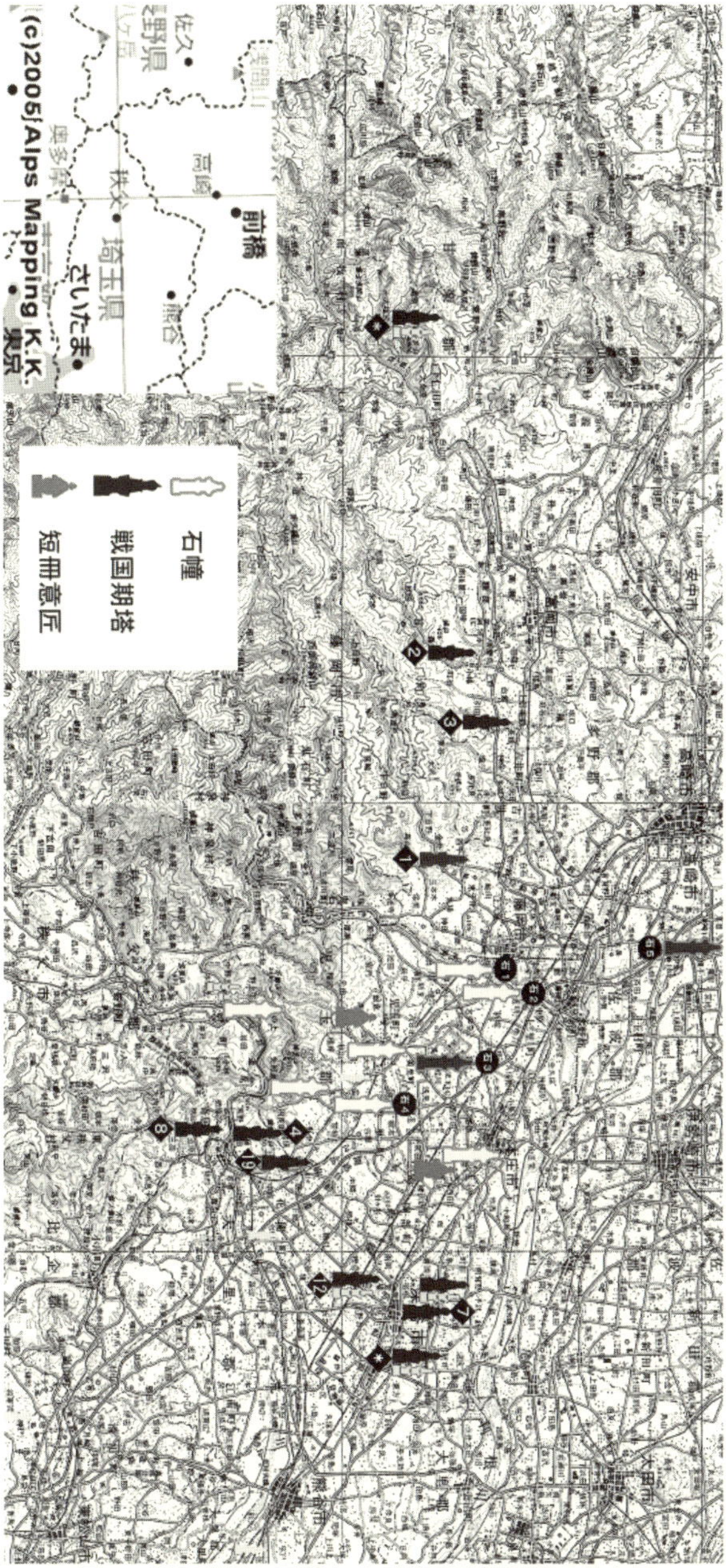

図６　戦国期塔と石幢および多重宝篋印塔の分布図

特徴が類似していることからも総持寺塔へ関与した工人による興禅院塔への技術的な関与があったものと思われる。加えて間接的ではあるが、総持寺の近隣に位置する万福寺跡墓地に、(10)砂岩性の戦国期塔と石幢部材（笠）が存在しており、石材においても興禅院塔との共通もあり、風化が著しいために詳細は比較できないが、総持寺に関与した工人が中心となり相互地域間での技術的関与が考えられる。

以上見てきたように当該地域の戦国期塔完成までの直接的な系譜は、先に示したとおり石幢と多重宝篋印塔との関係における中台型式に求められる。中台に導入される文様の華燭の系譜については当該地域では十五世紀段階の国済寺石塔群に求められよう。国済寺石塔群中では開山塔である応永十一年銘塔には確認できないが文明四年銘塔には確認できる。この十五世紀第3四半期の施文の系譜が石幢製作に受け継がれたものと考える。戦国期塔に採用以前の石幢造立段階にすでに竪連子の文様が軒を華燭する文様として塔型式に導入されており、割菱などとの組み合わせによる笠全体への華燭様式は、総持寺の多重宝篋印塔を経て興禅院戦国期塔の段階で完成したものと考えられる。

次に戦国期塔が盛行する一五五〇年以降の分布と造立の意味を考えてみたい。

戦国期塔の分布の特徴は、図6の分布図を見るとおり、石幢の集中する範囲の外側東西に分布する。戦国期塔だけで考えれば興禅院を中心に東と西で別れる。この東西の分布の違いは、笠の上段の形態の違いに整合し、工人の違いも反映されているものと考える。しかし、先に示した通りA・Cタイプの古い塔へ興禅院の文様が写されていて、興禅院塔を中心に分布が広がったものと思われる。

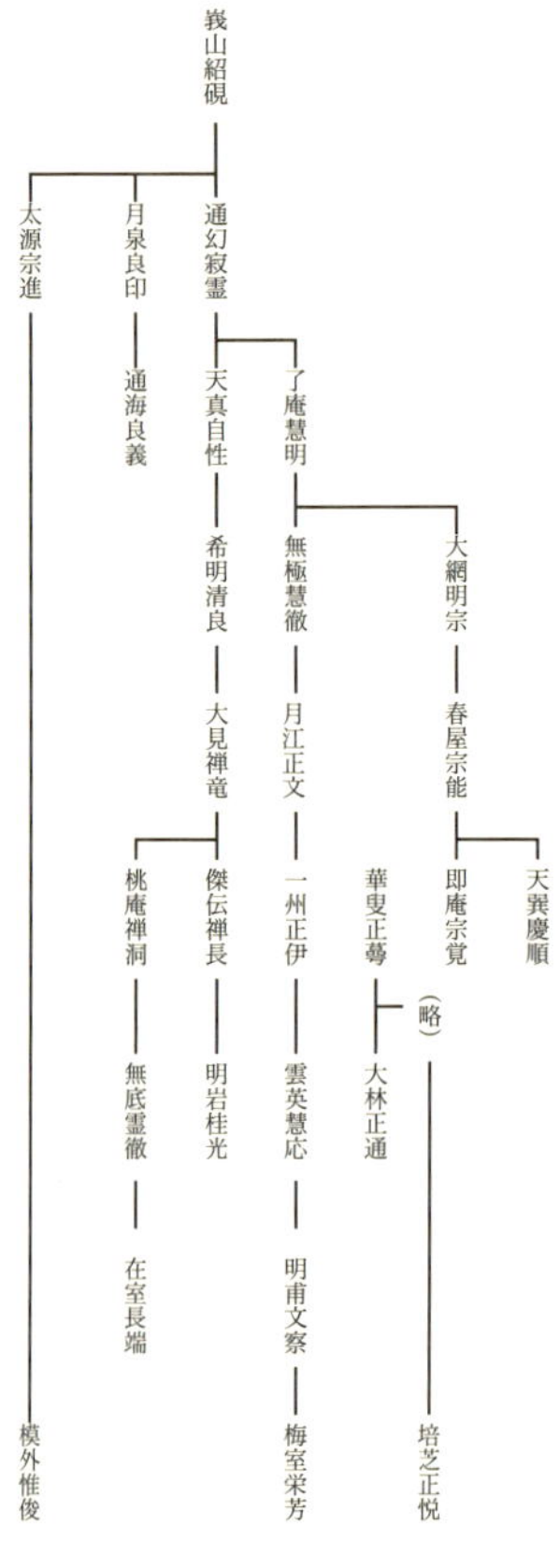

図7　曹洞宗の法系

そこで次に興禅院をはじめ、戦国期塔が分布する寺院の法系について見てみたい。戦国期塔が造立された寺院を概観してみると曹洞宗であり、本末関係は表1に示すとおりである。

興禅院は、文明十八（一四八六）年、壇越高山氏の帰依により乗法禅師の開基であり、禅師は沼田の迦葉山修験に関連していた。興禅院に遺る鷲峰大権現の存在は開基に繋がろう。江戸の記録(11)では、天正から文禄年間に藤岡市光徳寺四世の再興により通幻派に属している。

宝積寺は、大網の法孫即庵宗覚が当該地域の豪族である小幡氏の帰依を受け宝徳二（一四五〇）年に開基されるが、小幡氏が上野国守護代長尾氏との軍事的・戦略的な関係上、永王子の菩提寺である双林寺系の寺院として最興寺を開く。このことにより、宝積寺の発展は一時阻害されるが、小幡氏の影響が永禄四（一五六一）年武田の攻略により弱まり、その結果、甘楽郡、多野郡に教線を拡大し県南最大の系統寺院の頂点に達するようになった。(12)両寺院とも通幻寂霊の法孫関係にあたる。

向陽寺は、多胡（吉井町）の仁叟寺の末寺であり、双林寺末月江派とされていて、法系は通幻寂霊に通ずる系統寺院といえる。

同じ系統寺院として深谷市昌福寺と高台院、皎心寺が挙げられる。ともに双林寺末である。ここで挙げる双林寺は、無極慧徹の法孫一州正伊が文安五（一四四八）年に開基するがこの一州正伊が双林寺を拠点に多くの系統寺院を開基し利根郡と群馬県の西地域に強力な基盤があった。特に了庵派高台院は昌福寺末で、塔の銘文中に記された「梅室栄芳」は金竜寺開山の一人にあげられている人物名である。(13)同じ末寺に皎心寺がある。以上の本末関係にある寺院では、塔が黒色の強い安山岩で製作されており石材が共通している。想像を逞しくすれば昌福寺には砂岩質の戦国期塔の笠と相輪部があり、摩滅しているが興禅院系の古い様相を遺していることから、昌福寺での塔造立の当初は、砂岩性の石塔が造立され、後に法孫を継ぐ系統寺院である高台院・皎心寺などに石塔を分け与えた可能性はなかろうか。高台院の組み合わせは非常にバランスが悪いこともこれを想起させられる。ここで示した三寺院における安山岩製の石塔はすべて同一の工人・工房によるものと解釈したい。この背景には門末寺院間の宗門連合的な関係や、輪住制あるいは門末寺院間における石塔の分有というようなネットワークのあり方も想起させられる。

正龍寺は、江戸期には越生龍穏寺末である。戦国期塔が造立される時期は寺暦によると改宗された時期に当たっている。この時期の寺の事情を端的に示す資料としてしばしば提示される切紙がある(14)。「国王受戒作法」、「竜天受戒作法」という切紙が示すとおり天文から永禄年間の最初の頃は、新たな開基を強く示さなければならない時期に当たっている。「国王（皇）受戒作法」は天皇に授戒することはなかったにもかかわらず開山から六世に至るまで相伝されていた。このことは、戦国大名の領国化が進み宗教統制が厳しくなる中で禅僧たちも自らの宗教的権威者の立場を保持強調するためにこの切紙が必要とされていたようである。同様に「竜天受戒作法」の相伝も、地域の神に戒めを授け、地域の開発に伴う悪霊鎮圧や地鎮の導師としての役割の中心を成すためには重要でかつ精神的な支えとなっていたことが指摘されている。このような寺運を懸けた最も大事な時期が戦国期塔の造立時期と重なっていることも重要な点である。

南牧村聖徳寺の宗派と本末は明確ではないが、塔型式の共通性から考えて、宝積寺関連における教線拡大において本末関係に取り込まれたものと思われる。

芳林寺は、駿河国藤枝洞雲寺末であり大源派に属する。戦国期の本末は明確ではないが、塔型と施文された点割菱などから正龍寺に系譜があると思われる。

東国寺は、江戸期の記録では越生龍穏寺末の秩父金剛院末で五カ寺の末寺を有する寺格であった。越生龍穏寺は、関三箇寺という触頭の寺院の一つで、随意会地以上の寺格を有する寺であった。

以上が主な戦国期塔法系であるが、ここに示せなかった寺院は、表1に記した。

四　曹洞宗におけるネットワーク

以上見たように戦国期塔の分布には曹洞宗が強く関与し、本末関係における石塔の分有関係も考えられることを指摘した。そしてこれらの石塔造立は、曹洞宗寺院の年代別寺院建立数にも関連する。図８のグラフを参考にしてみると一五五〇年から一六〇〇年において最も急激に寺院数が増大しており、群馬県西部に永平寺と総持寺系両系統の寺院が教線拡大する時期と戦国期の石塔造立時期が合致していることが明確である。つまり、戦国期宝篋印塔は、曹洞宗という同一宗派において、さらに法灯という末寺関係の中で造立が展開した塔形式で、当該地域に限って曹洞宗の本末関係以外には造立が認められなかった塔形式である。

限定された分布と時期を考えあわせると製作する工人も他の地での製作を認められなかったものではなかろうか。

かかる状況の中で、唯一東国寺には江戸期に入る慶長・元和銘の同型式の塔が確認できる。これらのことから推測すると、本末関連の曹洞宗型式の塔製作工人は、ほぼ一集団二代位で終了する。その最終本貫地が現段階では東国寺と考えておきたい。東国寺は、江戸期の記録では秩父金剛院末で五カ寺の末寺を有する寺格であった。また金剛院は、榊原康政館林入封の際に太田金竜寺の再興を担っていた。このような金剛院の隆盛が東国寺の本末関係の維持にも影響が大きかったものと思われる。

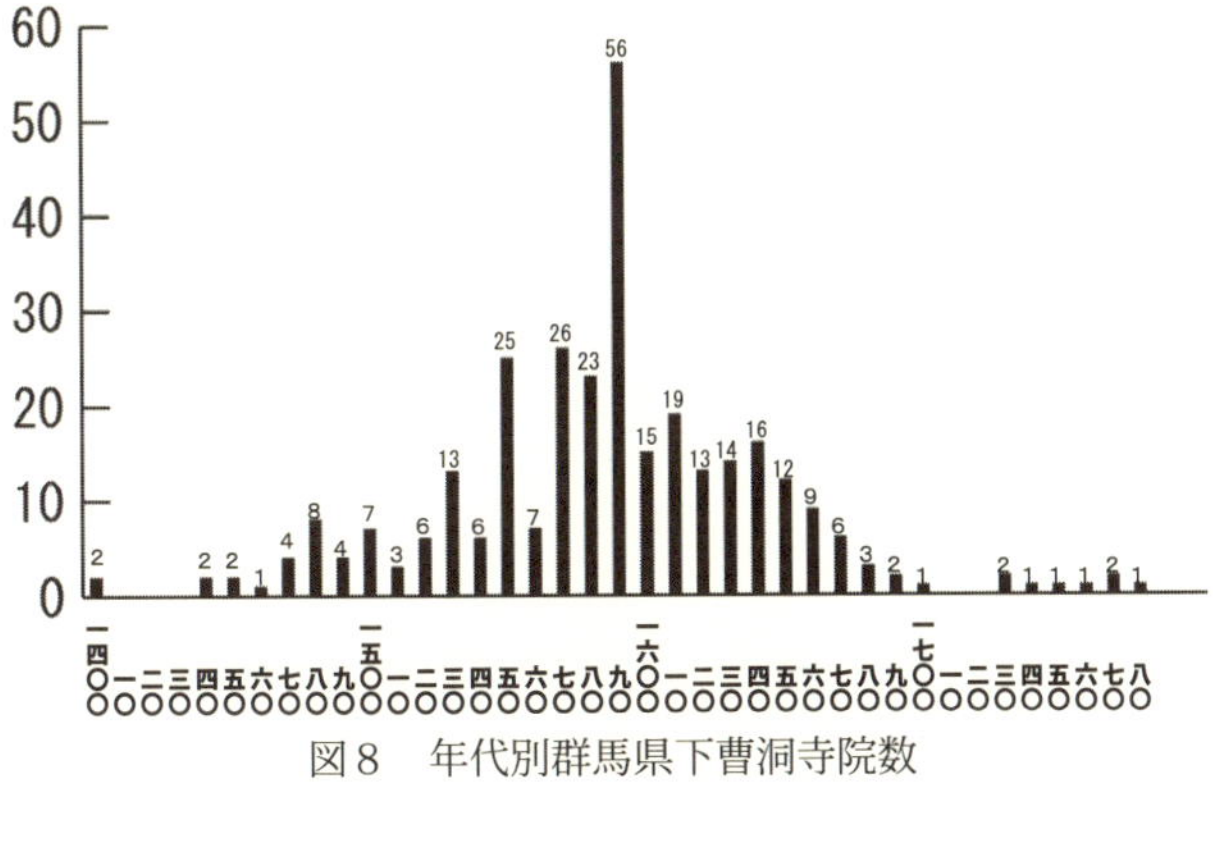

図８　年代別群馬県下曹洞寺院数

中世から江戸期に移行する中、葬式仏教が凡夫にも流布し始めると、文禄四年には旧仏教体制下にあると言われる修験者たちと曹洞宗との間において葬祭を取り合う争い事が文献にも記されている。[15] また、修験者と曹洞宗との争い

昌福寺

向陽寺

宝積寺

興禅院

正龍寺９

正龍寺５

正龍寺４

昌福寺

芳林寺

高台院

正龍寺 10

東国寺

聖徳寺

図９　戦国期塔（１）

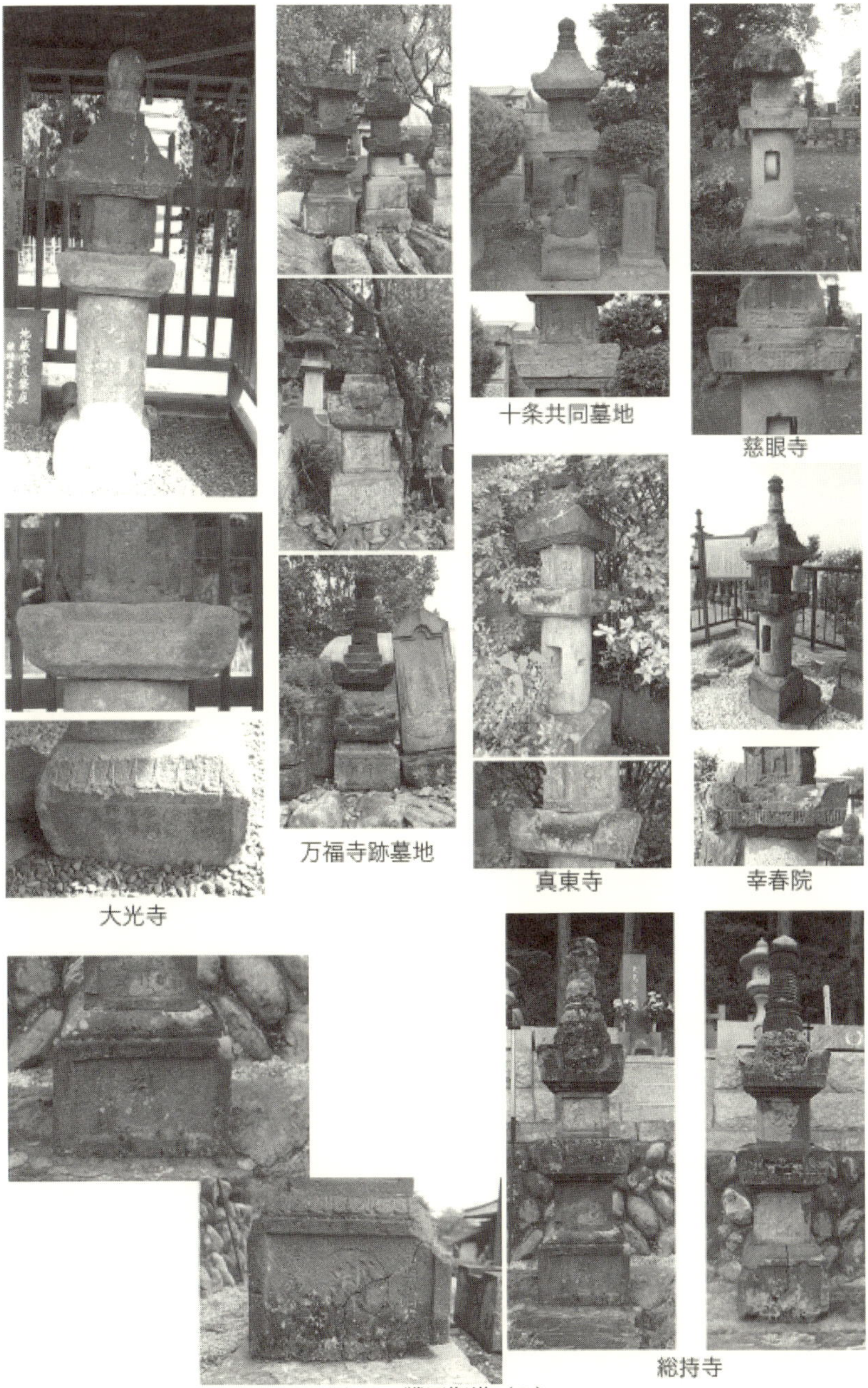
十条共同墓地
慈眼寺
万福寺跡墓地
真東寺
幸春院
大光寺
総持寺

図10　戦国期塔（2）

事は江戸にもあり、延享元年の広見寺修験僧の宗旨請合証文発給をめぐる訴訟問題[16]が起こっている状況は、未だ当該地域での曹洞宗のネットワークが強固な状況にあったことを物語っているものと思われる。

戦国期型宝篋印塔の分布の背景は、これまでは、武士が関与して造立が行なわれたように説明されがちである。しかし、今回対象とした戦国期における曹洞宗（禅宗）寺院には「切紙」や「今川氏親公葬記[17]」に記されているように、曹洞宗が火葬やその後の「拾骨」などの葬送に至るまでを執り行なったことが記されている。このような文献類の存在などからも、寺院側が積極的に葬送儀礼・祈禱を領地層や広く民衆を勧化するために、別宗派の寺院も改宗によって取り込んでいった。臨済宗を中心に一時期石幢造立を担った共同体も取り込み、石塔造立の技術的な確保も行なっていったことが明らかである。さらに共同体の外側に、宗派ネットワークを築くために教線拡大を行なった。

以上見たように、今回取り上げた同型式の戦国期塔は、教線拡大のための一つの方法として考案された石塔であったものと思われる。

現在は武将の墓として祀られているがために本来の歴史の一面が見えにくくなっているようにも思われる。短冊形表現も指摘の通り位牌を示しており、武将の外護を表現するためにあえて位牌型にしたものと思われる。これらも寺側の考案であると考える。曹洞宗における入牌を民衆に促すような効果も大いにあったものと思われる。

最後に、寺の教線拡大に相まって在地領主層がなぜ曹洞宗を受容したかについて若干ふれる。

すでに指摘されていることではあるが、越後国人色部氏の「年中行事（永禄年間成立）」を例にとると、祈禱的な行

図 11　二尊院墓所にある元禄銘石塔と霊屋

事すなわち正月の行事（吉書など）は、青竜寺、最明寺という真言宗と考えられる寺院に任せているのに対して、盆の行事（先祖供養）は曹洞宗寺院に任せている。これによると真言宗が祈禱の機能、曹洞宗が菩提寺の機能を持っていたこととなることが示されている。[18]そしてこの菩提寺は一族・家臣結束の場、秩序維持の場、その機能を有していたことが指摘されている。[19]このような在地領主側の「家」事情と寺院に対しての意味づけに対応して、曹洞宗の寺院あるいは禅僧は、葬祭（葬儀・法要）・授戒・祈禱の能力を持つ宗教者であり、知識としてもあったことが教線拡大の大きな要因であったと思われる。生前に戒名を受ける授戒の風も在地領主層に限らず、下層農民にもかなり及んでいたことは、高野山に遺る入牌牒[20]でも明らかである。これらの受戒曹洞宗の影響が大きかったものと思われる。また、圭室諦成は『葬式仏教』[21]の中で一五六四・一五六五年の『耶蘇会士日本通信』に、日本人が極楽往生するために金銭を納め「書き付け」を得ていたことや、僧侶は、人が死ぬと死後に「かの地」にいたってその報いを受けられるように「御血脈と称する書き付け」を交付したことが記されていることや、戦国期の日本人は極楽往生のためにあるいは、死後の「かの地」のため、あるいはその功徳を受けるために「血脈」を受けており、僧侶は金銭授受によって生計や寺院の経営を担っていたことを指摘している。授戒活動こそが曹洞禅十五～十六世紀発展の基礎を築いたものとして指摘しているので重視したい。

さらに加えて戦国期塔の型式成立には、群馬県あるいは、周辺地域で先行して石幢が盛行することに強く関連している。つまり、石幢のタイプのうち、赤城山麓型と称されるタイプの中台部分の型式が、そのまま戦国期の笠に写されていることと、基礎の型式と月輪に刻まれた顕教四仏の表記が共通する。塔形式の共通性は、武士との関連より工人との関連が指摘でき、基礎に記された顕教四仏は、宗教的な信仰背景の強さを示している。戦国期という大きく動いた時代の中で、宗教的な繋がりによって造立された、石幢と宝篋印塔の存在は、江戸期には姿を消してしまい一時的な盛行のように見えるが、わずか五〇年という短い時間の中で一形式を作り上げた宗教的な力の大きさは、同時代の他の型式の石塔には認められないエネルギーである。したがって、この戦国期塔と石幢と宝篋印塔の造立を背景に教線を拡大した曹洞宗という特定宗派の動向を改めて評価する必要がある。また、同様なことがいえる特定宗派としては、東国においては、日蓮宗の活動があげられる。続いて戦国期塔以外の同型式石塔として一石五輪塔と合掌型宝篋印塔を取りあげ、造立が集中する背景を考えてみたい。

宝篋印塔以外の塔形式で中世末期から近世初期にかけて造立されたものとして、一石五輪塔があげられる。関西方面を中心に相当量の数が造立された。関東地方における一石五輪塔の造立は、関西のそれと比較すると少ないが、中世の石塔造立と近世期の石塔造立を結ぶ時期に造立されている。多くの場合、紀年銘が確認できる遺物が少ないこともあり、その造立年代についてはおおまかに捉えられているところもある。

五　一石五輪塔の造立

関東地方の事例については、第一章第四節第二項で示した栃木県南部の中近世石塔調査結果から、十七世紀第２四半期の頭の段階まで一石五輪塔の造立が確認できている。十七世紀以降の型式は光背型石塔に反肉彫りあるいは線彫りで五輪塔が表現されるように移行することを指摘した。この十七世紀第２四半期は、塔形の石塔の造立が非常に限定され特定階層だけが造立可能となる時期とも合致している。特定階層塔形式の石塔を造立する時期を当該地域の近世的墓標の展開が始まる時期として位置づけた。しかしながら、関西地区での様相は大きく異なっている。特に兵庫県の類例を概観してみたい。

当該地域では一石五輪塔の造立開始の時期は、応永年間の初め頃まで遡ることができ、十六世紀第２四半期を越えた段階から造立数が増える傾向にあることが示されている。十六世紀第３・４四半期には五倍近い数が造立される。関東では先に示したとおり十七世紀第２四半期には造立が終了するが、関西地区では江戸とは比較にならない数量が十八世紀段階まで造立されている。

中世から近世を結ぶ石塔である一石五輪塔のうち、戦国期では、神戸市摩耶山・天上寺先師墓地内の二例一〇基と

大阪府河内長野市観心寺墓地内の三例二六基の造立に注目したい。(22)

(1)　神戸市摩耶山・天上寺先師墓地内の二例（一〇基）

「右志者／梵字（僧都名）／永禄十二年十一月十八日」（逆修銘有）の銘が七基

「右志者／梵字（僧都名）／永禄十三年八月日」（逆修銘無）の銘が三基

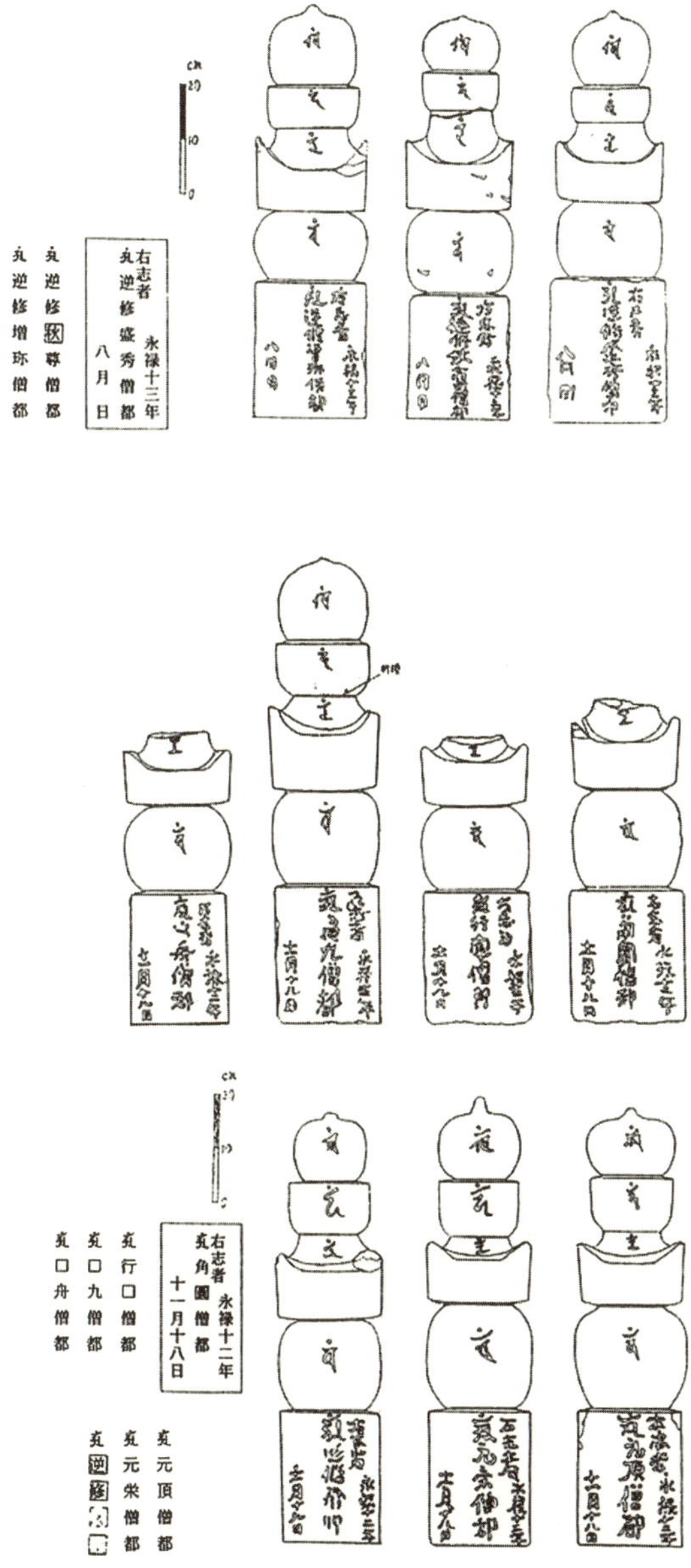

図 12　神戸市摩耶山・天上寺先師墓地一石五輪塔

（2）大阪府河内長野市観心寺墓地内の三例二六基
「永禄七年四月十五日」の銘の塔が一二基
「永禄十三年二月十三日」の銘の塔が八基
「天正十年（僧名）二月十五日」の銘の塔が六基
以上のこれらの石塔は、僧侶が先達的な役割を果たして供養塔造立を促し、一斉に造立が行なわれた可能性があろうことが指摘されている。このような類似の例がその他にも多く存在している可能性も大きく関西における造立数が特別に多いことの誘因になっている可能性も指摘できよう。これも信仰の結果である。つまり、宗祖、高僧あるいは祖烈につながる追善の供養や遠忌による供養の可能性があろう。具体的には個別に背景を明らかにする必要があろう。また、明確ではないが真言宗など特定宗派における宗祖と関連した供養日などの可能性も注意したい。個別の寺院との関連を追求することによって明確になろう。
いずれにしても、造塔供養を行なう作法を寺側が取り入れ人々を勧化した結果の痕跡として捉えたい。
続いて、同時代の石塔造立で関東を中心に特徴的に認められる合掌型宝塔について見てみたい。

六　合掌型宝塔造立の特徴

日蓮宗寺院にも、同型式の小型石塔が多数存在する。合掌型石塔あるいは日蓮宗型石塔と命名された石塔である。充分に調査が進んでないが、日蓮宗寺院に特徴的に認められ、年代的にも戦国期の特定な時期に限定されそうである。紀年銘、願文などを刻した石塔が極めて少ないこともあり趣旨を限定することは難しいが、先の一石五輪塔の造立例から考えると、やはり先達的な僧侶が中心となり逆修供養・七分全得の証としての造立、あるいは供養の意味は同じであるが日蓮宗独特の遠忌供養的な行事に伴った造立の痕跡として位置づけられそうである。年代的には、池上本門寺（東京都大田区）の応永三十二（一四二五）年在銘基礎を現在最古として、常願寺（茅ヶ崎市）宝徳三（一四五一）年、

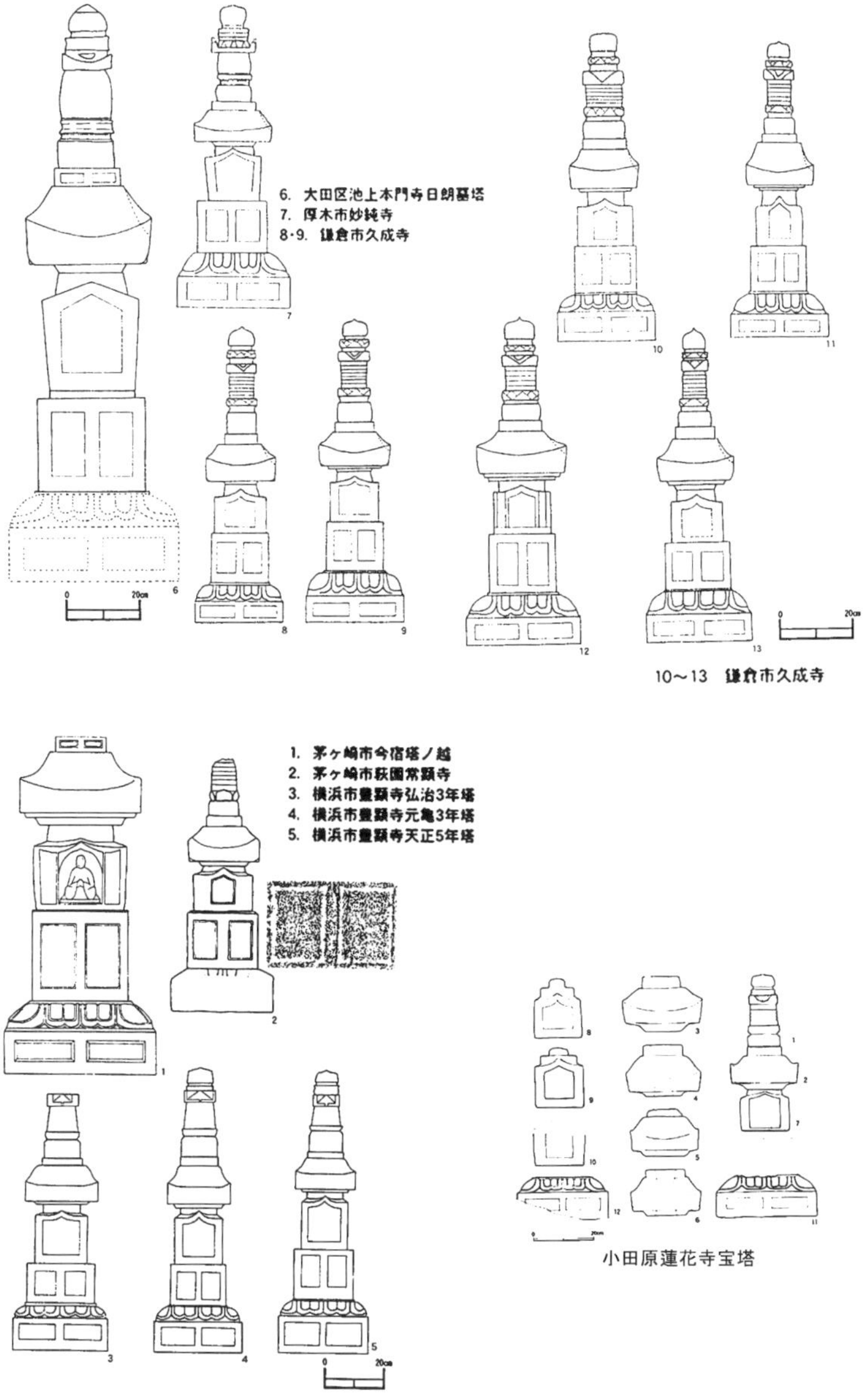
6. 大田区池上本門寺日朗墓塔
7. 厚木市妙純寺
8・9. 鎌倉市久成寺
10～13　鎌倉市久成寺
1. 茅ヶ崎市今宿塔ノ越
2. 茅ヶ崎市萩園常顕寺
3. 横浜市豊顕寺弘治3年塔
4. 横浜市豊顕寺元亀3年塔
5. 横浜市豊顕寺天正5年塔
小田原蓮花寺宝塔

図13　日蓮宗合掌型宝塔

応仁元（一四六七）年の造立と想定されている池上本門寺日朗聖人供養塔、蓮正寺（厚木市）の文明三（一四七一）年が古い例として現在知られている。また、このほか次の在銘資料がある。(23)

豊願寺（横浜市）弘治三（一五五七）年・元亀三（一五七二）年・天正五（一五七七）年、浄蓮寺（埼玉県東秩父）には元亀二（一五七一）年・天正一〇（一五八二）年、天正十一（一五八三）年、大久寺（小田原市）大久保家墓所文禄三（一五九四）年、慶長十六（一六一一）年、長應寺（品川区）慶長在銘、久成寺（鎌倉市大船）である。(24)

以上の在銘資料から考えると、十五世紀代の遺物については、大きさの点、相輪の型式や、笠の型式などから年代的な注意が必要と思われる。今回示した日蓮宗の合掌型宝塔が最も造立される時期は、豊願寺以下に見られた十六世紀中葉から後半にかけての時期であろうと思われる。この時期は、先に触れた同型式の宝篋印塔が、曹洞宗によって造立された状況と全く同様な宗教的な背景が存在すると考える。また、加えて注意したいのは、分布の偏在性である。偏在性とはしたが、近年刊行された『伊東市史』石造文化財編(25)では、日蓮宗寺院の主な寺院には、合掌型宝塔の部材が遺存していることが確認されている。さらに、伊豆半島東海岸地域は、戦国

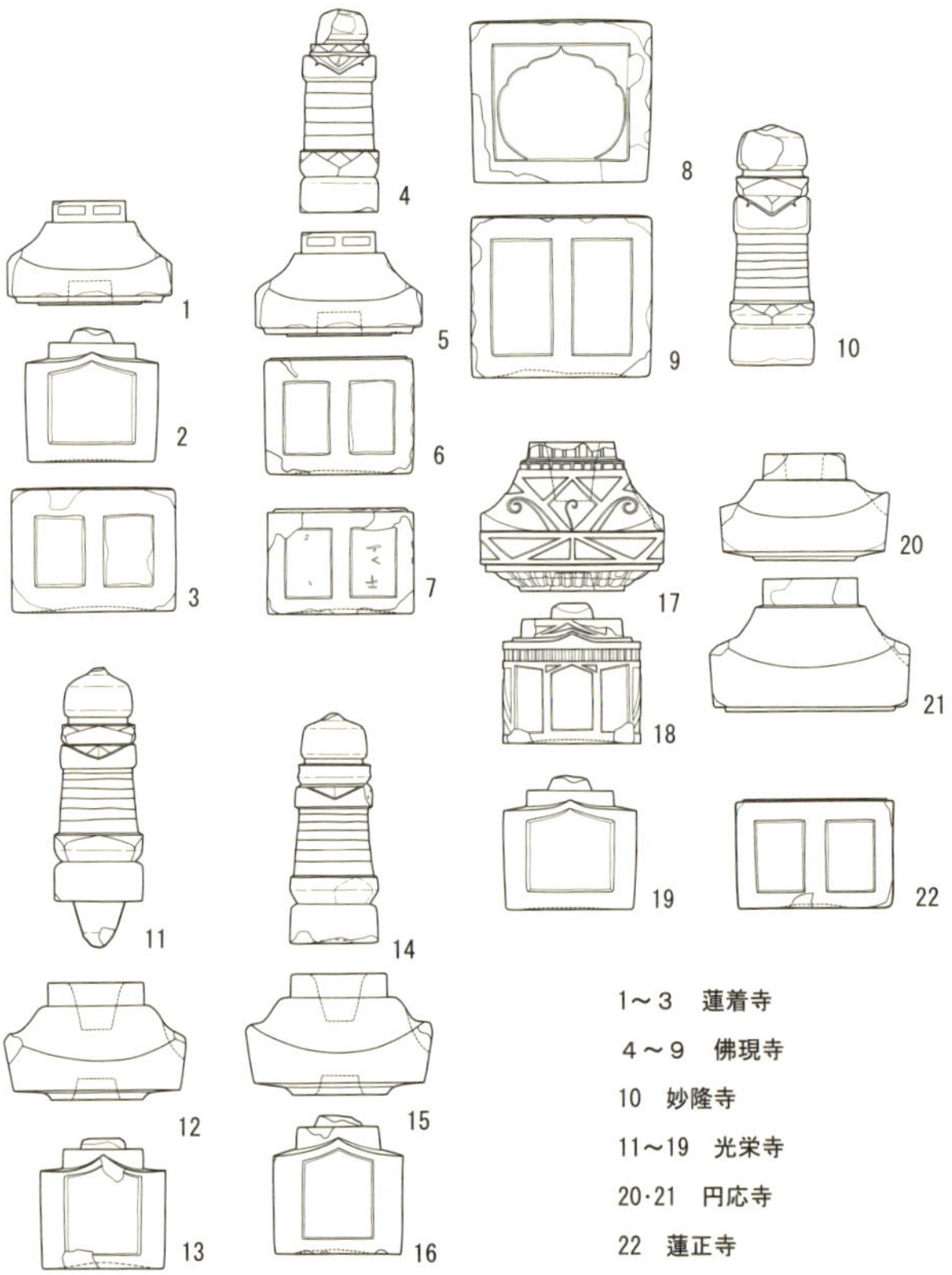

図 14　伊東市の日蓮宗合掌型宝塔

期には曹洞宗が教線を拡張したことが明らかになっている。これと併せて考えると、群馬県南西部地域で確認した曹洞宗の教線拡張に対抗する日蓮宗寺院の存在が対抗勢力として重要になろう。伊東市の日蓮宗寺院で確認された合掌型宝塔の存在は今後注意する必要があろう。また、同型式の宝塔の存在は、同一工房の可能性も想定しておきたい。

七　おわりに

以上、一石五輪塔、合掌型石塔の事例を挙げたが、これらの類例の存在は、先に触れた戦国期型石塔と俗称されている石塔の造立背景と類似しそうである。つまり、民衆を寺院の経営に取り込んでいく過程、「葬式仏教」的な寺院経営へと変化する過程の痕跡として一石五輪塔造立や日蓮宗に認められるような同型式の石塔の造立であり、このような寺院側の積極的な動きは、当該期の早い段階で「聖」が全国展開へと向かう事情に類似している。具体的には、島根県太田南八幡神社鉄塔奉納経筒群の存在が物語っていよう。つまり、ここでの六十六部による経筒奉納が、永正期から弘治期まで盛んに行なわれており、特に大永期にピークを有しながら推移し、永禄期前半に若干認められ収束する様相である。ここで注意したいのは、永禄期以降である。大永期中葉までにピークをむかえ弘治年間から永禄期前半までに大きな流行は収まってくる様相である。これらの奉納の経筒と先に示した一石五輪塔の造立時期との関係は、奉納経筒が収束するのを待っていたかのように永禄期以降一時期各地で一気に大量に石塔が造立されるようになる。このような現象は、おそらくは、在地の寺院が、「聖」の存在を恐怖に思い対抗する教線拡張の手段として一石五輪塔の造塔供養を考案したものであろうし、同様に、いち早く日蓮宗は動いたものと思われる。

これまで見てきたように、戦国期末から同型式の石塔造立が流行する背景には、宗派における教線の拡張・拡大が認められ、一方では、教線を拡張しなければならなかった背景として、十六世紀前半から全国的に展開したいわゆる寺院に属さない「聖」の存在に脅威を感じた結果、供養作法のひとつとして「造塔供養」を考案したものと考えられる。他宗派あるいは「聖」への脅威が、寺院間のネットワーク強化と、これに付属した石工の存在もあったものと想定しておきたい。

註

(1) 埼玉県教育委員会『埼玉県中世石造遺物調査報告書Ⅰ・Ⅱ』一九九八年
(2) 大久保かおり「宝篋印塔にみえる短冊状意匠の類型と分布」（埼玉県歴史資料館『研究紀要』八、一九九六年）
(3) 註(1)と『群馬県史』資料編八、中世四（一九八八年）
(4) 註(3)に同じ
(5) 島根県教育委員会・大田市教育委員会『石見銀山（龍昌寺）』。竪連子を有する宝篋印塔は、石見銀山にも確認できる。元亀二（一五七一）年銘の小田常陸守逆修供養塔である。池上悟先生の報告とご教示による。北陸では、十四世紀代に竪連子が確認できる。この竪連子は断面形が鋸歯状である。
(6) 畑　大介「山梨県における中世六地蔵石幢の性格」（『武田氏研究』第一七号、一九九七年）
(7) 持田知宏『甲斐の中世石幢』山梨県県史　中世4　考古資料編別冊（二〇〇四年）
(8) 近藤昭一「利根川上流地域における輪廻石塔の研究」（『LOTUS』一九六八年）
(9) 日野一郎「重層宝篋印塔」（『東京史談』菊池山哉先生追悼号、一九六五年）
(10) 田岡香逸「万福寺の多重宝篋印塔と竹の内の応永二年宝篋印塔（後）」（『埼玉文化史研究』一〇、一九七八年）
(11) 名著普及会『延享度曹洞宗寺院本末牒』一九四四年
(12) 山本世紀「中世における曹洞宗の地方発展」（『日本宗教史論集』上巻、吉川弘文館、一九七六年）
(13) 広瀬良弘「曹洞宗発展の形態と要因」（『禅宗地方展開史の研究』吉川弘文館、一九八八年）
広瀬良弘「中世の禅僧・禅寺と倫理・秩序—曹洞宗を中心として」（所理喜夫編『戦国大名から将軍権力へ』吉川弘文館、二〇〇〇年）

(14) 広瀬良弘「曹洞禅僧の相伝書「切紙」について」(『禅宗地方展開史の研究』吉川弘文館、一九八八年)
(15) 広瀬良弘「曹洞禅僧の地方活動」(『禅宗地方展開史の研究』一九八八年)の中で次の「文禄四年九月三日付竜派禅珠書状」(「養竹院文書」『改訂武州文書』下)をあげている。
(16) 註(11)に同じ
(17) 註(11)に同じ
(18) 註(11)に同じ
(19) 山本世紀「地方武士団の曹洞宗受容について」(今枝愛真編『禅宗の諸問題』雄山閣、一九七九年)
山本世紀「中世における曹洞宗の地方発展」(『日本宗教史論集』上巻、吉川弘文館、一九七六年)
(20) 村田安穂「高野山西南院所蔵「関東過去帳」について(一)」(『早稲田大学大学院教育学研究科紀要』第一三号、二〇〇三年)
(21) 圭室諦成『葬式仏教』大法輪閣、一九七六年
(22) 鈴木　武「兵庫の一石五輪塔」(『日引』第九号、二〇〇七年)
(23) 池上本門寺『日朗聖人墓塔の調査報告』一九八九年
(24) 本間岳人「石造物」(『蓮花寺の至宝』二〇〇七年)
(25) 松原典明「石塔から見た中・近世の伊東」(伊東市史調査報告第二集『伊東市の石造文化財』二〇〇五年)

第二節　石塔から見た近世初期日蓮宗における造塔事情

一　はじめに

石塔が「信仰の証」、「供養の証」として造立されるということについては多くの研究者が論究し明らかにしてきている。そして「証としての造塔」は中世に係わらず現在に至るまで階層を越えて多くの人々に執り行なわれてきている。

ここでは近世初期の造塔の一例に視点をあてその背景について考察しようというものである。資料としては、近世初期の日蓮宗という特定の宗派の中における造立例であり、加えてそれは近世初期の幕府の宗教政策と密接に係わる例といえる。

「近世初期日蓮宗における」という限定的な対象範囲を掲げたにもかかわらずすべてを網羅し位置づけるという力量は持ち合わせていない。そこで、ここでは造塔に係わった一人の人物とそれに携わった僧侶を通してみた造塔事情について考えてみたい。

二　養珠院妙紹日心大姉のこと

ひとりの人物とは「養珠院妙紹日心大姉」である。養珠院は、天正五（一五七七）年四月四日、父勝浦城主正木左近大夫邦時、母北条治部大輔氏隆娘の子として生誕。幼少の頃二度の落城という悲劇の中、母と子は蔭山氏広の後妻、養女となり通称「お万の方」の名で親しまれていた。文禄二年頃家康に見初められ大奥にあがり、徳川家康の側室となる。慶長七年京都伏見城で後の紀州初代紀伊大納言頼宣を授かり、翌年には後の水戸中納言頼房を授かった(1)。

養珠院の日蓮宗との関わりは非常に強い。京都伏見城においては京都本満寺十二世日重上人（身延二十世）の法筵に連なり、日重上人の門下で日乾上人（本満寺十三世・身延二十一世）、日遠上人（本満寺十四世・身延二十二世）にも聴聞し、日蓮聖人の教えに帰依し、主君家康、我が子、一家眷属の出世開運・武運長久・子孫繁栄のために不惜身命を貫いたとされている(2)。そして承応二（一六五三）年八月二十一日江戸藩邸にて逝去。頼宣公が先導で江戸紀州藩邸から甲斐大野山本遠寺に向けて葬列した。遺骸は本遠近くの河原で荼毘に付され同寺に埋葬された。翌年頼宣の寄進により墓所が完成した。墓所内の承応三年燈籠銘によってもこれを確認できる。

図１　池上本門寺全体図と石塔の位置

三　問題の所在

養珠院の事績を簡単に触れたが、ここで問題としたいのは大田区池上本門寺の大名家墓所群のうち紀州徳川家関連の墓所内（図1★）に、「承応二（一六五三）年八月二十一　養珠院妙紹日心大姉」の銘を刻む宝塔（図3）が存在することである。

先に触れたとおり養珠院妙紹日心大姉の墓所は遺言により山梨県大野山に存在する。池上本門寺に何故塔が存在するのか。池上本門寺の塔が供養塔であるならば、なぜ墓所と同じ宝篋印塔型式の塔が造立されず宝塔型式が採用されたのか。これらの疑問について二寺以外にも養珠院（蓮華院妙紹日心）に係わる石塔がいくつか遺っている。そこでそれらの資料を再確認するとともにそれらの造塔背景を明らかにしたい。これまで養珠院塔の存在理由として〝紀州徳川家の外護〟とだけ説明されてきたが再度存在理由やその背景について、幕府との関連、不受不施派との関連を注視しながら整理してみたい。資料としては、養珠院関連の塔が重要になる（口絵1）。その中でも今回は造立に際し導師となる僧侶が明確である石塔の造立背景を注視することで、その存在理由を意味づけしたいと考える。

四　各地の養珠院に係わる石塔

(1)　山梨県身延町大野山本遠寺の養珠院墓所（図2）

山梨県身延町大野山本遠寺本堂の左手奥に切石の階段があり、この階段を上り詰めると一対の灯籠（紀州初代頼宣寄進＝承応三年銘）が配され、三段の切石基壇の上に花崗岩製玉垣が巡る。玉垣正面には花崗岩製の門柱と屋根のほか家紋入りの朱塗り木製扉がある。

石塔は、切石による四段の基壇の上に反花座に伴った花崗岩製の白い巨大な宝篋印塔が造立されている。

この宝篋印塔基壇部正面には、次の銘文が記されている。

「承応二年歳次癸巳　養珠院妙紹日心　尊霊　八月二十一日」と示寂の歳を刻み、時計回りに「山谷曠野　是中皆應　起塔供養　所以者何」、「當知是處　即是道場　諸佛於此　得（阿耨多羅三藐）三菩提」、「諸佛於此　転於法輪　諸佛於此　而般涅槃」と法華経如来神力品第二十一の一部が記されている。

(2) 池上本門寺の宝塔（図３）

東京都大田区池上本門寺紀州徳川家墓所の一角に所在する宝塔型式の石塔である。塔基台には没年が記されている。両山十九世日豊が導師として僧位階とその名「権大僧都日豊」を刻んでいる。銘文は、正面に「承応二年癸巳暦　養珠院妙紹日心　大姉　八月二十一日」と示寂の歳を刻み、時計回りに「山谷曠野　是中皆應　起塔供養

図２　大野山本遠寺宝篋印塔

所以者何」、「當知是處　即是道場　諸佛於此　得（阿耨多羅三藐）三菩提」、「諸佛於此　転於法輪　諸佛於此　而般涅槃権大僧都日豊」と法華経如来神力品第二十一の一部が記されている。

池上本門寺の墓所中、僧階位を記した石塔は、この養珠院塔と寛文六（一六六六）年銘の瑶林院塔（加藤清正娘で紀州徳川頼宣正室）の二基だけであり、このような刻書方法で名を記した僧は日豊上人だけであることも注意したい。[3]

図３　池上本門寺宝塔

(3) 久遠寺の宝塔（図４）

山梨県身延町身延山久遠寺の日蓮聖人草庵に続く参道を深く入った最奥部に聖人の廟所があり、その左手前に結縁した大名関連の石塔群がある。

宝塔は、現在、最も廟所に近い一群中に位置している。宝塔の特徴は、細身の塔身であり屋根裏の表現は三段斗栱が造り出されており、四隅は隅木の表現もあり古式である。銘文は次の通りである。

《銘文》

［正面］

南無多寶如来
南無妙法蓮華経
南無釋迦牟尼佛
［右］
征夷大将軍前右大臣従一位
源朝臣家康公御息宰相権
中将頼信《ママ》権少将頼房之母公
源持氏六代裔蔭山長列《ママ》利廣
［裏］
息女蓮華院日心寄浄財柊諸
僧令轉經王都一萬部功就願
成更起立石廟柊祖跡延山命
老衲日乾銘志趣乎其傍云
［左］
妙典成徳佛雉説究一勺一字
其功猶隆聚沙為塔已成円通
四生六道證空中
慶長十九年甲寅二月誌之

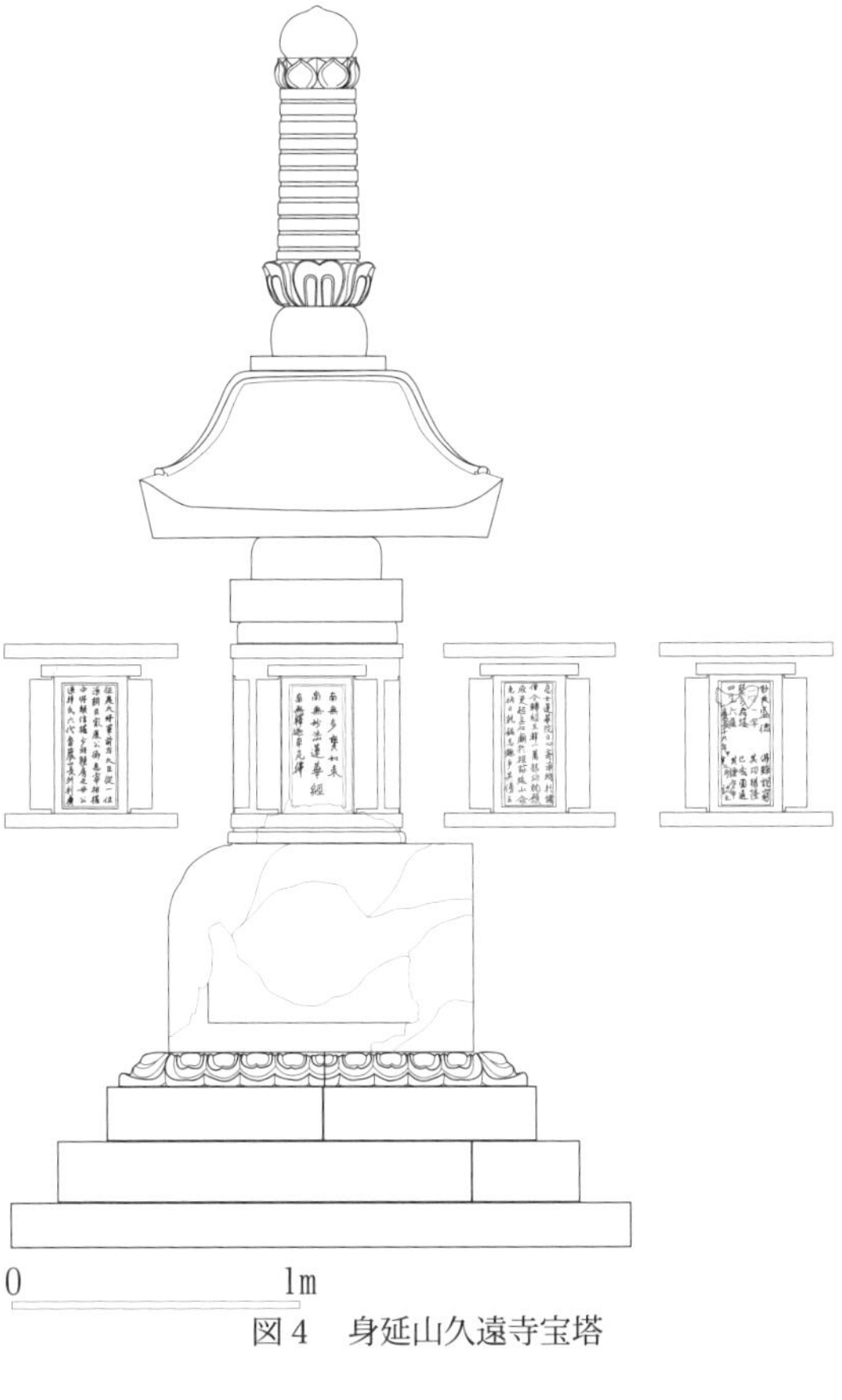

図４　身延山久遠寺宝塔

(4) 静岡県静岡市沓谷蓮永寺の石塔（図５）

六老僧のひとり日持上人の実兄で庵原郡邑主松野六郎左右衛門行成が宗祖とはかり文永十一（一二七四）年あるいは弘安六（一二八三）年に創建したとされている。この古刹は一時荒廃が著しかった時期があり、この荒廃に日乾上人が養珠院に上申し再建を託したことで復興が適い今日に繋がっている。(4)

境内地北東に造立されている宝篋印塔には、日持聖人ゆかりの旧蹟の地に蓮永寺が再興されその証に起塔することが記され、加えて外護者である養珠院の事績を讃えている。造塔は身延日乾上人の法嗣の二十二世日遠上人が蓮永寺在任中の寛永十一年の冬に造立されたことが記されている。

銘文は、基壇正面に逆修法号「蓮華院妙紹日心大姉」が記され、時計回りに次の銘文が刻まれている。

図５　沓谷蓮永寺宝篋印塔

《銘文》

[左側面]

竊以性海凝家而仙波
巳動覺箞峻而万行
肴歪況復精舎建立者
編法血榮之跡茎也起塔
供養者泉書泰行之宸頂
是為　東照大権現御息
紀州前宰相頼宣水戸黄門
源頼房両卿母公源持氏六
代為蔭山長州利廣息女
法号蓮華院妙紹日心掌欽

[裏面]

於日持聖人舊跡将絶乃發
乃浄心願以再興之移處興
之乎一寺招僧持乎三
當山二凡法花所謂是法図
縁之知識涅槃所謂信心清
浄之檀越豈作之耶舎更造
立必以柊此招堤之沙令野
□処是縁□且傍仍誦偈

[右側面]

□□造新　三道紹龍
敬信榮法　功徳無竊
以□石廟　皆成無雄
□之三界　同抄證離
寛永第十一龍集甲戌仲冬良日
身延山第二十二嗣法當山第四世日遠誌之
貞松蓮永寺住師此日遠謹以営此

(5) 静岡県三島市玉沢妙法華寺（図6）

妙法華寺は、六老僧日昭の旧地法華経寺（鎌倉浜土）に由来し伊豆加殿から現在の地に移転した。昭師の旧居所名から「玉沢」を付し「玉沢妙法華寺」として復興された。この復興は、妙法華寺十六世日達（日遠弟子）により着手され、養珠院・英勝院の大きな外護によって元和七年十七世日亮によって完了した。妙法華寺には現在養珠院関連の石塔が五基確認できる。五輪塔四基と九重の層塔一基である。このうち五輪塔二基は養珠院の両親のための供養塔で一基は自身の逆修塔である。このほか三浦長門守為春が造立した父の供養塔と為春自身が生前造立した九重の層塔がある。そして養珠院の両親および自身の五輪塔は、造立年からすると本来は加殿に造立された供養塔であるが、玉沢移転に伴い同寺十六世隠居所で太田道灌五代目太田新六郎重政の菩提を弔うために開基したとされる「覚林院」の地に移設されたものである。(5) 今回は養珠院が造立した五輪塔については触れず、「三浦長門守為春建立九重層塔」について注意してみたい。

この層塔は紀州の日正山了法寺宝篋印塔の銘文に記されている塔に合致し、池上本門寺の層塔（現在確認されていない）と同時に建立された塔であることがこの塔の塔身銘文から確認できることがすでに指摘されている。(6) 層塔の銘文は以下のとおりである。

《銘文》

［裏面］

奥□大檀度三浦長門守為春法諱
妙善院日曜寿位者平氏之苗裔為道
之後胤折亦泰　亦一品大相国源
家康公之御息紀伊国主　黄門頼信
常州水戸　相公頼房両御母公為伯
双君為舅然間武藝傳家造次事矢弓
之業凜々威風也追養由之跡兵略備
願顛沛态知謀之誉堂々意気也運予
房之等加旃博学群書義味精定奥携
風雅道吟詠勧人耳焉賢哉暁矣□□
覚之枕生後惆帳銘肝夕空驚脱鐘之
聲還流感傷溢懐熟惟十二支分之車

［右面］

輪回々而無始二十五有之囹圄縛々
而无終悲乎易隠泥梨難證涅槃孝哉
戒行内董偶感人生宛同盲亀浮木宿
善外發称銘碑教願以曇華開敷若現
生空過豈異入寳山拱手耶以故抽篤信
於四七品之経王願懇祈於十万部之
読誦肆寄乎浄財於諸藍属千若干之
衆僧以令巻舒黄巻朱軸勤修者文妙
行箭功漸積行速熟　茲歳寛永甲子晩
冬之日就踏一千万部之員数録旃令
将歓伸供養之儀則以建宮石塔於新
霊崛納部数於石中而就乎埜衲被需

［正面］

書銘於其上以為素願成弁之旨趣固
辞无攸意諓耻染秃毫慶讃焉尤法華
是如来自證之秘蔵群生得悟之直道
矣読誦示妙行五種之極要圓家一乗
之数息供積功累徳備何此行衆善奉
行誰超此功耶誠夫一句一偈尚有得
三菩提之能秃乎於十万部眞讀之勲労
哉験知所者讀一々金文遍法界顕莫
佛躰所諷誦字々妙音徹沙界説法教
化矣将又四面九層之石廟是九界悉
證果佛知見之教示四趣咸得金剛遮
那之表彰矣給深絶恰玄妙不可得而

［左面］
称己焉恐是可謂前代未聞之供善正
亦當時冗比之大行也廣歳願主万春
華皈称之日寶蓮華承堤死明□□畫
千秋月八山之時相好光塵磨三躰転
増矣乃至六親九族世々恩者共祈煩
悩業證十菩提三有五道生々為悩同
出若輪海獲乎涅槃重迄積善有徐
兮文官武職華族亀齢鶴等之嘉幸長
保界徳施薫兮子葉孫校之親戚富祐
久栄可去尓

維持寛永元龍集甲子冥仲秋時正日
欽誌
當山第十六世傳法小比丘日亮
當國
令造営棟梁
椎野権三良

図６　玉沢妙法華寺層塔

(6) 鎌倉比企谷妙本寺（図７―１・２）

比企谷妙本寺は、朱塗りの山門をくぐりぬけると、祖師堂に向かって左山手斜面が本山墓地になっている。この墓地の最奥部の右手に二基の宝篋印塔が造立されている。南を正面にして並ぶ宝篋印塔二基は、心性院日遠が寛永十五年に養珠院の法縁を讃えて造立された塔と、自らが結縁し同時に建てた同型式の宝篋印塔である。養珠院を讃えた塔（１）にはその事績が記され、自身の塔（２）には法華経勧持品第十三の一節が記されている。

《銘文》

（１）

［塔身正面］
南無多寶如来
南無妙法蓮華経
南無釈迦牟尼佛

［基壇正面］
證大菩提也
為養珠院妙紹日心大姉
（逆）修営之

［基壇右面］
夫東照大権侍息紀
州大納言源頼宣水戸
中納言源頼房長両卿母公
法號養珠院妙紹日心大
姉菩提三寶歸成清浄
檀越也一宗相続沙謹知

［基壇裏面］
故也□身蒙恩恵
宣應勝数十故余憶高
徳聊欲拾安明之一塵合
深息且将涌蒼溟之一
□緩起之一基石廟備
以徳楽之良縁兼明法

［基壇左面］
界之抜□分侵以偈頌曰
緩隆三寶　不耻古寶
歸敬謹法　勲徳強□
今起石廟　盍成大仙
六趣四生　同開心蓮
寛永十五龍集肇戊寅第久年
両山第十六世心性院日遠謹誌

（２）

［塔身正面］
南無多寶如来
南無妙法蓮華経
南無釈迦牟尼佛

［基壇正面］
謹
両山第十六世心性院日遠
修

［基壇左側面］
密惟愉婆者是三世満
陀師房之寶窟也十方
薩称□期之浄利也経
曰當秋是處即是道場
諸佛於此得三菩提諸
佛於此轉於法輪諸佛

［基壇裏面］
於此而般涅槃起偈功
施室唐□耶有□定
或者起石廟□成佛
如是諸々諸久世己成佛
凡□□□□□□
□第四開願□□

［基壇右側面］
回向菩提焔向空理
敷滅水流趣海法介
無僑伏乞見聞學知
随喜讃歓同閏法雨
倶榮心月而已
寛永十五龍集戊寅□念入
自謹誌之

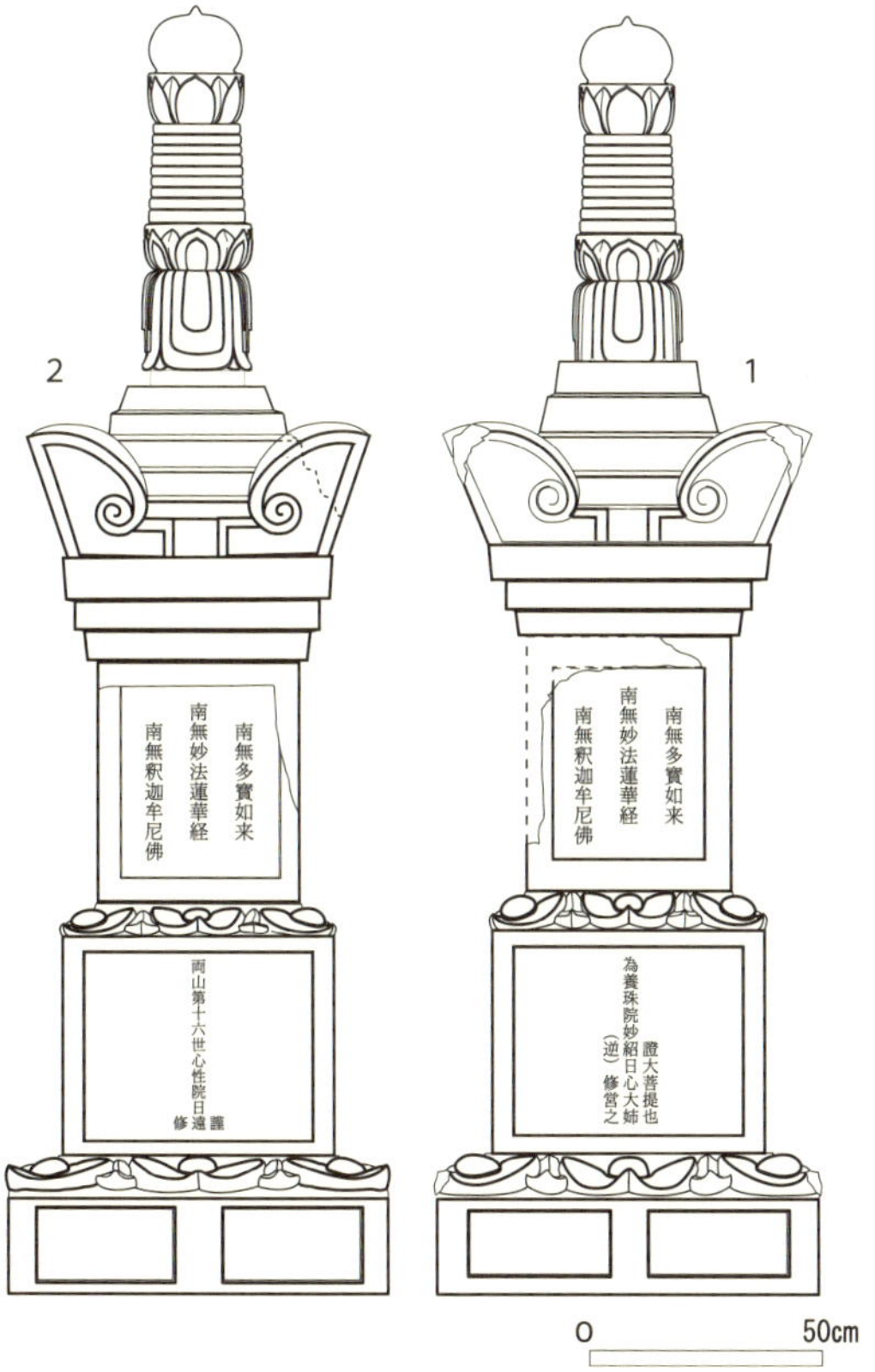

図７　比企谷妙本寺宝篋印塔

五　石塔に記された上人の事績

以上見てきた石塔類には、造立の導師を務めた僧侶の名が記されている。これらを確認してみると、近世初期の日蓮宗の歴史を築いた重要な上人たちであることがわかる。重乾遠と称されている三師のうち日乾・日遠上人とその法嗣である日豊上人である。そこでここでは、それぞれの石塔造立に係わった上人の事績を再度確認してみたい。

(1) 寂照院日乾上人（図9—⑥）

日乾上人は、慶長八（一六〇三）年九月、身延山久遠寺全徒の連署によって京本満寺から屈請し晋山する[7]。身延における六条門流進出の最初である。この時、身延側では、仏心院日珖、一如院日重の屈請した動きがあった。日珖は、学匠であり弘通者としても喧伝されていた。しかし係る状況下で日乾が貫主として晋山したことは、日蓮宗としても門流の枠を越えた思い切った処置であったと評価されている。そして日乾貫主就任については、起請文があり、特に日乾、日重による久遠寺後任住選定権の移譲を約束させたことでその後の久遠寺の日重門下の掌握が実現され、慶安元（一六四八）年に至るまで日重門下から貫主就任が続いた。

また、身延晋山の日乾の業績で大きく評価されるのは、「日乾目録」の作成である[8]。

慶長八、九年、久遠寺在任在住の成果と目的は、真蹟の写本と校合であり、「日乾目録」の作成として完結した。また、この時、日通の模写事業は機を一にして東国身延と中山の所蔵真蹟が日通と日乾により書写、校合と蒐集により京畿にもたらされた。

そして慶長十一年には久遠寺所蔵日蓮遺文の刊行を発企。同年の四月二十八日の立教開宗の日に中山所蔵真蹟本の写しを起板した。版木彫刻は、「工匠」僧日誉、日源、日顗が考えられる。日源、日顗の存在は、慶長六年刊行の古活字版『日蓮聖人註画讃』でも両僧が係わったことからも日乾との関係が想定されている。したがって日乾の慶長十年の還住・上洛は「工匠」僧との交渉と確保、資金調達にあったとも見られている。これらの一連の復刻版の作成活動は、本国寺元和古活字版に継承され、文禄年間から寛永に至る間、日蓮宗全体に広まり、寺院板の出版という流行を促した。

つまり、先進的な活字の印刷技術は、文禄年間に秀吉によって日本にもたらされているが、関西門流の日蓮宗寺院においてすでに、慶長、元和の段階に「工匠」僧を抱え出版事業が行なわれていた。そしてその最先端に日乾、日重が企画していた事実があることは、近世初期の日蓮宗を考えるにはきわめて重要な史実であり、本阿弥光悦などの復古、古典重視の機運と相俟っているといえよう(9)。

(2) 心性院日遠上人

一六〇〇年、日遠二十八歳で、日重に推挙され飯高檀林の三世に屈請され化主となった。一六〇五年三十三歳で、兄弟子の日乾の後を嗣ぎ、身延山二十二世に昇った。

慶長四年日重の代として飯高壇林化主につき、六年間の講授の後に日乾の跡を承けて二十二世として身延に晋山する。慶長法難を経て慶長十四年、養珠院の徳に帰嚮し大野山に精舎（後の本遠寺）を営む。寛永七年には両山十六世を継ぐが八年には日東にこれを譲り鎌倉経ヶ谷に退蔵す。寛永十九年他界に遷す。天台学重視の修学課程の制定者でもあった。池上本門寺は、日遠上人から法系の日東（飯高壇林十化主）、日耀（飯高壇林十二代化主）、日豊（京都妙顕寺十六世）、日通（身延三十世、鷹峯壇林十一世化主、飯高壇林十五代化主）、日養（飯高壇林十四代化主）の五代にわたって日遠直系が貫主を相続し、二十二世日玄上人以後、池上三法類ができ出生相続となった(10)。

(3) 僧那院唯遠日豊上人

明暦元（一六五五）年十八世日耀上人の遷化の後を承けて、当時京都妙顕寺十六世であった日豊上人（西谷壇林六世化主）は、幕命によって両山十九世に晋薫した。晋薫に当たっては、池上本門寺には住職補任権はなく、身延の選定した人物に対して幕府が許可をだすという制度になっていた。つまり、身池対論によって関東不受不施である日樹、日賢、日充、日尭が追放除歴され、身延にその存続が帰属された後に、日遠門下である僧那日豊が中村壇林七代化主に遣わされた(11)。

飯高檀林で禅邦院日忠上人会下に就いて学び寛永二十一（一六四四）年に京都妙顕寺十六世の法灯を嗣いだ。日豊上人は池上在山十三年間において、不受不施に荷担した末寺や信徒を本門寺に復帰させようと法労に終始したのである。『笑禁断謗施論』では、末法における宗門指導者としての日乾の折伏弘法を正当評価するとともに不受不施と正面から対立を表わしている。さらに寛文元年には身延二十七世日奠とともに不受不施派弾圧の訴え強く上申し幕府による裁決を促し、幕府の意図する本末体制秩序をつくりあげた。

六　造塔の導師と造立背景

(1) 乾、奥師と身延宝塔の造立背景

先に見たように慶長十九年二月、身延山に造立された宝塔には導師として日乾の名が記されている。この塔は日乾と養珠院の係わりを明確に確認できる数少ない遺物の一つであり最も古い石塔といえる。そして注意したいのが最も古い石塔の塔型式が宝塔型式の塔であるということである。慶長十九年は、日乾が身延を退蔵する年でもあることに注視してなぜ塔が造立され

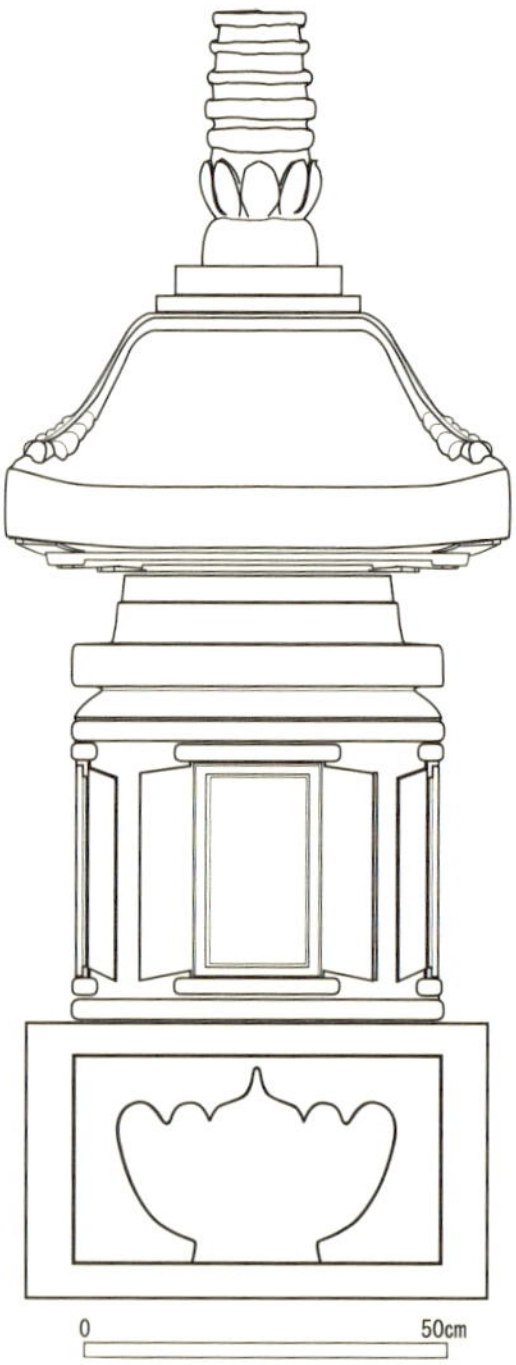

図８　京都・本満寺日秀塔

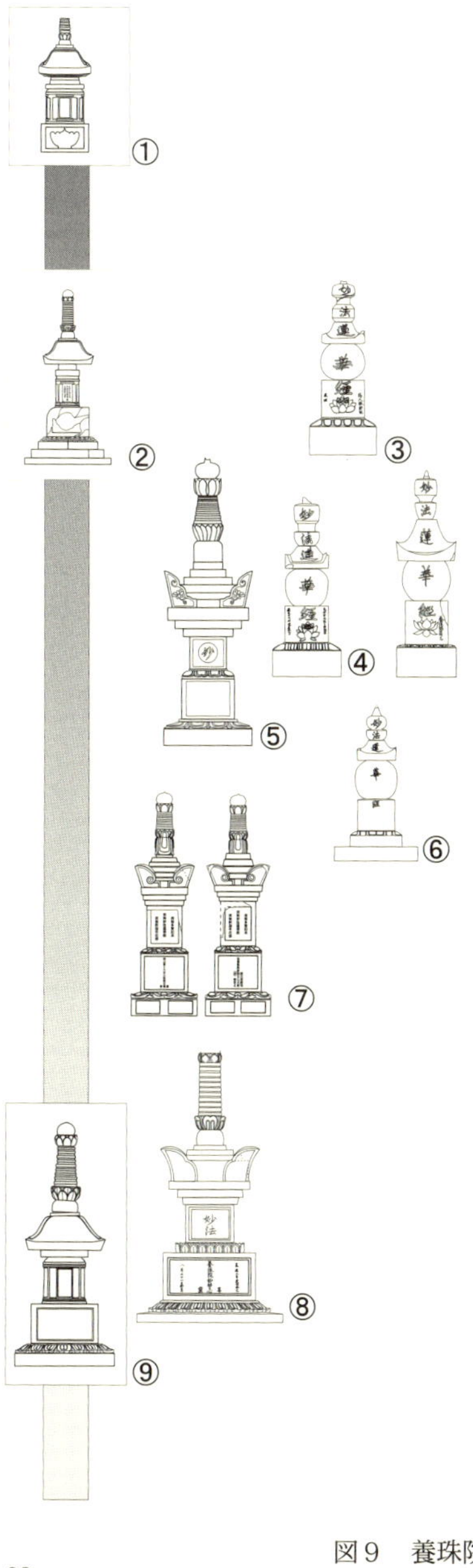

宝徳３年-1451：本満寺日秀上人宝塔造立①

天文 5年-1536：天文法華の乱

天正16年-1588：久遠寺条目制定

文禄 4年-1595：秀吉大仏千僧供養

慶長元年-1596：再び秀吉大仏千僧供養

慶長 4年-1599：心性院日遠飯高檀林３世化主
家康大坂城にて日奥京都法華宗
との対論

慶長 5年-1600：日奥対馬流刑,関ヶ原の戦い

慶長 6年-1601：誠証院日景示寂

慶長 8年-1603：日乾身延貫主晋山

慶長 9年-1604：日乾日蓮真蹟対照校合、
日遠身延西谷檀林創す
身延山掟

慶長10年-1605：京都本満寺還住
日遠身延貫主晋山

慶長11年-1606：鎌倉法華経寺玉沢妙法華寺に
移転着工（玉沢16世日達）

慶長12年-1607：玉沢移転完成（玉沢17世日亮）

慶長13年-1608：慶長法難（常楽院日経浄土宗論）

慶長14年-1609：日乾再び身延晋山
(→慶長十九年(1614))

慶長16年-1611：悲母智光院日種示寂

慶長17年-1612：日奥配流赦活動開始

慶長19年-1614：身延宝塔造立②
誠証院日景回忌供養塔造立③
日乾能勢に退蔵

元和 2年-1616：家康薨ず、日奥『宗義制法論』

元和 4年-1618：日乾、蓮華院に本尊授与

元和 5年-1619：再び蓮華院妙紹日心に本尊授与

元和 9年-1623：悲母智光院日種供養塔造立④

寛永元年-1624：三浦長門守為春層塔造立
（玉沢16世日亮）

寛永 7年-1631：身池対論

寛永 8年-1632：「御朱印頂戴仕度条々」十一条法度

寛永10年-1633：日乾末寺書上製作、日亮継ぐ

寛永11年-1634：日持・養珠院顕彰供養塔造立⑤
（蓮永寺日遠）

寛永12年-1635：日乾瑶林院に本尊授与(二月)
日乾示寂（10月）⑥

寛永15年-1638：鎌倉妙本寺養珠院顕彰塔⑦

寛永19年-1642：**日遠示寂**

慶安元年-1648：家康三十三回忌妹背山
多宝塔建立

承応 2年-1653：養珠院江戸で逝去
本遠寺埋葬⑧
本門寺供養塔⑨

寛文 6年-1669：瑶林院浄秀日芳大姉逝去本門寺
宝塔造立（養珠院塔造立）

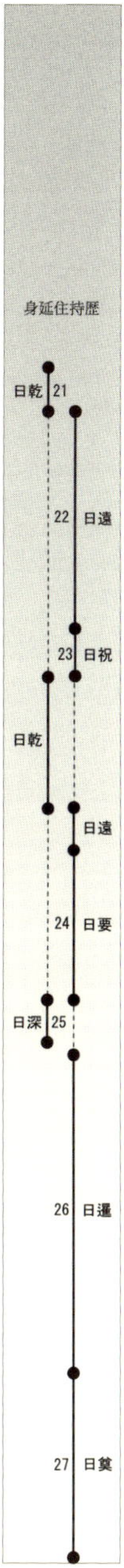

図９　養珠院関係塔と日蓮宗年表

たのか、なぜ宝塔型式なのかを考えてみたい。

最初に、この宝塔型式の由来を考えてみると、日乾が住した京都本満寺にある。本満寺には「宝徳二年　日秀聖人八月」開山聖人の銘が刻まれた宝塔が存在する（図8）。そしてこの塔を中心に他に四基の宝塔が林立しており歴代墓として奉られている。日乾は、身延晋山と本満寺への帰住を繰り返す中で、日蓮宗本来の造塔型式である「宝塔」を自らが選択し造立したと考えたい。

続いて、塔が造立される背景について、造立年前後の日蓮宗における出来事を中心に触れてみたい。

慶長十七年には日奥が対馬配流から赦され京都に帰る。そして布教活動を開始する時期であり、翌十八年には板倉伊賀守の取り次ぎで不受不施公許の折紙を得ている。したがって、このような背景のもと、京都における日奥の活発な布教活動に対して、身延に晋山していた日乾は遅れながら能勢に退蔵する。

能勢は、日乾が初めて身延晋山（慶長八年〈一六〇三〉となる以前から活動しており慶長六年には清普寺を開基するために尽くした地であることや、本縁寺において慶長五（一六〇〇）年能勢頼次に最初に法を説いたところでもありゆかりの非常に強い地域でもあった[14]。後の「日乾末寺帳」でも明らかなように能勢地方における寺院の多くは本満寺支配下にあり日乾の影響力が大きかったものとされている。しかし、一方では、本満寺支配下であった寺が妙覚寺門流の寺に転じ、新たに開基される寺も出現し日奥配下の妙覚寺門流の活動の影響も大きかったことが指摘されている。このような日奥配下の驚異的な侵食活動に対し、日乾は元和三（一六一七）年、能勢に隠居所覚樹庵を建立し自らが地域に入り込んでこれに対抗しようとした。この背景には慶長十七（一六一二）年日奥が配流から赦され京内で活動を再開していることや元和二年三月に日奥が妙覚寺に還住したことが指摘されている。また同

図10　京都・常照寺日乾塔

二年には『宗義制法論』三巻も刊行され日乾が名指しで誹謗されている。このような受施日奥の京内での活動の脅威を感じた日乾は、身延の地で本山統一を目指したが、成就しないまま本満寺に帰住せざるを得なくなってしまっていた。そこで身延退蔵の折りに、幕府の外護を養珠院との関係を通して内外に示す宝塔造立を行なったものと思われる。塔型式は、六条門流の立場を同時に誇示するために本満寺歴代の宝塔型式を採用したものと考える。また、元和三・四年は家康の一周忌と三回忌の年に当たる。そして日蓮宗全体の動きの中では日奥が元和二年に『宗義制法論』を示し日乾を激しく誹謗していた時期でもあった。また関東では元和五年に日樹が池上に猊座する前の年で松崎、中村壇林の化主六世にあり、活発な活動を行なっている時期でもあり、元和六年には池上に晋山する。したがって日乾は、日奥、日樹らの不受不施の驚異的な対抗勢力に対して、養珠院を通して幕府権力を背景とした外護の存在を強く打ち出すために身延への造塔と併せて本尊授与を行なったものと思われる。

図 11　久遠寺宝塔銘文

　身延宝塔の銘文の最後に「老衲日乾」（図11）と、遜って自分を表現したものの、この宝塔造塔には、天文法難、大仏千僧供養など厳しい状況下から抜けだし、慶長十九年段階には幕府の外護を得るまでに至ったということを表わしており、天文の法難以来の日蓮宗の復活を示す金字塔的な意味をもたせたものと思われる。また日乾は、元和四（一六一八）年と次の年に二度にわたり養珠院に本尊を授与し、寛永十二（一六三五）年、自分の示寂の年となった二月にも瑤林院[15]に本尊を授与している。そして日乾の一連の活動は、日遠に嗣がれ、蓮永寺、妙本寺の宝篋印塔の造塔、日豊の宝塔造塔に受け継がれ受施安泰、本山統一を託したものと思われる。

(2) 乾、遠師と蓮永寺塔造立の背景

日遠が蓮永寺住持を嗣いだことについて簡単に触れると、慶長十九（一六一四）年、日乾は身延二十一世を辞し西谷檀林に退いていたが、養珠院に日持聖人の旧蹟である蓮永寺の再建を上申し再興を託したことに始まる。当時駿府の法難以降における家康の日蓮宗諸寺への外護は積極的であり、日乾が養珠院に再興を託した元和元（一六一五）年には駿府城の鬼門の方向に当たる沓谷の地への蓮永寺移転がかなった。身延の宝塔造立に続いて、この蓮永寺の再興という事業は、日乾発案であり、日奥あるいは日樹を中心とした不受不施派に対して、幕府を後ろ盾にした身延一連活動の現われと考えられる。したがって西谷檀林に退蔵中の日乾上人（身延二十一世、京都本満寺十三世、京都妙覚寺二十二世、能勢真如寺一世）を中興の開基（本寺七世）と定め貞松山蓮永寺とした。そして日乾上人能勢隠居により元和九（一六二三）年に日遠上人（身延二十二世、飯高三世、本満寺十四世、本遠寺一世、池上十六世）がこれを嗣いだ。

蓮永寺における日遠の活動もやはり幕府を背景とした受施の活動が主で、師である日乾の描いた計画図に沿って寛永三年には瑶林院に本尊（池上本門寺蔵）を授与し、寛永十一年には、日乾が身延で行なった宝塔造塔同様蓮永寺にて宝篋印塔を、寛永十五年には鎌倉妙本寺にて宝篋印塔二基を造立した。

そして寛永十二年の瑤林院への本尊授与の背景は、元和三（一六一七）年、頼宣は家康の死後、家督を継ぎ駿府城主に着任しており、同年に瑤林院が熊本から頼宣に輿入れしている。家康死後の幕府との関係を保つために落飾した養珠院のほか幕府と直結する法縁が必要であったと思われる。したがって養珠院に繋がる法縁を確実なものとするために、輿入れに際して本尊を授与したものと思われる。背後には養珠院の導きが強いものと思われる。また、寛永十一年銘の蓮永寺宝篋印塔造立の背景は、日乾の本山統一を図るための行動の中で考えられる。つまり、日乾は日奥の強力な活動から能勢を守るために一時身延を退蔵し本満寺に帰住するが、退蔵にあたり慶長十九年に宝塔を造立しあえて幕府との関連を明確なものとして位置づけている。さらに蓮永寺復興という企てを幕府に直結した養珠院に託すことで、その存在感と養珠院を介しての幕府との関連を遺し、周囲に広く示すことを目的としたのであろう。そし

てこのような設計図を日乾は日遠に託したものと思われる。

一方日遠は、日乾同様、寛永十五年比企ヶ谷妙本寺を退蔵するに先立って宝篋印塔二基を造立している。この造塔の意味は、やはり日乾が身延退蔵に宝塔を造立していることと同様と思われる。違うとすれば、日乾は六条門流の立場を宝塔形式で示したのに対して、遠師の造立した塔型式は宝篋印塔形式を採用していることである。この背景について今想像を逞しくしてみると、日遠の時代には、京都を中心に日奥上人が活動する一方、関東では日樹上人が中心となり日奥の不受不施の運動を展開していた。日樹上人が遺した造塔例をみてみると鎌倉妙本寺の加賀前田利家室関連の寿福院塔および池上に遺在する日樹塔でありいずれも五輪塔型式の塔である。これから考えると、日樹上人は、身池対論により配流されたものの五輪塔を遺している。これに対抗してあえて日樹上人との関係において宝篋印塔型式を採用したのではないかと考える。

(3)　日豊上人と造塔背景

池上本門寺に遺る養珠院、瑤林院塔は、いずれも日豊上人の名が遺っている。最初にも触れたが養珠院塔は、承応二年銘でありながら石塔の背面の銘文には「権大僧都日豊誌之」の銘が確認できる。また、同様式で寛文六年に亡くなっている瑤林院の塔にも「権大僧都日豊誌之」の銘が確認できる。したがって通常これらの銘文の記載と日豊上人の池上晋山年から考えると、瑤林院の供養塔を造立すると同時に養珠院の塔を造立したものと考えたい。このように仮定するとなぜ日豊上人は巨大な宝塔を池上本門寺に造立したのであろうか。かかる答えは、日豊上人が幕命を受けて晋薫したことにもあり『笑禁断謗施論』などの著書によっても想像できる。つまり、日奥上人は『禁断謗施論』、『門流清濁決議抄』などによって日乾一党を破折し、関東諸山もまた日乾、日奥を攻撃した。かかる状況の中、日豊上人は『笑禁断謗施論』で末法における宗門指導者としての日乾の折伏弘法を正当評価するとともに不受不施派と正面から対立を表わしている。さらに寛文元年には身延二十七世日奠とともに不受不施派弾圧の訴えを強く上申し幕府による裁決を促し、幕府の意図する本末体制秩序をつくりあげたのである。したがって、本山統一を目指した日乾上人の足跡に従いこれを法孫の日奠とともに強力に推進させた。その事業において、やはり幕府を後ろ盾とした正当性が必要であり、寛永十二年までに日乾が築き上げた養珠院の外護、養珠院を介しての瑤林院の法縁と外護を再度知らしめる必要があった。瑤林院の逝去に際して追善の意を宝塔の造立事業で示したものと考える。宝塔型式は、日乾の身延退蔵における造塔事業に繋がり、「権大僧都日豊」と遜った表現もまた身延の宝塔銘文に記された「老衲日乾」（図11）の表現を忠実に従ったものと考える。

(4) 三浦長門守為春の九重層塔の造立背景

妙法華寺の九重層塔は、為春が父の菩提を弔うために建立した紀州日正山了法寺内の宝篋印塔銘文中に登場する「十万部豆州玉沢両山建立石塔開眼供養畢」であろうとされている。この九重層塔の願意については、銘文中の「寿位」が示すとおり為春（逆修号妙善院日曜）が逆修塔として造立しており加えて紀州頼宣、水戸頼房、養珠院の事績・篤信を讃えるための顕彰碑として当寺十六世日亮が導師となり寛永元（一六二四）年に建立したものである[16]（三浦長門守為春……享年八十、和歌山で逝去、法号妙善院日曜改め大雲院定環日健居士、日正山大雲院了法寺に葬る）。

この為春の造立した九重の層塔の造立背景には日奥と幕府を背景とする養珠院との確執にあると思われる。特に元和七年の日奥から養珠院への書状においては、不受不施義の正当を主張し続けてきた日奥らの不受不施公許の継目折紙申請に関して日乾が妨害をしたために実現できなかったことを述べ、日乾に対する異見を養珠院から申し入れるようとの嘆願を書きしたためているのである。このような日奥と日乾の反目は、日奥の篤信者でもある三浦長門守為春をも巻き込んだ。日奥は、元和二年に『宗義制法論』をはじめ、元和年間、寛永二、三年に養珠院宛に書状を送り日乾を誹謗し最終的には「諫状」[17]と称して日乾、日遠の誹謗と、それを外護する養珠院本人に対しても「もっての外の宗旨の邪魔」とまで称している。

養珠院の実兄である為春は、実父の影響もあり日奥の篤信者であった。したがって、日奥が為春のために記した「法華諸宗門流禁断謗施条々」が原因で養珠院と日奥の反目が激しくなっていく折りに自分の立場を示さなければならなかった。養珠院への忠誠や真意を「事績顕彰」と「十万部眞讀」供養による現世利益を層塔造立に結縁させたものと考える。したがってこの層塔の造立背景には日奥と養珠院の反目に苦渋する為春の真意が隠されているように思える。

七　おわりに

以上、池上本門寺に所在する養珠院の示寂年を記した宝塔の存在の疑問から、養珠院関連の石塔を資料としてその造立背景を考察した。

この結果、個々の養珠院関連石塔の造立背景には、中世末期から近世初期における日蓮宗の受施・不受不施の動きと非常に密接に関連していることを明らかにしてきた。最後に近世初期における日蓮宗の宗勢を簡単に触れてまとめとしたい。

身延山久遠寺日乾・日重・日遠を中心とした受不施派と、妙覚寺日奥、池上本門寺日樹を中心とした不受不施派はその立場を明らかにするため寛永七（一六三〇）年に江戸城内において対論をした。「身池対論」である。身池対論の結果、受施派の身延側が公権力により是認された。日乾は、日奥の妙覚寺に晋山し、有力寺院を身延という自門の触下に配そうとしたが、不受不施派末寺の離反は多く、日蓮が目指した総山主義の本末組織は未完となった。一方では、「御朱印頂戴仕度条々」という十一カ条の法度条目を幕府に提出し、日蓮宗法度としての許可を得ようとしたが誓願にもかかわらず総本山としての正式な公認は得られないという結果になった。係る状況の中で、日乾、日遠は幕府との交渉以外に法華信者で家康の側室という立場にある養珠院との繋がりを重視して、教線の拡大と総本山としての地位の確立と、本末統制を図りたかったものと思われる。身延に遺る宝塔はこれを示している。また、家康死後は、養珠院の外護に加えて、本尊の授与を通して幕府の公権力を背後に持つ瑤林院の外護をも取り付けていった。

日乾の行なった身延での宝塔造立事業は、日遠の蓮永寺、妙本寺の造塔に嗣がれ、受施有力寺院における、幕府公認権力の外護の存在を示す証でもあった。同時に末寺に対する総本山としての統率力をも示す証でもあったように思われる。日乾・日遠の本山統一への思いは不受不施の最有力寺院であった池上本門寺を掌握することにあったが、日豊の晋董まではかなわなかった。しかし日豊在任中に、瑤林院の逝去という不測の事態にあたり日豊は、瑤林院の顕彰を示す供養塔の造営と同時に、養珠院の供養塔造立という事業を行ない、権力を背景とした外護の存在を大きく示した。この日豊の事業が今日に至る池上本門寺の最も基礎を築いたものと捉えたい。

以上、石塔造立の背景を探ることにより日蓮宗の近世初期の宗勢の一部を垣間見ることができたと考える。今後は、坂詰秀一[18]が提唱し、阪田正一[19]が実践した考古学的な方法論によるアプローチで広く宗教の考古学を展開させたい。

註

（1）戸田七郎『女心佛心』日蓮宗新聞社、一九九七年

（2）『南紀徳川誌』南巻三

（3）安藤就昌「池上本門寺と大名家墓所」（『池上本門寺大名家墓所の調査』二〇〇三年）

（4）石川存静編『池上本門寺史管見』一九六九年

（5）「玉沢手鑑草稿」（立正大学編『日蓮宗学全書』第十九巻史伝旧記部（二）、一九六〇年）

（6）藤崎英正「三浦長門守為春の研究」（『宮崎英修先生古稀記念論文集』平楽寺書店、一九八三年）

（7）奥田正叡『論叢』二〇〇二年（寂光山常照寺　奥田正叡師）

図９⑥日乾上人塔実測図、図10日乾塔写真は、鷹ヶ峰・寂光山常照寺　奥田正叡師のご理解により本書に示した。調査当日当寺は、日乾上人法要にも係わらず親切・詳細な説明を頂いた。また、奥田師著書『論叢』も賜わったことを明記しておきたい。

（8）高木　豊「近世初頭における関西日蓮教団の動向」（宮崎英修編『近世法華仏教の展開』平楽寺書店、一九七八年）
（9）冠　賢一「近世初期日蓮宗出版史の研究」（『大崎学報』一二〇号、一九七五年）
（10）冠　賢一「関東諸壇林の形成と展開—飯高・小西・水戸三昧壇林を中心として」（宮崎英修編『近世法華仏教の展開』平楽寺書店、一九七八年）
（11）松村寿巌「関西諸壇林の形成と展開」（宮崎英修編『近世法華仏教の展開』平楽寺書店、一九七八年）
（12）宮崎英修「寛永度における受不受論」（『不受不施派の源流と展開』平楽寺書店、一九六九年）
（13）宮崎英修『不受不施派の源流と展開』平楽寺書店、一九六九年
（14）植田観樹「能勢地方における妙覚寺門流の進展」（『宮崎英修先生古稀記念論文集』平楽寺書店、一九八三年）
（15）『大田区史』資料編寺社二、一九七九年
（16）藤崎英正「三浦長門守為春の研究」（『宮崎英修先生古稀記念論文集』一九八三年）
（17）都守基一「日奥自筆の養珠院宛書状をめぐって」（『日蓮とその教団』吉川弘文館、一九九八年）
（18）坂詰秀一「日蓮宗考古学とその課題」（『立正大学考古学研究室彙報』二二号、一九八二年）
（19）阪田正一「正覚寺石造塔婆と題目曼陀羅」（坂詰秀一先生古稀記念論文集『考古学の諸相』二〇〇六年）

第三節　石造塔婆の地域的な研究視点

第一項　伊豆国における中近世石造塔婆造立の事情

一　はじめに

鎌倉幕府開闢以来、伊豆の武士は、頼朝の挙兵に早くから係わり、政治の中枢に参画し、重要な位置を担ってきた。伊東市と係わりの強い「伊東氏」、「宇佐美氏」も幕府との関係を重視した。両氏は、『吾妻鏡』などの古文書類に、十二世紀末の段階からその活躍振りを確認することができるが、考古学的な資料では今のところ彼らの活躍を直接示すような成果や遺物は、発見されていない(1)。

そこでここでは、伊東市域にのこる中世から近世のいにしえ人の遺産である石塔から、注目される資料をいくつか紹介し、周辺の地域と比較しながら中近世の伊東を垣間見て、その中から石塔造立と宗教的背景について考えてみたい。

二　伊東市の中世石塔造立と歴史

近年、市域内の精力的な悉皆調査によって、中世石塔の分布とその数の全貌が明らかになってきた。現存する社寺の境内を中心に旧市域の一一カ所四八地点が調査され、中世石塔の部材が五三七点確認された。分布する地域は、大きくは旧宇佐美村地区、旧伊東町地区、旧小室村地区、旧対島村地区の四地域である。地域別にその分布量を見れば、北から旧宇佐美村地区二〇八点、旧伊東町地区一九九点、旧小室村地区は六二点、最も南の旧対島村では三八点の中世石塔の部材が確認できた。

部材から確認できる塔の形は、五輪塔、宝篋印塔、宝塔の三形態である。地域別では、旧宇佐美村、伊東町域が突出している。塔形では、部材の数や組み合わせから単純に考えると五輪塔、宝篋印塔はほぼ同じような個体数が造立されたことを示しており、一部に宝塔の部材が確認されている。しかし、宝塔の部材は、五輪塔や宝篋印塔の数と比較して絶対数において非常に少なかった。これは、静岡県内での傾向として特別な状況を示しているものではなく他地域の一般的な傾向と同様といえる。しかし、視野を関東周辺まで広げてみると中世の武蔵国などと比較すると様相は違うといえる。つまり、武蔵国全体では中世を通じて塔形の石塔の造立数より板碑の造立数が圧倒的に多い。十三世紀末から十六世紀にかけて二万基以上の緑泥片岩製の板碑が造立される。しかし東海地域の様相は、伊豆、駿河、遠江を含めた広い範囲にもかかわらず数基が確認されているに過ぎず、板碑文化は全くと言っていいほど空白の地域といえる。

伊豆という地域は平安時代終わりには源頼朝の源氏再興の旗揚げ以降、伊豆山神社をはじめ三島神社などには多くの宝物が奉納され御家人たちの信仰も集め、中世を通して人やモノの動きは、非常に活発であったと思われるが、武蔵国特有の板碑文化がなぜ全く流入されなかったのであろうか。武蔵国における板碑造立の隆盛期は十四世紀第2四半期ころである。その頃の伊豆における武士団としては伊東氏や宇佐美氏の活躍は顕著であるが、在地での活躍より東北や九州・四国での活躍ぶりのほうが文献などに多く散見できる。武士団と伊東氏との直接的な係わりや活動はどのようであったのかあまり明確ではないことも事実である。また、時代が下って十五、十六世紀代の伊東氏は、伊東七郷の内二郷を治めたり、十六世紀においては、伊東家祐が西浦代官を勤めたことや（『伊東市史』資料編古代・中世）、戦国期には北条家人となり、その後徳川幕府の旗本となったことも文献から明らかにされている。

以上見てきたように十三世紀後半から十五世紀までの伊東地域における武士団の活動のうち、特定な人物の政治的な動きなどは文献史学などから多くの成果が示されている。そこで、ここでは、文献以外の資料として石塔に視点を当てて、「モノ」を通してみた伊東市周辺の信仰について、他地域との比較も交えながら若干触れてみたい。

三　特徴的な石塔

(1) 朝善寺の宝篋印塔

伊能忠敬の『測量日記』二十七、文化十二（一八一五）年十二月十二日条に「同所内是ヨリ九町計山裾ニ法花宗恵日山朝善寺内、宇佐美左衛門尉墳墓五輪之塔梵字三ツ紋アリ」と登場する宝篋印塔がある。伊能忠敬の日記では「五輪塔」として示されているが、おそらくは図1で示した宝篋印塔の塔身の「三宝」をみて「五輪塔梵字三ツ紋」と記したものと思われる。ところで、この宝篋印塔の基礎の部分に着目すると、反花座に特徴がある。蓮が天に向かい開こうとする状態、蕾を表わしたような表現が認められる。荘厳の一種であろうと思われる。広島県地域に特有な越智式宝篋印塔や大分県地域に分布する国東塔などは、蓮の華が上に向いた反花座が特徴的であるが、下に通常の反花座が付き一対で台座を構成している点では、同一視は出来ない。単独の反花座としてその特徴を留めるものを探してみると、近隣では駿河国中西部安倍川の西側に位置する仏谷山安養寺（静

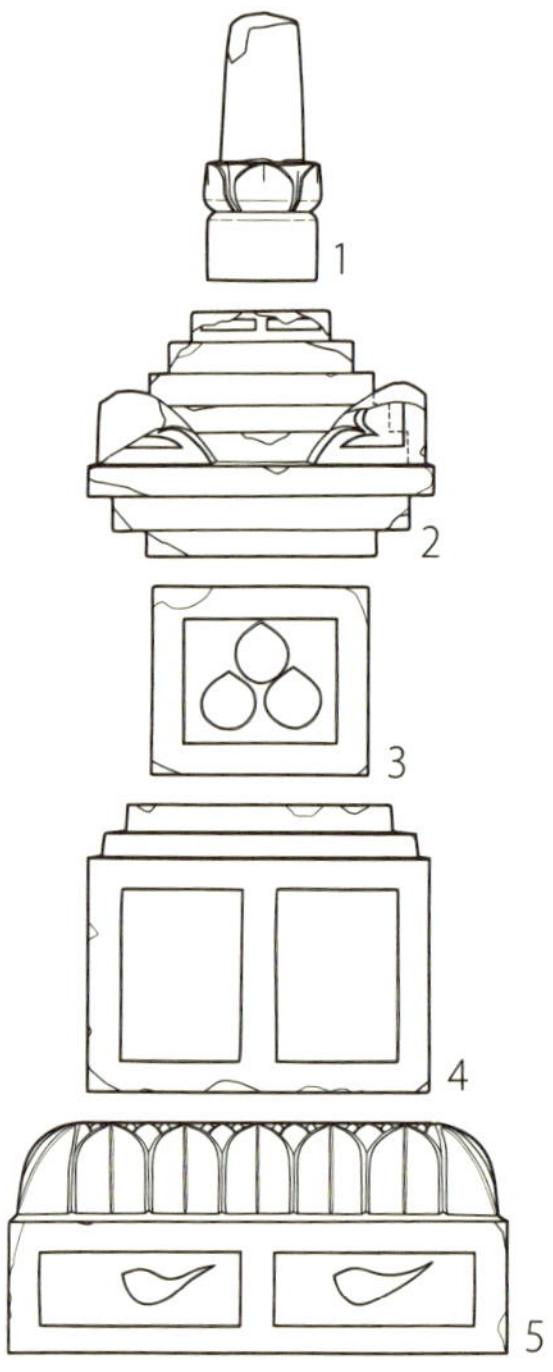

図1　朝善寺宝篋印塔

図2　仏谷山安養寺反花座

岡市小坂）をあげることが出来る（図2）。また、蓮の花の意匠に着目すると、埼玉県児玉町秋山（図3）や、美里町十条共同墓地の石幢（図4）の中台などがあげられる。[2] これらの類例は、意匠の共通性に加えて曹洞宗寺院に造立されているということである。朝善寺については、『豆州志稿』に真言宗から日蓮宗に改宗したことが記されているが、曹洞宗との関係は残念ながら明確ではない。しかしこの朝善寺の宝篋印塔が造立された十六世紀代の駿遠三国や下田を含めた地域は、曹洞宗が熱心に教線拡大活動を行なったとされている。[3] 以前、群馬県の南部において曹洞宗が教線を拡大する手法として、石塔造立工人を取り込み同型式（特に独特の装飾文様意匠）の石塔を造立し、信仰の証として各寺院に分有させた可能性があることを指摘したが、今回確認できた独特な反花座表現の存在は、特定の石塔製作工人の存在や、曹洞宗との係わりも想起できる。

(2)　合掌型宝塔

この宝塔形は、いわゆる日蓮宗に特徴的といわれる[4]合掌型宝塔である。この塔形式は、大田区池上本門寺、応仁元（一四六七）年銘日朗宝塔を最古例として展開するとされているがあまり分布や類例に触れたものはない。

図３　児玉町秋山の石幢

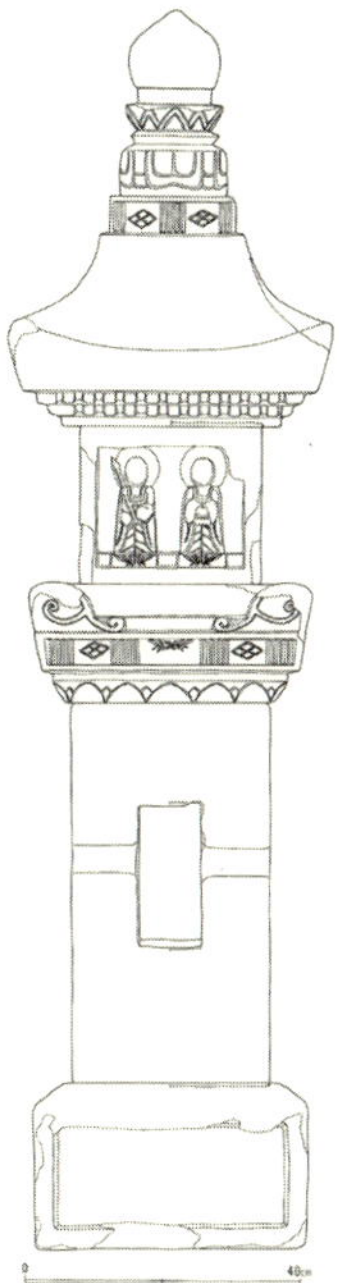

図４　十条共同墓地石幢

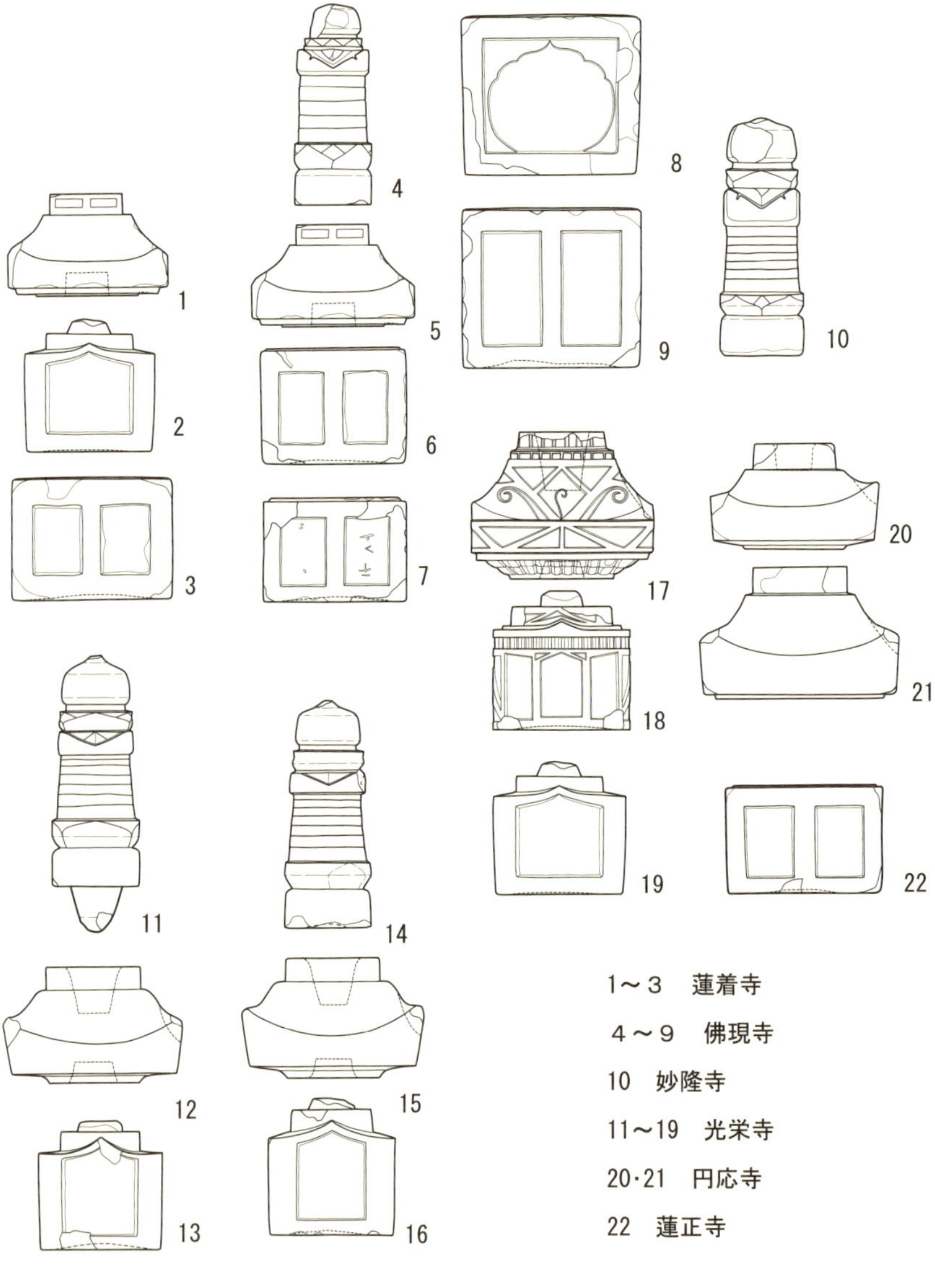

図５　伊東市の合掌型宝塔

管見の資料から展開の様相を見てみると造立の中心は、十六世紀前半から中葉にあると思われる。分布の特徴として、武蔵、相模国を中心に日蓮宗寺院の一部の寺院と密接に関連した地域だけに確認できる塔型式と理解されてきている。(5) したがって、この塔型式は、日蓮宗の独自の塔と考えられている。伊東市の悉皆調査によって四カ寺の日蓮宗寺院で確認できたことは、同宗の伊豆半島における教線拡張の問題を考察するためにも重要な発見と思われる（図５）。鎌倉比企谷妙本寺、武蔵池上本門寺を本寺とする日朗門流の伊豆を中心とした教線の伸張についてはこれまで明らかにされてきたが、伊東市史の調査で合掌型宝塔という特定型式の存在が確認されたことにより、教線拡張や特定宗派と石塔造立が密接に関係している可能性があることを改めて注意したい類例である。

次に、同じ合掌型宝塔型式であるが、装飾性に富んだ石塔が存在するので取り上げておきたい。資料は、吉田地区の光栄寺の宝塔である（図５―17・18）。この宝塔は、合掌型宝塔であるが、塔身、笠部の部分に装飾が施されており特異である。装飾ある石塔については、第一節で群馬県南部における華飾された宝篋印塔を取り上げた。(6) 今回確認された宝塔の装飾は、群馬県の戦国期宝篋印塔の装飾に非常に類似している。第一節でまとめた群馬県の装飾ある十六世紀後半の宝篋印塔の成立過程では、宝篋印塔成立前段階において装飾に富んだ石幢が臨済宗教線拡張との係わりの中で流行するが、一方では同地域で十六世紀中葉から後半にかけて、曹洞宗が臨済宗に代わり教線を拡張するようになる。その際に、石幢を造り上げた工人たちを曹洞宗が囲い込み、石幢を宝篋印塔に置き換えて「信仰の証」、あるいは「信仰のシンボル」として同一の工人あるいは同一工房で製作し分配、分有した結果、同型式の宝篋印塔が特定範囲と時期に分布したのであろうことを結論づけた。今回の宝塔の例では、合掌型宝塔であり日蓮宗独自の形として先に示してきたが、笠部や塔身の装飾に富んだ加工は群馬県例に類似しており、その成立背景には曹洞宗との係わりが若干考えられそうである。そこで近隣の曹洞宗寺院について見てみると、静岡県下田市の横川太梅寺の例がある。(7) この寺院は真言宗として創建されたが臨済宗に改宗され、檀越が付かぬまま さらに曹洞宗に改宗され、地域村落領主層、庶民層などを広く取り込んで維持経営を図ったことが明らかにされている。このような事例から考えると伊豆国内における強力な曹洞宗のネットワークの存在も注意される。伊東市以外の地域での類例は確認していないが、曹洞宗寺院の教線拡張を背景とした拠点的な場所から石塔造りの工人が出吹いた形の製作の可能性もあることを想定しておきたい。

(3) 伊東祐親の石塔と城山の石塔群

伊東祐親は古代末の伊東の領主であり、工藤祐経は中世初頭の地頭である。曽我兄弟は祐親の孫であり、工藤氏とは同族とされている。曽我兄弟も祐親の孫であることから謀反人の孫と烙印を押されたように常に表現されてきた。延慶本『平家物語』では、宇佐美氏は頼朝の軍勢として描かれ、一方、祐親は、平氏から頼朝の監視役を拝命し敵として登場している。また、土肥実平とも敵対して書かれ、実平の館を焼く祐親の場面も記されており、頼朝の敵としての表現が圧倒的である。

ところが、鎌倉期の『吾妻鏡』建久五年三月二十五日条には、伊豆国願成院において故伊東祐親・大庭景親らの追善のための如法経十種供養が行なわれた記録も確認することが出来る。

以上のように、様々な捉え方で文献資料から語られてきた伊東祐親と宇佐美一族に関連した石塔類がいくつかある。伊東祐親墓とされて祀られている石塔や、宇佐美山城地区にのこる宇佐美城の一画には、宇佐美一族供養の石塔群が存在する。

伊東祐親墓とされる石塔は、近隣の東林寺から移設された経緯があるようである。最誓寺の大型石塔群とは非常に至近の距離関係にあったものと思われる。想像では、同一場所に造立された一連の石塔が後に別々の場所に移設されてしまっている可能性は考えられないであろうか。最誓寺に残された

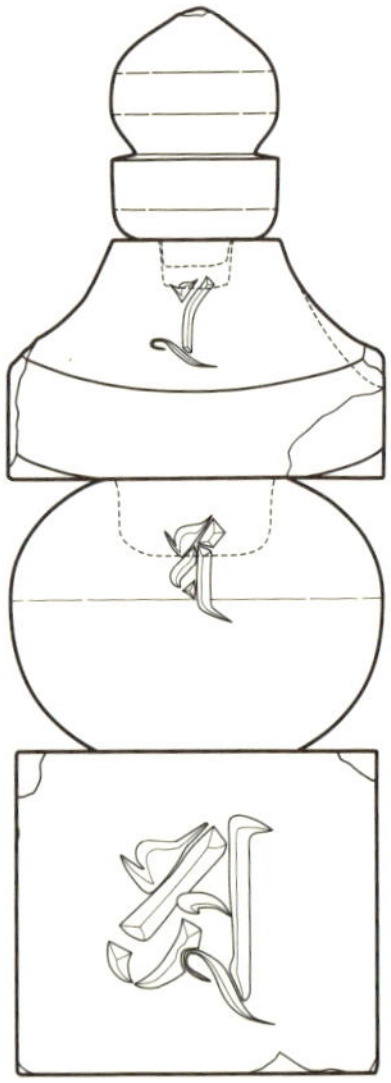

図６　伝伊東祐親墓塔

五輪塔と祐親の墓とされている五輪塔との組み合わせで造立されたものとして考えられないであろうか。大型の五輪塔が組み合う可能性がある遺跡としては、伊東氏一族との関連も注意される箱根の曽我兄弟の墓とされる巨大な五輪塔があげられる。十四世紀前半代の大型五輪塔が組み合う同様な遺跡として注意しておきたい。また、石塔群が遺存する場所の伝承に着目すると、祐親関連の伝承のある場所には、大型の石塔が造立されており、宇佐美関連の伝承地には小型の石塔群が数多く造立されているという特徴もある。これらの違いは大まかに造立された年代の違いにあると思われる。つまり、石塔の形の特徴から見た年代観では、大型の石塔群は十四世紀前半を中心とした時期の造立と考えられ、小形の石塔群は十五世紀後半から十六世紀を中心とした時期に造立された一群であるといえる。十四世紀代の伊東氏の活躍は、東北安宅や、日向関連は文献から明確であるが、伊東市域

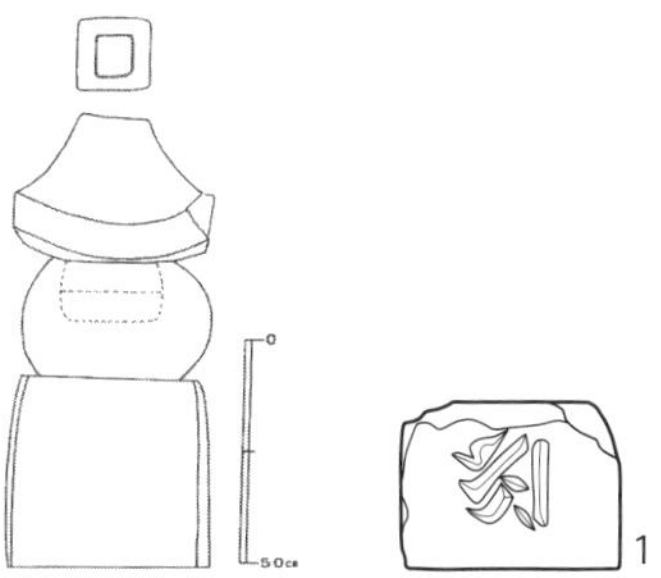

図7　城願寺五輪塔

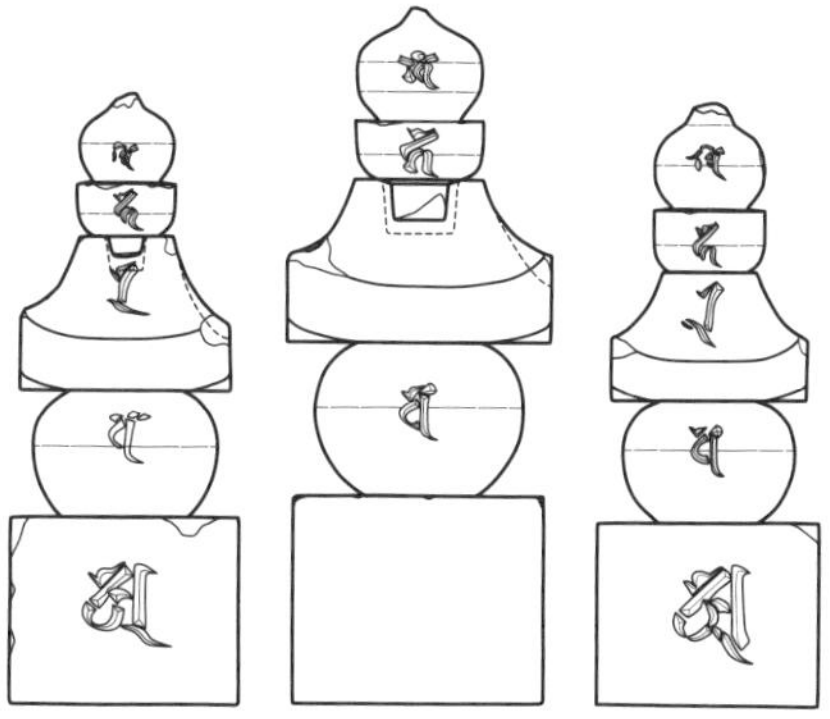

図8　最誓寺五輪塔

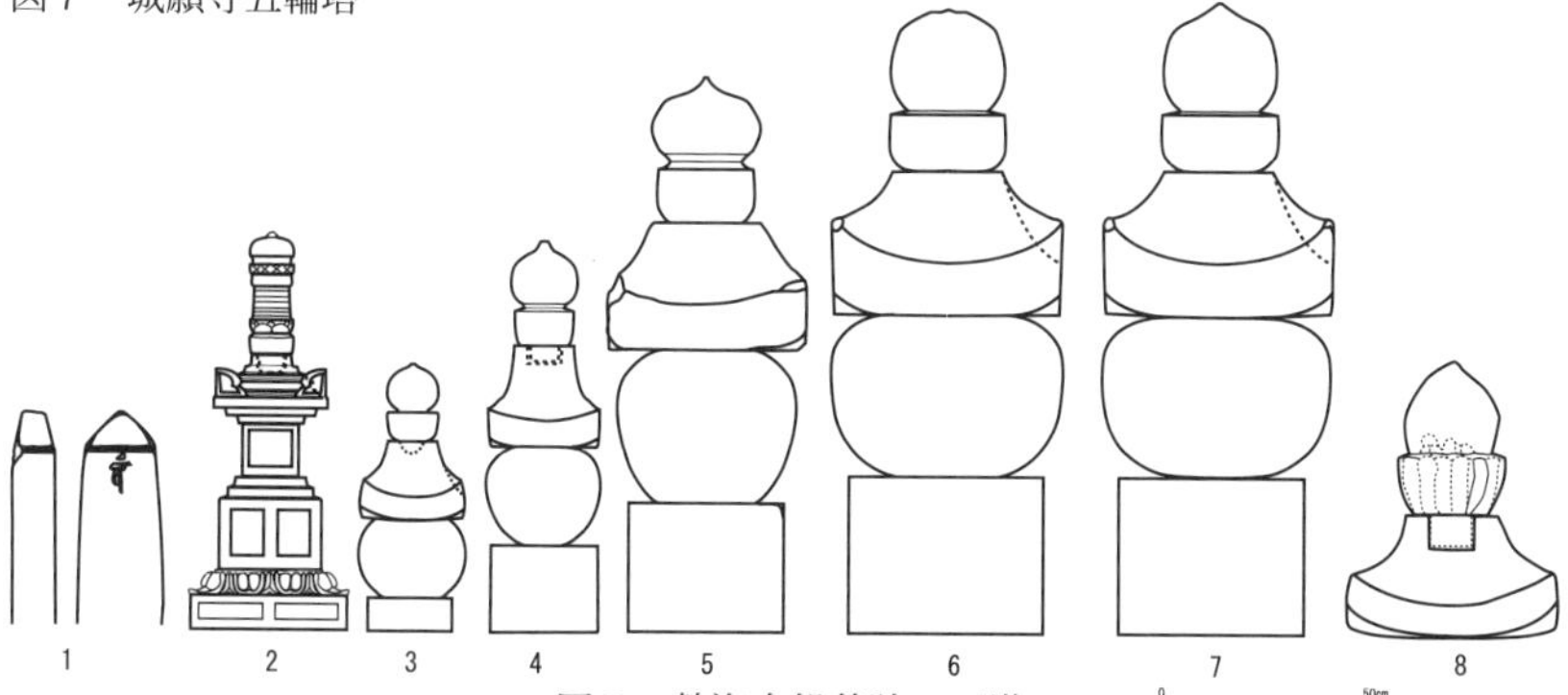

図9　熱海市般若院の石塔

での動向については明確でない。したがって、伊東祐親墓とされている石塔がどのような歴史を物語っているのかは、今後の課題であろう。十五、十六世紀を中心とした小型の石塔群の造立は、在地での宇佐美氏関連の石塔群と考えられるものが多いと思われる。

(4) 凝灰岩製古式五輪塔の存在の重要性

伊東市内には、一点凝灰岩製五輪塔の存在を示す部材がある。最誓寺の五輪塔地輪である(図8―1)。石材の特徴は肉眼的な観察では、軟質ながら比較的緻密で肌理細かな石面を有する凝灰岩と思われる。地輪の中央に全体の五割に達するような大きさで彫りの深い梵字を薬研彫で刻んでいる。最誓寺の五輪塔の造立年代を紀年銘が明確な安山岩製五輪塔から推測すると、薬研彫の様式などから、明らかに安山岩製の五輪塔より古式であり、十四世紀前半代以前の造立が想定できる。安山岩製五輪塔以前に、凝灰岩製五輪塔が、いち早く一族の総墓、総供養塔として造立された可能性があることを指摘したい。これと同様な石塔造立過程を示す遺跡として、湯河原城願寺をあげたい(8)(図7)。古式を呈する凝灰岩製五輪塔が中央に造立されている。この五輪塔の地輪は、台形状を呈しており安定感がある。大分県下の古式五輪塔の形態に系譜的には繋がる様式である。また、水輪は中心部分に最大径を有し、地輪幅よりも大きく造られている。全体のプロポーションでも水輪部の大きさが強調されている。さらに火輪部は軒反りを弧状に強く表現している。軒先端の線より反りの線が下に膨らんで張っている状態に加工されている。つまり正面観は、軒反りの線と軒先線が二重の線として実測図に表現される。年代的な位置づけは難しいが、安山岩製五輪塔造立を十四世紀前半を中心とした時期に考えると、先に触れた鎌倉期の『吾妻鏡』建久五年三月二十五日条、伊豆国願成院の故伊東祐親・大庭景親らの追善の如法経十種供養の記載なども参考として、凝灰岩製五輪塔の造立年代は十三世紀末ぐらいを考えておきたい。

城願寺のほか周辺地域における凝灰岩製五輪塔として熱海の伊豆山般若院があげられる。般若院跡と伝承のある場所には、大小の安山岩製石塔群が散在している。この石塔群のおおよその造立年代は、上限は最誓寺の石塔群と同時代と考えられよう。下限は宇佐美、城願寺などの小型の五輪塔、宝篋印塔群の造立される十五世紀代と思われ、石塔全体の造立時期幅の様相は城願寺や最誓寺と全くと言ってよいほど共通している。そして、この石塔群の中にも、凝灰岩製の五輪塔の存在が確認できる。遺物は、火輪と空風輪の組み合わせが一組である（図9―8）。火輪の風化は著しいが城願寺例同様に軒反りを強く表現した火輪形態で城願寺の遺物に類似するがより均整が取れており丁寧な造りである。年代的には十三世紀後半を想定しておきたい。城願寺、最誓寺が在地で造られた様相があるが、般若院跡の凝灰岩製五輪塔は、製作が丁寧なことからも運び込まれた可能性もあることを想定しておきたい。

以上見てきたように、伊豆東岸における、城願寺、熱海、伊東に遺存した凝灰岩製の五輪塔の存在意義は、当該地域における武士団の展開に非常に密接に関連しているものと思われ重要である。造立背景を考えると、今後、伊豆山を中心とした真言宗との大きな係わりも注意する必要があろう。

(5) 日蓮宗の題目五輪塔

伊東市内における日蓮宗関連の題目を刻んだ五輪塔には、一石五輪塔、後背型五輪塔、大型五輪塔が現存し、年代的に見てみると、元和から正保期に造立されているようである。具体的な類例を確認しながら、その造立背景を考えてみたい。

1妙隆寺一石五輪塔（図10―1・2）　寛永五（一六二八）年銘と正保四（一六四七）年銘がある。

2大行寺五輪塔二基（図10―19）　寛永十二（一六三五）年銘と正保三（一六四六）年銘の資料である。形態的には類似していることから、正保三年銘を造立する時に一対で製作された供養塔の可能性もあろう。

3朝光寺の五輪塔（図11―15）　寛永六（一六二九）年圓珠院日由の銘がある。當山歴代五世に見明院日由上人が在籍していることが明らかであるが、銘文と同一人物であろうか。また、五輪塔ではないが當山の宝篋印塔には、寛永

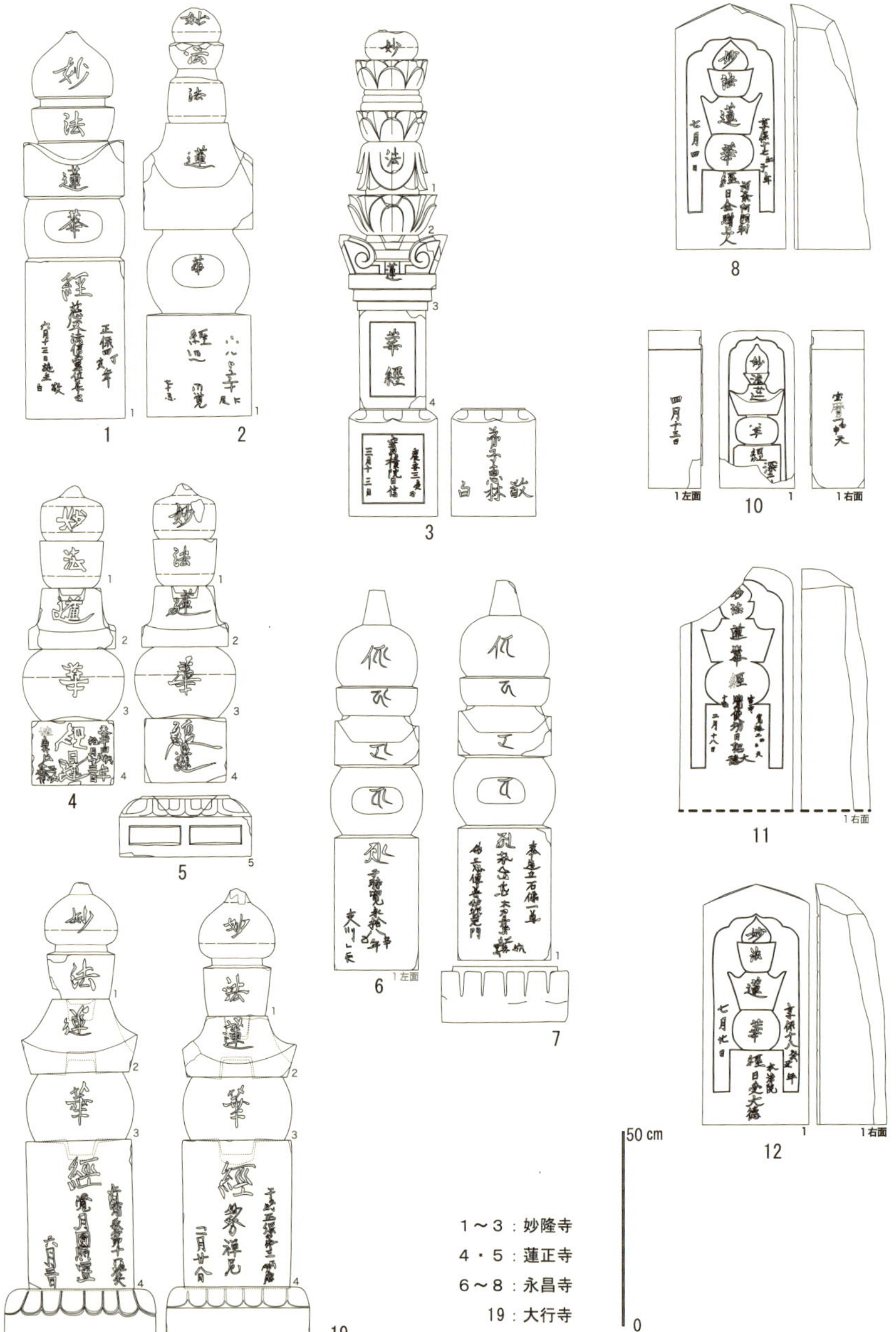

図10　伊東市の五輪塔

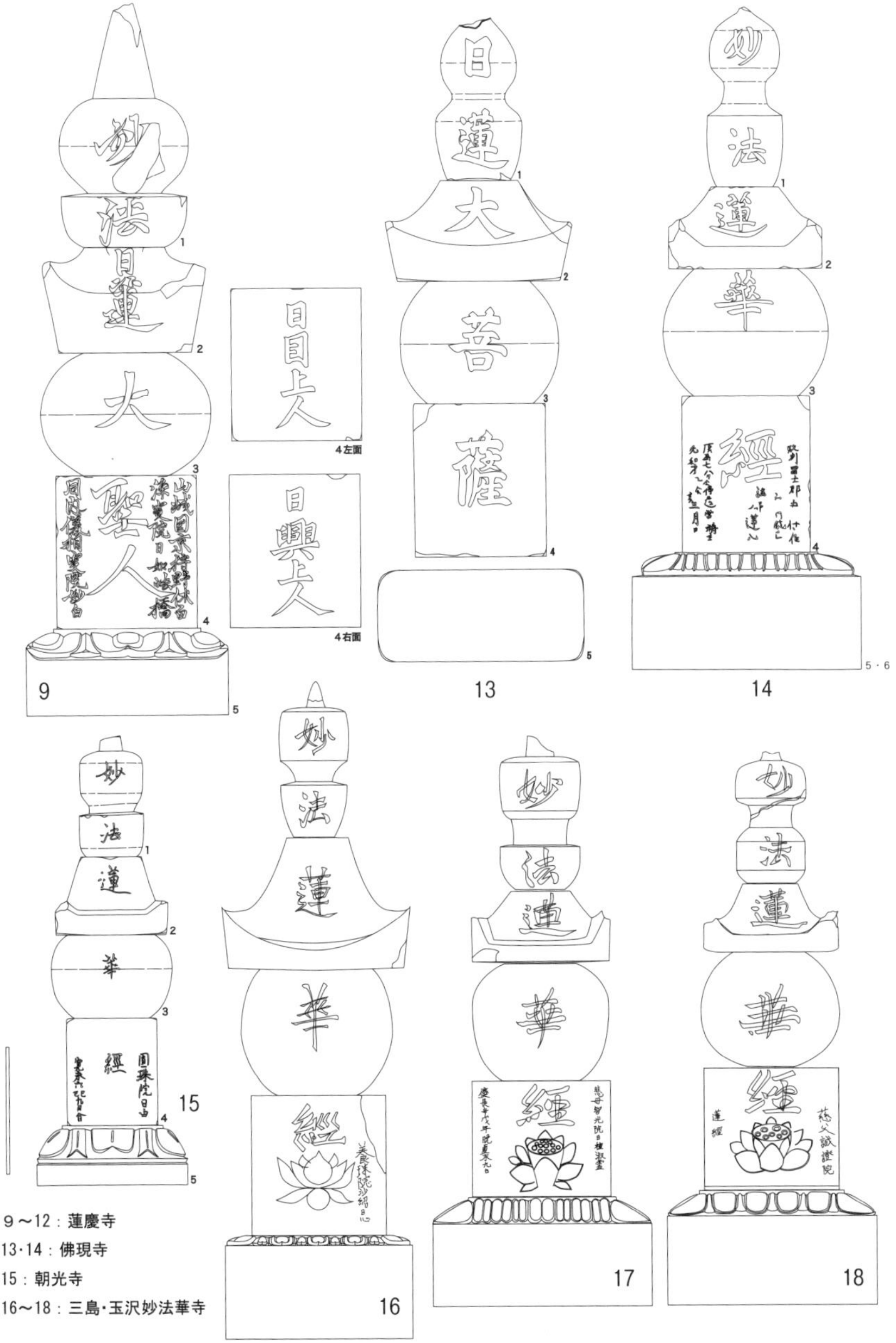

図11　伊東市と周辺の五輪塔

九（一六三二）年日蓮大徳銘の塔がある。寛永九年は日蓮聖人三百五十遠忌にあたる。

4蓮慶寺の五輪塔（図11―9）「妙法日蓮大聖人」「日興上人」「日目上人」の銘があり御徒町狩野家初代休伯（狩野長信）が造立したものと思われる。年代的には寛永期の造立と思われる。寛永九年は二代秀忠が薨じ、霊廟の建設が二月に着手される。工事には大工、画工、塗師、蒔絵師などの職人が関与した。霊廟本殿下石刻銘には、当時の絵師の名も七名刻まれており、狩野安信に続いて二番目に狩野派の序列に従って狩野休伯の名が刻まれていたことが明らかである。日蓮宗の信者でもあった狩野休伯は、寛永九年の台徳院の霊廟のプロジェクト完了の後に、伊東法難における日蓮聖人の最も大事な霊跡の一つである御岩屋祖師堂の地に大型の五輪塔を造立したものと思われる。狩野休伯は、永徳の末の弟で京都二条城では、探幽に続き大事な部屋を担当したことが明らかな人物である。慶長年間より江戸に下って表絵師御徒町狩野家の祖として徳川氏の画事も勤めた。休伯の墓所は、東京都谷中の信行寺にあるが、蓮慶寺との何らかの関連が考えられるが現段階では不明である。石塔には残念ながら年代は記されていない。しかし水輪部が地輪あるいは火輪部より大型になり、火輪の軒端は大きく角上に突出する形態は、元和期から正保期の特徴であり、狩野休伯(9)の没年が承応三（一六五四）年であることなどからも、それ以前の一六三二年前後の年代で、寛永九年の宗祖三百五十年の遠忌塔として位置づけたい。正面に記された日蓮聖人、側面に記された日興、日上上人の銘文などから考えても遠忌塔の可能性は高いと考えられよう。類例として池上本門寺にも、寛永元年銘の中橋狩野家右近安信が願主で造立した正心院銘の五輪塔が存在する。中橋家関連で同タイプの五輪塔が存在しており興味深く、探幽との関連が深い狩野休伯であることにも注意したい。祖師信仰と絵師狩野家の日蓮宗への篤信による信仰の証として霊跡へ造立された塔として捉えておきたい。

5後背型五輪塔三基（図10―10～12）がある。この内、享保十七（一七三二）年銘の石塔は、四百五十年遠忌塔であろう。

6永昌寺一石五輪塔（図10―6～8）は、宝暦二（一七五二）年銘があり、市内の一石五輪塔の下限を示す資料となるものであろう。

最後に佛現寺の五輪塔の形態に着目してみたい。反花座の花弁が線彫りで表現されており、地輪は縦横の比率の縦が長い。水輪は中心よりやや上方に最大径を有している。最大の特徴は、火輪部である。なだらかに降りた棟が鋭角に反りあがり、軒端が直線的に直角に立ち上がる。軒の正面観は、直線的な軒厚の両脇に角が立つような形態である。また、空風輪部も特徴的な一石造りで、空輪と風輪の接合部分の表現を槍鉋で轆抉ったように造り出している。

以上のような形態的な特徴を有する類例を探してみると、図11─15の朝光寺五輪塔がある。寛永六（一六二九）年銘であり、佛現寺五輪塔は、元和九（一六二三）年銘でありわずか七年の差である。このほか、周辺地域について類例を探してみると三島に所在する日蓮宗玉沢妙法華寺の養珠院関連の五輪塔三基をあげることができる。年代の古い順に、①図11─18の慶長十九（一六一四）年銘養珠院慈父供養塔、②図11─17の元和九（一六二三）年銘養珠院慈母供養塔、そして年号は不明であるが③図11─16の養珠院供養塔である。

特に図11─14の元和九（一六二三）年佛現寺七分全得塔と図11─17の元和九（一六二三）年銘養珠院慈母供養塔はきわめてよく似ているといえる。したがって、①玉沢妙法華寺の慶長十九（一六一四）年銘養珠院慈父供養塔（図11─18）を初源として同型式の五輪塔が日蓮宗という特定宗派内に展開した。この現象は、寺院間の法縁による繋がりも示しており、さらには、寺院間法縁を媒介とした様々なネットワークの中の一つとして石塔製作に当たった共通した工人の存在があったことを示している。妙法華寺と佛現寺の五輪塔は、同一工人の手による作品といえ兄弟塔であろう。亀石峠を越えた広い範囲に展開した石塔製作工人の動向の背景には、法縁で繋がる広域な寺院間のネットワークの存在も注意する必要があろう。このような広域における同型式の五輪塔の存在の背景として法縁を介した寺院間のネットワークの存在が認められるが、そのネットワークは、文禄四（一五九五）年方広寺の千僧供養以来の不受不施への弾圧や、寛永三（一六二六）年の秀忠夫人中陰をめぐる問題などを抱えていく中で、日蓮宗が宗派としての生き残るすべを模索しながら構築されたものであろう。特に、身延の重乾遠師がとった「国主に限った条件付の供養」という不受不施の主張と同様に、養珠院という人物との密接な繋がりを重要視することで、日蓮宗の宗派としての存続を可能にした。

以上見てきたように、伊東市内に遺された題目を刻んだ五輪塔には、同型式の五輪塔が存在し、その同型式の五輪塔の関係を追及することで、宗派あるいは地域内ネットワークの一端が明らかに出来たものと考える。

註

(1) 高橋典幸「鎌倉幕府と東海御家人—東国御家人論序説—」（小野正敏・藤沢良裕編『中世の伊豆・駿河・遠江の出土遺物が語る社会』二〇〇五年）
(2) 埼玉県教育委員会『埼玉県中世石造物調査報告書』二〇〇〇年
(3) 遠藤廣昭「戦国期の村落と曹洞宗寺院—伊豆横川太梅寺を事例として—」（所理喜夫編『戦国大名から将軍権力へ—転換期を歩く—』二〇〇〇年）
(4) 池上本門寺『日郎聖人墓塔の調査報告』一九八九年
(5) 本間岳人「駿河国石塔集録—中西部編—」（『石造文化財』二、二〇〇六年）
(6) 第一章第一節で戦国期塔に着目した。
(7) 註(3)と同じ。
(8) 松原典明「湯河原・城願寺　土肥一族石塔群の調査」（『石造文化財』一、二〇〇一年）
(9) 松本　寛『御用絵師　狩野家の血と力』一九九四年

第二項　近世下野における石造塔婆造立考

一　はじめに

下野における石造物の研究は、すでに大正年間には着手され、森田正安[1]による平安末から中世を通じ信仰の中心地でもあった日光瀧尾山の調査や、丸山太一郎[2]（瓦全）などによる中世武士団の拠点的な地域である足利を含む周辺における調査が行なわれた。

今回の対象とした栃木県南部地域周辺では、大正八年小松利三郎が「東根の供養塔」と呼ばれている凝灰岩製の石造宝塔について触れられた研究が最も古く「下野國東根に於ける元久の石塔に就いて」[3]と題し論考を発表されている。しかし大正以降における県内の石造物の研究は、主に緑泥片岩製の板碑[4]を中心に行なわれ、他の石塔類についてはあまり触れられることなく今日に至っていた。そこでここでは、地域的には極めて狭い限定された範囲ではあるが特に宇都宮地区以南、県の南東部を中心とした地域における石造物、特に五輪塔を取り上げその変遷を中心に考えてみたい。

ここで範囲とした県南地域は、宇都宮市の西、多気山麓、大谷丘陵を中心とした通称「大谷石」と呼ばれている緑色凝灰岩が岩盤を構成しており石材の産地としても有名である。[5]この「大谷石」の利用は古く、すでに古墳時代には石室石材・あるいは石棺材として、また、古代においては国分寺、尼寺の礎石にも用いられた。[6]平安時代には全国的にも著名な大谷寺磨崖仏もまた、良質な肌理の細かな岩肌を刻して彫刻され、古くから信仰の対象として参詣され今日に至っている。[7]このほか鎌倉時代初期元久元（一二〇四）年には、下野の東根の地に宝塔が造立されており、県内における凝灰石製の石塔中最古の遺品である。さらに時代が下って、江戸初期、元和年間には宇都宮城主本間正純が城改築時の部材として利用しており、「大谷石」が建築部材として利用価値が極めて高く、石の切り出しも産業として成り立っていたことが知られている。しかし幕末、嘉永年間には、この「大谷石」の需要は減り、切り出しは、農閑期における副業の一つになっていたという史料も明らかにされている[8]。そこでここでは、古墳時代以降、部材として様々な使われ方をした「大谷石」の内、鎌倉初期の東根塔を最古とする凝灰岩製の石造物、特に五輪塔についてその変遷を中心に考えてみたい。

二　下野五輪塔の特徴

五輪塔における年代的な位置づけについては、在銘塔との比較より行なわれるべきではあるが、県内における五輪塔の在銘資料、特に凝灰岩製の五輪塔については無銘のものがほとんどである。また、五輪塔は、地、水、火、風・空輪が基本形となっているが、現存する遺物中、本来的な組み合わせが明確な資料はごくわずかと思われる。そこでここでは、まず個々の輪部の比較により特徴を捉えてみたい。

①地輪部（図1―1）

地輪は、総高との比較においては、およそ三分の一および四分の一という規格が意識され造られたと考えられる。また、地輪高と地輪幅の比率は、地輪高一に対して地輪幅を一あるいは一・五に造られている。したがって形態的には方形（E類）、長方形（D類）を基本とするが、台形状を呈する地輪（A類・B類）も認められ注意したい。

②水輪（図1―2）

水輪と総高との関係について見てみると、水輪の総高に占める比率は、一五・三％を最小とし、最大は益子町下大羽地蔵院の宇都宮氏墓地内所在の五輪塔（図2―27）の一九％である。特に二〇～二五％前後に集中している。形状は大きく三分類（A～C）できる。A類は、無頸でいわゆる壺形を呈しており、水輪の最大径が水輪の上部（四分の三）に位置し、地輪および火輪との設置面積が他の水輪と比較して狭い。極めて不安定な形態を示す。

B類は太鼓胴形を呈し、横断面形態において二型式に分類できる。便宜的にB1、B2とする。B1は、胴の張りがなく、胴部の弧が直線的になり、地輪、火輪との設置面に近づくにしたがってわずかに緩やかなカーブを呈する。

B2は、正面、断面の形状はB1類とほとんど変化のないものである。水輪の胴部分を平面形として見る時、B1類はほぼ円形であるのに対し、B2類は長楕円形に扁平化している。

C類はいわゆる球形を呈するものである。B類に比べ胴部の弧が強く、地、火輪部との設置面積が比較的狭いものである。

③火輪（図1―3）

火輪高は、総高に対し、四分の一、五分の一が最も多い。細部についてみると、火輪上幅は、おおよそ地輪幅の二分の一に規定されていると思われる。また、火輪高と軒高を二分の一から四分の一に規格している。

火輪部の形態は、三タイプに分けられる。A類は、非常に特殊で軒厚がないものである。

B類は、軒厚がほとんど変わらないものである。これを細分化して便宜的にB1、B2、B3、B4とする。

B1類は、軒厚が一定であり軒反りのほとんどないものである。

B2類は、軒厚が一定であり軒先で反りをやや有するものである。

B3類は、軒厚は一定であるが軒反りがB2類に比べて著しく反っているものである。

B4類は、軒厚が一定でなく、軒幅にいくに従って厚みを増し反りが顕著なもの。

④風輪・空輪

風・空輪は、近世の一部の資料を除いては一石造りである。また、形態的な特徴としては、本来、風空輪の径はほぼ均等に造られるが、年代的に新しい資料ほど風輪径が空輪径に比べ大きくなるのも特徴

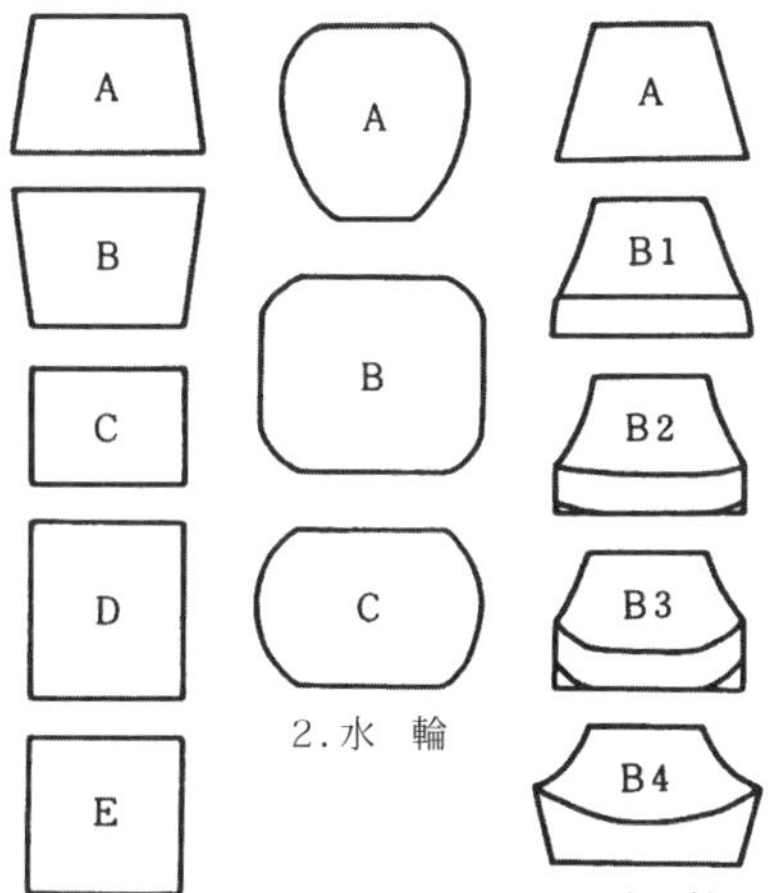

図1　五輪塔部材の形式分類

的である。

以上各部位における形態的な特徴を述べたが、続いてこれらの年代との関係にふれてみたい。

三　各部の形態変化と年代観

①地輪部

地輪における特筆すべき形態的な特徴は、台形地輪である。伝朝比奈三郎の墓（図2―6）、下都賀郡壬生町堀ノ内の大関家墓地五輪塔（図2―9）、益子町下大羽地蔵院の宇都宮家墓地内五輪塔（図2―17～21）、国分寺町紫の伝紫式部の墓（図2―36）がある。年代的な位置づけについては大関家五輪塔を移築する際に五輪塔下部から古瀬戸の瓶子の骨蔵器が確認されており、[9]一三五〇年前後の年代が考えられている。[10]この台状を呈する地輪を有す五輪塔には、いずれも在地の中世武士団に係わる伝承や墓塔として参詣されているものが多く、南北朝期の年代が考えられよう。

②水輪部

A類には、元禄年間（一六八八～一七〇四）と宝永七（一七一〇）年の銘が確認でき、十七世紀第4四半期から十八世紀第1四半期の年代が考えられる。また、B2類の下都賀郡壬生町仲町、臨済宗常楽寺所在の五輪塔（図2―7）は壬生彦五郎胤業の墓としての伝承があるが、五輪塔の正面に各輪毎に「地、水、火、風、空」の五文字を線刻しており、川勝政太郎の年代観から近世に位置づけられる。[11]また、B2類の水輪を有する塔の総高は、一・二mを越す大形であることから考えると、大きさという規定と凝灰岩という石材の制約のために地輪、火輪部の接地面積を確保すべく、太鼓胴形の形態となったといえる。B1、B2類は、形態的には区分されるがこれが年代あるいは地域差に起因するものなのかは明確ではない。

③火輪部

火輪の上幅について見ると、火輪上幅が火輪幅の二分の一以上あるものは、益子町下大羽地蔵院所在の五輪塔（図

３―16）の慶應三（一八六七）年銘などのように新しい様相を呈しており、二分の一以下の資料は、下都賀郡壬生町堀ノ内所在の大関家五輪塔（図４―１）や、国分寺町紫所在の伝紫式部五輪塔（図２―36）のように古い様相を呈しているといえる。火輪高と軒厚との関係では、軒厚を四分の一もしくはそれ以上の規格のものと、二分の一の規格を指摘したが、二分の一の規格が新しい様相であり、四分の一規格のものには、大関家五輪塔や伝紫式部の五輪塔のように古式に認められ、佐野市高橋、長法寺墓地所在の五輪塔（図３―37～40）のように十六世紀第１四半期まで認められる。

軒の形態については、Ａ類は資料として二基しかなく極めて特殊なものであり、十八世紀第１四半期前後が考えられ、最も形骸化した形式といえる。Ｂ１類は、水輪部との接合を容易にしたものであると考えられる。技術的にも簡略化された五輪塔といえる。Ｂ２類は図２―36などに見られるように水輪部との接地面を丁寧に造り、緩やかな美しい軒反りを表現するためにわずかな膨らみをもたせるなどして、Ａ、Ｂ１類とは違った古い様相を呈する。図３―37は十七世紀第２四半期の所産と考えられる。Ａ類とは約一世紀の差がある。Ｂ３類は、Ｂ２類よりも軒の四隅が反り、尖るという軒反りが顕著な資料である。これも近世における五輪塔の一つの特徴と言える。また、より形式化したものがＣ類といえ軒の四隅が異常に突出してくる。このタイプは十七世紀第２四半期代の五輪塔から確認できる。よってＢ類は近世五輪塔の特徴的形態と言え、年代的変遷においては唯一Ｂ２類が中世の五輪塔の系譜にあり、その他は近世において普遍化したものといえる。また、Ｃ類も近世五輪塔の特徴を備えており、空輪の宝珠に認められる尖頭化と同様な変化といえよう。

④風・空輪部

風・空輪部は、図２―６・９などの中世南北朝期の五輪塔においては、同一径であるが、火輪の軒端部の反りが大きく変化する。十七世紀第２四半期前後からは空輪径に比べ風輪径が大きくなる変化が認められる。

以上各部の特徴と年代的位置づけを行なったが、続いてこの結果を基に下野南部の五輪塔の変遷を見てみたい。

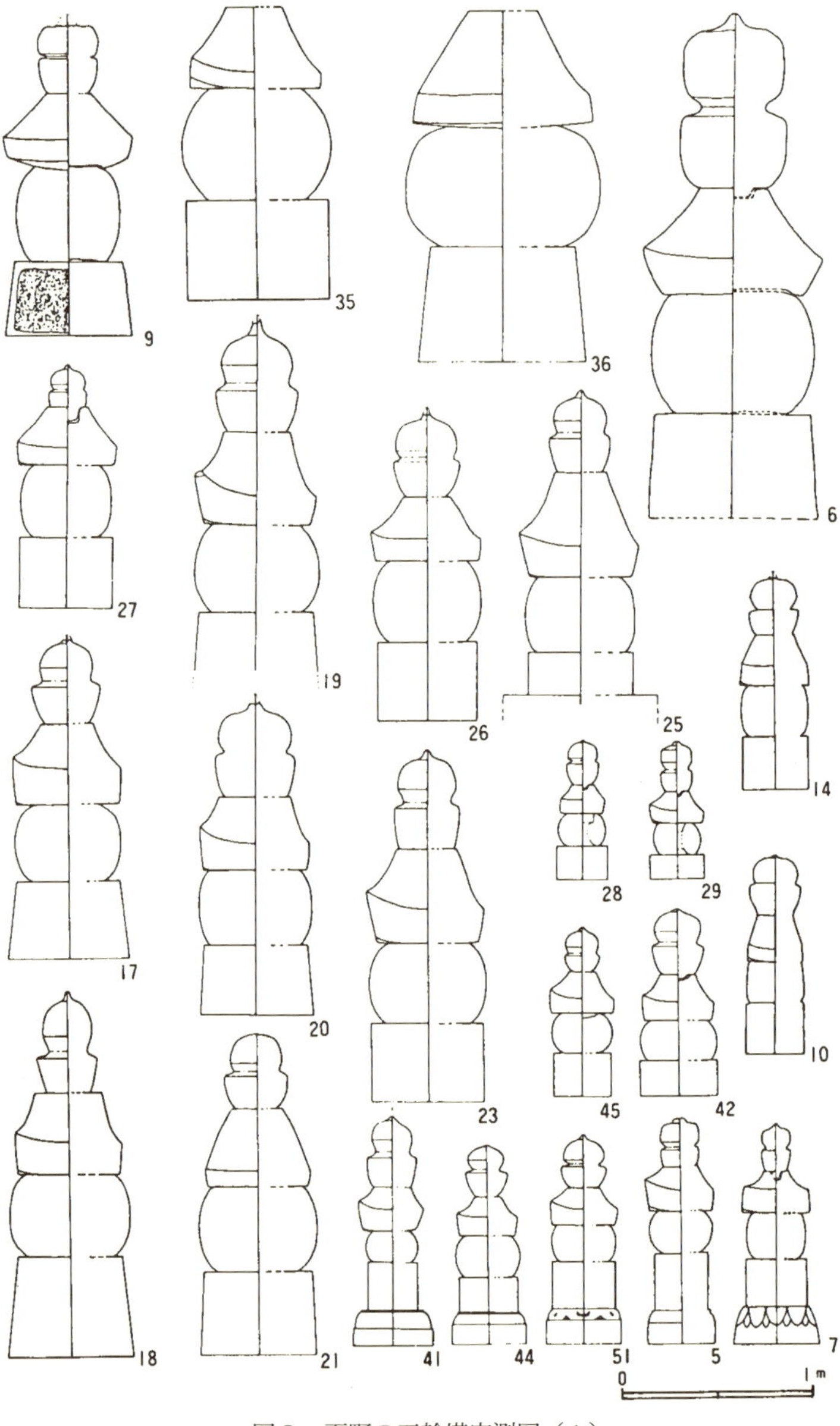

図2　下野の五輪塔実測図（1）

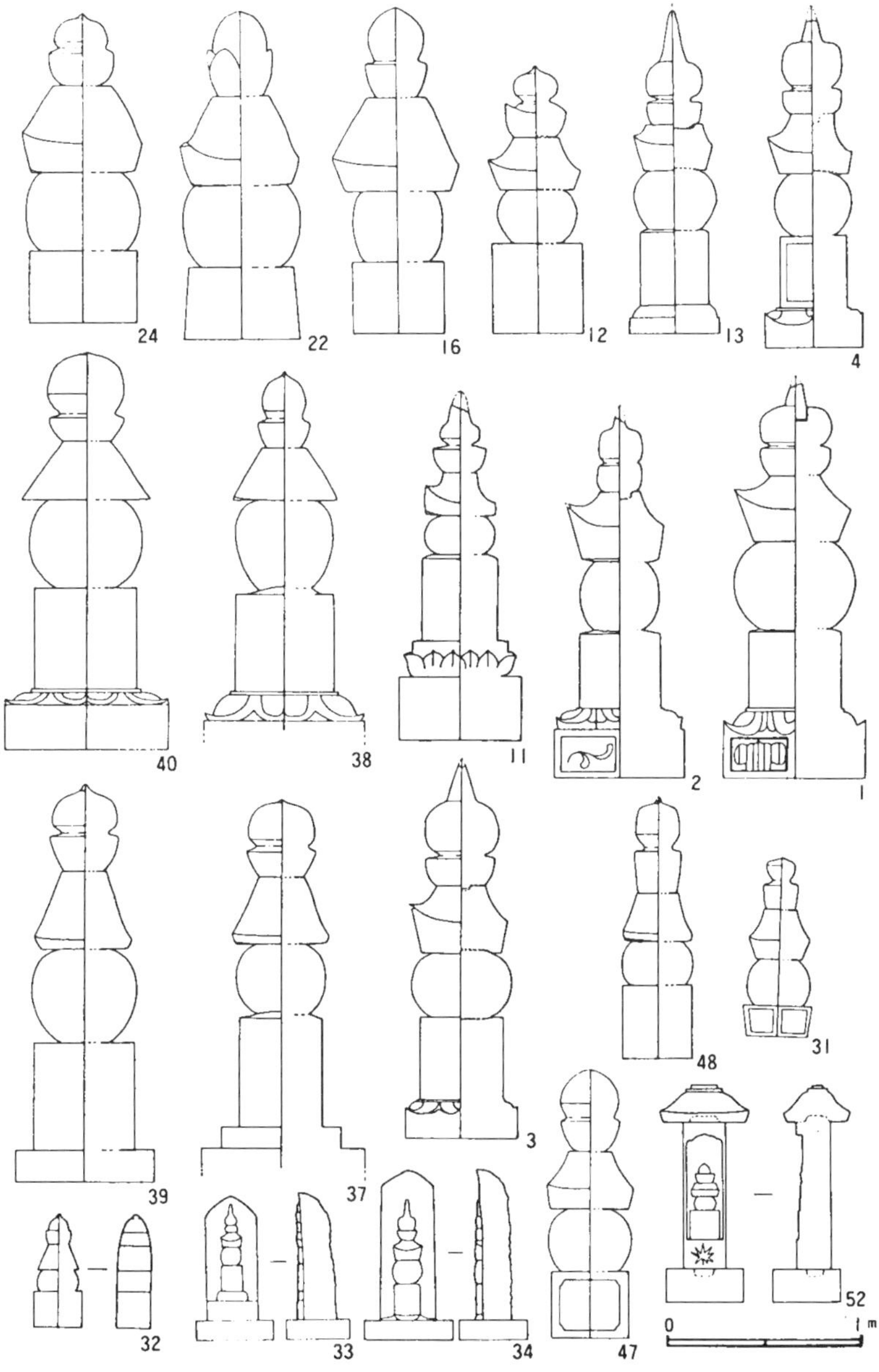

図３　下野の五輪塔実測図（２）

四　下野五輪塔の変遷

今回範囲とした県南東地域における五輪塔の変遷は、中世段階の遺物に紀年銘資料がないことから各輪部の形態的変化の比較に主眼を置き年代的な位置づけを見てきた。そこでここではこれらの結果を基に変遷を考えてみたい。

最も古い段階の五輪塔は、凝灰岩製（「大谷石」）図4―1の大関家五輪塔である。この五輪塔については、先にも触れたが、移築に伴い古瀬戸の瓶子の骨蔵器が塔の下から出土しており、当該地域で唯一年代の上限をおさえることのできる五輪塔として重要である。県内における凝灰岩製の石造物においては、南河内町東根の供養塔が十三世紀段階のものとして最も古い資料として著名であるが、これに続く古式五輪塔といえ十四世紀中葉段階の資料である。さらにこれに続く資料としては、図2―6・35・36があげられる。これらの年代は、大谷寺五輪塔（図5―1）は、同寺に伝承する中世遺物の内最も新しい天文二十（一五五一）年銘銅鋺（図5―2）の時期である室町期に位置づけると、地輪、火輪の形態などからこれに先行する遺物として位置づけられよう。さらに、中世末期から江戸初期の五輪塔として、下都賀郡壬生町上田日蓮宗上田寺内一石五輪塔（図2―10・14）の二基を指摘できる。ともに凝灰岩製の大谷石により造られている。銘が刻されていたと思われるが石質が脆く、風化が著しいために不明である。年代的な位置づけは、周辺地域においては紀年銘資料がないため明確ではないがこれまでの研究では、高野山[12]においては、文明年間（一四六九～一四八六）以降

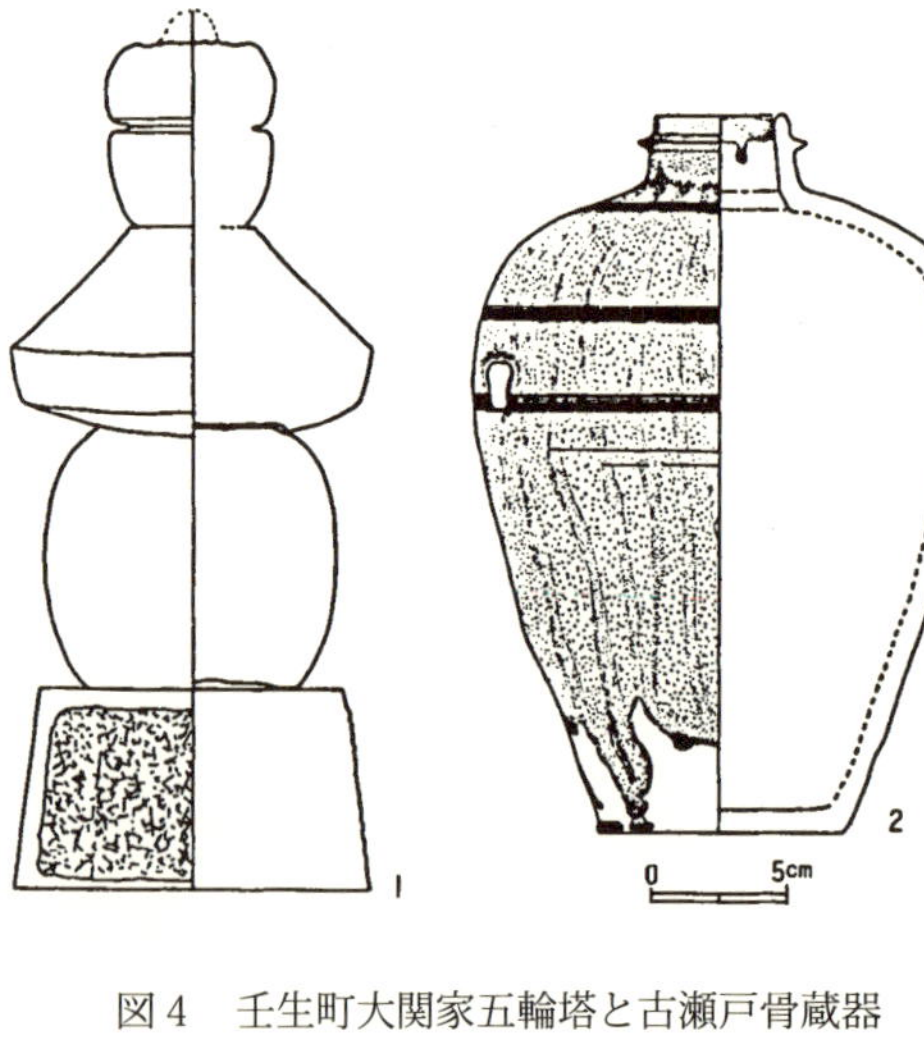

図4　壬生町大関家五輪塔と古瀬戸骨蔵器

から一石五輪塔の造立が目立ち、北陸の一乗谷では天文年間（一五三二〜一五五五）以降造立が盛んに行なわれていることが明らかである(13)。さらに、当該地域における安山岩製の近世墓標の造立時期はおおよそ十七世紀第２四半期代に認められる。このことからも石材の違う凝灰岩製の一石五輪塔の年代的な位置づけとし、いわゆる安山岩製の近世墓標に先行する時期が考えられ、おおよそ十六世紀後半の年代として捉えておきたい。これらと同時代的な遺物として、多功見性寺の小型の凝灰岩製の五輪塔群などがあげられる。また、一石五輪塔の系譜を引く資料として図３—33・34の舟形光背に五輪塔を半肉彫で表現した資料や、笠塔婆型の墓標に五輪塔を半肉彫で表現した図３—38の資料があげられ、いずれも十七世紀代の年代である(14)。以上のように半肉彫に像を表現する手法は、中山法華経寺調査においても十七世紀第４四半期には認められており、地域を越えた画一的な墓標の形態普及の一様相を示しているものと思われる。

五　おわりに

以上、下野における五輪塔の変遷を見てきたが、在地産の凝灰岩製のいわゆる「大谷石」の五輪塔は、十四世紀中葉以降造立が行なわれ、近世初期まで造立されるが、十七世紀第２四半期前後、安山岩を主体とする近世墓標の造立が一般に普及し造立数が増える段階にはほとんど認められなくなる。大きさの面では、一般的には大形から小形へと変遷し十七世

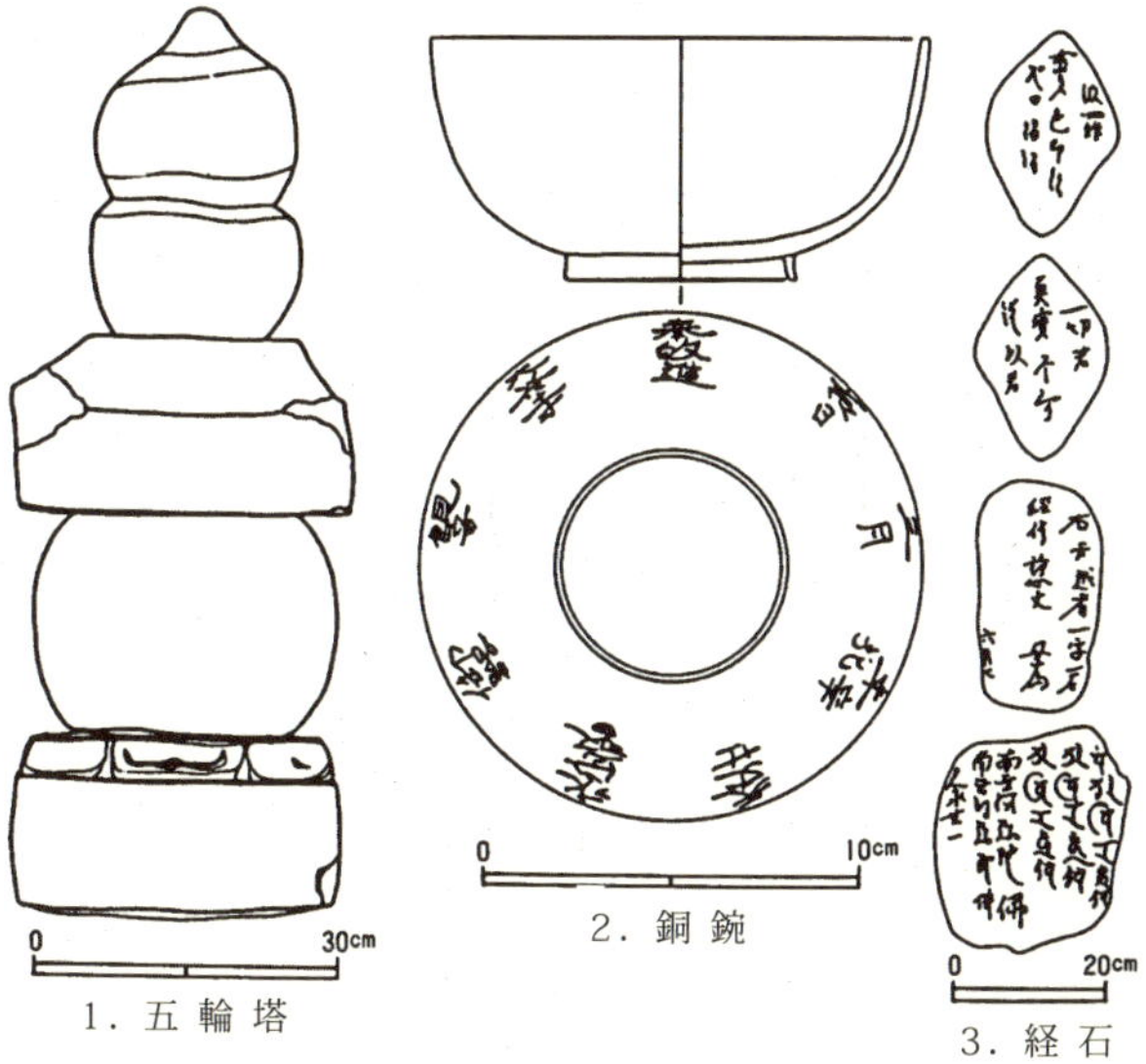

1．五 輪 塔　2．銅 鋺　3．経 石

図５　大谷寺五輪塔と出土遺物

紀第2四半期以降に造立された近世五輪塔は特定階層の被葬者のための墓標として大型化する。この近世五輪塔の特徴が形態上最も端的に表現されるのが火輪部および風、空輪部である。火輪部の造りが定形化し、四隅が大きく反りかえり突出したものが流行するのである。また、空、風輪部では一石造りということがより形骸化し、円筒形の石材を二分し、単に空、風輪部との区別を付けただけにとどまるものが増える時期となる。大きさにおいても全体の三分の一以上を占めるものさえ造立されるようになり、この十七世紀第2四半期以降を下野五輪塔の最も形骸化した衰退期として捉えられる。このような傾向は、下総・上総における中近世の石造物の集約的研究(15)によってもすでに指摘されており、周辺地域における一般的な傾向とも合致するところである。

この十七世紀第2四半期段階は、周辺地域においても近世墓標の造立が庶民階層に広まる時期である。下野においてもこの段階から塔型式以外の墓標の造立が顕著に認められるようになると同時に、この時期を境に墓標において在地産の石材である凝灰岩製の「大谷石」の需要が極端に減り、これに代わり安山岩製の石材が多く認められるようになる。このことは、五輪塔の特に火輪部に認められた端部の尖端化の時期と同一であり、安山岩製の石材の普及と石材の硬度の変化が火輪軒端部の反りの表現や、空風輪の尖頭表現などの形態変化として顕著に現われたものと思われる。

以上見てきたような五輪塔の変遷上での十七世紀第2四半期という時期が、最終段階への移行期として捉えられ、下野五輪塔の中世五輪塔から近世五輪塔への変換の時期を示すと思われる。

一方この時期、今回対象とした下野南東部においては、政治史的に見ても変換の時期と言え、特に前代、天正末期から慶長年間の十七世紀を前後する時期には、壬生、小山氏の没落や、宇都宮氏の改易など領地関係における変動が認められ、慶長六（一六〇二）年譜代大名である奥平家昌の宇都宮就封まできわめて不安定な時期であったと言え、先に見てきた五輪塔の石材である在地産の「大谷石」の利用頻度の減少とも時期が重なり「大谷石」の採掘権などにもこのような政治的な要因が関連した可能性も注意しておきたい。また、十七世紀第2四半期以降の在地産の石材以外の石材の流入と普及については、元和二（一六一六）年の日光における家康廟の造営[16]の決定なども物質の流通拡大などに起因するものと思われる。

以上、下野南半部における五輪塔の変遷を中心に触れてきたが、十七世紀第2四半期を境に、在地産の「大谷石」を使った中世系譜の五輪塔は衰退し、それ以降は、大形の近世五輪塔が造立されるようになったその背景には、在地産以外の石材の流通や、当該地域における領地関係など政治的な変革に起因したと思われる。今後は、さらに資料を精査し下野にかぎらず広範囲における中・近世五輪塔の変遷について周辺地域との比較検討を課題としたい。

註

（1）森田正安「日光瀧尾山の多寶塔と其作者」（『考古学雑誌』第三巻第二号、一九一二年）
（2）丸山太一郎「下野國足利郡内の古石塔」（『考古学雑誌』第三巻第二号、一九一二年）
（3）小松利三郎「下野國東根に於ける元久の石塔に就いて」（『考古学雑誌』第三巻第二号、一九二〇年）
南河内町史編集委員会『南河内町史―資料編2古代・中世』一九九一年
（4）今立鉄雄編『下野の板碑』一九七一年
佐藤行哉「下野の板碑について」（『下野の板碑』一九七一年）
（5）下野地学会『日曜の地学9―栃木の地質をめぐって』一九七九年
（6）大和久震平・塙　静夫『栃木県の考古学』一九七二年
（7）塙　静夫『坂東十九番大谷観音』一九九三年
（8）吉川弘文館『国史大辞典』第二巻、一九八〇年
（9）壬生町史編集委員会『壬生町史―資料編原始古代・中世』一九八七年
（10）古瀬戸の瓶子の年代については、栃木県埋蔵文化財調査センター・中山晋氏が以前、壬生町史編集委員に当たってい

た当時、町指定文化財にするため、楢崎彰一氏に鑑定依頼した結果を基に示してある。

(11) 川勝政太郎『新版石造美術』一九八一年
川勝政太郎『日本石材工芸史』綜芸社、一九四八年
(12) 和歌山県教育委員会・高野山文化財保存会『高野山奥之院の地賓』一九七五年
(13) 水藤　真「一乗谷の石塔・石仏」(『一乗谷史学』第五号、一九七四年)
朝倉氏遺跡調査研究所『一乗石造遺物調査報告書』一九七五年
(14) 坂詰秀一『中山法華経寺史』一九八一年
(15) 斉木　勝「関東形式宝篋印塔の研究」(『研究紀要』一〇、一九八六年)
斉木　勝「石塔婆としての「宝篋印塔」について」(『研究紀要』二〇、一九九六年)
(16) 栃木県史編集委員会『栃木県史―資料編近世一』一九七四年

第二章　近世葬制の諸問題

第一節　墓所の構造とその背景

一　はじめに

近年における東京都内の発掘調査件数が増える中で、江戸市中の実態が明らかになりつつある。大名家の上屋敷に係わる遺構の調査事例や、御府内における寺院跡の調査例も増加した。それらの調査に伴って市中の寺付属の墓地の調査も多数行なわれ、「名も無き人々の墓」から、「将軍墓」にいたる様々な人々の墓の実態が明らかになってきた。墓構造に着目してみると、被葬者が明確な墓における上部構造の規模、地下構造の違いは階層の違いを反映していることが明確になりつつある。

かかる状況において、平成十三年から同十八年にかけて大田区に所在する日蓮宗大本山池上本門寺および不変山永寿院では、大名家墓所の調査が行なわれ（鳥取池田家芳心院殿墓所、山形上杉家圓光院殿墓所、熊本細川家清高院殿墓所）、大名に係わる女性の墓の実態が明らかになった。

これらの調査結果から、大名家の女性を中心とした葬送儀礼について墓構造だけの検討にとどめず、儀礼の復元にも視座を置き、その実態の一端を明らかにしたい。

二　近世霊廟形式の墓所について

池上本門寺に所在する、鳥取池田家初代藩主池田光仲の正室芳心院殿妙英日春大姉墓所は、主体部である宝塔形式の墓を囲むように、石敷きの空間と枡形に掘られた石垣積みの堀割を有するという特殊な墓域を形成している。面積も近世の女性の墓としては最大といえるような広さがあり約六〇〇㎡を有している。

墓所の空間構成をみると、墓域の周りに枡形を切る堀が存在することや、堀内部のエリアに築地が巡る可能性もあること、さらに周囲の堀上部より一段高い位置に墓所が築かれているという構成であり、霊廟的な構造と捉えられないであろうか。

霊廟とは、廟の部分と廟墓の部分が合わさった形式の建築として捉えられている。廟は、「たまや」、「みたまや」ともいい先祖の尊像、高僧などを祀るための建築を指しており、廟建築に先祖、高僧などの墳墓を祀る機能を合わせもった形式の建物を廟墓といい、廟墓の上には塔（廟塔）が安置される。廟塔に拝するための場、拝殿などが付属した形式の建築を霊廟建築として考えたい。

廟墓の歴史は古く、その構造が明確にわかる最古の一つとして高野山金剛峯寺の空海廟があげられる。その構造は、文献などから考察されており、次に示す『高野山奥院堂塔興廃記』(1)に詳しい。

『奥院堂塔興廃事』

一、　弘法大師御入定事

仁明天皇御宇承和二年三月廿一日寅時結跏趺坐大日定印奄然入定……

畳石壇例入可出入之許其上仰石匠安置五輪卒塔婆入種々梵本陀羅尼其上更亦建立宝塔安置仏舎利……（中略）

一、　廟塔炎上後改造于宝形堂事

村上天皇御宇天徳年中和泉講師雅真公奥院炎上後経五六年尋塔婆焼失之灰燼始堂宇建之土木今奥印廟堂此其是也

于時当山座主僧正寛空寺務之事也

これによれば、空海の遺骸は、石室に納め、その上に「五輪卒塔婆」を置き、さらに上に宝塔を建てたことが記されている。廟と廟墓が一体となった形式の建物であったことが指摘されている。このような廟墓は、中世では東大寺開山堂、永保寺開山堂、慈光寺開山堂など禅宗に展開するとされている。そして近世期には、藩祖を祀る建築へと系統するようである。

江戸初期の代表的な廟墓建築（図1）についてみてみると、元和三（一六一七）年完成の久能山東照宮（家康廟）、同年日光東照宮、承応元（一六五二）年日光大猷院殿霊廟（家光廟）、増上寺台徳院霊廟（秀忠廟）がある。

増上寺台徳院霊廟（秀忠廟）の例で構造を見てみると、遺骸を埋葬した上に木造の宝塔を建立し、それを覆うように覆屋が付く。この形式は、他の将軍墓にも共通する。

平面形式の基本形は、廟墓と拝殿の組み合わせである。宝塔および本殿は、唐門によって区切られ、周囲は木柵あるいは石柵が廻り、その手前に拝殿を廊下（「石之間・相之間」）で繋ぐ組み合わせが基本形である。

霊廟建築の名称としては、伊達家の文書類(2)では「御霊屋」という名称で総称しており、徳川家の廟所では廟社、廟殿のことを「仏殿」ならびに「御堂」と称し、廟墓である墓所を「御廟」と称し

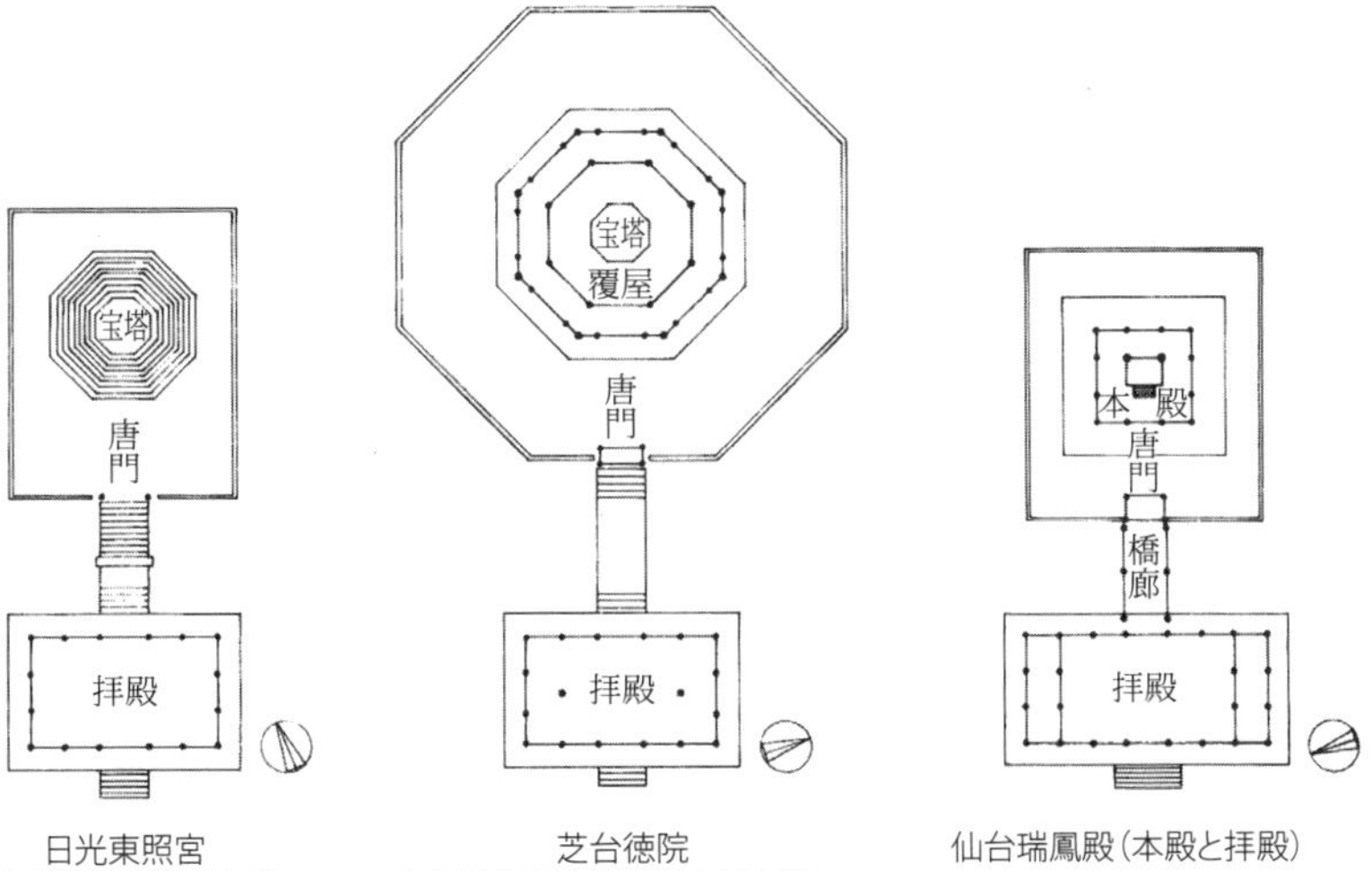

図1　近世の代表的廟墓建築

ていた。また、正徳期以後は前者を「霊屋」ととなえ、後者を「宝塔」と改称したことが指摘されている。

以上のような、廟墓形式を有する近世の類例を他に探してみると、管見では国元の藩祖の墓所などが霊廟形式に則って墓所が形成されているといえよう。

類例を挙げれば、九州熊本妙解院細川家墓所（図２）の例では、微高地状の山全体が墓域でありその中に、類代の

図２　熊本細川家廟所妙解院

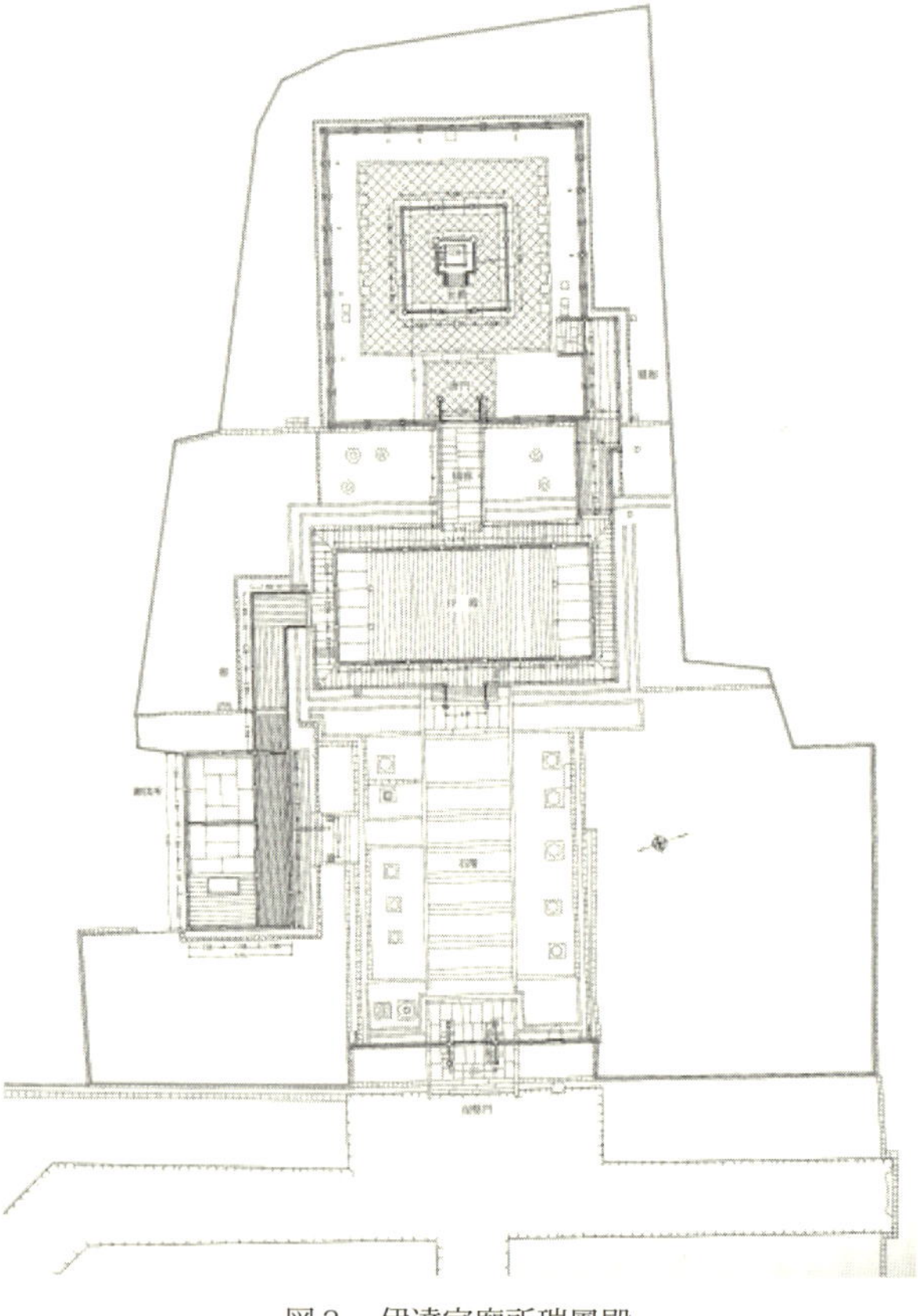
図３　伊達家廟所瑞鳳殿

墓所が営まれている。平地から階段を登りきると唐門が正面にあり、これに木柵が付く。唐門を潜り石敷きを進むと、拝殿があり橋廊を通り覆屋の正面に至る。覆屋内には大型の五輪塔が安置されている。唐門木柵と拝殿と覆屋との組み合わせが基本形で四代までの墓所は同じ形式である。また、黒髪山の細川家墓所も同タイプである。

東北の例では、寛永十三（一六三六）年没の伊達政宗の廟所である瑞鳳殿（図３）が上げられる。瑞鳳殿の平面構成は、涅槃門をくぐり石壇を上がるとその途中左手に御供所が配されている。石壇正面が拝殿になっており、拝殿には横に御供所からつながる廊がある。廟へは、橋廊がかかっており、橋廊を登ると唐門となり、唐門内に本殿が祀られている。この伊達家の瑞鳳殿の形式は、古式であり、先に見た細川家の例は、拝殿と橋廊の幅が同じになり、若干拝殿が形骸化したタイプといえる。細川家の廟所建築は後補の可能性も考えられる。

三　芳心院殿墓所造営とその背景

続いて芳心院殿墓所の平面的な構成（口絵２）を江戸初期の廟墓形式との関係のなかで考えてみたい。霊廟形式の基本形である拝殿は、芳心院殿墓所では施設としての建築物はない。しかし、外堀を渡り、門をくぐると手水鉢が廊右手にある。手水鉢へも渡り廊下的な敷石が二枚ある。竹楼などの空間を意識した配置であろう。御供所として考えておきたい。御供所から階段を登った位置が廟塔前の空間として、敷石として正方形に近い平石を使用している。この敷石の配置は御供所の廊下の配置とは全く違い、整然と並べられており、この敷石の空間は、異空間へ入ったことを示すための演出として配置されたもので、霊廟社殿あるいは廟墓と拝殿・拝所を繋ぐ「石之間」・「相之間」と同等の空間を設えたものとして捉えておきたい。この拝所から、階段（橋廊）を登った位置に、唐門がある。唐門も堅牢な石扉が考えられる。

以上のような空間構成から、芳心院殿妙英日春大姉の墓所は、霊廟形式の伝統を強く残した墓所形式といえ、墓構造の上では、徳川宗家の血筋にある姫の墓としてはふさわしいものと思われる。

このような霊廟が造営された経緯について、徳川将軍家の寛永寺、増上寺における葬礼事情に着目することで考えてみたい。

徳川将軍家は、三河に拠点をおいて以来、浄土宗の寺を菩提寺と決め、三河では岡崎市にある白旗派大樹寺とし、江戸入府に際しては、同宗派の増上寺を菩提寺と定めていた[3]。しかし、家康は、天海僧正（一五三六～一六四三年）に帰依し、死去の後に天台の神道式によって日光山において東照権現として祀られた[4]。一方江戸における葬礼は増上寺では、家康の四男松平忠吉や、二代秀忠の長男長丸など将軍家に係わる人々の葬送が執り行なわれ、三代家光から五代綱吉は寛永寺に埋葬された。その結果、年忌法要などは増上寺で執り行なうことになり、増上寺では霊牌の安置とその霊廟への参詣がなされるだけに留まることとなってしまった。しかし、かかる事情の中、重要なことは増上寺において二代秀忠の正室崇源院殿の葬儀が寛永三（一六二六）年に執り行なわれ、それ以降は、将軍および多くの親族の葬礼を執り行なうことになったということである[5]。つまり、増上寺が将軍家菩提所として存続危機にあった時に、秀忠が正室の葬

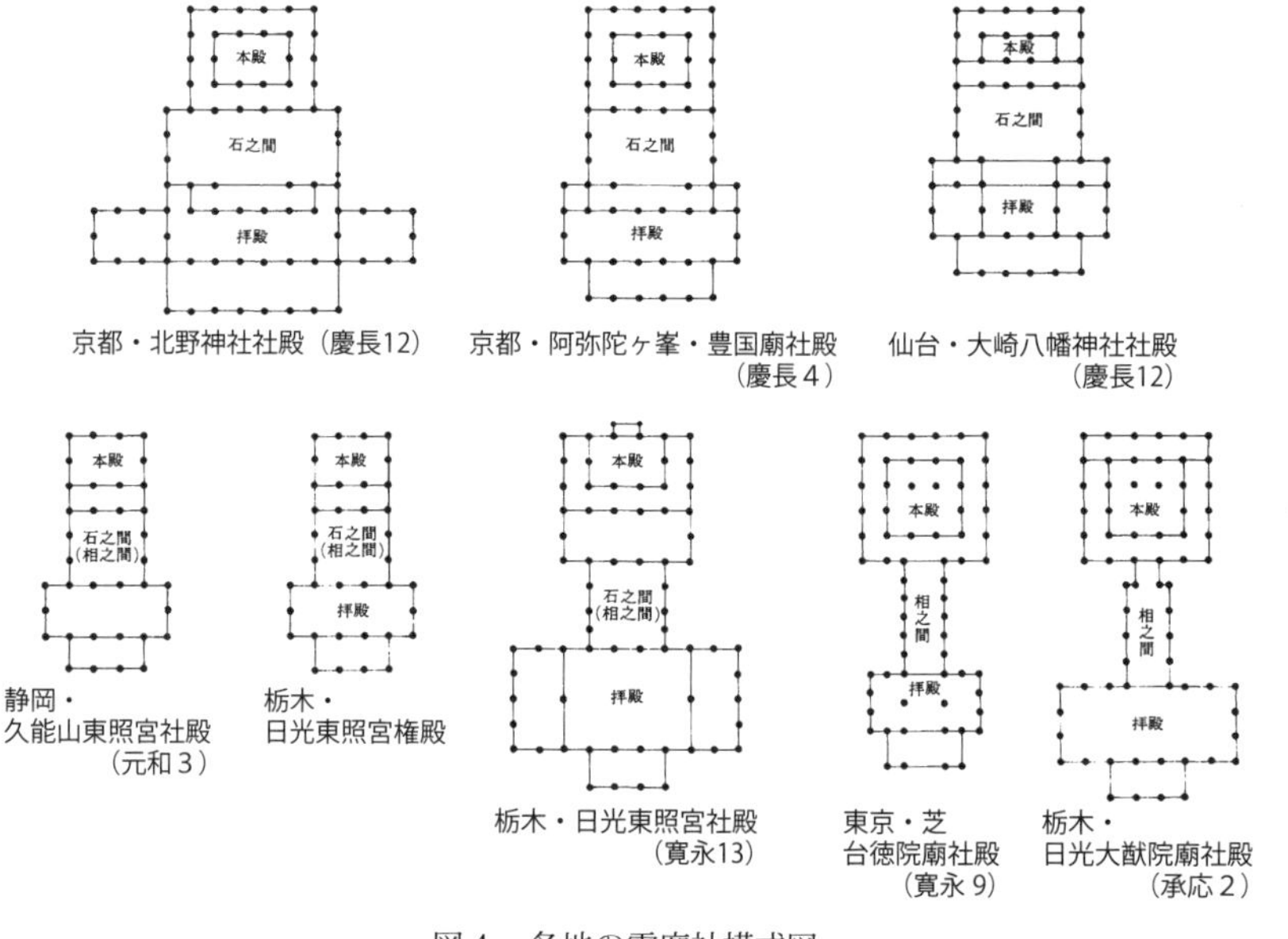

京都・北野神社社殿（慶長12）

京都・阿弥陀ヶ峯・豊国廟社殿（慶長4）

仙台・大崎八幡神社社殿（慶長12）

静岡・久能山東照宮社殿（元和3）

栃木・日光東照宮権殿

栃木・日光東照宮社殿（寛永13）

東京・芝 台徳院廟社殿（寛永9）

栃木・日光大猷院廟社殿（承応2）

図4　各地の霊廟社模式図

送を執り行ない、総高五ｍを超える巨大な組合せ式宝篋印塔を造立したことや、六代将軍家宣が遺言によって増上寺への埋葬を願った（正徳二〈一七一二〉年）ことにより、将軍菩提寺としての立場が復権し、七・九・十二・十四代の将軍はもとより、それぞれの正室や世継を生んだ側室など宗家の主要な親族が葬送されていったのである。

以上見てきたような寛永寺と増上寺間における将軍家菩提寺としての駆け引きにおいて、秀忠の正室・崇源院殿の葬送が増上寺で行なわれ、巨大な宝篋印塔が造立されたことには重要な意味があるように思われる。(6) つまり秀忠は、家康死去に際して増上寺内に家康の霊廟を建設するが、霊廟名は岡崎大樹寺登誉上人から家康が生前に授かった尊号「安国院殿」に由来して「安国殿」と命名しており、「黒本尊利益譚」とともに浄土宗とのかかわりを重要視したのである。(7) さらに、秀忠は家康が築いた将軍家菩提所としての増上寺を重視して正室の葬礼も行ない、自らも増上寺に葬られたのである。天台宗寛永寺との軋轢において、家康所縁の増上寺を守るべく巨大な御霊屋を造営したものと思われる。以上のような増上寺における状況とは同一視は出来ないが、先に触れた、芳心院殿の巨大な墓所も政治的で宗教的な背景の下造営されているのではないかという視点に立って考えてみたい。

規模を比較する意味で金沢藩前田家の墓所(8)を示しておきたい。野田山は、前田利家の兄利久が天承十五年に病没して利家が墳墓造営を行なうのを嚆矢として利家以下歴代藩主が累々と葬送された墓所である。方形土檀部までの規模で比較するとほぼ同等の規模と言える（図６）。

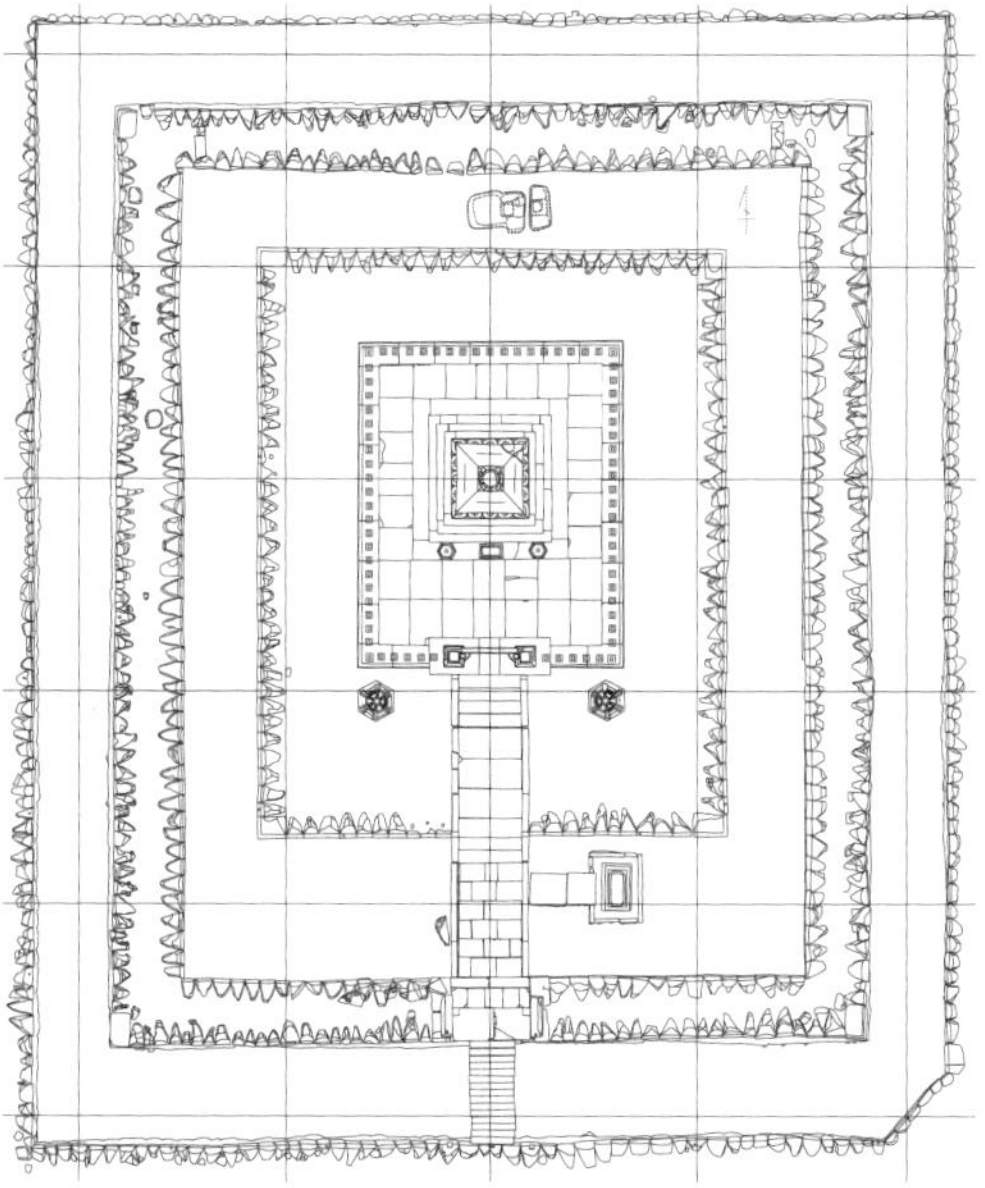

図５　芳心院墓所平面図（口絵２）

続いて、なぜこのような巨大な墓所造営が必要であったのかを考えてみたい。

一六三〇年の身池対論(9)では、日蓮宗内において、封建権力の志向する理念に基づく側と相克する思想とが直接対決し、この対決に対して幕府が裁断するという結果になった。このことは、その時点で、国家公認の宗義の容認という意味をも同時に示したことになったと思われる。

したがって、日遠、日豊らは、幕府の公認の下で、池上本門寺を運営する立場を得ることとなった。この流れの中で、日豊は、養珠院と瑶林院の塔を造立し、幕命による晋山であることを強く示し、幕命である不受不施派の取り締まり強化を行なった。そしてこの教えを受けるべくして日玄は二十二世に晋山した。日豊上人同様に自らの晋山を誇示すべく、芳心院殿の造塔を行なった。この動きは、まさに幕府の造塔を促進しようとする動きと連動しており、その象徴として、徳川宗家に縁のある人物として芳心院殿墓所の造営を執り行なったものと思われる。特に、法華経の教えの「七分全得」という教えと生前に造墓することをリンクさせることを策として実践したものと思われる。そして、家康の孫に当たることを利用して、神格化された家康の存在とオーバーラップさせるために、廟こそ設えなかったが、霊廟建築形式に則った石造りの墓域を完成させたものと思われる。霊廟形式を思わせる特徴として墓域の周囲を枡形の堀で囲むことによって、仏教的な結界観と、聖域性を強調し神格化したものと思われる。日玄上人は、家康を神に祀った天海のような存在ともいえよう。これ以後、本門寺内には宝塔形式の大きな墓域が紀州家を中心に造立されるようになるが、これらの連動した寺

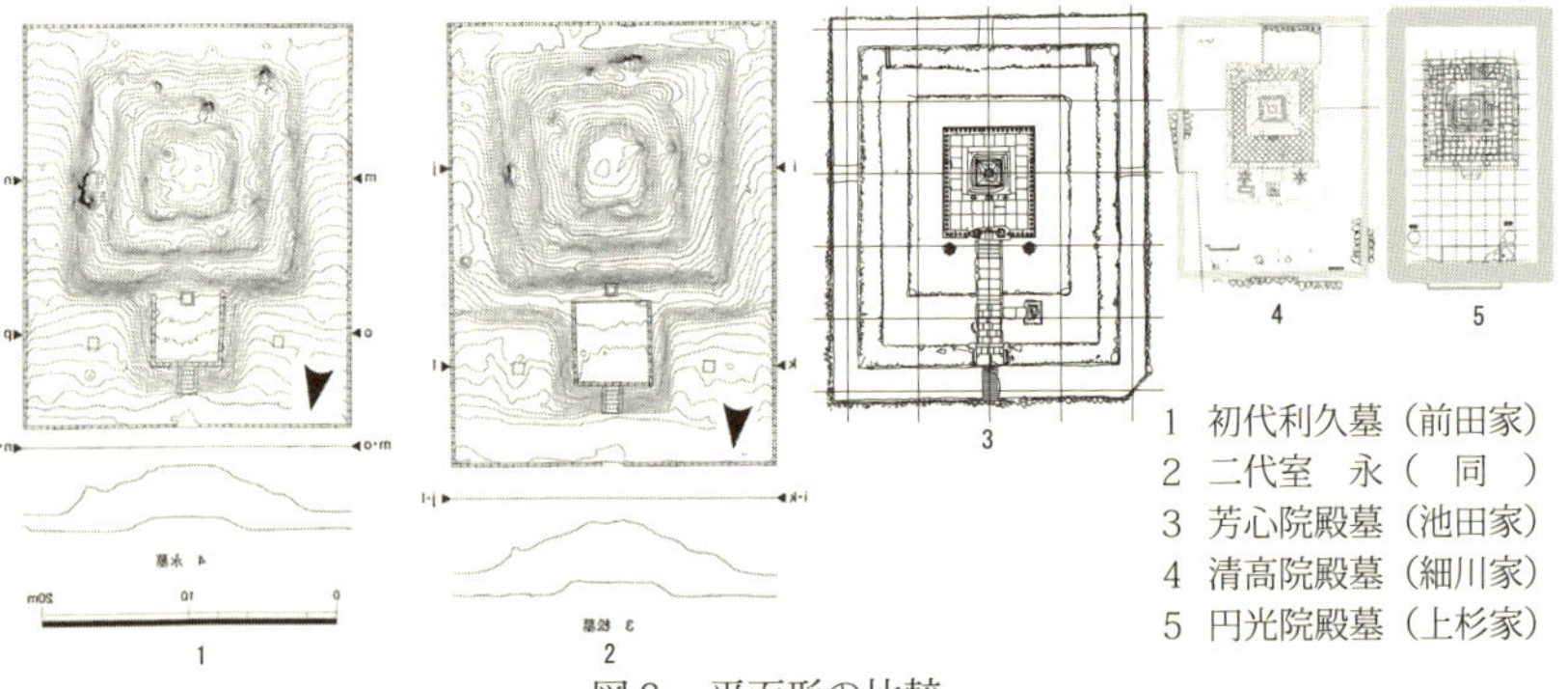

1　初代利久墓（前田家）
2　二代室　永（　同　）
3　芳心院殿墓（池田家）
4　清高院殿墓（細川家）
5　円光院殿墓（上杉家）

図６　平面形の比較

勢は、日遠に始まり、日豊、日玄と受け継がれたものであり、これらの三師が、池上本門寺を再生させた中心的な役割を果たしたものと思われる。

最後に葬法について若干触れておくと、徳川家の墓の内部主体の特徴は、土葬が基本形である。火葬を僻ける考え方を持つ儒教的な教えからすれば、徳川有縁の人物である芳心院殿墓では当然であるが仏式によって葬礼が行なわれ土葬でも不思議ではなかったが火葬が選択された。墓域内の花瓶や水盤には徳川家の家紋が記されており徳川家との関連が強く見えるが、最終的な葬法は、火葬に付されている家康側室養珠院や二代秀忠正室崇源院に准じて火化されたものと捉えておきたい。

註

（1）群書類従刊行会『群書類従』二八上、釈家部　一九五八年
（2）瑞鳳殿『伊達政宗の墓とその生涯』二〇〇〇年
（3）藤井　学「江戸幕府の宗教統制」（『法華文化の展開』法蔵館、一九八四年）
（4）北島正元「徳川家康の神格化について」（『国史学』第九四号、一九七四年）
（5）大本山増上寺『増上寺史』一九七四年
（6）東京大学出版会『増上寺徳川将軍墓とその遺品・遺体』一九六七年
（7）曽根原理「増上寺における東照権現信仰」（『近世の宗教と社会』二　国家権力と宗教、吉川弘文館、二〇〇八年）
（8）金沢市文化財紀要二〇〇『野田山』二〇〇三年
（9）藤井　学「不受不施思想の分析」（柏原祐泉・藤井　学校注『近世仏教の思想』日本思想大系五七、岩波書店、一九七三年）

第二節　大名家女性の葬制

一　はじめに

池上本門寺は、江戸初期より大名家関連の墓が集中する寺院として、江戸の重要な葬地のひとつであるといえる。近年本門寺では五重塔の防災余地確保のために墓の移設が計画され、事前の学術的な調査が行なわれ、大名家墓所（山形上杉家圓光院殿墓所・熊本細川家清高院殿墓所）が調査された。(1)さらに本門寺山内の不変山永寿院では芳心院殿墓所の保存・修復調査が行なわれた。(2)これらの調査で大名家における葬法の実態が明らかになった。特筆すべきは、同時代の葬送であるにも係わらず火葬と土葬という異なった葬法によって埋葬が執り行なわれていることである。前節でも触れたが、芳心院殿は火葬に付されており、山形上杉家圓光院殿も火葬である。いずれも徳川家との関連の女性である。そして、土葬された熊本細川家清高院殿は、島原の乱や、キリスト教弾圧と関連する細川光尚の側室である。

ここでは、土葬と火葬の葬法の違いを示し、その実態について葬送儀礼の観点から考察してみたい。

二　上杉家　圓光院殿日仙栄寿大姉墓所(3)

池上本門寺での調査は、慶長十三（一六〇八）年に二代将軍秀忠が、乳母の発願により建立寄進した五重塔（重要文化財）の平成の解体修復工事に伴って、塔周辺において震災にかかわる防災余地を確保する必要性が発生したために、余地確保域にある墓所の移転が計画され、それに先立って調査が行なわれた。

上杉家圓光院殿日仙栄寿大姉（以下、圓光院殿）は、本門寺境内、五重塔の北二〇ｍに近接して墓域が形成されている。なお、この五重塔は現在の位置から西に五〇ｍ程度離れた仁王門の北側に位置していたが、慶長十九（一六一四）年の地震による破損が著しかったために元禄十五（一七〇二）年に當山二十二世日玄によって移築修復が行なわれ現在の位置に至っている。圓光院殿日仙栄寿大姉墓は、南北二一ｍ、東西二〇ｍ程度の広い墓域を有していたものと思われる。現況では、基壇に伴う部分が遺存しているだけである。基壇は南北八ｍ、東西六ｍの規模で二段積み、高さ一ｍであった。墓所の構造は、①一〇ｍ四方の範囲を表土から一ｍ程度篚掘りし全体を掘り下げ、厚さ五㎝前後の粘土層と砂利層を交互に版築状に積み上げ、墓域全体の約四二〇㎡の範囲が整地される。続いて基壇部分③が構築され、④の主体部を構築し、基台、塔身を組み上げている。①の基礎工事には、目標となる基壇部の位置だしと思われるピットを確認している。ピット間は、南北方向はおおよそ一〇尺で配され、東西間隔はおおよそ八尺となっており九本が基本となっていたものと思われる。また、版築状の断面を観察すると、基準となるピットの直上に当たる部分に柱の痕跡が確認でき、目印として版築とともに埋めながら工事が進められたと思われることを確認した。

埋葬主体部は、③の基壇が完成したところで構築された。版築状に積み上げた盛土を方形に一旦掘りくぼめ、三段積みの間知石によって、深さ一ｍ、幅一・三ｍの大きさの副室構造を有する石槨が構築された。また、この石槨の基底面には安山岩片が敷き詰められ床が構築されており、この床の上に石櫃が据られていた。副室部

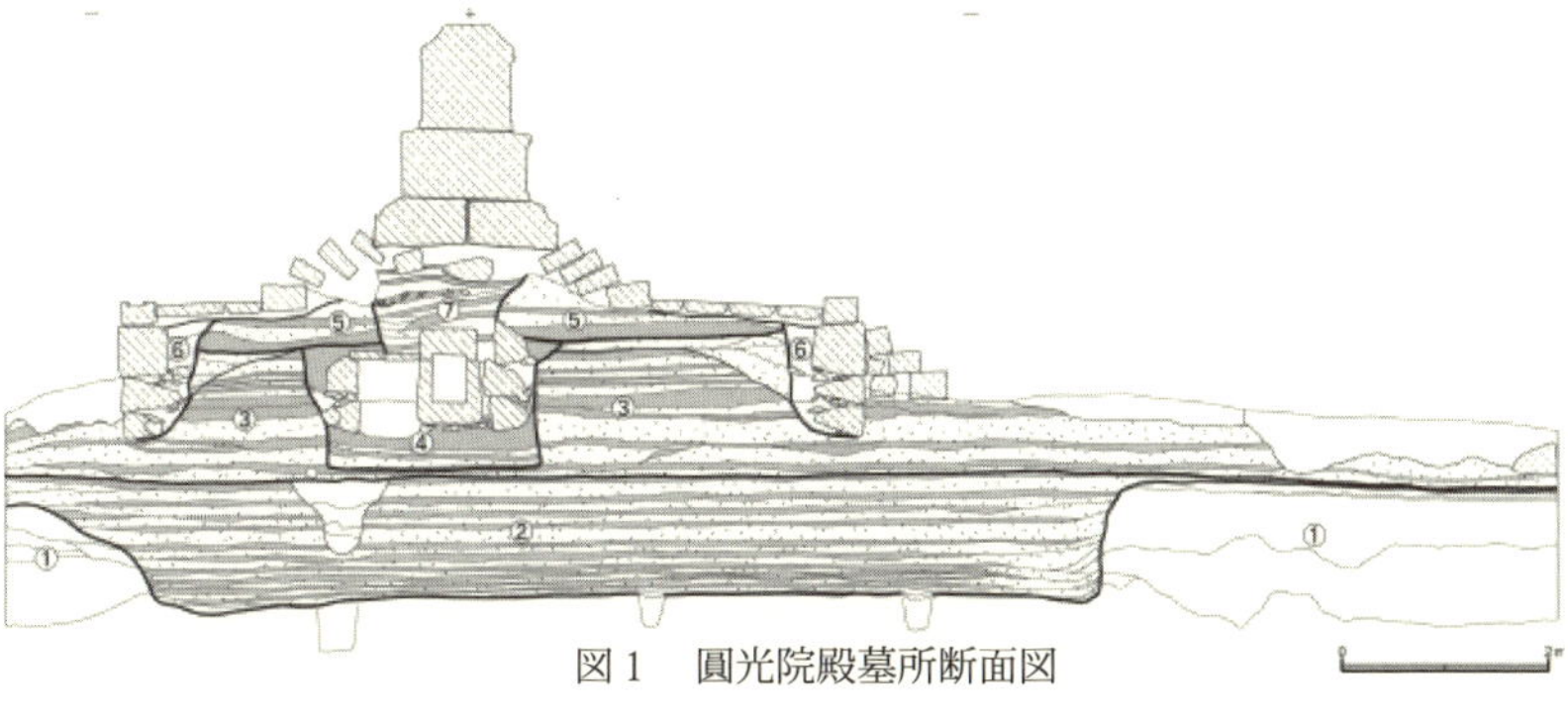

図１　圓光院殿墓所断面図

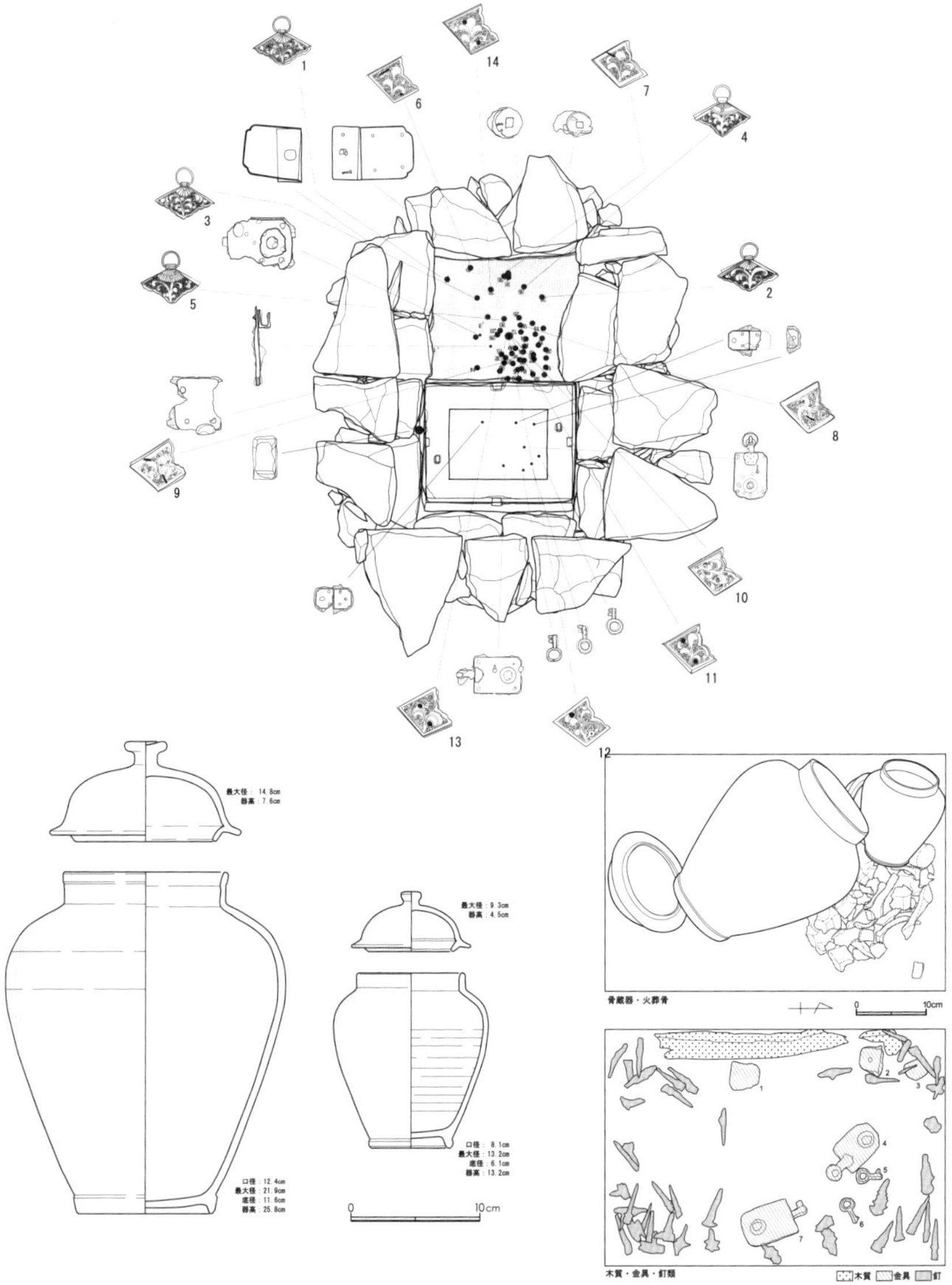

図２　圓光院殿墓所主体部と骨蔵器

分は、二枚の長方形の板石で閉塞されており、遺灰と青銅製の懸鐶金具五口と青銅製縁飾り金具九口、螺旋状に巻いた垂飾、細い青銅製の針金、錠前、鍵、歪み溶着した状態の銭貨三枚組み二口（六枚分）、青銅製の鋲、小釘、鉄製釘一三三本を確認している。これらは、おそらく木箱で鉄製の鍵のついた箱（簞笥のような）に納められたものと思われる。鉄製の錠前類は副室に納めるための箱金具と思われ、青銅製品については、被熱していることなどからおそらくは茶毘の際に一緒に火葬されたものと思われる。したがって鉄製鍵が付いた木製の箱に茶毘の遺灰類をすべて残らず集めて埋納したものと思われる。

三　池田家　芳心院殿妙英日春大姉墓所(4)

不変山永寿院は、池上本門寺境内の南東に接し、独立丘となっている台地部分の南端にある。開山は池上本門寺両山十六世日遠で、開基壇越が戸川達安であり、境内には開基壇越関連の戸川家墓所もある。

芳心院殿妙英日春大姉墓所（口絵2）は、通称「万両塚」と呼ばれており、永寿院の寺域に隣接し、南を正面に築いている。池田家・芳心院殿妙英日春大姉（以下、芳心院殿）墓所は、寿墓であることが明確である。宝塔の基礎の北面には、芳心院殿の事績と「七分全得」の文字を確認することができる。また、寿墓であるために最初に逆修供養

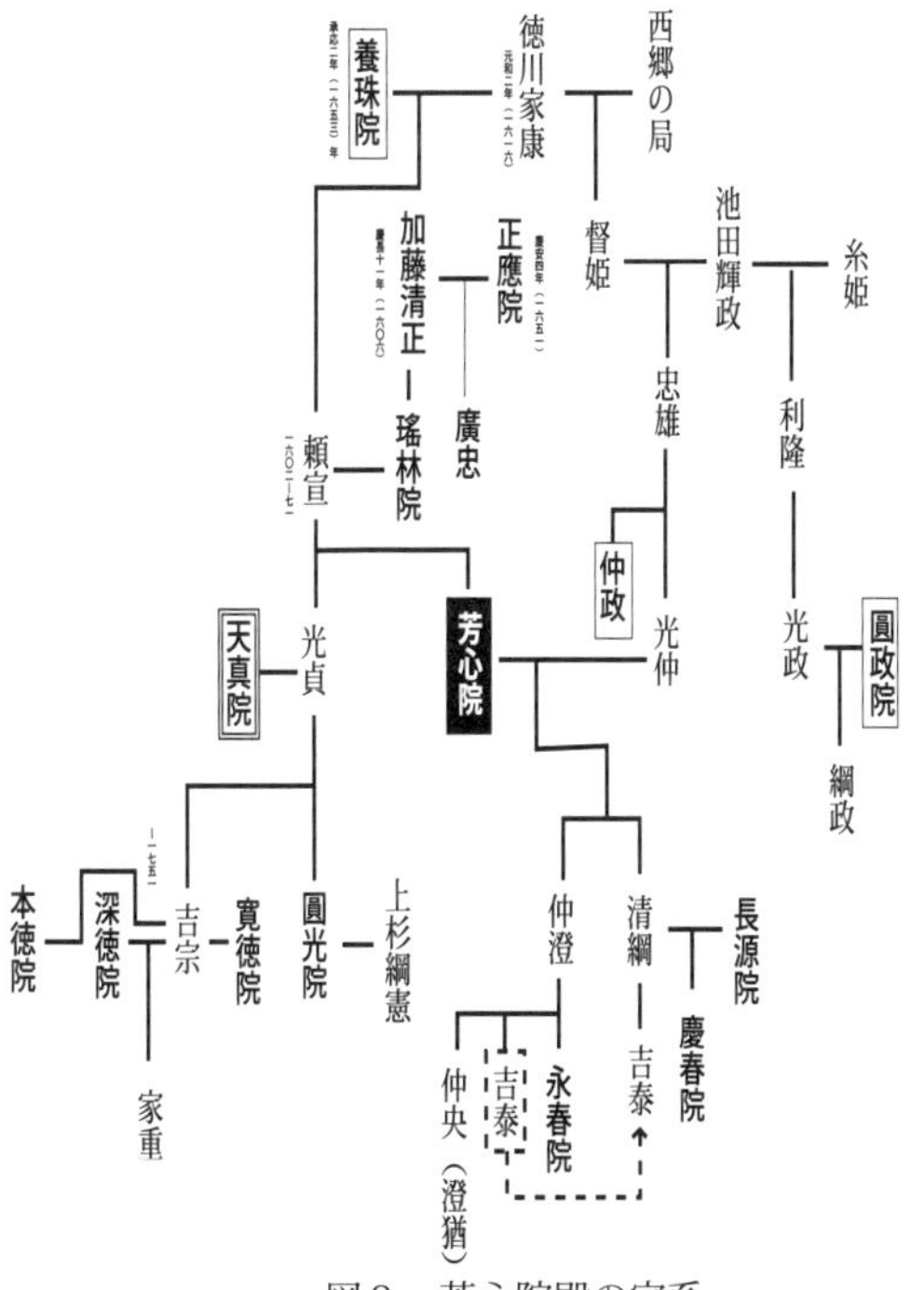

図３　芳心院殿の家系

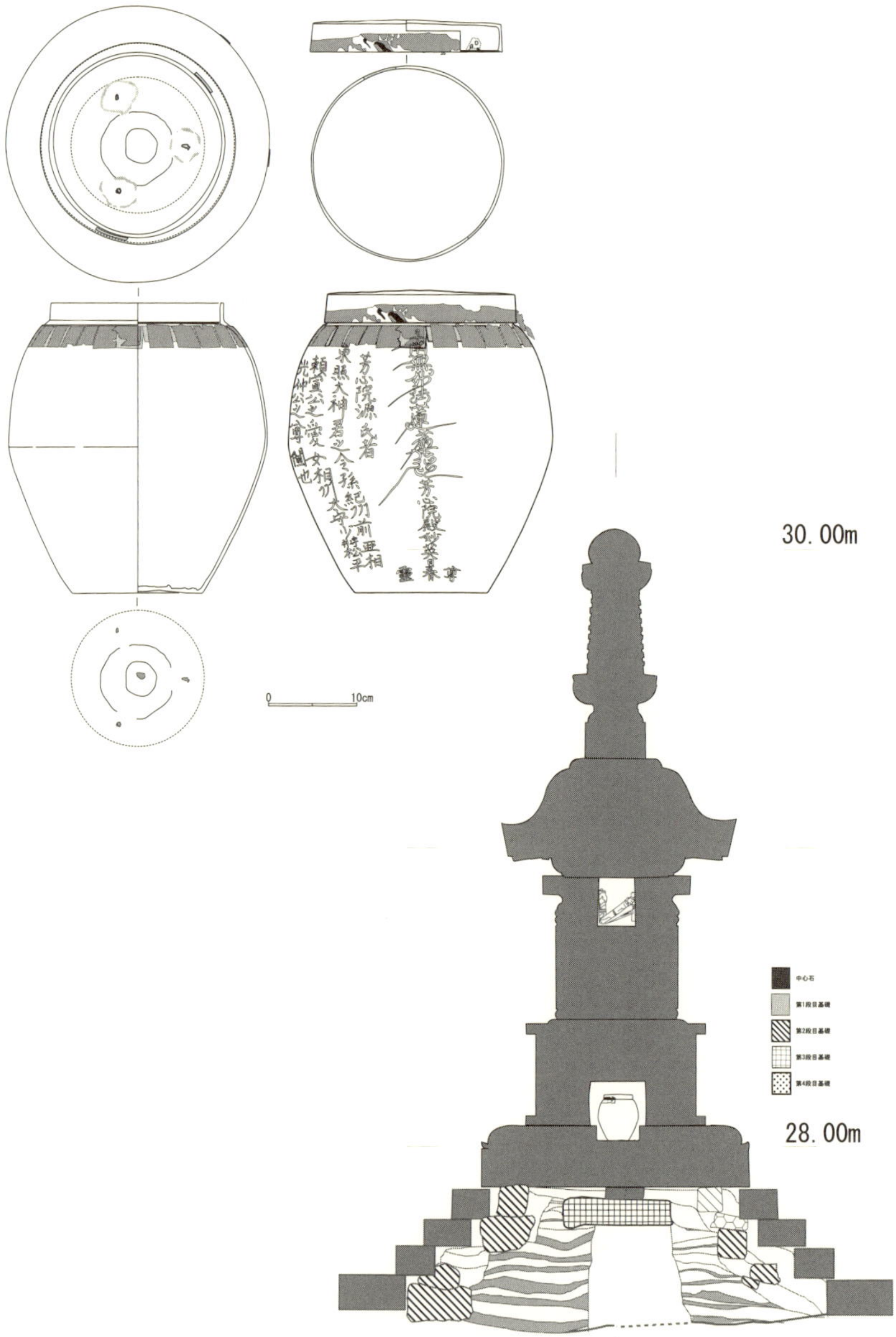

図４　芳心院殿墓主体部と骨蔵器

が両山二十二世日玄によって執り行なわれ、葬送に際しては、両山二十三世日潤が導師となっており、宝塔の北面（裏）には「両山二十三　日潤（花押）」と記されている。芳心院殿は宝永五（一七〇八）年に江戸で逝去し、池上本門寺にて荼毘に付され埋骨された。

荼毘に付された火葬骨は埋納主体部として宝塔基礎と反花座の中間に納められていた。反花座の上面と基礎の下部の中心部分を円柱状にそれぞれ刳り貫き容器の蓋と身と同様になるように加工されていた。いわば巨大な石櫃である。火葬骨は、鋳造青銅製骨蔵器に納められていた。このほかの副葬品として塔身の上部に方形の孔が穿ってあり、その中に法華経八巻（紙本経）が納めてあった。なお、経巻については、乾燥が著しく開くことができなかったために芳心院の生前の作善による如法経なのか版本なのかの判別は難しく明確にはできなかった。注目しておきたい遺構として次に挙げる遺灰を納めた土坑を確認したことである。

遺灰土坑は、宝塔の真北に位置し、内掘とした部分で確認した。規模は一ｍ四方、深さ〇・六ｍ程度の大きさの土坑である。土坑内には、遺灰と炭化物、青銅製の針金片などを若干確認した。また、この土坑には方形の小土坑が近接して存在したことを確認している。木製塔婆の建立を想定しておきたい。

四　細川家　清高院殿妙秀日圓大姉墓所⑸

熊本藩二代藩主（細川家四代当主）細川光尚の側室で同三代藩主（同五代当主）綱利および新田支藩祖細川利重の生母である。清高院殿妙秀日圓大姉（以下清高院殿）は、宝永七年（一七一〇）三月二十九日に逝去した。享年九十四歳であった。

墓所の上部構造は、基壇上に基台を設けその上に宝塔形の墓塔を安置するものである。下部構造は、塔直下三ｍから八ｍ×四ｍの範囲を掘り抜き、間知石で石室を積み上げている。石室外部は、掘り方との間を木炭と漆喰を交互に充填させ、石室上部まで盛土を築きあげ、基壇を積み上げるという構造である。常に版築を繰り返し丁寧に積み上げて築くという念の入った仕事によって完成している。図5に示したとおり、四段階の大きな工程を経て墓所が構築されているといえる。

埋葬主体部は、七枚二列の据え平石の上に、三段積みの間知石によって石室を築いている。木棺は、ヒノキ製で約一・五m×〇・九m×〇・七mの大きさがあったものと思われる。石室と木棺の間を漆喰で充填し、外棺状の仕切りによって区切り、その周りを木炭と漆喰でさらに充填している。遺体は、西に頭を向け手を腹の上で組み足はひざを揃えてやや屈伸させた状態で埋葬されていた。手中には「南無妙法蓮華経」の題目を陽鋳した題目銭が六枚上等の布に包み置かれていた。この「題目銭」には大きな意味がありそうである。清高院は、細川二代藩主光尚の側室であることは先に示した。

問題としたいのは、光尚とその時代の動きにありそうである。つまり、寛永十四（一六三七）年、十月二十五日島原の乱の勃発によって幕府は農民の一揆の執拗さやその支えとなったキリスト教の脅威をあらためて認識させられた。かかる情勢の中、熊本藩としては、細川光尚は、父忠興とガラシア夫人の件があり、積極的に農民弾圧と取り締まりを行なわざるを得なかった。寛永十四年十二月二十日、寛永十五年一月一日、同年二月二十七日・二十八

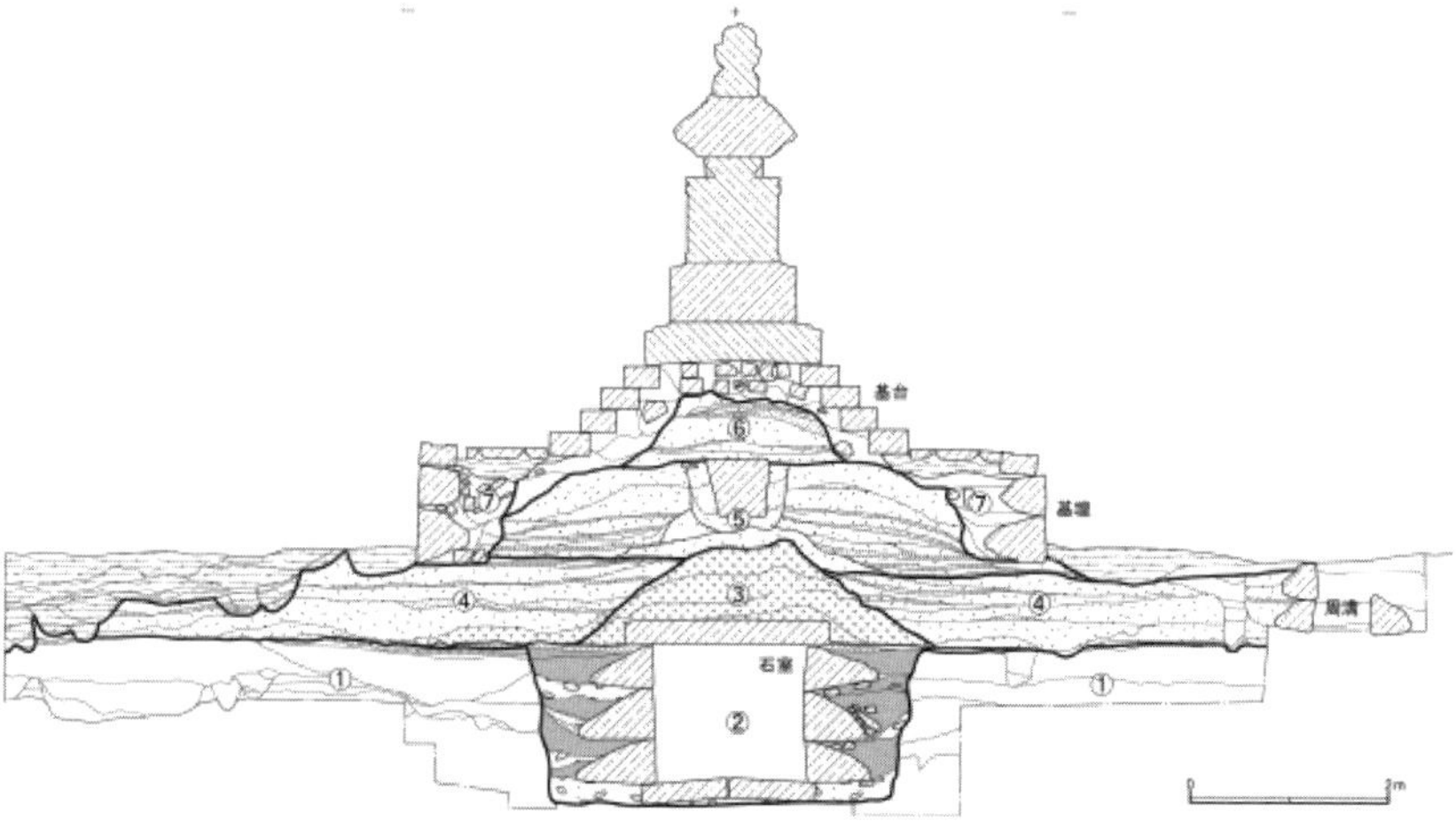

図5　清光院殿墓所断面図

日の戦いでは、戦略的な失敗による犠牲者が大きく発生し、死傷者合わせて二、四二九人（『細川家文書』永青文庫）であったことが熊本藩から幕府に報告されている。このような熊本藩の報告についても幕府および諸藩は芳しく思っていなかったという[6]。この戦乱以後、幕府のキリスト教徒への弾圧と取り締まりは一段と強化された。これらの事柄を背景として葬送が行なわれる宝永七（一七一〇）年の段階では、キリスト教徒ではないことの証と

図６　清光院殿墓主体部

して「題目銭」が必要であった可能性もあろう。つまり、二〇〇四年段階で纏められた題目銭および念仏銭の出土集成表では、一二遺跡一五枚である。副葬品として五四万石の大名の側室にはそぐわない遺物ではなかろうか。この状況は、清高院の篤信ということでは説明がつかない気がする。むしろ、前代の細川忠興と藩主の光尚が島原の乱というキリスト教弾圧の重要な戦乱と密接に係わりを有していた渦中の人物であったことが「題目銭」の意味に繋がりはしないであろうか。[7]

また、一方、同時代には、貞享四（一六八七）年、「宗門檀那請合之掟」（『徳川禁令考』前集第五所収）なるものが寺院側から発布されている。幕法ではないところも重要であり、これ以後、各寺院での大名墓の造立が目立つようになるのも、この「掟書」が大きな要因となっていると思われる。加えて「掟書」には寺側から檀家に対する要求が書き連ねられていることからも、一般民衆における寺檀関係においても圧倒的に寺が権限を持ち経済的な基盤を自ら作り出したという意味しか見出せないことも指摘されている。[8]

五　火葬と遺灰

池上本門寺例では、圓光院殿と芳心院殿が火葬で、清高院殿は土葬であった。圓光院殿と芳心院殿は紀州徳川家縁の人物であることが共通している。圓光院殿は、紀州二代藩主光貞の息女で、芳心院殿は、紀州初代藩主頼宣の息女である。いずれも十八世紀初頭の近い時期に没している。圓光院と芳心院は、墓所内に遺灰を納めており、遺灰の中には葬列あるいは葬儀に使用されたであろう葬具の一部を確認した。女性の墓所で同様な遺灰についての類例を探してみると、増上寺に埋葬された二代将軍秀忠正室崇源院墓、寛永寺に埋葬された四代将軍家綱正室高巖院、六代将軍家宣生母長昌院や金沢市において確認された前田家関連の墓所の類例をあげることが出来る。それぞれの葬法について若干触れ、池上本門寺例の位置づけを考えてみたい。

(1)二代将軍秀忠正室・崇源院墓(9)

崇源院殿は、寛永三（一六二六）年に五十五歳で没している。

墓形式は、宝篋印塔であり、仔細は報告書では次の如くである。「宝篋印塔の頂上の花形、宝珠とそれにつづく相輪部長さ二〇・六cm（六尺八寸）、蓋一辺一九〇cm（六尺三寸）、円形（球形）部、高さ七五cm、径一一五cm、塔身部、櫃形で石造の櫃の内部に檜板で作った箱が納められ、箱の中に火葬骨と木炭が納められていた。石櫃は高さ九〇cm（三尺）、横一三七cm（四尺五寸）、台石は複弁の蓮花形を刻んでいる。高さ八五cm、幅二四・五cm。これを積算すると総高五一五cm（一丈七尺）に達する大形のものである。櫃の四面には額縁を作って、これに崇源院夫人の官位、名とそれを讃した詩文、塵語（はなむけのことば）が表わされ装飾の美しいものであるが、惜しいことに詩文誼の部が損傷して文字を詳らかにし難いのは残念である。正面、中央に崇源院の諡が記されてあって右まわりに刻まれている」。なお、茶毘所については、麻布野我善坊（合龍前堂）といわれる地点であって戦前まで小堂があって参詣があったとされている。

以上のように崇源院の場合は、宝篋印塔の塔身を櫃として誂え、内部に檜造りの箱物を納めその箱物の中に遺灰と遺骨を納めていることが明らかである。前節にあげた圓光院例は、この崇源院の櫃形式や箱物に埋納する方式を取り入れており、最も丁寧な埋納方法といえる。

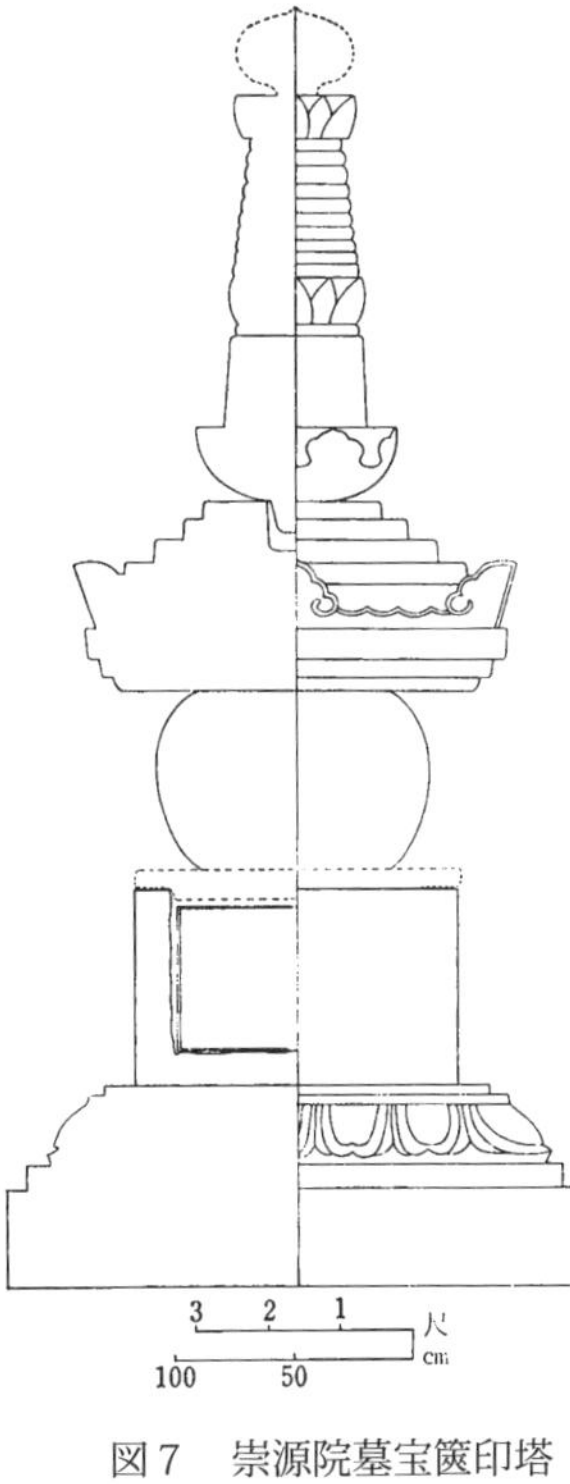

図７　崇源院墓宝篋印塔

表１　増上寺徳川宗家関連被葬者一覧

諡	名	父	母	生没	西暦	歳	戒名など
崇源院	逵子	浅井長政	織田信長妹	元亀 3.9　～寛永 3.9.15	1572 ～ 1626	55	一品大夫　二代秀忠夫人　三代家光生母　崇源院殿昌譽和興仁清大禅定尼
明信院	鶴姫	五代将軍綱吉	五代将軍綱吉の侍女(瑞春院)	延宝 7.5.7　～天和 3.5.28	1679 ～ 1683	5	明信院澄譽恵鑑光耀大姉　鑑蓮社
桂昌院	光子	本庄太郎兵衛定利　実は北小路太郎兵衛宗正	不詳	寛永 4.　～宝永 2.6.22	1627 ～ 1705	79	贈従一位　三代家光の侍女　五代綱吉の母 桂昌院殿仁譽興国恵光大姉　佛心院
瑞春院	於傳	堀田左近将監正元	小谷権兵衛忠栄娘	万治元年～元文 6.28（墓碑銘による）	1658 ～ 1738	81	五代綱吉侍女　瑞春院到譽清月涼池大禅定尼　岳蓮社
天英院	凞子	近衛基凞	不詳	寛文 8.6.8　～元文 6.2.28	1668 ～ 1741	74	従一位　六代将軍家宣夫人　天英院殿光譽和貞崇仁大禅定尼　最勝院
月光院	輝子	勝田玄哲著邑	不詳	？　～宝暦 2.9.19	～ 1752	68	贈従二位　六代家宣の侍女　七代家継の生母綱吉の母　月光院理譽清玉智天大禅定尼
麗玉院	綾姫	11 代家斉	平塚伊賀守為喜娘　契眞院（於萬）	寛政 8.7.13 ～寛政 10.6.24	1796 ～ 1798	2	麗玉院光顔如幻大童女
清湛院	淑姫	11 代家斉	平塚伊賀守為喜娘　契眞院（於萬）	寛政 1.3.25 ～文化 14.5.19	1789 ～ 1817	29	清湛院純譽貞心旃了大姉
契眞院	於萬	平塚伊賀守為喜	不詳	～天保 6.12.29	～ 1835		11 代家斉の侍女　契眞院譽玉岸了智大姉　岳蓮社
泰明院	益子	11 代家斉	戸田四郎右衛門政方娘(瑠璃の方)	文政10.10.2～天保 14.1.3	1827 ～ 1843	17	泰明院馨譽徳香貞順大姉　最勝院
蓮玉院	若姫	12 代家慶	稲生左右衛門正方の娘　殊妙院（於筆）	天保 13.6.4 ～天保 14.6.1	1842 ～ 1843	2	蓮玉院浄月清光大童女　岳蓮社
見光院	於金	武本安芸守正長	不詳	～天保 14.9.14	～ 1843		12 代家慶の侍女　見光院即得無生大姉　岳蓮社
殊妙院	於筆	稲生左右衛門正方	不詳	～天保 15.6.20	～ 1844		12 代家慶の侍女　殊妙院暁月法雲大姉　岳蓮社
廣大院	寔子	松平島津重豪近衛右大臣経寔（養父）	薩摩臣市田勘解由の姉(登世)	安永 2.6.18 ～天保 15.11.10	1773 ～ 1844	72	従一位　11 代家斉夫人　廣大院殿超譽妙勝貞仁大姉最勝院
瑞岳院	田鶴	12 代将軍家慶	(於廣)	弘化 2.6.18 ～弘化 3.7.30	1845 ～ 1846		瑞岳院螢光如幻大童子 岳蓮社
清涼院	於貞	押田丹波守勝長	不詳	～弘化 4.1.25	～ 1847		12 代将軍家慶の侍女　清涼院浄箸香潔妙薫大姉 岳蓮社
孝盛院	国子	11 代将軍家齊	(お八重)	文化 8.3.12 ～弘化 4.3.10	1811 ～ 1847	37	孝盛院天譽順和至善大姉
天親院	任子	鷹司政猥　関白　鷹司政通（養父）	不詳	文政 6.9.5　～嘉永 1.6.10	1823 ～ 1848	26	贈従二位　13 代将軍家定夫人　天親院殿有譽慈仁　智誠大姉　最勝院
輝光院	舗姫	12 代将軍家慶	(於廣)	嘉永 1.2.14 ～嘉永 1.9.28	1848 ～ 1848	1	輝光院華月円明大童女　岳蓮社
香共院		不　詳		～嘉永 5.1.23	～ 1852		香共院遍譽側空戒心大姉
妙音院	於廣	杉原八郎重明	不詳	～万延 1.4.8	～ 1860		12 代将軍家慶の侍女　妙音院琴響直弦操心大姉　岳蓮社
観行院	経子	橋本実久	不詳	～慶応 1.8.14	～ 1865		仁孝天皇典侍　和宮の母　観行院光響心月覚影大姉　岳蓮社
静寛院	親子	仁孝天皇	橋本経子	弘化 3.5.10 ～明治 10.9.2	1846 ～ 1877	31	贈一品大夫 14 代将軍家茂夫人　静寛院宮内親王好譽和順貞恭大姉　真乗院
秋月院	泰露子	不　詳	不詳	～明治 21.5.5	～ 1888		12 代将軍家慶の侍女　秋月院徳響露潤行超法尼　岳建社

(2)　四代将軍家綱正室高巌院墓[10]（寛永寺埋葬）

高巌院は、延宝四（一六七六）年、三十八歳で没する。高巌院墓は、寛永寺谷中墓所に所在する。平成二十年に学術的な調査が行なわれ、報道用に公表された資料によると、肥前産白磁壺が石櫃に納められ、主体部に埋納されており、火葬であることが明らかになった。

(3)　六代将軍家宣生母長昌院墓[11]（寛永寺埋葬）

長昌院は、寛文四（一六六四）年に二十四歳で没する。火葬骨は、主体部に石櫃を誂え常滑産の陶器壺に入れ納めてあったことが明らかにされた。

(2)、(3)の両者は、火葬骨であったことは明らかだが、遺灰についてては触れられておらず詳細は明確ではない。報道文を読む限りでは、火葬骨だけが骨蔵器に納められていたものと思われる。したがって遺灰は、芳心院墓の場合に見られたように、別の土壙に埋納された可能性も残ろう。詳細な報告を待ちたいと思う。

続いて、地方の類例ではあるが金沢市で調査された経王寺例について見てみたい。

(4)　金沢経王寺遺跡の遺灰塚[12]（図8）

金沢城下町は、天正一一（一五八三）年に前田家が金沢城に入城し本格的に整備が始まった。寛永八（一六三一）年と同十二（一六三五）年の二度の大火を機に城下町の再建が行なわれたようである。城の近隣にあった村落は、より遠くに移転させられ、城下町は城郭および藩の施設を中心に整備が行なわれたことが指摘されている。かかる状況の中で、城下の寺院は、和泉台・卯辰山西麓に纏められ、慶長年間には小立野台に寺院群が形成され、外部からの防衛を目的として城下町を取り巻く要地に配置されたとされている。そしてこの小立野寺院群中には、前田家ゆかりの寺院が集中しており門前町を形成している。この小立野寺院群中にここで紹介する経王寺がある。

創建は、慶長十（一六〇五）年、加賀藩祖前田利家の側室で、三代藩主前田利常の生母である壽福院が、越前府中経王寺から養仙院日護を招いたことに始まる。開山は、日護の師で妙成寺十四代日淳とされている。

経王寺境内地は、近世期の絵地図類から現在金沢大学医学部から金沢美術工芸大学にかけての広い範囲に比定されている。

遺構は、加賀藩六代藩主前田吉徳の側室である真如院の墓標が造立されたとされる塚「真如院の塚」で、直径一三m、高さ三mの規模であった。調査の結果、この塚は、茶毘に付した遺構の上に標識として築いたものであることが明らかにされている。

茶毘遺構と報告されている部分は、図9の中心部分の三・四×二・四mの方形の竪穴としているが、被熱した面が確認されていないので、どのような状態で茶毘に付されたのかは不明な点が多い。茶毘坑内の土層の説明では、基底面に近い層位に炭化物と灰層が確認できたことが記されている。そしてこの土層中に被熱した飾金具類、釘類（図10）などが確認されたことが報告されている。

遺構の復原的な考察では「寂如上人御葬送之記」（本願寺史料研究所保管西本願寺文書）の中の火屋の絵図や『大正新修大蔵経』八一巻の火屋（図11）の内容と共通することが指摘されており、十七世紀前半の大名関連の火屋の初例として位置づけられる。しかし、廟墓として成立した可能性も残ろう。茶毘に付した位置が確認されていないことや、

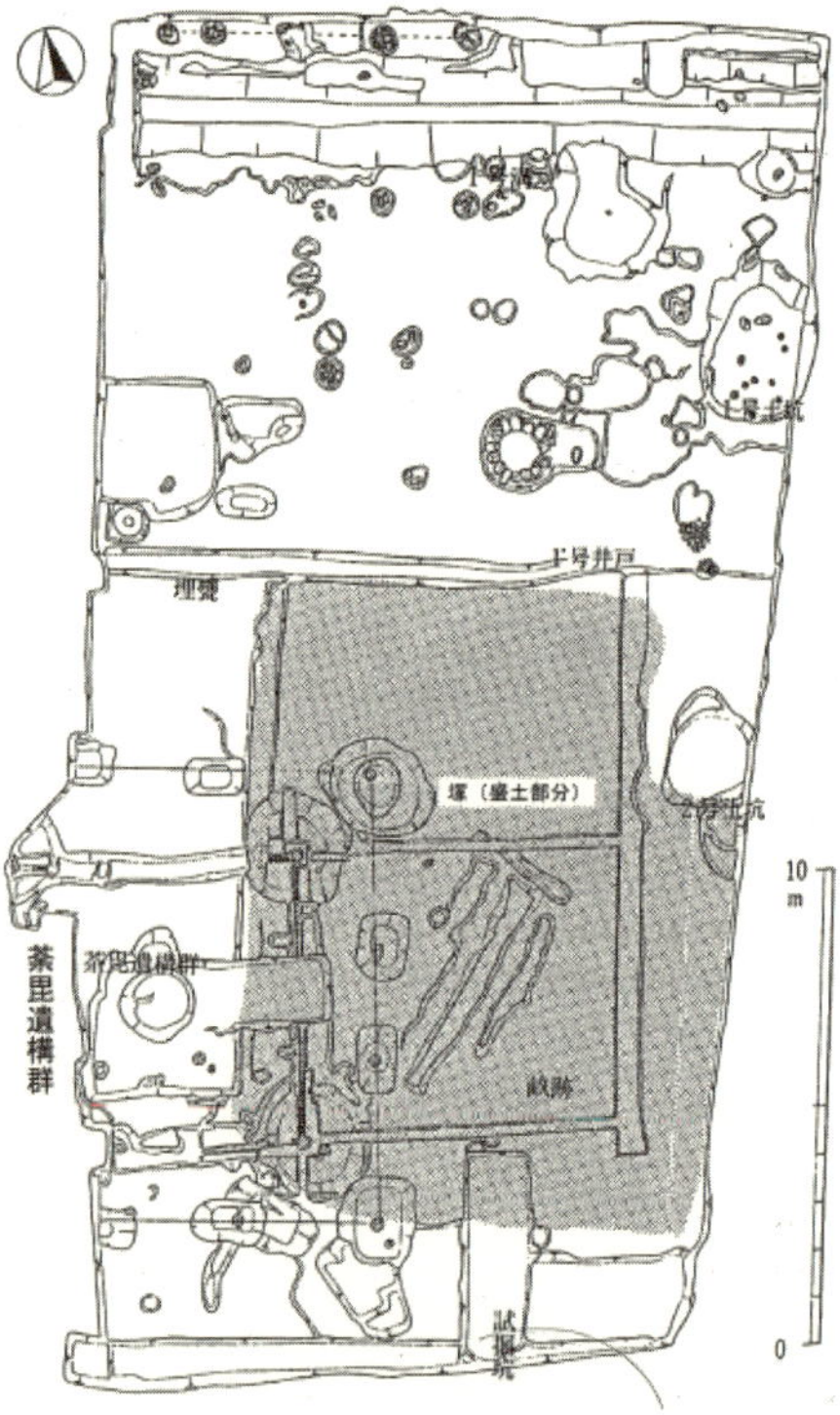

図8　経王寺遺構平面図

被熱を確認できる遺構が不明なことから考えると、荼毘遺構というよりは、廟墓的な遺構としては考えられないであろうか。芳心院の事例に認められたような遺灰を集積し埋納した遺構として捉え、その上に墓所を築いたものとして捉えておきたい。遺灰の量は明確ではないが、おおよそ荼毘跡に残ったすべての灰を寄せて埋納したものと思われる。

以上が管見に及んだ類例である。火葬骨は骨蔵器に埋納されるが、遺灰をどのように扱ったかはそれぞれの墓では明確ではなかった。しかしかかる調査の状況において芳心院殿墓で確認された遺灰を納めた土壙の存在は重要であるといえる。極端な捉え方をすれば、遺灰は、火葬に付した遺体と同じように大切に扱い、同じ墓域内に埋納している。つまりは、火葬処理によって肉は消滅しているが、残った遺骨と遺灰に霊を見い出しているといえる。

以上見てきたように、遺灰を重視し埋納する葬法はいつごろからあるのであろうか。遺灰の扱いについて古代から

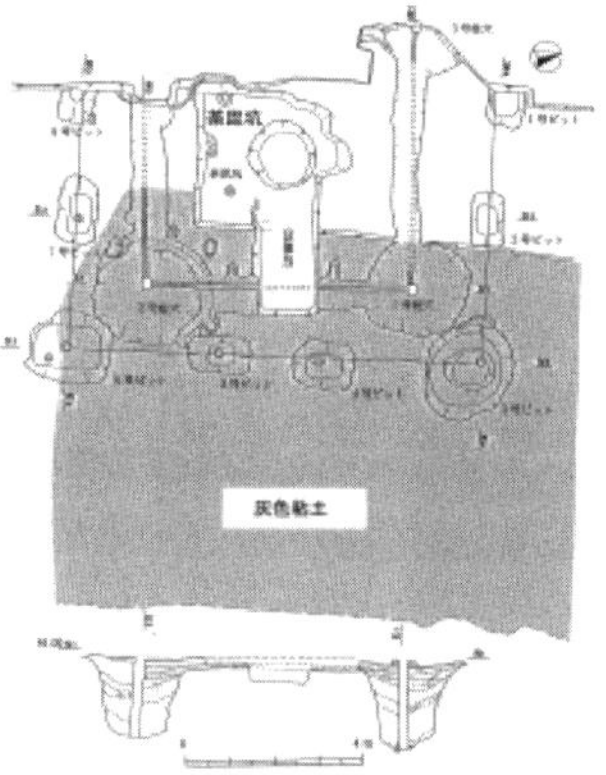

図９　荼毘所平面図

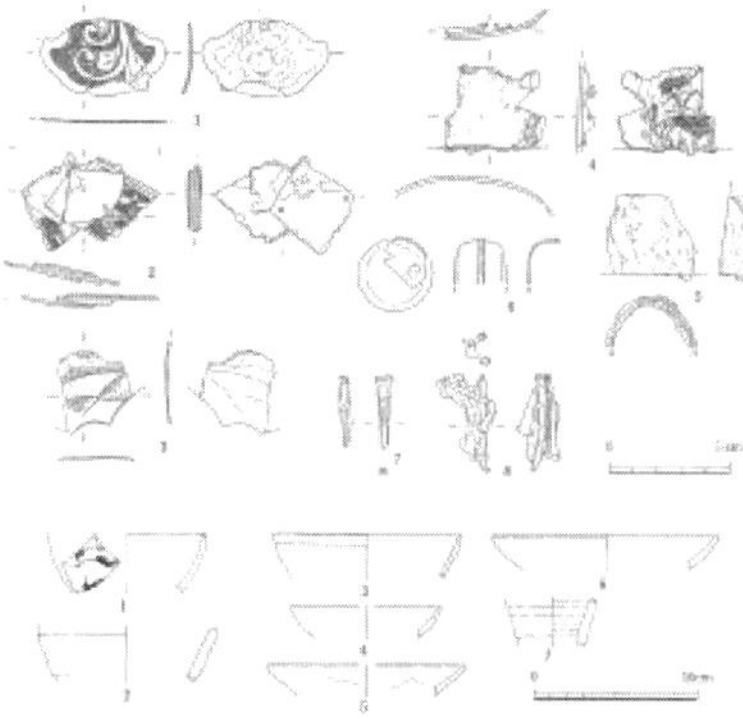

図 10　荼毘所出土遺物

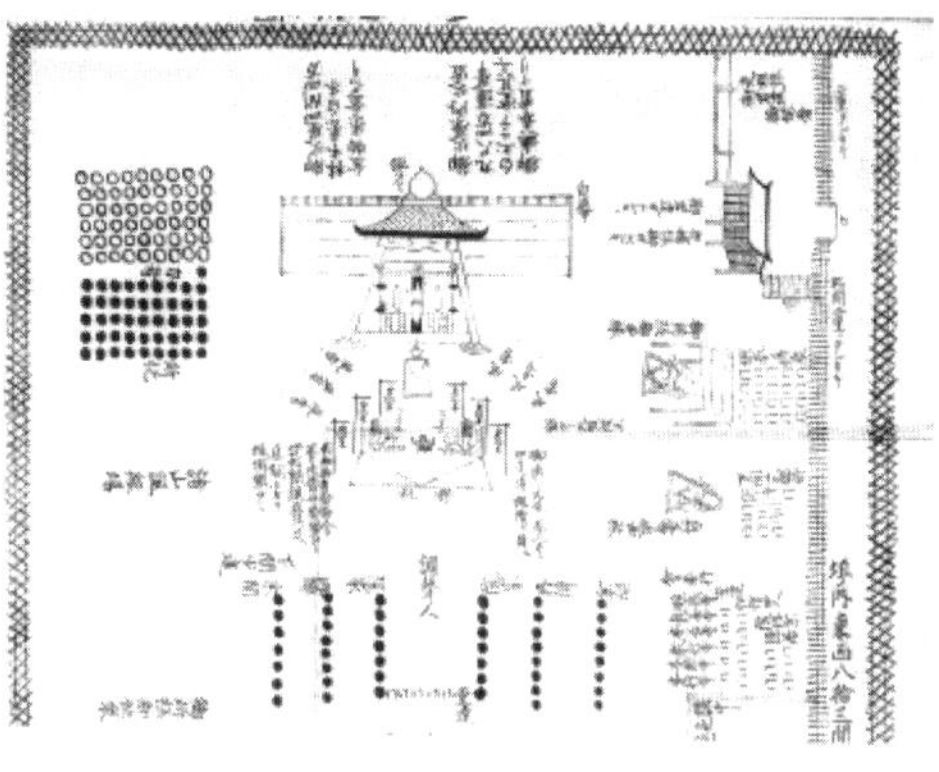

図 11　寂如上人御葬送之記

中世などの類例について若干触れてみたい。

遺灰を墓に納めることは、古代から行なわれたことで、田辺古墓群の調査では八世紀段階の遺構に灰を納めた土壙が確認されている。また太平寺安堂古墓では九世紀後半から十世紀前半段階の火葬墓と土壙がセット関係にあることが指摘されている。(13) 中世期の例は詳しく確認していないが、骨片類が確認される遺構や石塔などは多いと思われるが、灰そのものを土壙などに納めた例は管見では確認していない。拾骨という概念はすでにあり、中世においても行なわれているが、灰に対する意識がどれほどあったかは明確にはできない。「灰」という言葉に注意してみると、永禄七（一五六四）年、三宝院門跡義尭の葬儀では二月二十三日に土葬されるが、二十五日の条に「同二十五日御廟所へ各御参、御中陰ニ籠居人数ハカリ也。依為土葬、灰寄無之　准其儀如此也菩提寺衆僧同」と記されていることが指摘されている。(14) 土葬だから灰寄はないがその儀に準じたとされている。「灰寄」という言葉が中世末期にはすでに「灰」そのものを寄せることを意味しなくなっている可能性もある。とすると、近世への連続した葬法では考えにくい。近世期前半の徳川家関連の女性に限って灰を丁寧に埋納していることの意味を十分考えなければならないと思われる。圓光院殿墓も芳心院殿墓、真如院墓も灰を重視している。日蓮宗・徳川家関連という共通項は見出せるので特に日蓮宗における大名家関連の女性の特色ある葬法として捉えておきたい。

註

（1）坂詰秀一編『池上本門寺近世大名家墓所の調査』二〇〇三年
（2）坂詰秀一編『芳心院殿妙英日春大姉墓所の調査』二〇〇九年
（3）註（1）に所収
（4）註（2）に同じ
（5）註（1）に所収

（６）圭室文雄「寛永期のキリシタン弾圧と島原の乱」（『論集　日本仏教史七、江戸時代』雄山閣、一九八六年）
（７）嶋谷和彦「念仏銭・題目銭の集成」（『出土銭貨』第二二、二〇〇五年）
（８）圭室文雄「類属戸籍帳の作成と檀家制度の確立」（『論集　日本仏教史七、江戸時代』雄山閣、一九八六年）
（９）鈴木　尚・矢島恭介・山辺知之『増上寺徳川将軍墓とその遺品・遺骨』東京大学出版会、一九六七年
（10）註（９）に同じ
（11）註（９）に同じ
（12）金沢市都市政策部国際文化局文化財保護課『金沢久昌寺遺跡』二〇〇六年
（13）小林義孝「灰を納めた土壙」（『究班』埋蔵文化財研究会十五周年記念論文集、一九九二年）
（14）勝田　至『日本中世の墓と葬送』吉川弘文館、二〇〇六年

第三節　近世後期葬送儀礼の考古学的研究

――尾張徳川藩付家老竹腰山城守側室の葬送儀礼から――

一　はじめに

徳川御三家である尾張徳川藩の付家老を代々拝命した竹腰家の九代当主正美（通称正冨）の実母とされる貞龍院殿妙經日敬大姉（竹腰山城守の側室）の墓所の調査において木槨木棺墓を確認した。天保六（一八三五）年の没年が刻まれ、「九代正富実母」の銘が確認できる。木棺墓は、全面を厚い松脂に覆われ、棺内には樒と思われる植物の葉を大量に確認した。これらの検出状況などはきわめて多くの葬送儀礼の情報を含んでいることなどから、ここでは、近世末期の大名格の葬送儀礼について触れてみたい。

二　天下長久山國土安穏寺と貞龍院殿妙經日敬大姉

天下長久山國土安穏寺は、江戸期に下総中山法華経寺の法系に属していたが、後に身延山久遠寺に連なる中本寺永聖緋紋白の寺跡となった。十五世紀に千葉太郎満胤が大檀越となり建立された當山は、開山当初、長久山妙覚寺と称していたが、江戸期、寛永元（一六二四）年に、當山八世が宇都宮釣天井の予言をした功績により、現在の山号を賜わったものである。それ以後、徳川家祈願所、位牌安置所となり、葵紋使用允許の寺格となった。「長久山略縁起」によれば享保十八（一七三三）年、當山十九世日宣上人代に薩州の竹姫より葵御紋付戸張大小（二張）を賜わり、文化文政期、當山三十一世日健上人の頃には、再び薩摩藩および将軍家御奥向きにより、高祖の御衣、葵御紋付七条袈裟の寄進を受けており、特に寺運の興隆も十八世紀以降非常に高まりを見せたのである。この興隆を示す資料として、現在の寺から旧日光街道へ出る場所に二基の題目塔を確認することが出来る。塔の高さは、約二三〇㎝である。旧日光街道へ向かって右側石の塔は、安政二（一八五五）年、當山三十七世・誠心院日輝上人が導師で造立している。左側の塔は、宝暦十三（一七六三）年に當山二十三世・勇猛院日進上人が導師となり、一千部供養が執り行なわれ、成就した記念塔として造立されている。この両塔が位置する場所は、当時の御成り橋があったとされる位置として同定されており、十八世紀から十九世紀の當寺の隆盛を今日に伝えている。

當寺における近世後半、十九世紀代において最も係わりが深い二人の歴代として、當山三十一世妙境院日健上人と當山三十五世了解院日英上人をあげることができる。

文化三（一八〇六）年、日健は、三十八歳で宇喜田妙蓮寺七世より當山三十一世として法灯を継承した。日健が山主の時期には、日比谷平左衛門、望月久左衛門、日比谷新右衛門の発願により本堂の再建復興が行なわれた。また、日健が文政七（一八二四）年九月當山を退任し、名古屋北在萱津妙勝寺に転住した後には、日英が、三十五歳で宇喜田妙蓮寺九世より當山三十二世として法灯を継承した。そして日英の山主時代には、天保二（一八三一）年、宗祖

図１　國土安穏寺の位置

五五〇年遠忌の法要として「奉唱妙題十万部」を結願し、新吉原新平左衛門の寄進により遠忌塔が建立され、今日まで伝えられている。現在の宗祖五五〇年遠忌塔の位置は、平成の祖師堂重興に際して當山四十九世本霑院日湛猊下が、祖師堂東側に移設し悉く完成したが、建立当初の位置は、貞龍院殿妙經日敬大姉墓所の南側に当たる位置にあったことが伝えられている。貞龍院殿妙經日敬大姉墓所との関係は、建立の年号からすると、墓所の造営が後である。墓所の位置と遠忌塔の位置関係から考えると、貞龍院殿妙經日敬大姉の生前には、日英師に帰依をしており、帰依の大きさから、遠忌塔という重要な聖地の傍らに葬られたことが考えられる。また、三十二世妙智院日英は、天保十四（一八四三）年に遷化するので、天保六（一八三五）年の貞龍院殿日經日敬大姉の葬儀の折には、この日英上人が導師を務めたものと思われる。

三　竹腰家と貞龍院殿妙經日敬大姉

日英師によって天保六（一八三五）年に葬送された貞龍院殿妙經日敬大姉とは、どのような人物であったのであろうか。この疑問を解き示す直接の資料は管見ではないが、竹腰家に関する資料の中にいくつか手懸りとなるものが存在するので若干触れてみたい。

竹腰家は、宇多源氏の佐々木信綱を祖先とする名門とされている。(1)戦国期には竹腰摂津守重吉入道道鎮が、斎藤道三に仕え、孫の正信が家康に仕えた。正信の生母は、徳川家康の晩年の側室でお亀の方であり、尾張徳川家の祖（家康の九男）である義直の生母でもある。したがって正信は同母兄であり、慶長十二年には、成瀬正成とともに尾張藩の付家老となり一万石を領する大名となった。慶長十六年には、平岩親吉の死去に伴い、尾張藩の執政を任されるまでになり、元和五（一六一九）年には、三万石を領し同八年から、代々、安八郡今尾に住まいし、十代にわたって続いた。しかし江戸幕府時代は藩としては正式に認められず、「今尾藩」として立藩が叶ったのは、明治元年、新政府の計らいによるものであった。(2)

四　貞龍院殿妙經日敬大姉について

貞龍院殿妙經日敬大姉は、九代竹腰正美（通称正富）の実母として埋葬された人物である。墓石の左側面に「竹腰壹岐守正富實母」と刻されている。なお、被葬者である貞龍院殿妙經日敬大姉の事績について、直接記した古文書類は管見では見当たらないが、國士安穏寺の過去帳には「天保六乙未歳七月　三十四歳　貞龍院殿日經日敬大姉　赤坂竹腰壹岐守實母」と記されており、墓石の刻まれた内容と合致している。(3)

當寺に遺る過去帳以外の資料について若干触れてみると、竹腰家十代正旧《まさひさ》が明治政府に差し出した『竹腰家譜』(4)（東京大学史料編纂所所蔵）のうち、八代正定《まさやす》の事績の記載の中に、「室柳澤信濃守源里世姉子男子二人女子五人アリ長ヲ正美ト云家督ヲ譲ル……」と記されている。柳澤信濃守源里世は、柳澤三日市家五代当主で、文化元（一八〇四）年十六歳で家督を相続している。そしてその娘が、竹腰家八代正定に嫁入りし男子二人、女子五人を儲けたことが記されている。そしてその長男に家督を継がせたと記していることから、この長男に当たる人物こそ、九代目正美であることがわかる。

そこで、次に、正美の事績から見てみると、実母として別の人物が記されている。九代正美の出自を記した項目の中には「鐵五郎又万丸後壹岐守トシ山城守トシ又兵部少輔トス退隠ノ号翠昶軒後又豫堂トス正定之嫡男也養母柳澤信濃守里世ノ娘実母吉田氏ノ女」と記されている。つまり、「養母」という表記から「柳澤信濃守里世ノ娘」の「実母」は「吉田氏ノ女」と記されている。九代正美（正富）は側室の子であり、その側室として「士族吉田氏ノ女」と記している。

八代正定の事績の中で記された室と正美の中で示された人物は別人であることがわかる。これを補足する資料としては、名古屋大学附属図書館所蔵の西高木家文書のなかに、文政九年十二月届「竹腰山城守男子嫡子届一件」(5)と題した文書が残っている。この届けでは、妾腹之男子万丸嫡子届けに対する進達と申達、例書など往復の書簡が記されている。嫡子の届けを出した時点、文政九年に万丸は八歳である。家譜に記された「士族吉田氏ノ女」は、文政元(一八一八)年に万丸を生んだことになり、家譜に記載された正美の「文政元寅年六月生」(家譜には「文化元寅年六月」と記されている。嫡男の届けとずれがあるが、文政と読み替える)と合致する。「士族吉田ノ女」という貞龍院殿妙經日敬大姉なる人物はどのような事績の人物なのであろうか、家譜には記されていない。

寺伝によれば、文化年間、當寺三十一世妙境院上人の代に、日比谷平左衛門、日比谷新右衛門、望月久左衛門なる人物の発願により、本堂が再建復興され、それ以後、特に日比谷家が有力な壇越となったようであり、貞龍院殿日經日敬大姉は、この日比谷家から竹腰家に輿入れしたことが語り継がれている。境内墓地内における日比谷家の名を刻んだ墓の数の多さは、一族の繁栄を示すものであり、寺との係わりの強さを端的に示しているものとして捉えておきたい。

五　貞龍院殿妙經日敬大姉墓の構造

貞龍院殿妙經日敬大姉(以下貞龍院殿)墓の上部構造は、基壇、基礎石の上に反花座、そして墓標が載る。下部の構造は木槨木棺墓である。幅三八㎝の松の板材を二〇枚使い木槨とし、その中に木棺を埋葬する構造であった。特に注意したいのは、木槨内に、葬送に使用したと思われる天蓋や神輿部材が副埋納されており、さらに木棺全面に松脂が塗布されていたことである。加えて、木棺内には樒と思われる植物が大量に確認できたことである。特に今回は下部構造に着目してみたい。

下部構造は発掘調査の結果、方形の土壙を掘り下げ、木槨を造り、その内部に松脂と外棺に納められた木棺が埋納される構造であった。土壙の大きさは、一辺が約二〇〇㎝(約六尺六寸)で、隅丸方形の形態で、土壙の底に長さ約一三二㎝(約四尺)、幅約二九㎝(約九寸五分)、厚さ約六㎝(約二寸)の板目の材を五枚並べ、木槨の基盤とした。木槨は、底板を基盤として、底板の上に四枚の板材を四段に積み上げることにより空間を造り出していた。組み上げられた板材の代表的な大きさは、長さ約一三二cm（約四尺三寸五分）、幅約三八cm（約一尺二寸五分）、厚さ約三cm（約一寸）であった。組み方の詳細は、最初に南と北側の側板を挟むように東西の側板を据えて鉄釘で三カ所くらいを留める。その後、四辺の背後の空間を埋めながら都合四段の柾目の白木板を組み上げ、一辺が約一一六cm（約三尺八寸）で、深さが約九三cm（約三尺）の空間を造り出した。この空間に、全面松脂に覆われた木棺が納められていた。

埋葬当初、木槨内における木棺の上部は空間があり、天蓋が置かれていたものと思われる。その上を幅約二〇cm内外の長い板材が井桁状三段に組まれていたと思われる。最初の井桁状に組まれた板は、棺の上を渡すようにして木槨の枠板に掛けて設置され、おそらくは三本渡されたと思われる。そして、これに井桁状に南北方向に三本を使い二段目が渡され、最後に南北方向にさらに組まれたものと思われる。都合三段の井桁が組まれた。この井桁の上に房総石と思われる角礫凝灰岩質の板石が三枚東西方向を長軸としてほぼ平行に並べ置かれて木槨の蓋としたものと思われる。

墓の下部構造に着目すると、徳川関連墓所の調査で明らかとなった徳川将軍夫人墓に類例を見出すことができる。(6)

徳川将軍夫人墓の地下構造形式は、将軍と同様に石室を設えて、石室内に槨を設けその中に棺を納めるという二重構造である。正室である天親院、静寛院、天英院、廣大院は、石室蓋石の裏面に墓誌を刻み出自を明らかに示すが、側室である桂昌院、月光院の墓には、墓誌は確認できなかった。また、当然ながら夫人たちの墓は、将軍墓よりも一

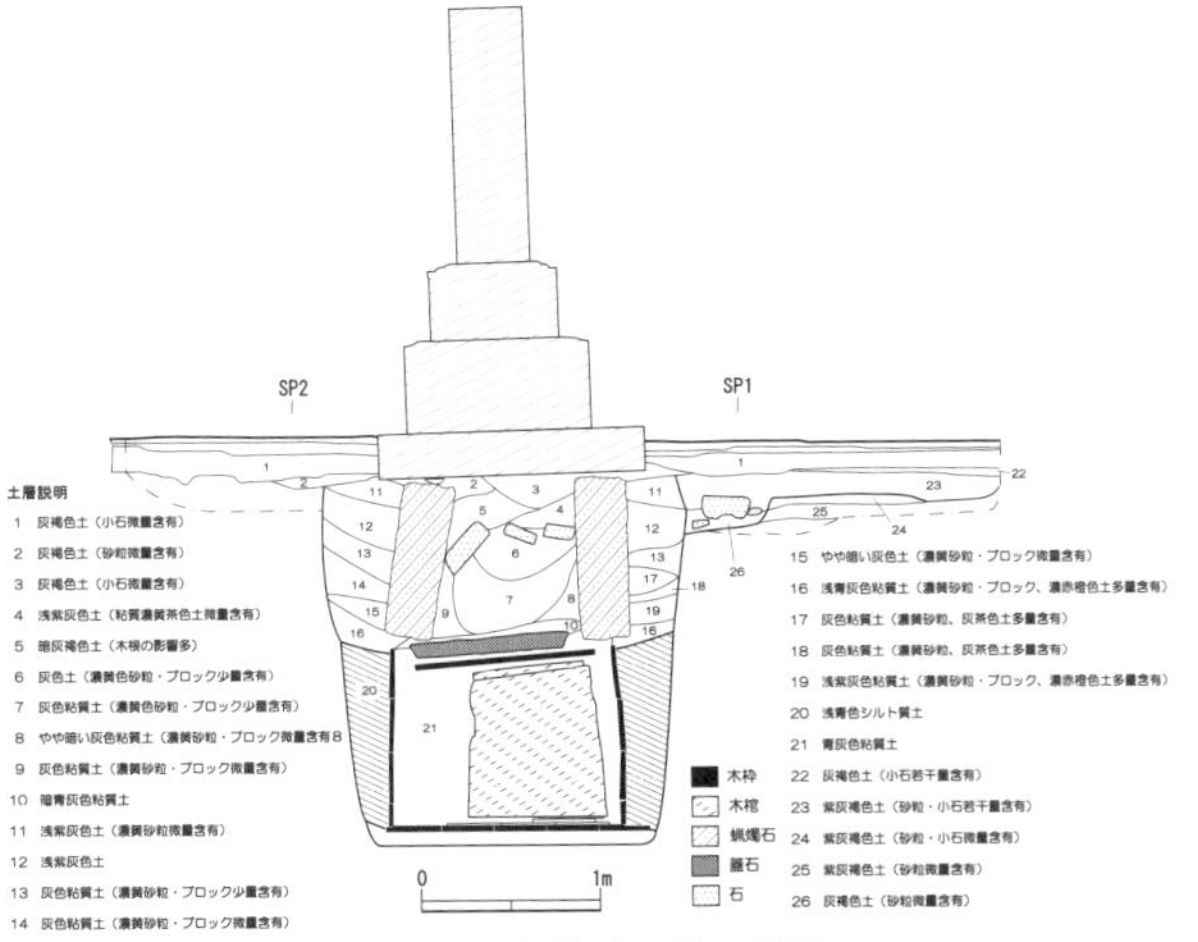

図２　貞龍院殿墓の構造

段低い位置に葬られていた。ところで、埋葬法を見てみると、側室である桂昌院の葬送においては、石室内に木槨と木棺の二重構造で埋葬され、木槨と木棺の隙間を埋めるように「抹香」が充塡されていた。桂昌院は、三代家光の側室であるが、将軍生母であり、世継ぎを生んだことにより葬送において手厚く葬られている。一方世継ぎを産まなかった側室の墓構造は、上部形態は子女の墓の形態と同じ位牌型の墓石であるが、地下構造は、石槨のみで、棺は甕棺が用いられている。同じ側室でありながら、世継ぎを産んだ側室と産まなかった側室とでは見えない部分においても明らかに差があることが指摘されている。つまり、徳川将軍関連墓における格の違いは、下部構造における石室の有無に反映されているといえる(7)。

六　出土葬具

(1) 外棺

外棺としたものは、葬送に使用されたもので、葬列の際に木棺を覆うための入れ物であったろうと思われる。構造は、底板と被せ蓋形式である。底板は、図３で示すとおり、四方に木枠が裏に打ち付けられていたと思われる。この木枠の内、二辺の木枠の両端から一〇㎝位の位置に、約一寸のホゾが入れられていた。このホゾは、おそらくは担ぎ手のための角棒を通すためのものであろうと思われる。被せ蓋は、側板四枚と天井板から成り、側板は、幅六八㎝、長さ八六・五㎝の三枚の板をいも矧し、竹製合釘で接ぎ一枚の側板としている。天井板は、二枚を竹製合釘三本で接いでいる。被せ蓋の構造は、側板四枚で方形を組み、一方を天井として塞いでいる。

底板と被せ蓋は、底板の上に木棺を乗せ、被せ蓋を上から被せ、使用されたものと思われる。

(2) 木棺

木棺の対面する二辺は、最上部に厚さ六㎝（二寸厚、）幅約一〇㎝（約三寸幅）の板材を使い、以下を幅三〇㎝（一尺幅）の板材二枚で作り上げている。そして、最上部四隅に当たる部分は、鉈状の削りにより斜めに面取りが施されていた。また、相対する二辺は、板材の組み合わせが全く反対になっており、最下部に厚さ六㎝（二寸厚、）幅約一〇㎝（約三寸幅）の板材を使い、上部に幅約三〇㎝（一尺幅）の板材二枚により組まれていた。そして、最下部の板材は、中心から下端は底方向に斜めに面取りが施されていた。

木棺の概観の特徴は、厚さ約六㎜（二分厚）程度の切れ端状の板が数カ所に打ち付けられており面を構成していた。この木棺は、外周が全面、松脂で覆われた状態で発見された。そして、松脂をはずすと、先に示した切れ端状の板材が木棺に打ち付けられている状態が確認できた。松脂については改めて触れる。

木棺底板は、厚さ約五㎝、幅約二〇㎝程度の板材三枚で構成されている。この底板にも全面に松脂が塗布してあった。この松脂を除去した後に、墨書（図3）を確認した。墨書は、蓋板の中心に「卍」を描き、対角線上の四方に「深入禅定」、「見十方佛」、「一切

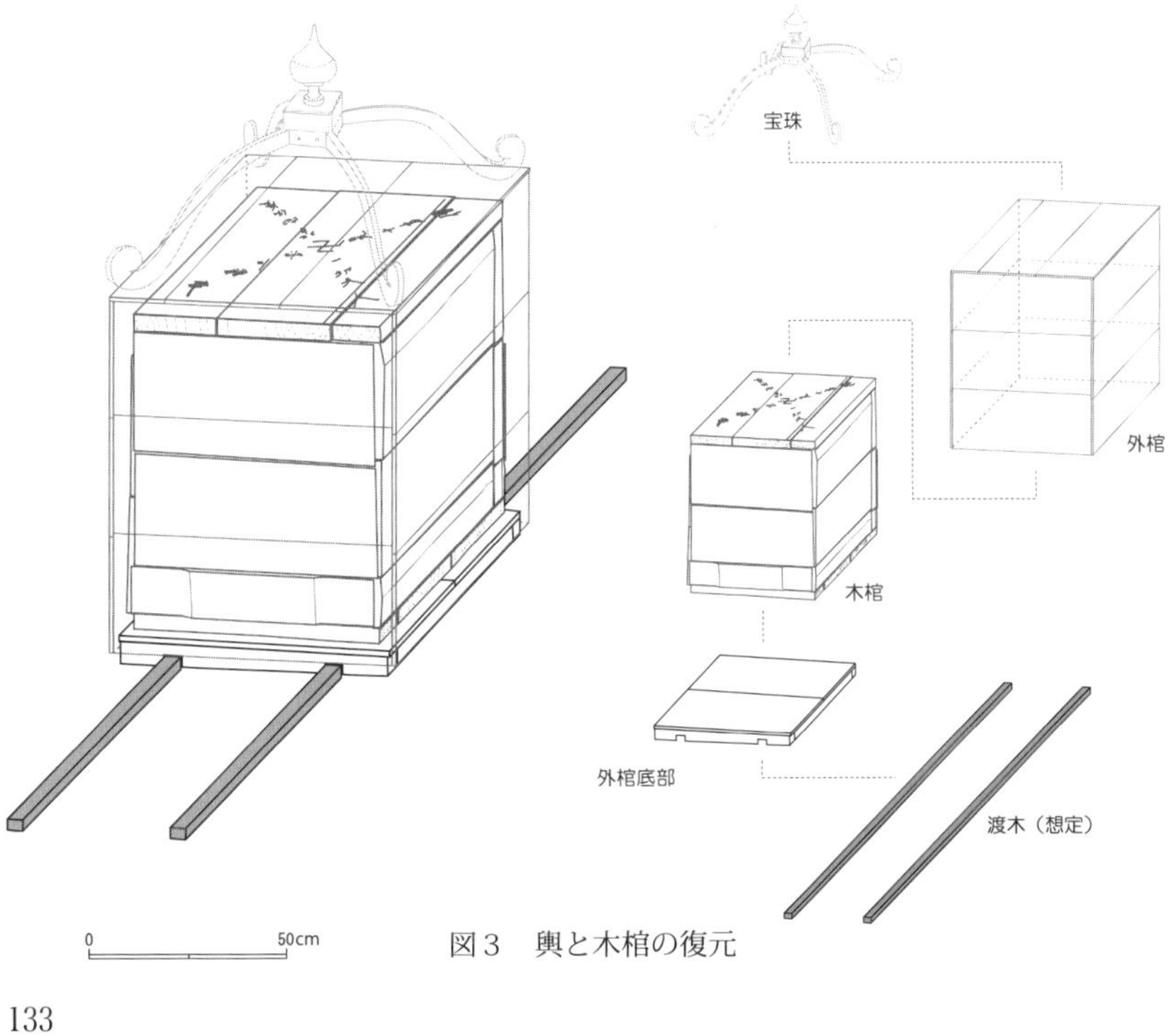

図３　輿と木棺の復元

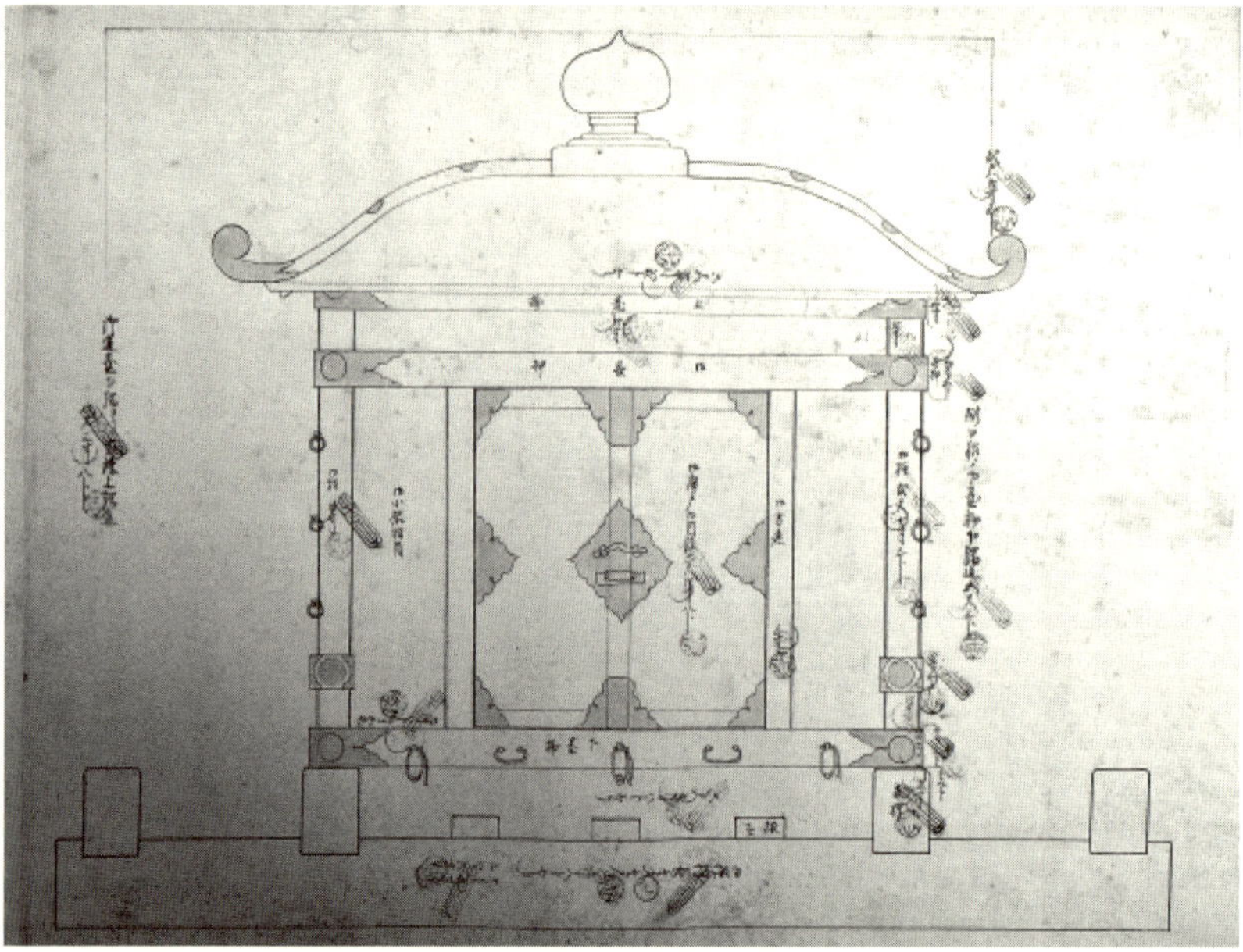

図４　葬送の御輿絵図面（國土安穏寺所蔵）

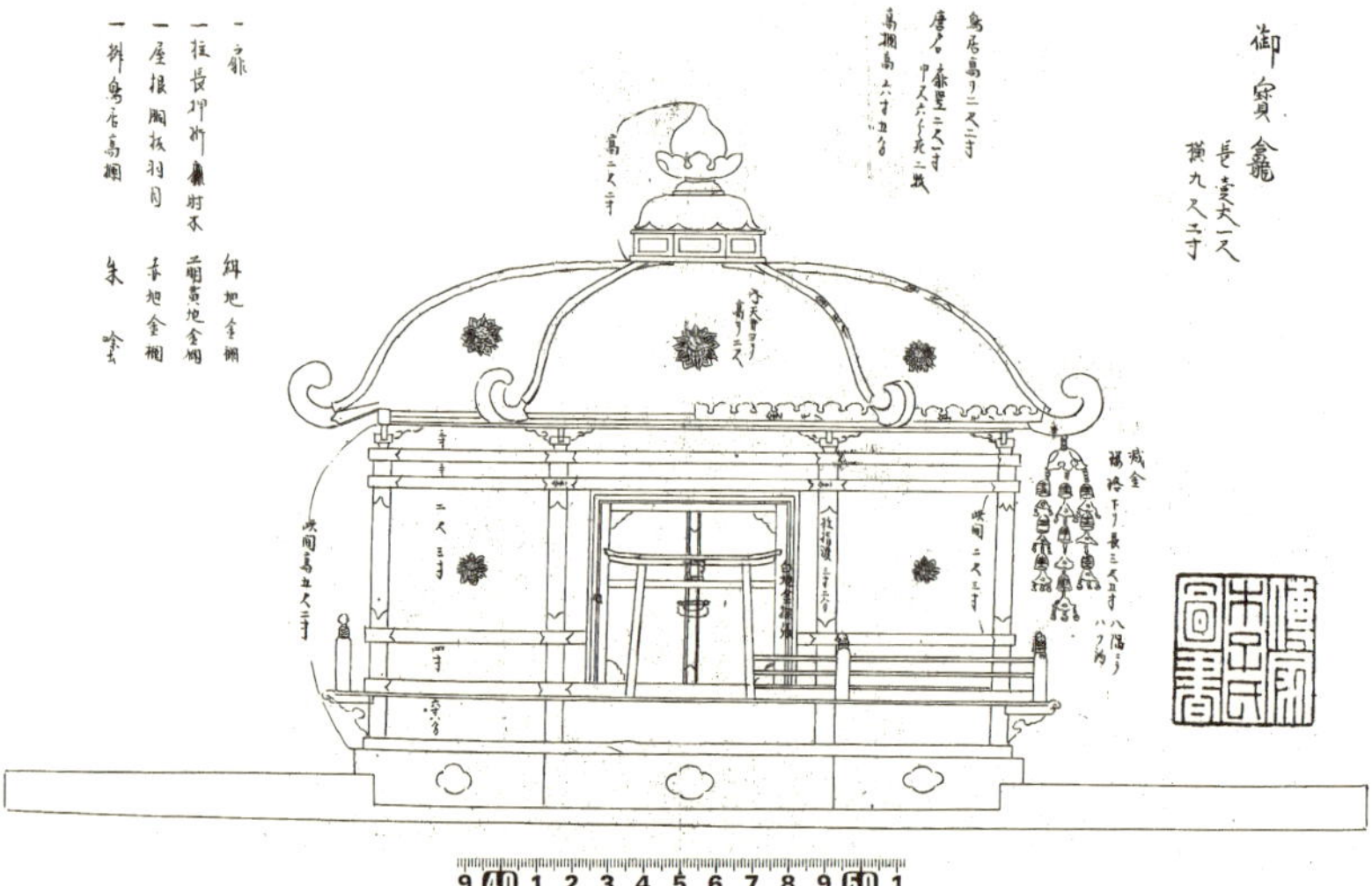

図５　御寶龕（東京都立中央図書館木子文庫所蔵）

天入」、「皆応供養」と記されていた。天蓋を表わしたものと思われる。

(3)　天蓋

図３に示したとおり、天蓋部材を確認した。部材から見た天蓋の構造は、露盤と宝珠を一木で丁寧に削りだし、露盤の裏部分に対角線上に切り込みを入れ、唐草を表現した蕨手が四方にはめ込み式で取り付けられていた。取り付けに際しては竹製の合釘が使われていた。

以上のような木棺、外棺、宝珠の組み合わせは、復元すると図３のようになり、外棺の下に担ぎ手の台座が存在したことからおそらくは想定図のとおり、御輿状の全体像が考えられた。

龕については後に葬具のところで触れるが、図５で示した八角形の御輿は、百二十代仁孝天皇の第一皇子安仁親王の葬儀に使用された御輿の製作にかかわる仕様図（東京都立中央図書館木子文庫所蔵）である。絵図は縦一三一・五㎝で横三九・五㎝の一枚ものである。絵は墨書で描かれており「御宝龕」という名称が右肩に付され、最初に「長壹丈一尺／横九尺二寸」と記されている。その他画面には、大きさ、金属の種類など仕様が記されている。安仁親王は、文政三（一八二〇）年に鷹司繋子の第一皇子として出生するが翌年に夭折したとされている。葬送は京都泉涌寺にて行なわれたことが知られる。公家家格という階層の問題はのこるが、同年代の葬送に使用された龕として注意したい。

続いて、葬具とは若干内容がずれるが、木棺の全体を松脂が覆っていた状況が確認されているので、ここで改めて葬送に際しては、最初に葬具の発注があり図面が引かれたことを再確認できる。触れてみたい。

(4)　松脂の塗布とその類例

木棺全体を松脂で密封したことが非常に特徴的である。

木棺の外側全体が松脂で覆われており、この松脂が木棺全体に塗布されており極めて珍しい。この松脂が塗布される段階についても興味深い事象が確認できたので併せて考えてみたい。

調査における検出状況では、棺の天地が取り違えられたような状況があった。つまり、発見時は先に示した天蓋の墨書（図３）が底となっている側部分に確認された。このような事態を生み出した状況を、調査時の確認状況から復元してみたい。棺全体を覆っていた松脂の確認状況は、当初底（天蓋が記されている方）としていた部分の松脂が、白く硬く乾燥しており、側面に塗布された松脂とは色合いも違っていた。つまり、最初に天井部分を塗り、天井部分が硬化した後に側面を塗り、最後に天地を入れ変えて底の部分に塗布したものと想定した。検出状況から側面に塗られた松脂が流れ出し、硬化した状態を確認しているので、このような状況から判断すると、固まる前に底に塗布するために、天地の入れ替えを行なった可能性が高いと思われる。その結果、側面の効果途中の松脂は、流れ落ちながら途中で硬化したものと思われる。

以上のような松脂塗布における硬化状態や、表面の松脂の流れた状況の観察結果から考えると、葬儀を執り行なう者と、松脂を塗る者、そしてさらに松脂塗布後の木棺を埋める者は、別々の人物が個々に担当しているものと思われる。したがって僧侶でもなく、雲水でもない、葬祭にかかわる雑務を執り行なう下働き的な仕事人（中世あるいは近畿方面では三昧聖あるいはおんぼうなどと呼称される人々に共通するかもしれない）が存在し、事務的に松脂を塗布する作業を行ない、土壙に埋葬する担当に廻す、というような流れの仮定も想定できる。そのような極めて事務的な分業の結果として、遺体に対して全く敬意が払われなかったような状況を生んだものと思われる。また、葬送において松脂が使用されたことの要因について考えてみると、主従関係にあった尾張徳川家の神道葬との係わりがあるのであろうか。また、明治維新前夜における廃仏毀釈の影響のもと神道系の葬送を取り入れた結果であろうか。

松脂の使用例などを調べてみると、建築では橋の基礎など水気の多い部分への防腐対策に使われるということは類例があるようである。しかし、葬送ということで着目してみると、いくつか類例はあるものの、管見では明確な報告例を見出せなかった。しかし、文献から見た神道葬送における使用例として徳川家ゆかりの会津藩主の葬礼をみてみたい。

会津藩主、保科松平正之の寿蔵地と埋葬について記した文献が紹介されている。その中で、葬地の造営に関する記載の中に次のようなことが記されているので紹介しておきたい。

神道葬で著名な会津藩主、保科松平正之の葬送の例である(8)。彼は、一六七二年の十二月十八日に没するが、その埋葬の地については、生前に寿蔵地として正之本人が見て決めた見祢山が充てられた。そして、葬地の造営については次のような内容が明らかにされている。

「……御壙の底には堅炭をならべて堅く付きかため、その上に三物《さんぶつ》を敷いた。三物の上に石を並べ、石と石の間に松脂を溶かして平らにし、その上に二重の石棺を置き、石棺と石棺の間に松脂を溶かして詰め、外棺の周囲六〇cmは三物で固め、その外側を木炭で詰め土留板で囲い終了した。二月十九日に開始して三月二十三日に終了した。ご遺体は、三月二十七日に棺内に納め、壙内において埋葬の儀式がとり行なわれた。その後、石棺の縁に松脂を溶かして蓋石を密着させ、その上に三物、木炭をおいて土を詰めて、最後に土饅頭を築いて終了した。」とされている。

内容を確認すると、溶剤あるいは、安定剤のような用途として松脂が使われていることがわかる。一方、藤原千阿哉が元禄八（一六九五）年七月に記した『神道葬祭式実』は、中雅長によって寛延二（一七四九）年に書写され

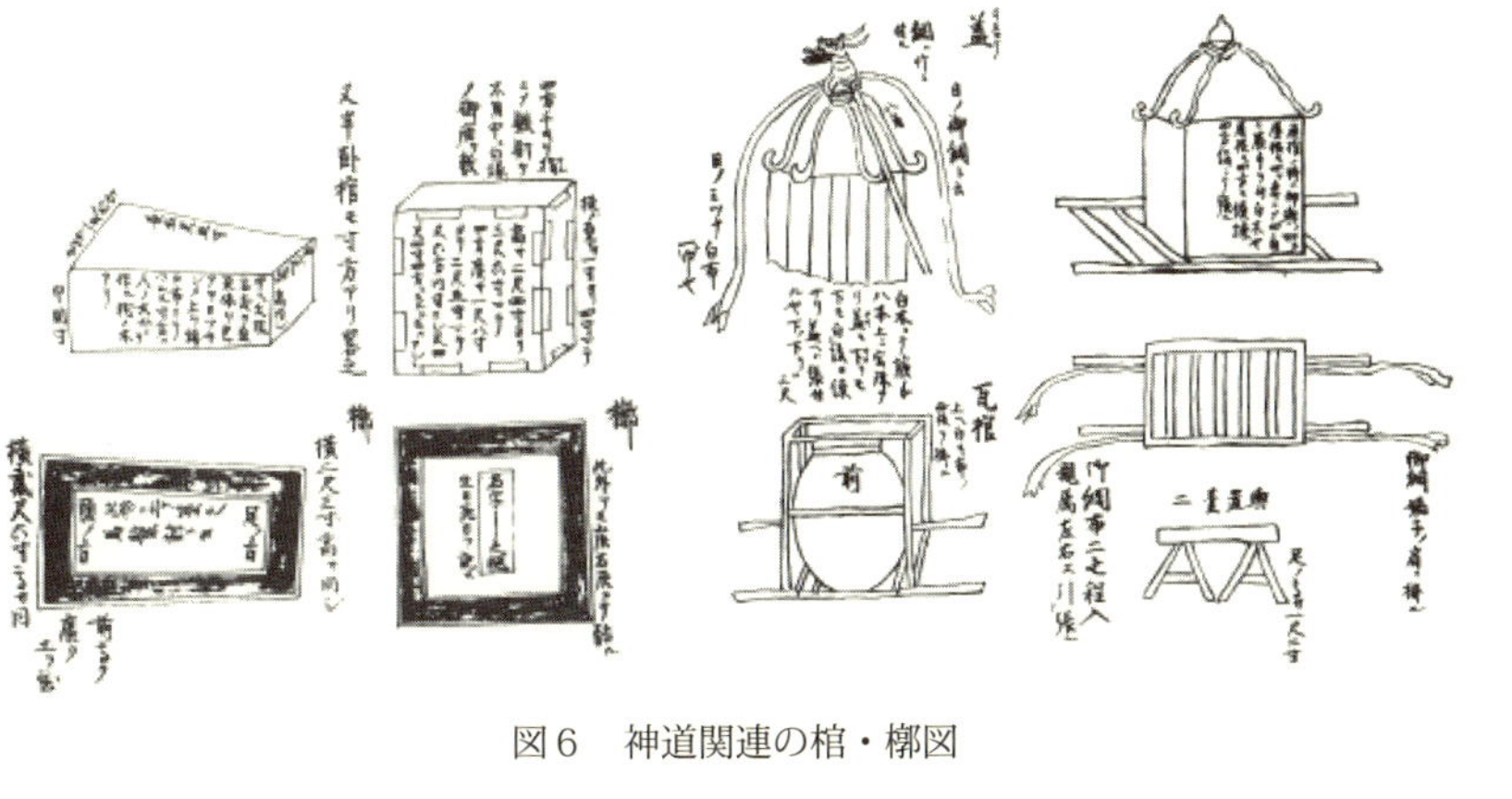

図６　神道関連の棺・槨図

たものが京都大学図書館に所蔵されている。現在は翻刻されており容易に内容を確認することが出来る(10)。

臨終から石碑建立、墓祭などについてまでの式一切の決まり事や、道具や材料、大きさなどに至るまで仔細が時間の経過とともに、順序立てて記されている。これらの細やかな記載は、発掘された遺構や遺物との対比において重要であり、「神道」という特定な葬祭例ではあるが、復元的な観点からは等閑視できない。これによれば、平人との葬法と断りながら「……松脂を板にして六方へあてて、次め次めに松脂を流してよし。或いは棺槨の間を炭・石炭にて突き固むることも彫付、棺の上に置く。槨の蓋をしめ、上を三物にて堅む。……」としている。特に木棺の六方向の板材の継目を松脂で塞ぐよう書かれており、今回の貞龍院殿日經日敬大姉墓所の類例ほど全面ではないが、六面に松脂が塗布されることは共通するといえる。

(5) 善の綱

後に葬列のところでも触れるが「善の綱」と思われるような遺物を木槨内に確認した。細い撚のある麻紐状のものであるので「善の綱」に相当するものかどうかは明確ではないが、若干触れてみたい。

中世では、葬列において、輿に結び、その先を後継者や、孫、夫人などの結縁関係者が引くものとされているようである。日蓮聖人の葬送では一〇人の稚児がこれを引いているのが描かれている。今回確認された遺物は、紐の径も非常に細いもので、とても御輿を引くという実際の動作は不可能であろうが、善の綱の形骸化した

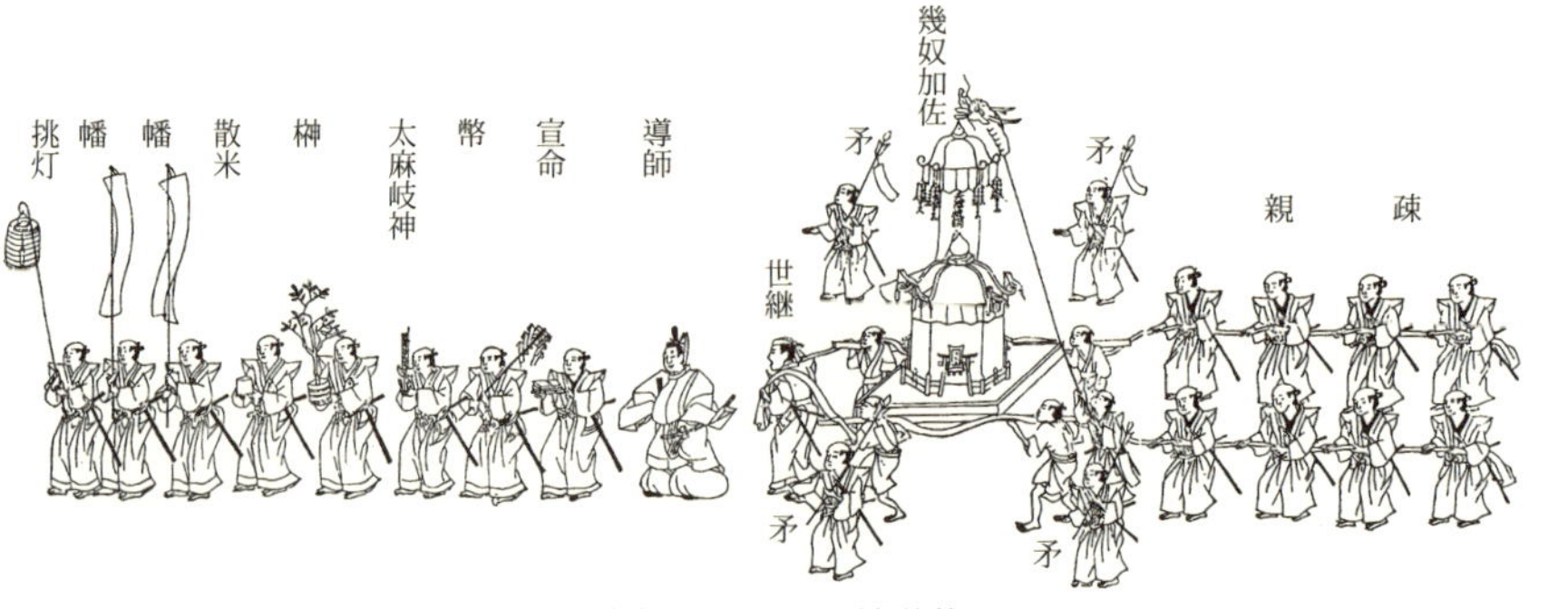

図7 文献に示された神道葬列

ものとして近世末期の葬送に用意されたものではなかろうか。木槨内に棺とともに納められた出土状況の判断から以上のように考えておきたい。

続いて、先に見てきた葬具が使われた葬列はどのようであったろうか。考えてみたいと思う。特に女性の葬列について見てみたい。近世の女性の葬列については、すでにいくつか類例が示されているので確認して、貞龍院殿の葬列を復元的に示したい。

七　葬具と葬列

近世仏教は、葬式仏教とまで言われるほど葬儀式を積極的に式典として執り行なったといわれている。しかし、具体的な近世の葬送具については、材質が有機質であることから遺存度が低いため、これまであまり触れられることはなかった。一方中世後期の葬送儀礼や装具については、文献史の立場から勝田至が詳しくまとめている。葬具の語義などにも詳しく触れられているので参考とした。ここで取り上げる葬具は、貞龍院殿墓の調査で確認できた遺物から復元的に捉えられる遺物について観察を加え、類例などにも触れて見てみたい。

(1)　天蓋の類例

木棺に確認された墨書の字句と配置から考えると、「天蓋」として記された文字であり、当然、天井部分に書かれるのが常であると思われる。近年の御府内の調査例で確認してみると、若干確認できるが、ここでは遺存状態がよい遺物として、金沢城関連の久昌寺遺跡の例を示しておきたい。

久昌寺遺跡(11)が所在する場所は、旧金沢堀川角場町にあたり江戸時代には、曹洞宗寺院の墓域の一部であったことが確認された。久昌寺の創建については、二代藩主前田利長の正室玉泉院（織田信長娘）が建立した寺院であることが文献から明確で、調査では、約二〇〇㎡の調査区内に二九二基余りの墓が検出された。墓の主体部の構造から見た内訳は、円形木棺墓九五基で三二・五%、方形木棺墓一〇〇基で三四・二%、甕棺墓三二基で一一%、火葬墓六五基で二二・三%であった。そして、円形木棺墓、方形木棺墓、甕棺墓は、棺を囲む木槨の有無により細分され、特に木棺墓では、木槨を有する墓構造が多く、一次・二次調査の約八割以上が、主体部に木槨があり木槨内に棺を埋葬する、いわゆる二重構造であったことが明らかにされている。そして特に円形木棺墓の棺蓋に墨書された類例が多く、若干甕棺の蓋にも記された例もあるようである。文言は、中心に「卍」を描き、さらに「金剛経」の一部や、「南無阿弥陀仏」、「迷故三界城」などを書する例が多い。

先に示したように貞龍院殿墓の調査で発見された墨書は、「卍」を中心に、対角線上に「深入禅定」、「一切天人」、「見十方佛」、「皆応供養」と四字経文が記されていた。本来、法華経安楽行品第十四に記された経文の意からすると「深入禅定」、「見十方佛」が対句であり、「一切天人」、「皆応供養」は法華経見宝塔品第十一の偈文の詩句と思われ、対角線上に対句となるように配されている。つまり、文言が呪符となり、宝珠と棟飾りが荘厳に棺を飾ったものといえる。現状では、装飾のない白木であるが、若干彩色や、紙などによる飾りが本来はあったのではないかと思われる。な

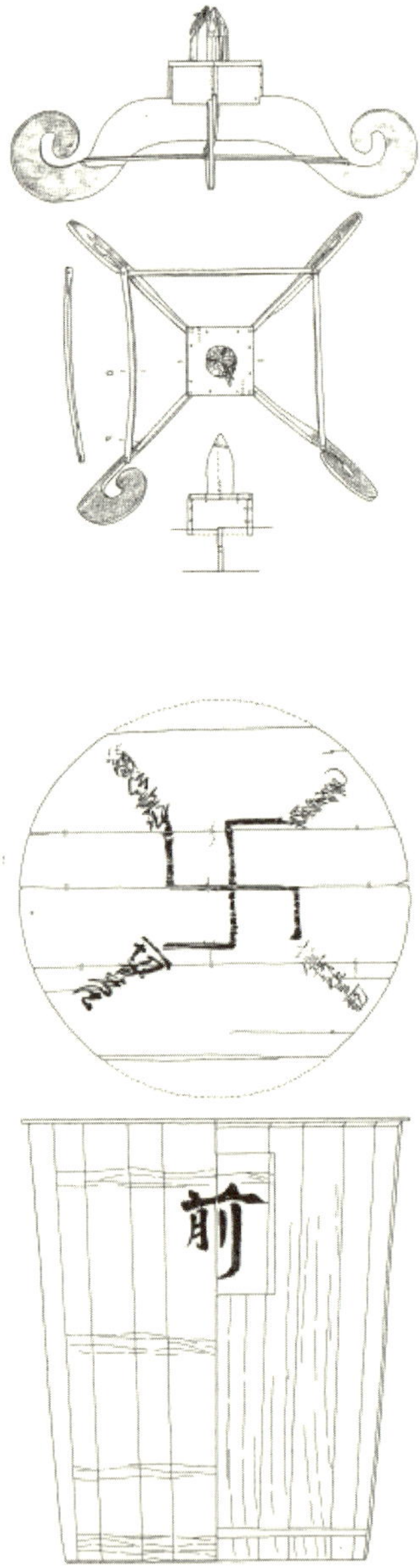

図8　金沢市久昌寺遺跡出土天蓋と早桶

お、装飾については家格の違いが反映されたものと思われる。特に飾り金具などで荘厳されたものは、いわゆる龕であろうと思われる。これについては近世の葬具の準備のために引かれた設計図というか仕様書というような資料として図5に示している。また、煌びやかな中世の例については文献ですでに指摘されているのであわせて注意しておきたい。

(2)　龕

龕とは、建物の構造を有し本来仏像を納め、配するための施設をさしていたが、いつの時点かに葬儀に用いられる葬具となった。葬儀に用いられた時期については、中国禅宗の影響の下に、栄西、円爾らによって日本に将来されたとされている。

中世における龕についての記載や、葬送の状況については、勝田至の論考に詳しく触れられている。[12] これによれば、龕を用いた葬送の早い例として、弘安三（一二八〇）年に入滅した東福寺長老聖一国師の葬送を挙げている。聖一国師は三日間の霊拝を行なった後に座して龕に納められたとされている。

また、時期が下って十五世紀の事例では、具体的に結跏趺坐させて龕に納めることが遺言という形で記されている。したがって、龕は座らせる形で遺体を収め葬列に使用されたものであると言える（口絵3）。

さらに、明応九（一五〇〇）年十一月十一日の後土御門天皇の葬儀の記録には次のように具体的に龕の様子が記されているので参考としたい。

「宝輿八角之龕也。柱黒塗。棟宝形。以金彩玉。八方以唐錦張之。四方有鳥居。面方有。金鑰鎖之。轅白木也。以正絹縫裏之。」

このほか、具体的に龕が示されたものとしては、天文五（一五三六）年の『日蓮聖人註画讃』（口絵4）があげられる。『日蓮聖人註画讃』（本圀寺池上本門寺蔵）は、葬列も描かれており後に触れたい。

以上のように、文献でもわかるとおり、葬送儀礼における龕は、八角形あるいは四角形で、宝形作りで、金細工、金糸、錦などで飾られていたようである。装飾の違いは、家格の違いにもよったものと思われる。貞龍院殿墓確認の葬具の場合は、白木の木棺と外棺、そして四方に蕨手を配し中央に宝珠を翳すセットが天蓋を有した龕の役割となったものであろう。先の文献例は天皇の葬送に使用した龕を記したものであるから唐綿などの煌びやかな荘厳された部分が確認できるのであろう。

この他の類例について見てみると、先に示した十六世紀代の『日蓮聖人註画讃』にも葬列の中に描かれた龕は錦を使用しており、本体は白木の棺であるようである。貞龍院殿墓出土の葬具に類似している。天蓋

図９　『日蓮聖人註画讃』の龕（池上本門寺所蔵）

とセットで龕形式をなしたものと思われる。

以上見てきたように、龕が葬送の中心を成すものであるので、続いて葬列について見てみたい。具体的は、時代は近世から若干遡り中世の葬列であるが絵画資料が的確にそれを表わしているのであらためて参考としたい。

(3) 葬列について

日蓮聖人の葬列を具体的に見ておくと、一つの大きな松明を先頭に葬列が始まっている。以下葬列は二列を基本として描かれている。最初に造花の大きな蓮の花と散華が描かれ、竜頭に付けられた大幡、そして一対の小さな竜頭に結んだ小幡、提燈、柄香炉、鈸子まで一対に描かれ、以下鉦鼓、磬子、花瓶、鶴亀蜀台、香炉、その後ろに、日蓮聖人直筆の曼荼羅と思われるものが描かれ、次に法華経八巻、経本が記され、また竜頭に結ばれた小さな幡一対、そして香炉を一対描き、提燈一対のあとに、御位牌と履が描かれている。そして六人の稚児と、四人の僧形の稚児が御輿から伸びた白い布を携えている。御輿は、方形で漆塗りの柱と金泥に塗られたような宝珠と四隅に蕨手が描かれ、十八人の僧侶で担がれている。御輿の後方から竜頭に天蓋が掛けられて御輿上に掲げられている。

最後尾は、甲冑と刀持と馬が描かれ、全体で六十余名の人々が葬列

図 10 『日蓮聖人註画讃』の葬列（本圀寺所蔵）

をなしている。そして葬列のあとから一般の信者と思われる人々が続いている。

このほか、『模本「六道絵」』のうち人道苦相一幅（裏書「第十初四苦」）の「死苦」の部分に描かれた葬列に注目してみる。

松明を先頭に、幡をあげ、天蓋を掲げている。その後ろに鐘を鳴らす僧侶が描かれ、白布で巻かれた長方形の棺が描かれている。棺の後ろの部分には御幣を立てているのが確認できる。この棺に立てる御幣は、『法然上人絵伝』にも描かれているという。

また、『模本「六道絵」』のうち餓鬼道幅（裏書「第六餓鬼道」）の「有鬼至塚間焼屍噉火」の場面では、岩陰に炎が見え、少し離れた部分で結界が張られ、四方には竜頭に捧げた幡が描かれ、中心には天蓋が掲げられているのが描かれている。傍らには鐘を鳴らし読経をする僧侶も描かれている。この場面は岩陰に炎が大きく描かれていることから荼毘の場面を示しているものと思われ、埋葬も結界の部分に埋めるのであろうと思われる。

図 11　模本「六道絵」（聖衆来迎寺所蔵）

以上見てきたように、断片的ではあるが、古代以来の葬列には龕とそれを荘厳するための幡や天蓋、仏具を伴って葬列が組まれていることがわかる。

実際の調査例では、先に示したとおり、圓光院殿墓所の副室内で被熱した幡の懸輪金具と端飾り金具五組分が確認されている。『日蓮聖人註画讃[13]』に描かれた幡の数も五組であり共通しており興味深く、同様な葬列において掲げられたものと思われる。そして副室から被熱した遺物が確認されるということは、荼毘所で葬列の葬具も同時に焚き上げることが想定でき、その灰は、芳心院墓で確認したようにすべて土壙などに埋納されていたと思われる。金沢市の経王寺の事例でも、被熱した遺物が灰とともに確認されており、これを裏付けるものと言えよう。日蓮宗に関連した大名関連の特に女性の葬送においては、灰までもすべて埋納するという作法があったものと捉えておきたい。(14)

葬列については、家康の孫に当たる人物で、池上本門寺に埋葬された芳心院殿の記録が遺っているので比較していただきたい。（《参考》）

八　近世末期の葬礼の復元――貞龍院殿の場合

これまで見てきたように、貞龍院殿の外棺や木棺など具体的な葬具については主体部内部から確認した部材から、ある程度復元を行なうことができた。それでは、それらの葬具は、貞龍院殿の死に対してどのように準備され、どのように使用されたのか、推定の域は脱し得ないが、葬具の準備、葬列、葬地の選定、墓壙の掘削、通夜と埋葬という一連の儀式について復元的に考えてみたい。

葬地の準備と埋葬の順序

①生前、日英に帰依したことにより、本堂の西側に造立された日英千部供養成就記念造立宗祖五百五拾遠忌塔の近隣が選地され、
②最初に埋葬のための土壙が掘られる。
③土壙掘削の後に、赤松材による木槨が組まれる。
④木槨の底面に漆喰が敷かれ、
⑤石灰が敷かれた床の上に松脂で覆われた木棺が置かれる。
⑥木棺を据えた後に、木棺の周囲に葬列で使用した外棺を解体して納め、同時に天蓋も納めている。

⑦周囲を埋め尽くし、木槨の天井部分まで土で充填し、木槨の上端部に井桁に板材を組み、
⑧その上に蓋石として板石三枚を据える。
⑨さらに蓋石が隠れるまで土で埋める。
⑩蓋石が埋められた状態の段階で、儀式が執り行なわれ、カワラケが使用される（割る?）。
⑪儀式終了の後、木槨の東西の側板に沿うようにロウソク石を据え、同時に埋める。
⑫南北方向に据えるのと同時に、石塔が載る位置の中心線の両端にロウソク状の石を据えた後に埋め尽くす。
⑬上部構造は、基礎石を平らに据え、基台、反花座を据え、塔身を据えて終了する。

以上のように、葬地の選定から埋葬までは復元できるが、実際貞龍院殿が没し菩提寺まで葬列されるまではどのようであったのかも考えてみたい。

まず最初に、逝去したことの「通知」、あるいは「穢れ」について見てみると次のような類例がすでに指摘されている。(15) これを参考に考えてみたい。

宝暦十一年十月五日亡した佐賀藩主鍋島重茂の妻である。彼女は、仙台藩主伊達宗村娘で、母は紀伊徳川宗直の息女利根姫で徳川吉宗の養女として宗村の元に降嫁していた人物である。逝却に際して鍋島家では「公方様定式之御服忌」を請け、幕府は全国一律に「鳴物停止令」を発布したとされている。また、天明七年に没した神代鍋島家当主茂體の妻の例では、城下はもちろん知行地、給人ないしその親族にも、陪臣、大庄屋、知行地村役人に至るまで通知されたという。そして領民たちは、葬礼の日時によって葬儀の必要品の手配や準備を行ない、大工などが葬具の製作、菩提寺の修理などに着手したとされている。

したがって、島津家との比較は難しいが、一応家臣への触れや、城内で葬送の日時の決定を見てから菩提寺への葬列が執り行なわれたものと考えておきたい。

これまで見てきたように貞龍院殿葬列は、木棺と外棺と宝珠状の天蓋のセットが葬列の中心である遺体を納めた御

輿といえ、この輿によって御府内の上屋敷から菩提寺である國土安穏寺に運ばれたものと想定される。

葬礼の実際の計画については、当主などの場合、知行地において仔細が決められ準備が行なわれたとされている。そして、まず家臣が直接主従に対して穢れを近づけないために忌むという観念から服忌が発せられ、そして穏便もまた、鳴物、乱舞、作事、触賣、店商売などの音に関するものの禁止と「御自分穏便」を強制して藩内や、家臣たちへ課したりしたとされている。

貞龍院殿の葬列の復元に戻ると、
⑭江戸赤坂からの葬列には、日時葬列の次第が整ったところで、木棺は外棺が被せられ、外棺の上には天蓋がこれを飾り、御輿のように担ぎ棒を差し、夜運ばれたものと思われる。なお、貞龍院殿妙經日敬大姉の葬儀が執り行なわれた天保六年段階までには、江戸市中には、葬送仏事に対してお触書が何度か出されていたことが明らかになっている。代表的なお触書の内容を示しておくと次のようである。寛文八（一六六八）年に「覚」として江戸市中に風俗統制・倹約令の一環として、身分相応たるべきことを命じる条目が出されている。天保二（一八三一）年には「葬禮之節金銀銭土中江埋候儀ニ付町触」が発布されており、土中に金銀銭や六道銭などを埋葬することは無益であるため止めるようにとの触れが発せられている。また寛政三（一七九一）年には法令として、葬礼にかかわる「着衣」や「参列」に対しても具体的な指示が明記された形で発布されており、葬列における「麻裃」の着用は、近親者および親類筋だけに留め、大勢の「参列」は止め、四、五人に限定すべきである、ということが発布されていたようである。繰り返し町触れが発布される状況からみると、あまり幕府の思惑通りにはなっていなかった状況が指摘されている。このようなことから、貞龍院殿の葬送は、華美まではいかないまでもある程度の規模はあったものと考えておきたい。
江戸上屋敷から菩提寺までの葬列に触れてみる。上屋敷内では、槨などの処理が行なわれている可能性があるが明確ではない。

上屋敷を出発した棺は、「穏便」を請け穢れを避けて御府内を出る。

⑮菩提寺に入寺すると、本堂に棺台が用意され安置される。
⑯本堂内では、棺台に置かれ、外棺がはずされる。
⑰棺台に移されたご遺体は、陪臣などのお悔やみの焼香を受ける。
⑱この間に、葬地の選定、掘削と葬式の準備が進められ、埋葬に備えて、本堂から別の場所に移され、松脂が塗布された埋葬が行なわれたものと思われる。

註

（1）霞会館『平成新修旧華族家系大成』下巻、一九九六年
（2）白根孝胤「近世大名家臣の隠居・家督・継目御礼と家格認識」（徳川林政史研究所『研究紀要』第三五号、財団法人徳川黎明会、二〇〇一年）
（3）國土安穏寺過去帳実見
（4）東大史料編纂所所蔵　『竹腰家譜（美濃今尾藩）』竹腰正旧差出　東大史料編纂所所蔵　『諸家譜』内務省地理局地誌課編
（5）平田町『平田町史』史料編、一九八四年
（6）鈴木　尚・矢島恭介・山辺知行『増上寺徳川将軍墓と遺品・遺体』東京大学出版会、一九六七年
（7）大本山増上寺「増上寺御霊屋」（『増上寺史』一九七四年）東京都港区立郷土資料館『「弔い」甦る武家の葬送』一九九〇年
（8）近藤啓悟「保科正之の葬儀—附　吉田神道の葬祭説—」（『神道史研究』第三八巻第一号、一九九六年）
（9）塩谷七重郎『保科正之と土津神社』一九八八年
岸野俊彦編『尾張藩社会の総合研究』二〇〇一年

(10) 國學院大學日本文化研究所編『神葬祭資料集成』ペリカン社、一九九八年
(11) 金沢市都市政策部国際文化局文化財保護課『金沢市久昌寺遺跡』二〇〇六年
(12) 勝田　至『日本中世の墓と葬送』吉川弘文館、二〇〇六年
(13) 雄山閣「日蓮聖人註畫讃」(『続日本絵巻物集成』第七巻、一九四六年)
(14) 註(11)と同じ
(15) 高野信治『近世大名家臣団と領主制』吉川弘文館、一九九七年

《参考─芳心院様御葬礼の御行列》

無役高挑灯　　　腰添一人　白練袋　御挟箱
　御先乗香河内膳　御女中乗物一挺　同　御長刀
無役高挑灯　　　腰添一人　同　御挟箱
御歩行　御歩行　御歩行　見坊仁左衛門　高挑灯
同　同　同　御香爐　山田伊八郎　持玄院
同　同　同　御香爐　嶋田勘助　観成院　高挑灯
杉本伝九郎　上原浅右衛門　大西団右衛門
高橋平太夫　木村茂左衛門　梶川沢右衛門　高挑灯
御棺白練掛り舁手三拾人
安留分太兵衛　内野平兵衛　山田五左衛門　高挑灯
浅岡次郎右衛門　中原半次郎　安留弥七郎
白練覆御蓑箱　御徒目付　小使　押
御広式御徒三行　同　御立傘　御姫様
同　御茶弁当　御徒目付　小使　押
御名代女中乗物　女中乗物　以下同断都合乗物拾挺
腰添二人　乗物一挺に腰添二人宛

押　高挑灯
騎馬嘉村弥次兵衛　惣供若党草履取　騎馬塙久左衛門
押　同
高挑灯
福原善太夫　牧野清左衛門　吉田平馬　岩田一学
高挑灯
押
惣供槍　本門寺上人乗物にて御供　終
押

○裏御門より酉の上刻御出棺、子の下刻本門寺へ御入棺。
○高挑灯は数寄屋橋外より灯す。
○騎馬并びに御棺廻りの面々、無役浅黄半上下を着す。
○御長刀御挟箱御立傘御茶弁当持御蓑箱持迄、無役浅黄の木綿羽織を着す。
○御棺舁無役浅黄の木綿羽織を着す。
○高挑灯持右同断。
○御屋敷より、香河内膳・岩田一学馬上其外の騎馬ハ歩行にて御棺の廻り御供、数寄屋橋を過途中を乗。

第四節　副葬品の復元と考古学的研究

一　池上本門寺と奥絵師木挽町狩野家の調査

考古学の墓の調査において、被葬者の名前はもちろんであるが身分や事績を明確にできる遺構を調査できることは本当に稀なことである。しかし近年、御府内である新宿区内の調査で近世の墓事情は改葬が繰り返し行なわれ、片付け集積、壊したりして寄せられ新たに墓が構築されていたことが明らかにされつつある。

平成十五年、東京都大田区池上本門寺五重塔周辺整備に伴い行なわれた墓所調査では、歴史上に名を残し旗本格を有していた絵師の墓の実態が明らかになった。被葬者は、奥絵師木挽町狩野家二代養朴常信（正徳三〈一七一三〉年没）、三代如川周信（享保十三〈一七二八〉年没）、九代晴川院養信（弘化三〈一八四六〉年没）（以下、常信、周信、養信）であった。彼らの墓所内部には様々な副葬品が確認できたが、ここでは特に周信墓の副葬品について着目してみたい。

奥絵師狩野家の成立は、中世京都にて、狩野正信（一四三四〜一五三〇年）が室町幕府八代将軍足利義政の御用絵師となったことから始まるとされている。(1)

特に十四世紀代の上総狩野家は、(2)日蓮宗本山・本土寺（千葉県松戸市）に伝わる『大過去帳』本土寺旧蔵『当門徒継図次第』などの史料によれば、本土寺の四、五世への熱心な帰依が記され、狩野氏女理哲尼は、長尾実景に嫁しており、後の本土寺七世日寿を設けるなどし、血縁から日蓮宗貫主を出すなど篤信的な法華信者であることは明らかであった。

近世の狩野家の動向は、関が原の戦以後、徳川家との接触を図り、天下普請における名古屋城、二条城の造作、修復などの画業において宗家（中橋狩野家）孝信の子息である探幽・尚信・安信が特に優遇され江戸の御用絵師に抱えられ、探幽は鍛治橋狩野家、尚信は木挽町狩野家、安信は宗家中橋狩野家を継いだ。以後、江戸における御用絵師狩野家は揺ぎないお抱え絵師としての地位が約束され、後に探幽をはじめ狩野家は奥絵師となり将軍に拝謁するまでに登りつめた。

今回調査が行なわれた木挽町狩野家は、宗家尚信を始祖とし展開する家柄であるが、奥絵師筆頭の家柄でもあった。特に二代常信墓所では、法華経、開結経を含む十巻の経巻軸頭などが確認され、狩野家が篤信者であることの実態が確認された。また、三代如川周信の墓所からは絵師にふさわしい特徴的な遺物が多数確認された。九代養信は江戸城障壁画など木挽町の中でも最も優れた業績を後世に残し、今日の美術家の評価も最も高い人物であるが、幕末に亡くなっていることもあり、墓は甕棺墓という簡素な墓構造で副葬品も全くないことが明らかになった。ここでは最初に、墓構造に触れ、続いて、特に三代周信の遺品を中心に考察し、遺品から見た江戸奥絵師狩野周信の人物像に触れてみたい。

二　墓構造とその特徴

二代常信墓は、三基のうち最も規模が大きい墓である。上部構造は、凝灰岩製切石による三段積み基壇の上に亀趺形の台座の上に圭頭形の墓標を据える構造である。これを基本として基壇部分を取り除いた構造が、三代、九代の構造である。下部構造は、それぞれ違いが認められる。二代常信墓は、方形の土壙を穿ち、その中に木槨を設え、木棺

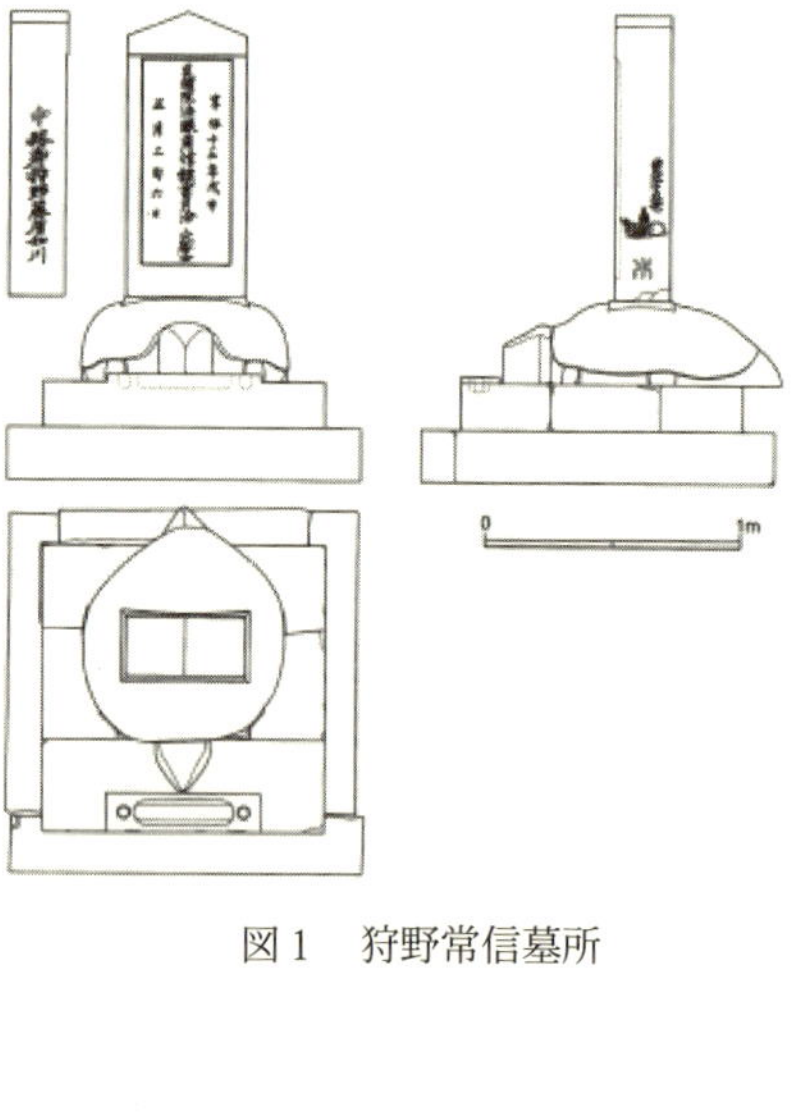

図1　狩野常信墓所

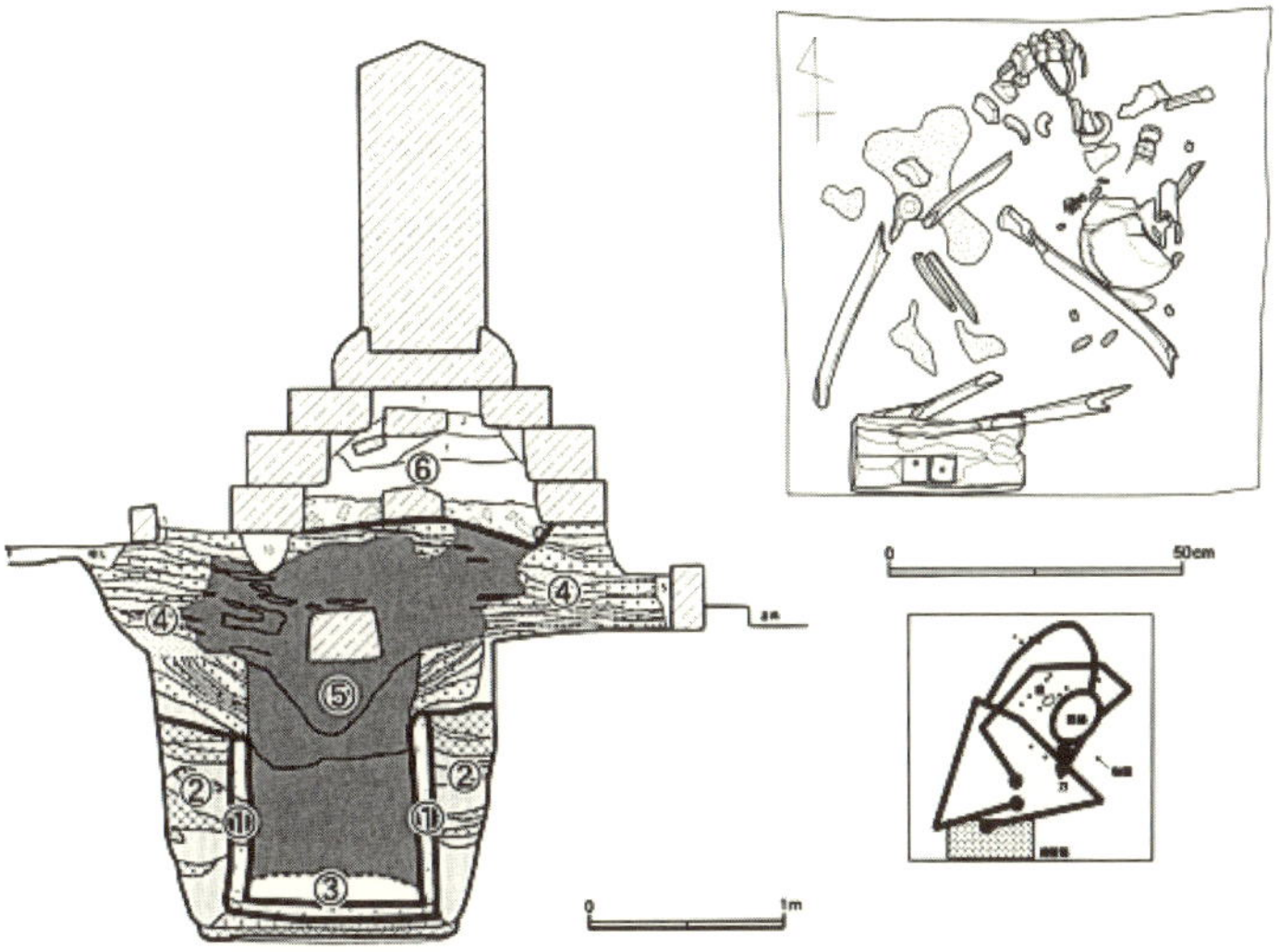

土層模式図

上：常信墓

下：周信・養信墓

図２　狩野常信と周信・養信墓所下部構造と検出状態

を中心に納めるという木槨木棺墓である。木槨と木棺の間には漆喰が充填されており、木槨の外周には木炭と漆喰が交互に入れられていた。三代周信墓は、土壙を地表下約二・五ｍまで方形に掘り下げ、埋葬主体部が造り出されている。土壙の中心部分に方形木棺を直葬し天井石として凝灰岩製板石が三枚置かれてあった。遺体は、正座で模造刀を抱かせた状態で埋葬されたものと思われる。副葬された遺物は、今示したとおり胸に形式上整った模造刀を抱き、遺体の左側には、漆塗りの香簞笥、筆箱が置かれ、その傍らに袱紗のような裂物があり、印籠、小型漆箱、懐紙入れのようなもの一式が確認された。そして、ここで着目したいのは、筆箱と香簞笥であり、特に香簞笥内に納められていた二口の青銅製小箱である。

三　筆箱と漆塗香簞笥と青銅製小箱二口

(1) 筆箱

硯箱や筆箱は、「江戸時代の調度品」という観点から収集され秀麗な蒔絵で華燭された伝世品などは博物館でよく目にする。それらの伝世品に対する研究は、外観や内装のすばらしさに主眼がおかれてきた。しかし、近年の小松大秀・加藤寛・原田一敏らは、入れ物としての機能面や実用性に着目し、江戸期の文房具の実態を明らかにしてきた[3]。そこでここでは、これらの先学の着眼点に改めて注視し、機能・実用性を中心に遺物を観察してみたい。

周信墓所検出の筆箱は、大きさ、構造の点でも極めて類例の少ない遺物であると思

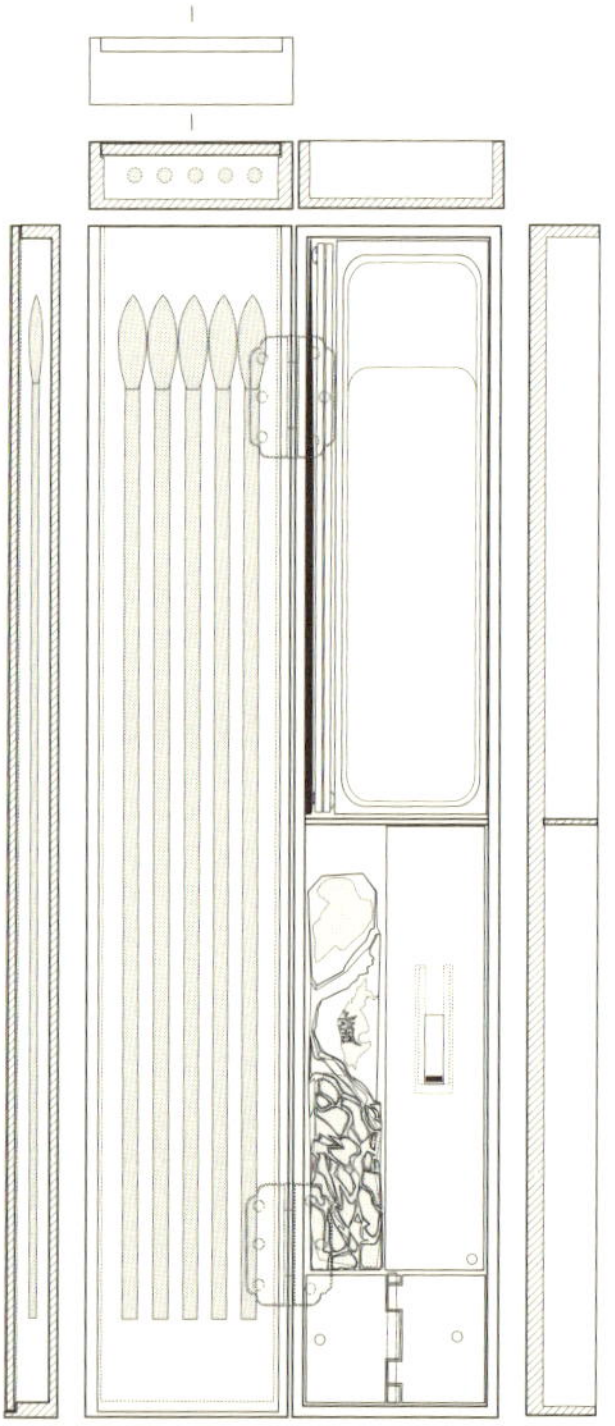

図３　周信墓出土筆箱

われる。一般的に大名や公家の調度品として伝世している品の中でもコンパクトな品はいくつか紹介されており桃山時代から江戸時代の秋草蒔絵文箱（縦三七㎝・横六㎝・高さ六・四㎝、高津古文化会館所蔵）や平戸藩主松浦誠信（一七一一〜一七七五年）の娘が志摩の稲垣対馬守昭央に輿入れした際の調度品の一つである桐唐草梶葉紋蒔絵短冊箱などがその代表である。このほか、機能的な箱類として四半硯箱などが比較的機能満載でコンパクトな箱の類として紹介されている。しかしこれらの箱は、大きさの点では、短冊や硯の大きさに制約されてしまっていると言える。周信所持の筆箱はというと、蓋部分のスライド形式の仕切り蓋を取り入れることで筆を五本も収納し、身には隙間なく絵師道具が収納されていることから、入れ物に合わせて収納品が誂えられたものと思われる。

実用性と携行性を重視した収納品は、文字を書くための道具であることに加えて絵師の携行品らしく顔料入れと思われる青銅製の小箱や、岩絵具など粉状の顔料を掬うための匙、定規（可動式）なども収納されていた。無駄な空間を除去し、描くための道具をすべて収納できるように考案された道具入れであることがわかる。現代風に名づければ「システム筆箱」といっても過言ではない洗練された品である。江戸職人（京都の漆職人の可能性もあろう）の粋が集められた造形物といえよう。

(2)　香簞笥

周信の香の嗜みがどの程度であったかは記録もないが、その嗜好のほどは今回の検出品、とくに香簞笥をみれば簡明であろう。構造的には文化庁所蔵の薄に鈴虫蒔絵香簞笥に類するものと考えられるが、大きさは筆箱と同様に類例の認められない小型品で実用性と機能性を兼ね備え、極限まで小さくした道具を収納している。これは、香簞笥の下段引出の内容品である雷神文小箱、亀甲文・流水文小箱、匙、香木などの収納品から窺える。

香簞笥と思われる遺物は、遺存状態が非常に悪く、潰れてかなりの部分が腐蝕した状態であった。構造や金具の位置関係を考える上で根津美術館蔵の鈴虫蒔絵香簞笥などを参考として、復元すると図４のようになると思われる。前面の扉を横あるいは手前に倒すと、中に二段の仕切りがあり三段の引出が納められている構造である。引出は長方形で、外形で長軸九㎝・短軸五㎝の大きさであろう。深さは明確でないが、中・下段の引出は一・八㎝の高さで、上段はやや低く残欠などを観察すると一・一㎝前後の高さではないかと考えられる。外形は茶色の地に、金の密集率が粗い梨地の漆塗で、内面は細かな梨地で区別して仕上げている。また、引出上面の縁部分は縁取りを茶色の艶を消したような漆塗で仕上げており丁寧な仕事といえる。一方外身である簞笥は、内面が茶色漆塗で仕上げられており、外見は現状では遺存していないために明確にはならない。

引出内の内容品は、下段に青銅製小箱二点・匙、・香木、中段に銀葉が納められており、いずれも香に関わる品々である。上段は遺存状態が悪く内容品は不詳である。ほかに香簞笥に付属すると思われる飾り金具類も周辺から検出されている。

青銅製小箱二口は、香簞笥下段引出で確認された。上面に雷神文を彫出した青銅製の小箱は、内部には銀葉三枚（図４）が納められていた。構造は蓋と身に分けられる。

蓋の文様についてふれると、雷神は、背に太鼓を配し、両手に桴を握り、雲上をかける姿である。

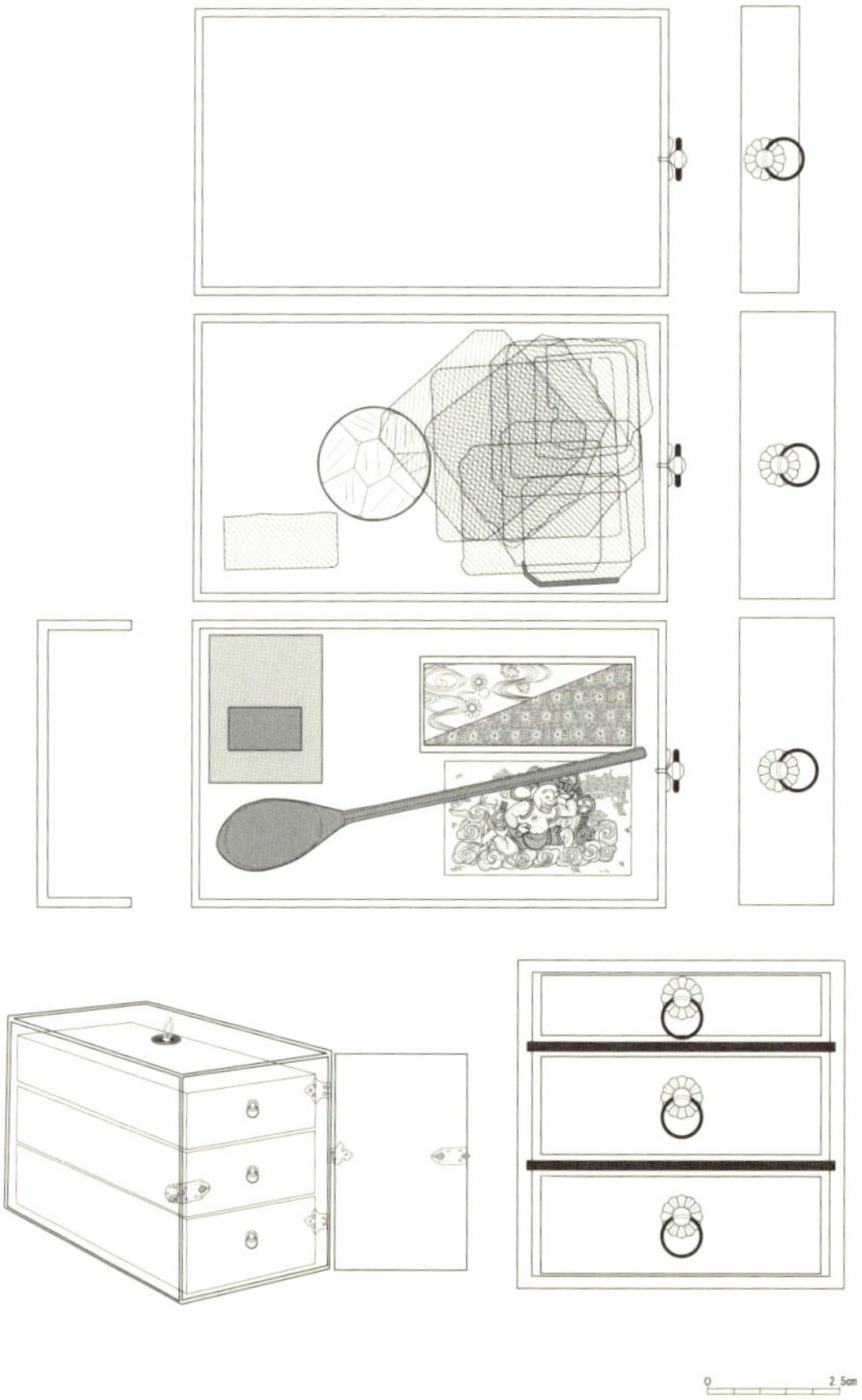

図４　周信墓出土香箱と復元図

細部の仕上げを見ると、六連太鼓はつつみ鼓面の部分に巴紋が配され太鼓同士を二本の軸で横に繋いでいる。巴の部分は金を埋め、太鼓の円周の部分は銀で仕上げ、二本の軸は金で仕上げている。雷神の体は金の焔髪で、目と乳首、両手首につける腕輪、両手に握った桴、裳を金で、手・足の爪、眉、歯は銀で仕上げている。重量は、蓋と身ともで一六・四五ｇである。

(3)　亀甲・菊花流水文青銅製小箱

構造は被せ蓋形式で、身をすべて包む深い蓋である。大きさは、蓋外形天井部平面形が、縦四・〇五㎝、横一・七八㎝で箱の高さ一・二九㎝である。重量は九・六ｇである。紋様は、蓋上面と側面全面に施されている。身側は錆による腐食が著しいことと、観察できる範囲が極めて少ないこともあり施紋については明確ではない。

蓋の紋様は対角線上で二分され、上方に流水紋と、流水に漂う菊花とその葉を蹴り彫りで配している。また、対角線より若干範囲は広いが下の部分には、同様に蹴り彫りで亀甲紋を全体に配している。この亀甲紋は二重の輪郭線で表現され、亀甲の中心には、二重に同心円紋が表現されている。この同心円と亀甲の輪郭に挟まれた空間を魚々子が素地のように蒔かれている。したがって亀甲の輪郭と同心円が際立って見え秀麗に仕上げられている。流水と菊花のゆったりとした空間の配し方に対して、密に規則正しい紋様を配して全体の構成に締まりもたせているようである。亀甲紋は金鍍金が施されている。流水紋は、銅の素地のままのようである。銀鍍金が施されていれば対照的で絵画的でありより流麗であったものと思われる。

図５　青銅製雷神文様小箱Ｘ線写真

四　雷神と流水文の図像から見た周信像

(1)　雷神の図像

雷神小箱の製作年代は少なくとも周信没年の享保十三（一七二八）年以前に求めることができる。そこで類例や、当時の絵画史料などについて触れ、制作年代を推定してみたい。

江戸中期以前に雷神を表現したものとしては絵画資料が主である。今回検出の小箱の図像も非常に絵画的な表現であり、ここでは、同時代の絵画資料との比較などから、この小箱に表わされた図像の系譜を考えてみたい。

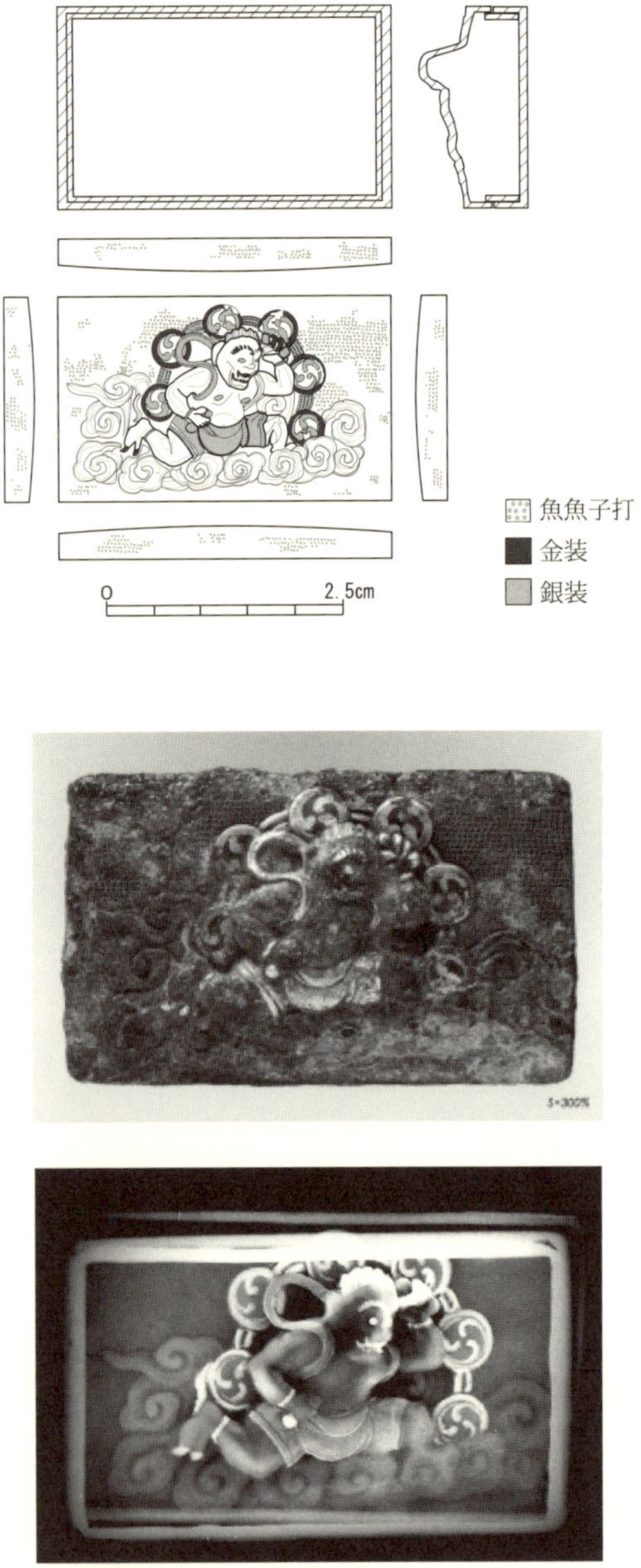

図6　青銅製雷神文様小箱実測図と写真

雷神は、古く中国における信仰のもとで創造されたとされている。その初源については六世紀代の敦煌莫高窟第二四九窟の頂西面の須弥山の前に阿修羅を挟んで描かれている壁画に遡ることはすでに指摘されている。(4) 日本では正倉院に伝わる絵因果経絵に登場する雷神が最も古い例とされている。ここで取り上げる青銅製雷神文様小箱の図像的な系譜については、中近世の絵画資料や彫刻に求められよう。特に比較資料として挙げられるのは、俵屋宗達の描いた風神雷神図屏風（国宝・建仁寺蔵）であり、近年の図像的な研究や系譜問題を主眼においた研究成果から(5)、彼の描いた雷神は、三十三間堂の彫像（図８）を見た上での着想により描いたとされている。京都・養源院に宗達筆障壁画が遺存していることも三十三間堂に隣接した関連性から説明がなされている。一方では、多くの古典的な絵巻に題材を求める中で『北野天神縁起絵巻』（図10）の雷神に注目して描いたとされる説もある。宗達の描いた雷神の手本は諸説あるが、宗達以後の琳派の後進たちの描く風神雷神図の直接の手本になったことは、他の作品を見ても明らかである。宗達の描いた風神・雷神をみて約七〇年後に光琳が描き、さらに一〇〇年以上たった後に酒井抱一がこれを描いたことをみても明らかである。このように近世の雷神図については宗達および琳派様式が主であるといえる。(6) したがってこれに参考として伝探幽の雷神図も加えて、図像表現を中心に比較したいと思う。まず、絵画資料それぞれの風神雷神図が描かれた時期を確認しておこう。

現在、建仁寺が所蔵する宗達の風神雷神図屏風は、宗達の没年が寛永十七、十八年頃とすると、寛永十六（一六三九）年に制作されたと考

図７　過去現在　絵因果経の雷神像（三井文庫所蔵）

図８　三十三間堂の雷神像

えられている。(7) 一方、この宗達図を模写した尾形光琳は万治元〜正徳五（一六五八〜一七一五）年に生き、一七〇一年には「法橋」に叙されている。宗達の絵を模写した製作年は明確でないが、法橋叙任後の一七〇一年から一七一五年に亡くなるまでの間と考えられている。また、狩野探幽筆と伝わる風神雷神図屏風（第一一五・一一六図、板橋区美術館蔵）は、落款より寛永十二（一六三五）年から寛文元（一六六一）年までの斎書時代の作と考えられる。(8) いずれも、小箱の雷神像の手本にはなりうる時代に描かれていることは明確である。

次に図像の細部について観察し、何を見てどのように作られたかを想定してみたい。

雷神の図様の基本は、鬼面・人身・逆髪、両手に桴・連太鼓に時には角を有す、という形式であり、いずれの作品もこの基本形式は踏襲されている。そこで細部の表現に着目しその同異に触れたい。まず雲の表現をみよう。宗達・探幽が描く雲の表現は、絵画ということもあり「たらし込み」で白く霧か霞のように表現され自然に湧き上がる中から雷神が登場し降り立つように描かれている。これに比べ、今回の遺物は、金工品であるため、飛雲として表現されており、まるで雲の乗り物のように描かれている。次に構成・構図に着目すると、探幽の描いた雷神は、画面の右に配置されて左を向くが、琳派の描いた雷神は右に配置され右を向く。その姿は雲上で下から沸きあがる空気の上で天空から降りる速度を制しながら大見得を切るような形である。対して探幽の雷神は雲の上を駆けるような姿勢である。小箱の雷神は、向きの違いはあるが、姿勢は探幽図に近い。

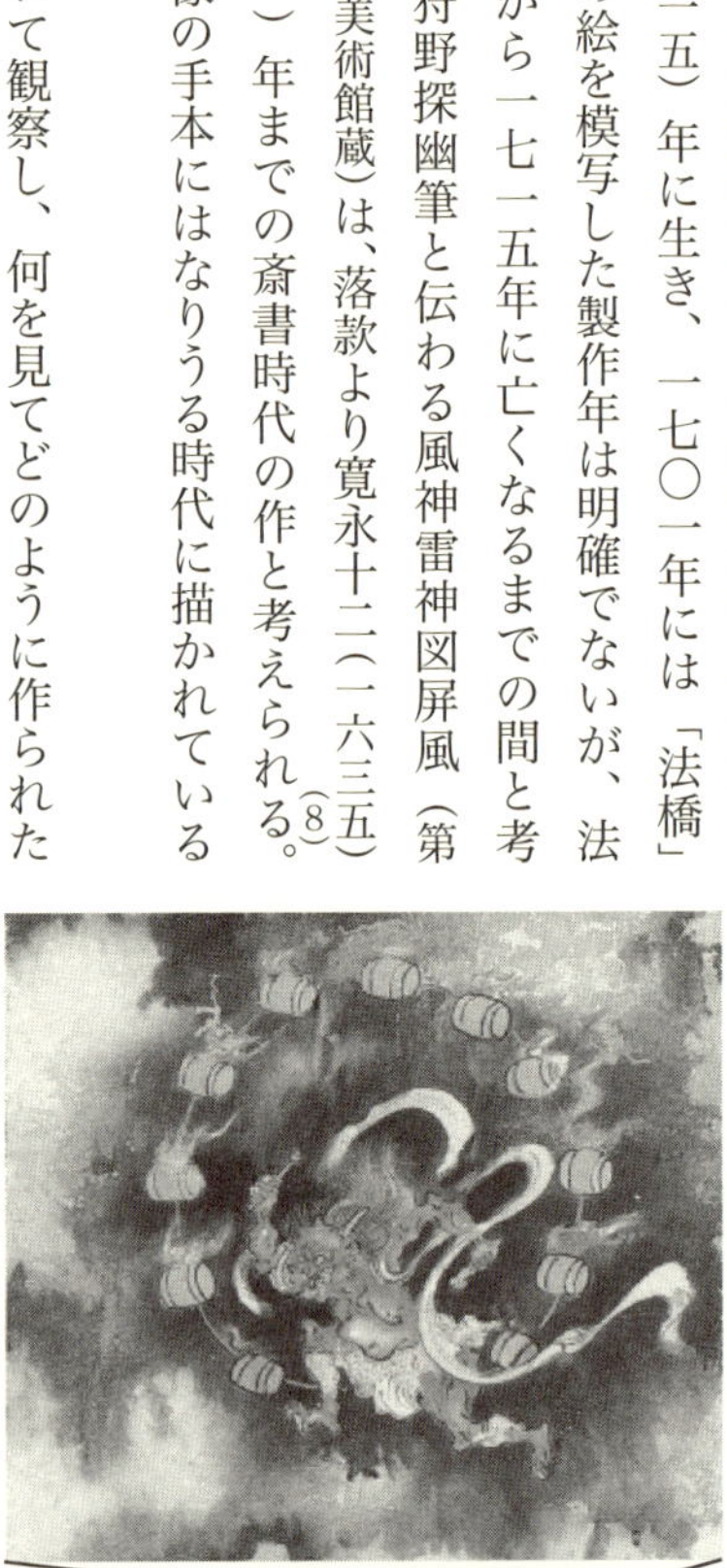

（雷神アップ）

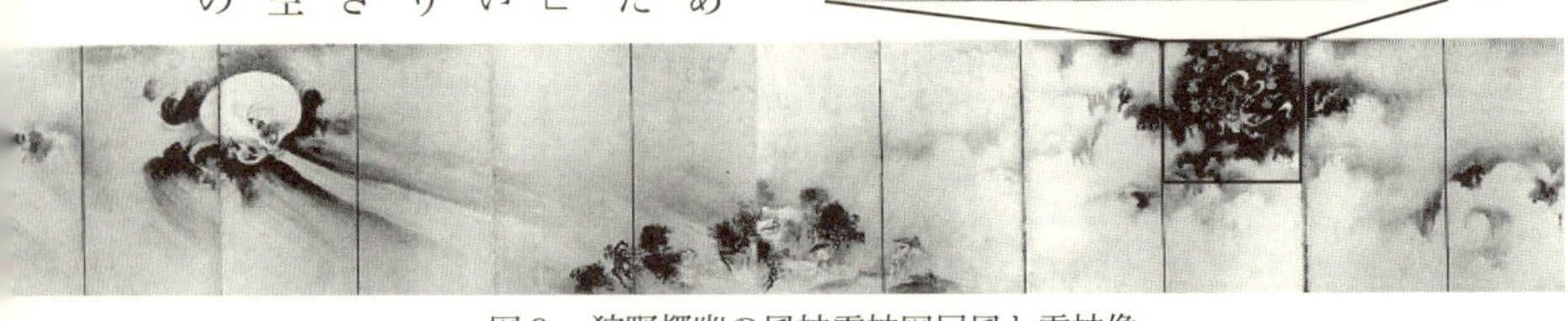

図９　狩野探幽の風神雷神図屏風と雷神像

細部をみると、連太鼓の連結方法や、鼓面に描かれた巴文の表現において、絵画と金工品に大きな違いがある。太鼓の連結方法では、琳派・探幽も鼓の面で連結しているのに対して、小箱では太鼓の胴部で連結する表現である。この連結法は江戸期の絵にはほとんど見られないものであるので注意したい。さらに、手足の表現である。江戸期の絵画や中世の絵巻物については、人身が基本で足や手の表現は指を五本描いているが、この金工品は手は三本、足元も二本の表現で、爪を大きく造り、銀で表現し強調している。

以上見たように、特に雲の表現、太鼓の連結法、手足の表現では絵画表現とは違いがあることがわかった。これらの表現の系譜を考えてみると、雲の表現は位牌の頭部の雲形や、仏像の光背に表現される雲に類似すると思われる。連太鼓の表現と手足の表現では、三十三間堂の雷神の彫像を注意したい（図8）。千手観音二十八部衆の眷属として現わされ、手足の表現も当然ながら人間とは区別している。この彫像は、連太鼓も胴でつなぎ、鼓面を正面に表現している。また、鼓面の巴文の表現は近世の雷神関連の絵画にはほとんど表現されていないと思われる。加えて、桴の形態も両端に丸珠をつけるタイプである。以上のような点から考えると今回の遺物の図像的な系譜は、多くは彫像の影響が大きいと思われる。特に表現に古式的な要素が多々含まれることから琳派の絵を見てというよりは彫像を観察して作品を仕上げたのではないかと考える。彫金としての細かな表現方法は、彫像からヒントを得て金工職人の独自の彫刻家としての目で表現された部分が多いものと思われる。その手本となったものは、三十三間堂の雷神とは確定できないが、江戸期以前の古

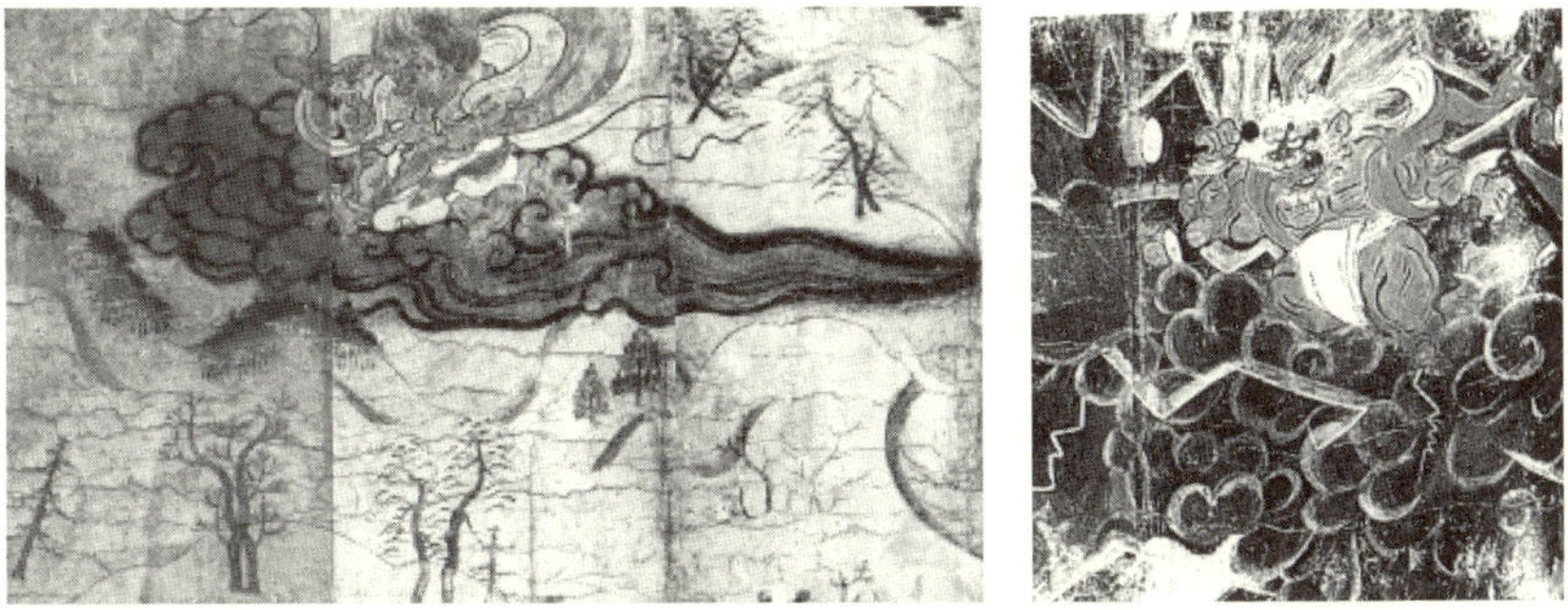

図10　『北野天神縁起絵巻』の風神雷神像

式な彫刻と考えられる。一方、構図上ではメトロポリタン本『北野天神絵巻』の風神像（図10）などが見本となり、頭の中でデザイン化された作品が今回の遺物といえよう(9)。絵画の作品と彫刻作品で直接は比較できないが、デザインやモチーフの表現方法の的確さなどは、宗達の描いた雷神とは当然違った意味で、中世の絵巻物の古式な要素や中世の彫像の表現の一部を伝える秀麗な作品と考える。

以上の検討の結果、当小箱の雷神像は、細部の表現手法は三十三間堂など彫像の様式を、姿勢や構図については北野天神絵巻などより抽出した要素を組み合わせて構成された可能性が高いものであると考えられる。

製作の年代については、享保十三（一七二八）年を下限とするが、より古く中世的な要素によって構成されていることも指摘できる。なお、周信在世の江戸中頃では「雷神」のモチーフはすなわち琳派の得意とするモチーフであったことも注意しなければならないだろう。琳派の主要文様ということでは次の亀甲・菊花流水文の文様と併せて考えるべきと思うので次に亀甲・菊花流水文小箱に若干触れてみたい。

(2) 亀甲紋・菊花流水紋について

最後に香箪笥の引出しの中に雷神紋の小箱とともに納められていた菊花流水紋の小箱の文様について若干触れてみたい。

先に述べた雷神は、そのモチーフから宗達や琳派の絵画資料との関連が想起されたが、直接的な接点は見られなかった。ところが、ここでみる菊花流水紋の小箱においては琳派との強い関連が窺えるのである。小箱の上面の文様についてふれてみたい。

亀甲紋は吉祥文様で、着物の裂の文様にも好んで取り入れられたモチーフである。また、菊花流水紋は、特に光琳および琳派が得意として用いた文様でもある。多く

図11　青銅製亀甲紋・菊花流水紋小箱

の絵画作品を手がけた光琳は、漆箱の製作にも盛んに励んだ。この中の作品のひとつに、菊花流水文硯箱がある。大きく渦を巻きながら流れる水に菊花を雅に配している。さらに、最晩年に描いた作品で光琳のすべてが表現されたとまで言われている紅白梅図屏風（国宝・MOA美術館蔵）にも、二曲二双の中心部分に黒々と手前に向かって優雅に大きくうねりながら渦巻き流れる川が描かれており、この川の表現が観世水と呼ばれるものである。この絵に描かれた細部の表現方法のすべてが後の琳派の原点となったとされている。

今回検出した遺物を観察するとまさしくこの観世水の表現であり、菊花の散らし方も波間に漂うかのようである。着物の衣文に使われた亀甲紋を配し、菊花流水紋を斜めに画面を切って配する、このような大胆な表現は、光琳様とでも言うべきものであろう。さて、大胆な仮説を立てると、雷神の文様と菊花流水紋の組み合わせは実に光琳あるいは琳派そのものを示しているようにも考えられる。年代的に周信卒年の一七一六年には光琳はすでに没しているが、生前は同時代に生きた二人といえよう。周信の目には、江戸で中村内蔵助に経済的に支えられて活躍した光琳への憧れのような意識があったのではなかろうか。その憧憬が生前の愛用品と思われる香箪笥の内用品の組み合わせに表われているのではなかろうか。

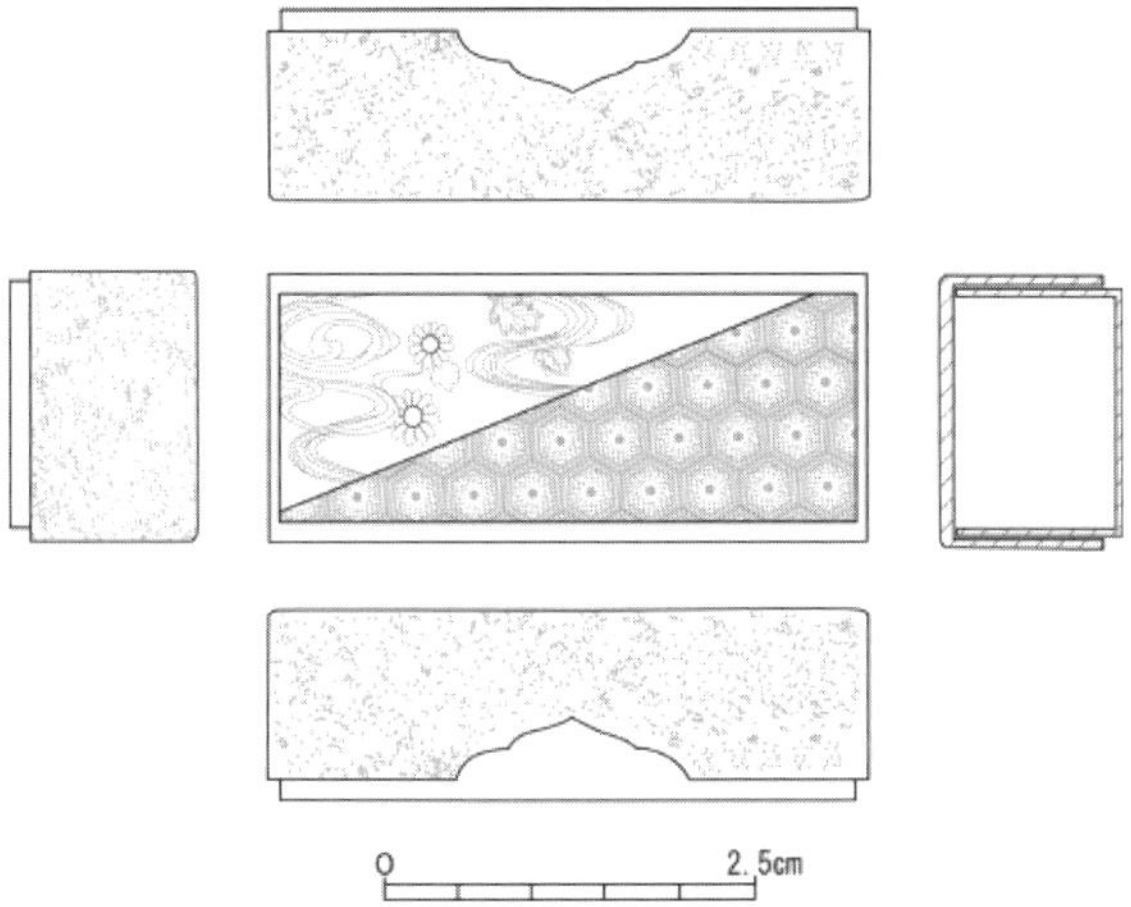

図12　青銅製亀甲紋・菊花流水紋小箱実測図

五　おわりに

周信の画人としての評価は、二〇代から四〇代の事跡が不明であり、湯浅常山『文会雑記』の記した一文の「近頃周信ガ書ヲ崩シテ埒モナイ絵ニナリタリ」などの評もあり、江戸狩野派の幕府御用絵師としての画技は備えていたものの、その評価はけっして高いものではなかったことが論じられている。
周信は絵師として、画人としての評価は低いものの、生前に愛用したであろう副葬品の内容を観察してみると、周信自身は江戸指物職人の技を見極めることができ、それを持ち物の中に取り入れたり、造らせたり、江戸のセンスを知る粋な人物であったであろうと思われる。また、最期になるが信仰という面から見てみると法華信仰との関連も注意される。千手観音二十八部衆の眷属として多くの仏画にも登場した「雷神」は、「法華曼陀羅」（神力品）や「観音経絵巻」、「絵因果経絵巻」（降魔変）などにも登場している。この「雷神」が表現された小箱を所持していたことや、周信が中心で葬送を執り行なったであろう常信墓所内から出土した法華経と開・結経を含めた十巻分の経巻軸頭の存在などは、周信自身の篤信的な法華信仰の一端をも示しているものと思われる。

註

（1）松木　寛『御用絵師狩野家の血と力』講談社、一九九四年
（2）小高　清「狩野氏の発祥と房総」（『房総乃房総人』一〇巻一一号〜一一巻三号、一九三八年）
（3）小松大秀『日本の美術』第四二四号（至文堂、二〇〇一年）
加藤　寛「硯箱の形式」（『日本の美術』第四二四号、至文堂、二〇〇一年）
原田一敏「水滴の歴史」（『日本の美術』第四二四号、至文堂、二〇〇一年）
竹内奈美子「大名婚礼調度の文房具」（『日本の美術』第四二四号、至文堂、二〇〇一年）
真保　亨「近世絵画と天神絵巻」（『日本の美術』第二九九号、至文堂、一九九一年）
（4）脇阪　淳「風神雷神の図像的系譜と宗達筆『風神雷神図』」（『大阪市立美術館紀要』第四号、一九八五年）
脇坂　淳「風神雷神図の展開」（『琳派美術館』三、集英社、一九九三年）

（５）註（４）に同じ
（６）西川杏太郎「空想の神、風神と雷神」（『魅惑の仏像一六—風神雷神』毎日新聞社、一九八七年）
佐伯英里子「金沢文庫保管称名寺蔵『三十番神絵像』考」（『仏教芸術』二四三号、一九九八年）
（７）安村敏信「屏風の形と構図」（『日本美術全集』第一八号、一九九〇年）
（８）仲町啓子「風神雷神図屏風の意義とその制作年代」（『宗達研究』二、中央公論美術出版社、一九九六年）
（９）『続日本の絵巻一五—北野天神縁起』（中央公論社、一九九一年）

第五節　近世寺院と鋳物師

芳心院殿妙英日春大姉墓所の調査において青銅製鋳造の骨蔵器が確認されている。制作地、工房、製作者については、管見では全く不明である。しかし、池上本門寺に遺存する近世の梵鐘や五重塔伏鉢の銘文中に確認できる鋳物師や、芳心院殿妙英日春大姉が徳川家の血筋ということから考えると、製作には将軍家に関連した鋳物師の関与が想定される。あらためて骨蔵器製作に係わった作者を推定してみたい。

まず池上本門寺に遺存している遺物のうち、鋳物師が明確な遺物として慶長十二年銘の五重塔露盤と正徳四年銘の梵鐘、嘉永銘宝塔が挙げられる。

伏鉢には「鋳物師御大工椎名兵庫助吉次」、梵鐘には「紀州粉川住御鋳物師木村将監藤原安成」、そして嘉永元（一八四八）年銘の宝塔には「西村和泉守藤原政時」の鋳物師銘を確認することができる。(1)

年代的には江戸期の前・中・後の年代の鋳物師ということになり、芳心院殿妙英日春大姉の没年に最も近い年代に活躍したと思われる鋳物師は、梵鐘銘に刻まれた紀州粉川住御鋳物師木村将監藤原安成である。紀州住そして梵鐘銘文中には芳心院の母親である瑤林院殿浄秀日芳大姉（寛文四〈一六六四〉年没）の名も確認でき、そのような縁からも、骨蔵器鋳造の依頼があった可能性は高いと思われるが断定できない。

そこで、以上のような見通しのもと、江戸における近世鋳物師について、(2) 芳心院殿妙英日春大姉が徳川家の血筋にあるということを重要視して、徳川家霊廟に寄進された銅製の燈臺に確認できる鋳物師の資料を中心に確認してみたい。

《相輪伏鉢刻銘》
両山第十三世此比丘日詔謹
日本東関八カ国之内武州
池上長榮山本門寺五級之
層塔九輪之
御建立檀主征夷大将軍
源秀忠朝臣之御局戒號
正心院日幸欽而勉之焉
安藤清兵衛吉久
奉行青山伯耆守忠俊手代
伊藤六衛門定勝
「御番匠棟梁鈴木与八郎長次」（「　」内は削られている）
御大工鈴木近江守長次
鋳物師御大工椎名「兵庫助吉次」（「　」内は削られている）
土佐守吉次
丁
維時慶長第拾二龍集　　曆仲秋下澣第一旃
羊

徳川家康江戸入府以来、関連する初期の鋳物師は「長谷川」とされており、安政期ころまでその名を散見することができる。これに続いて「椎名伊豫」、「西村和泉」、「粉川市正」銘などが多く確認できる。それぞれの活躍した年代と若干の作品について触れてみたい。

「椎名」は、慶長・元和期の作品に銘を確認できる。代表的な作品として元和二（一六一六）年四月十七日に薨去の

図１　池上本門寺五重塔露盤と伏鉢（複製）

《梵鐘》

維時正徳第四歳在甲午五月吉祥日

長興長栄両山二十三之嗣法
慈雲院日潤営箋之
紀州粉川住御鋳物師
木村将監藤原安成

図2　池上本門寺梵鐘

《宝塔》

嘉永元戊申年十月吉日　神田住　鋳工　西村和泉守藤原政時

後の一〇カ月後に東照大権現の神号が贈られ増上寺に家康の霊廟が整備される。整備の中で銅製燈臺一基が奉納された、とあるがこの燈臺には増上寺中興普光観智國師の撰で「大樹國一品徳蓮社崇譽道和大居士御廟前」と家康の法号が刻まれ、「鋳物師大工椎名伊豫守吉次」の名が刻まれている。また、久能山、日光東照宮へ奉納された燈臺には「椎名伊與」の銘が確認できる。寛永三年に没した二代秀忠の正室崇源院逵子廟所には十三回忌に奉納された燈臺に「寛永十五年九月十五日若狭侍従源忠勝　御大工椎名兵庫」とあり、寛永九年一月に没した二代将軍台徳院秀忠の廟前には「□□□御廟前鋳物師大工椎名庄十郎藤原吉定」の銘があったことが確認されている。

上野東照宮には、慶安四（一六五一）年の家康三十六回忌の奉納燈臺四四基があり、次の九名の鋳物師を確認することができる。

堀山城守清光六対、長谷川豊前重時四対、鳥居権左正信三対、大川四郎左衛門吉又二対、椎名源左衛門吉林二対、宇田川理右衛門可映、御花入屋閑入、太田左兵衛正直、長谷川越後家吉はそれぞれ一対の燈臺を鋳造していることが確認されている。さらに、承応二（一六五三）年の大猷院殿三回忌には日光の廟前に銅製燈臺が二〇対四〇基奉納され、その中の銘文から次の鋳物師が確認できる。堀山城守清光六対、椎名源左衛門吉林五対、宇田川甚左衛門親次二対、渡辺銅意正駿二対、鳥居権左正信、大西五郎左衛門村長、宇田川善兵衛長重、太田左兵衛正直、長谷川豊前重時が一対奉納している。延宝九（一六八一）年五月四代家綱の一周忌には廟前に現在寛永寺中堂前にあるとされている鐘が奉納され、その銘文中に「椎名伊豫吉寛」の名が確認されている。六代将軍文昭院家宣の廟は、生前に造営開始された寿廟として著名であるが、この廟前には奉納燈臺一二五基が奉納されており銘文から次の三〇名の鋳物師が確認されている。

堀山城守大掾清次一四基、椎名伊豫重休一三基、土橋大和大掾一二基、笠木市左衛門鎊師七基、大西定林延定法橋七基、粉川市正七基、今井信濃勝長七基、伊藤甚左衛門正富二基、河井兵部周徳六基、森市太夫三則六基、池谷宮内正直六基、山田和泉掾吉貞六基、太田駿河守正儀六基、山本民部徳敏五基、多川民部見蔵五基、宇田川藤四郎重次四基、田中丹波大掾四基、宇田川善兵衛四基、太田近江大掾正次四基、中村吉兵衛真僖三基、粉川丹後掾宗敏、田村丹波、木村市朗兵衛、小幡内匠勝行、小林修理邦格、粉川将監安成、竹崎石見入道浄閑法橋、奥田出羽掾が二基で、遊間四郎兵衛秋信、佐々木石見が一基鋳造したことが明らかである。

以上見てきたとおり、十七世紀後半までの徳川霊廟造営に際して奉納された銅製燈臺銘に確認できた代表的な鋳物師の家銘は五〇家に及ぶほどになっている。

今回注視した芳心院殿の青銅製骨蔵器の鋳造は、その銘文から考えると十八世紀に入ってから準備されたものと思われる。したがって、これまで見てきた徳川霊廟造営に係わった鋳物師の内、共通する可能性が高いグループは、四代家綱の霊廟造営に携わった鋳物師の可能性もあろう。さらに、『有章院殿御実紀』巻六、正徳三（一七一三）年十月二十六日条を見てみると、霊廟建設に際して、奉行、大工、小工、綵画、唐蒔画のほかに多くの工人が参画していることを確認できる。その工人の中に池上本門寺に埋葬された狩野周信の名も見うけられる。彼は将軍の御影を写したことに対して銀五〇枚を賜わっている。そして鋳物師では、椎名伊豫が御宝塔尊佛金牌を手がけて褒美に金五〇両を賜わっていることが記されている。両者は、霊廟造営の同一工房内に所属したといえる。芳心院殿妙英日春大姉は、家康十一男頼宣の娘で、家康の孫にあたり、徳川と係わりが非常に強い人物といえる。芳心院殿は永寿院に埋葬されたが、池上本門寺の貫主が導師を勤めていることなどからも、宗家の影響の下葬送が執り行なわれていると想像でき、先に示した椎名伊豫の存在は注意したい。

さらに、もう一人の人物としては、「紀州粉川住御鋳物師　木村将監藤原安成」である。木村家もまた四代の霊廟造営工房に所属し、銅製燈臺を鋳造している。さらに、加藤清正の娘で紀州徳川頼宣の室である法諱瑤林院殿浄秀日芳大姉（寛文四〈一六六四〉年没）らが、浄財を勧募し池上本門寺貫主日東が導師の下、鋳造されたが、正徳四（一七一四）年に改鋳されている。この梵鐘の銘文中には、天眞院殿妙仁日雅大姉（宝永四〈一七〇七〉年没）、寛徳院殿玄真日中大姉（宝永七〈一七一〇〉年没）、芳心院殿妙英日春大姉（宝永五〈一七〇八〉年没）、圓光院殿日仙栄寿大姉（宝永二〈一七〇五〉年没）の名前が確認できる。この梵鐘の鋳造を担当した人物が紀州粉川住御鋳物師、木村将監藤原安成である。したがってこの人物も、芳心院殿妙英日春大姉の骨蔵器を鋳ることのできる人物として注意しておきたい。彼は紀州が本貫地であることなどから考えると、紀州徳川家との密接な繋がりは無視できず、彼の活躍した時期を考えると元禄年間から享保年間にかけての一六九五年から一七三五年の間を中心とする時期に限定されそうである。最も可能性の高い人物として考えておきたい。

註

（1）大田区市史編纂委員会『大田区史資料編　寺社1』一九八一年

（2）香取秀真『日本金工談叢』中央公論美術出版、一九五八年
香取秀真『江戸鋳師名譜』自家版、一九五二年

第三章　礫石経の考古学的研究

第一節　礫石経研究の回顧

石田博士が整理分類した仏教考古学の主要なテーマの一つとして「経塚」があり、仏教的な遺物として「経典」がある。[1]経塚は、簡明に示せば、経典を弥勒出世に備えて保全的に埋納した遺跡として説明される。つまり、〝弥勒出世のために保全する〟という特定の目的のために造営された遺構こそが経塚である。例えば日本国内例ではないが、中国では廃仏毀釈の影響下で「経典保持」を目的として埋納した例や、壁面などに刻した石経例などとは似ても非なるものといえる。道端良秀の言葉を借りれば「廃物に際しての護法運動」の具現として考えられるのである。[2]ゆえに日本独自末法観を背景とする思想的な発露によって形成されたものであろうと考えられる。そして、石田博士は「経塚」の概念を次のように『國史辞典』[3]の中で披瀝した。

「経典を供養し地下に埋納したところをいふ。経典を埋納することは藤原時代から鎌倉時代にかけて僧俗の間に盛んに行なはれた風習で、それはいはゆる末法思想による仏法滅盡を恐憂して弥勒出世にまで佛の教法を傳へんがために行なはれたのであるが、多面極楽往生を希ふため、出離解脱正覚のため及び追善菩提のため、逆修供養のため更に自他の現世利益を得んがため等にもせられ、その目的は時代によつて稍異なつてゐる……云々」とした上で、埋納経典の種類、経筒、副埋品について触れ、埋納経典には「紙本の他に瓦に刻書したいはゆる瓦経、石塊に書写した一字一石経や貝殻に書写した貝殻経及び銅版経、滑石経がある」と簡明に示されたのである。

石田の示した経塚の概念における埋納経典の一類型として「石塊に書写した一字一石経」が理解されていたことは明らかである。しかし、注意しなければならないこととして、昭和四年に石田が示した一字一石経の起源問題[4]から考えられた経塚概念における「埋経」と、「一字一石経」・「礫石経」とは大きな相違点があることである。前者は「末法に備え経典を保持し弥勒出世まで保全する」ことを主な目的として埋納主体が「経典」であるが、後者は「石に一字あるいは多字の経文を書写するが、それは埋納段階には経典の順番も不明になっており、経典自体を重視するというよりは、書写することに重要性を見出した作善であり、笹塔婆・柿経に類似した様式のもとに起源を求めたことであろう」とされている。つまり礫石経は、多くの場合、中世、近世の塚あるいは墳墓に伴い発見される場合が多い。先学の研究では、「礫石経」は、「一字一石経」とも呼称され、日本独自の仏教作善行の一つとして捉えられてきて古くから埋経の塚、経塚（一字一石経塚、礫石経塚）として認識されてきた。しかし、いわゆる末法の時代における経の保全思想を反映して持経者によって造営された「経塚」とは同一視できないものであることを示唆された。

経塚の概念を学史的に整理し、改めて位置づけようとする立場から坂詰秀一は、古代に展開する伝統的な経を保全することを目的とする「埋経遺跡」と中世以降回国に伴って納められたものはいわゆる「経典を納めたところ」であり、近世の礫石経の様相としては、「経典を納めて結縁集団の名を墓碑に止めたところ」と理解され、これまでの埋経遺跡の概念を、新たに、古代の「埋経遺跡」、中世の「納経、埋経遺跡」、近世の「納経顕彰遺跡」として捉えるべきであることを提唱されている。(5) 本書では、古代の「埋経遺跡」と中世の奉納を前提とした経典埋納の遺跡とは区分し、「礫石経」を主体的に埋納した遺跡を中心に考察し、礫石経の埋納に係わる信仰、思想を明らかにするとともに直接係わったコミュニティの存在やその実態究明を目的としたものである。

註

（1）石田茂作『日本歴史考古学論叢』吉川弘文館、一九六六年

（2）道端良秀『中国の石仏・石経』一九七二年

（3）石田茂作「経塚」（『國史辞典』三、一九四二年）

（４）石田茂作「経塚」（『考古学講座』第二〇巻、雄山閣、一九二九年）
（５）坂詰秀一「『経塚』の概念」（『古代学研究所紀要』第一号、一九九〇年）

第二節　礫石経研究の背景

一　「経塚」用語の濫觴と「礫石経」

「経塚」という用語は、江戸時代の地誌類に散見し、「経墳」、「経島」という別な呼ばれ方もしていた。語彙から「経の塚」であり、塚状に土を盛ったところに経を埋めた場所を「経塚」として捉えていたであろうことは理解できる。

礫石経（一石経）については、江戸時代に成立した地誌、紀行文、随筆などに散見でき、長尾勝明・江村宗晋の『作陽誌』（元禄四〈一六九一〉年）、阿部恭庵の『因幡志』（寛政七〈一七九五〉年）の記録などがよく引用される。これらの記載はあくまでも珍品・古物的な記録であり、学術的な考古学における研究対象遺物として扱われるのは明治期になって、政府による「古器旧物保存方」の布告以後のことであった。

当時、最も早く礫石経（一石経）をとりあげ、現在の経塚研究における基本的概念を位置づけたのは和田千吉であった。和田は、明治三十四年に「播磨発見の瓦経及願文考」(1)「同（続）」を公にされ、この研究を端緒に翌三十五年に「経文埋没の種類と其主意」(2)を発表し、埋納された経文の種類と一石経の概念を明らかにするなかで、「一字一石経」を経塚の概念の中で捉えることを示されている。また、和田がこの論文を発表した前後は考古学界においても、「一字一石経」の資料紹介が相次ぎ、特に「一字一石経」の銘を刻した地上標識である経碑の銘文解釈や、あるいはその銘文から埋納された経の種類を明らかにすることに研究の主眼が置かれていた。これらの基本的概念と研究法は、後に石田茂作の集成的研究である『考古学講座』の「経塚」(3)として展開され結実した。

石田茂作は、『考古学講座』の冒頭に「お断り」という綱目をたて、その中で、謙遜しながら自分が経塚を担当することになったが、実際に経塚に最も詳しい権威者は和田千吉であることを示し、当論考では、先学の報告や論文を総括的に紹介するに終始することを最初に披瀝されている。しかし、実質的には、この講座によって和田千吉の概念的な考え方も石田によってすべて実質的に集約され結実したといえる。

一石経について、『考古学講座』「経塚」の構成で「経塚遺物」―二「経塚の経文」の第三項目に「石経石」をあげ、紙本経以外の埋経の一つとして「一石経典」は藤原期の弥勒出世にまで伝えることを目的とした埋経とは同一視できないものであり、その起源については笹塔婆、柿経などに求められることを示唆している。つまり、一石に一字ずつ記すが経文を伝える意味においては極めて不完全になる。書写ということのみに重きを置いたものとして捉えられ、その上で一石経塚の派生については、経塚が追善を目的として行なわれるようになって以降の功徳業の一形式として結論づけている。初現年代に関して、大分県の上尾塚八面笠塔婆[4]をあげている。その塔は、八面の碑伝形の額部下に金剛界大日、地蔵、毘沙門、若耶、阿弥陀、釈迦、不動、薬師の種子を刻む。銘文は「（バン）浄土三部経一字一石／（キリーク）□奉読誦法華経三十三部／（バク）金光明真言万三千　暦應乙卯三廿三（カーンマン）／一奉書寫法華経七部」と記されている。この銘文を根拠に、起源が南北朝までは確実に遡ることを示していることも重要である。

石田茂作の「一石経」における概念は、今日においても基本となっており、礫石経研究における指針ともなっているものである。繰り返しになるが、この石田茂作以後、発展的な研究はあまり見られないが、石田の集約的研究の後の昭和期前半の主な研究史を見てみると、昭和十一年に蔵田蔵による「埋経」（『仏教考古学講座』四）、昭和十二年に矢島恭介「経塚」（『仏教考古学講座』一〇）などがあげられる。これらはいずれも石田茂作の「経塚」の流れを汲み、これを補う成果として重要であり、今日の経塚研究の基礎となっているものである。以上のように、明治初期より昭和の前半にかけて行なわれた経塚研究の中で、「一石経」は、経塚における埋納経の一形式として捉えられ、その後石田の研究により、追善を目的とした功徳業の一形式として新たに位置づけられたが、出土品が古代の経塚における逸品とは違うということも含め、石田の研究以来大きく展開することはなかった。近年においては、坂詰秀一の「経塚の調査」（『歴史公論』一〇、一九七六年）では、経塚研究における中・近世の経塚研究の重要性が示されており、先学の古代の経塚を中心としたこれまでの研究に、新たに中・近世の経塚研究における重要な方向性が示されており、改めて今後の研究課題を再認識させられる論考として重要である。また、平成二年には、関秀夫[(5)]により古代から近世の経塚がまとめられ、近世の経塚については「一石経の経塚」として全国の遺跡が集成された。

以上のように、坂詰秀一[(6)]・関秀夫に代表される近年における経塚研究は、中・近世に視点が向けられている。かかる研究動向において礫石経が発掘調査によって明確な出土状態を示す具体的な遺構の報告例も増えつつある。そこでここではこれら先学の研究成果を踏まえ、特に中・近世における諸地域の礫石経の様相について触れてみたい。

二　埋経遺跡と礫石経

埋経とは、「経典・経巻を埋納する」ことを示している言葉であり、いわゆる「経塚」という概念の中で捉えられてきた。わが国で最古といわれる藤原道長による経塚の造営において埋納された経筒の銘文中には「納之銅篋埋于金峯」と記され、康和五（一一〇三）年銘の伯耆倭文神社出土の経筒に「社辰巳岳上奉埋納」と刻され、文献に散見できる早い例としては『拾遺往生伝』（天承二年）に「奉埋宝地」と伝え、『日本高僧伝要文抄』には空海が阿波国高雄山に「如法経奉書法華経、埋彼峯」と伝えている。

いずれも「埋経」とは記されていないが「奉埋納」、「奉書……埋」と記していることから埋経と奉埋納とは同義であり、「写経した経典を奉埋納」することを示しているものと考えられる。

平安時代に展開した経塚から発見される経典類は、多くが紙本経であるが紙本経以外にも、瓦、銅版、貝殻、青石、木、石など様々な材質に経典を「奉書写」して埋納している。したがって経典を写した材質の違いによって瓦経、銅版経、貝殻経、青石経、柿経、石経などと区分してそれぞれを埋経の遺跡として捉えている。

また、これら埋経の起源については、慈覚大師円仁の横川如法経堂にあるとされるが、伝教大師最澄の六所宝塔造立発願の企画も平安時代の最初のことであることも指摘されている。遺物など具体的な発見物がないために改めて論及される机上には乗っていないが、きわめて重要な指摘として捉えておきたい。

したがって六所宝塔造立発願は、日本六十余国中に六所の要地を選定し、起塔し経典を納め供養することで、住持仏法と鎮護国家を願おうとしたものである。

これは、次の『六所造宝塔願文』に詳しい。

【六所造宝塔願文】

安東上野宝塔院　在上野国緑野郡
安南豊前宝塔院　在豊前国宇佐郡
安西筑前宝塔院　在筑前
安北下野宝塔院　在下野国都賀郡
安中山城宝塔院
安国近江宝塔院
　已上両宝塔将在比叡峰
住持仏法　為護国家　仰願十方一切諸仏　般若菩薩　金剛天等
八部護法善神王等　大小比叡　山王眷属天神地祇　八大明神
薬応薬円心　覆護大日本国　陰陽応節　風雨随時　五穀成熟
万姓安楽　紹隆仏法　利益有情　尽未来際　恒作仏事

弘仁九年四月二十一日
一乗澄記願

いずれにしてもこれまで最澄の「六所造宝塔発願文」には余り触れられずにきたが、服部清道は、最澄も第二の釈迦として弥勒の下生を望む信仰を持っていたことを指摘し、関根大仙はあらためて「六所宝塔」の位置づけをしている。(7)「埋経」の起源としても捉えられる「六所造宝塔発願文」の内容から、「起塔」と「納経」によって仏教を超えて、神仏、陰陽にいたるまで習合させ、住持仏法と鎮護国家を願おうとしたものとして重視したい。

古代における護国のための仏教による埋経は、やがて「経塚」として変化し、貴族社会に取り込まれるが、「六所造宝塔発願文」の存在を考えると、塔に納めるスタイルが本来の形で、古代の「経塚」に認められる埋納は納経と末法観が地下に埋め護持する形を生み出したものと考えられないであろうか。つまり「六所造宝塔発願文」に認められる奉納の形が本来的な住持仏法のためのスタイルで、道長の埋経以降の事例は、国家仏教とは別物の新たに思考された仏教作善行の一形態として考えられる。中世における奉納の経塚は、「六所造宝塔発願文」などで認められた「奉納」を重視した復古の作善として思考された供養形態であろうと考える。古代から中世の「埋経」は紙本経を埋め納めることに作善の重要な意味と供養の意味を持たせたが、後の時代は書写供養から読誦供養へ変化した結果、写経如法作法を省略し、「経典」の持つ様々な力を布教の中で示すために様々な埋納の方法を生み出したと考えられる。仏教の教化における広い階層のニーズにこたえた結果に他ならないと考える。

そこで本章では、礫石経が確認できる主な遺跡をとりあげ、その埋納状態を中心に考察を加え造立背景などについて、経典としての「礫石経」と作善行としての「礫石経」など目的によって経典の書写作善を使い分け、仏事あるいは神事として執り行なった実態について考察を加え、中近世の民衆仏教の一端を明らかにしたい。

註

（１）和田千吉「播磨発見の瓦経及願文考」（『考古界』一―一・二、一九〇一年）
（２）和田千吉「経文埋没の種類と其主意」（『考古界』一―八、一九〇二年）
和田千吉「経塚の位置と其内部状態」（『考古学雑誌』二―八、一九一二年）
（３）石田茂作「経塚」（『考古学講座』第二〇巻、一九二九年）
（４）田隈豊秋『九州の石塔』下巻、一九七八年
（５）関　秀夫『経塚の様相とその展開』雄山閣出版、一九九一年
（６）坂詰秀一「『経塚』の概念」（『古代学研究所紀要』第一号、一九九〇年）
坂詰秀一「埋経の源流をめぐる問題」（角田文衞博士古稀記念『古代学叢論』一九八三年）
（７）関根大仙『埋納経の研究』隆文館、一九六八年

第三節　礫石経の諸相

一　礫石経塚の立地と分類

礫石経の経塚は、これまでの集成的な研究成果により日本の各地で出土していることが明らかになっている。[1]立地については各々の遺跡の報告により、表現の違いはあるものの大きく捉えてみると次のような特徴がある。

１寺院関係（寺院付属墓地内、石塔類、寺院関連の施設も含む）、２墓地（いわゆる中世から形成された墓地、惣墓、結縁関係の墓などを含む）、３神社関係（境内、参道、社殿下、御心体などや、山頂遺跡なども含む）、４田畑、村落などを一望できる丘陵あるいは、微高地、５街道筋、辻、岬（交通関係の要所）、６古墳墳丘あるいは、その近傍（古墳石室内の再利用なども含む）である。

古代の経塚であるが埋納位置や方位、立地については、三宅敏之が『玉葉』に記されている藤原兼實の埋経を考察した折に触れている。[2]これによれば「追善供養なるものはその故人の墓所近辺に埋め、後世勝因的な目的を持つものはいわゆる霊地と考えられる場所が選定される」としている。さらに、『後拾遺往生伝』の「摂津勝尾寺の座主証如が貞観八年頃同寺般若堂の艮に当たる巌下に法華経六巻と仏画を埋納して、極楽往生祈念」を示し、十二世紀代の経塚造営における埋経の方位や位置が意識されていたことを指摘している。また、関秀夫は、兵庫県香寺町須加院出土天養元（一一四四）年銘瓦経の次の銘文例を引いて、

「勧請之又為鎮守然則就此勝地更／擇良辰具注意趣発願回向而已」勧請すべき場所は勝地で回向発願には良き日と

良き方向を撰びなさいということを記している。(3)

以上のように古代における経塚は、方位や、埋める場については決まった方向や、場所は特定できないものの、方向や場所の選択が儀式の中で意識されたことはすでに指摘されているところである。(4) 同一視はできないものの近世における礫石経においても、古代の埋経の場所に類似している傾向にある。

古代の経塚の立地は、約八割近くが社寺境内やその隣接地域に埋納されていることがわかる。(5) 社寺と密接に関係し埋納が行なわれたことがすでに指摘されている。ここで扱う礫石経埋納の遺跡は、埋納地から大きく分けて前記の六類型の立地に区分でき、それらの様々な「場」に埋納される礫石経は、古代の埋経の立地など通じるものはあるが「場」の分類だけでは造営された背景や願意などを解明することは難しい。特殊な例では、埋納された「場」によりその背景や願意の一端が反映している場合もあるが、これをすべてに当てはめることは難しいといえる。

そこでここでは、この様々な「場」に埋納された礫石経の遺跡の出土状態や埋納遺構に着目しその特徴を取り上げ、造営目的、願意あるいは、造営背景などについてあらためて考えてみたい。

礫石経は、先にあげた通り様々な「場」から発見されているが、これまでは、塚に埋納されたいわゆる「一字一石経塚」だけが研究の対象として取り上げられてきた。しかし近年の報告例などを精査してみると、「塚」、「墳丘」を伴わず埋納された例や、石造物内や、石造物の下などに埋納された場合などの報告例も確認でき、その埋納状況や共伴遺物などについても様々であることが明確になってきた。そこで、ここでは多岐にわたる礫石経の埋納事例について、その願意や埋納された背景などを明らかにするために、従来捉えられていたとおり塚に埋納される場合（Ⅰ類）と塚以外の遺構に埋納される場合（Ⅱ類）と、葬送に伴う礫石経の埋納の場合（Ⅲ類）に便宜的に分けてそれぞれの類型における様相を捉えてみたいと思う。なお三類型以外をその他の類型として捉える。

Ⅰ類は、塚を築いて埋納されたいわゆる「一字一石経」の経塚と捉えられていた類型である。これまで近世に盛行すると捉えられてきた類型であり最も一般的な「近世の経塚」、「近世的な経塚」として認識されてきたものである。

Ⅱ類は、塚には伴わず他の遺構、特に諸堂宇の建築に伴って副次的に埋納される類型である。これまでの礫石経の研究においては、あまり取り上げられることのなかった、いわば特殊な状況における埋納類型といえる。書写して一括埋納することに重要性をおく「一字一石経」の経塚（Ⅰ類）とは区分されるものである。つまり写経した経典の連続性は重要視せずより経典を埋納することに意味を持たせた類型といえるものである。その様相はバラエティーに富んでおり造営背景もさまざまである。これらの諸相を確認することで、中世から近世にかけて展開した礫石経を考古学的に位置づけてみたい。また、礫石経とは何かについて言及できればと考える。

Ⅲ類とした類型は、特に墳墓に伴って埋納された礫石経を中心に捉えてみたが、紙本経の墳墓埋納と密接な関連が考えられるために別節として第四節で纏めた。

以下この分類に従いその埋納事例とその特徴などについて触れてみたい。

二　塚埋納の礫石経

(1)　埋納主体部の構造から見た分類

礫石経を主体的に埋納した「塚」の多くの場合は、いわゆる「一字一石経塚」として地上の構造として盛土による墳丘を伴うことが一般的なものとして捉えられている。

ここでは礫石経を埋納した塚について特徴的な事例を紹介しながら、主体部（埋納した部分を主体部と呼ぶ）の構造や埋納方法などの特徴に触れてみたい。特に礫石経を主体的に埋納することから、その主体部に視点を置き以下の通り分類した。

管見では、埋納構造などの違いにより区分が可能である。具体的には、周溝、基壇、埋納施設、埋納方法などについて観察してみると、塚の周囲における周溝の有無、また塚を構築する場合、埋納を重視して基壇状の高まりを削り出しや盛土などにより築き固め壇を造り出す場合などがある。埋納施設は、その有無と内容について確認すれば、直接納める場合と、土坑を設ける場合、石槨的な施設（たとえば石組など）を有する場合などがある。以上の観点から遺構に即して分類してみると確認された類型は、次に示したＡ～Ｅ類型の五類型にまとめられる。

Ａ類――明確な主体部である埋納施設がなく墳丘中あるいは、頂部付近に埋置される。

Ｂ類――墳丘構築後、頂部付近に土坑を穿ち一括埋納する。

Ｃ類――墳丘の構築はまず基壇を設け、その基壇に土坑を穿ち一括埋納する。

Ｄ類――周溝により区分された方形の基壇状のスペースに土坑を穿ち、中心部分に埋納する。

Ｅ類――直接塚が構築され基底面に置くか、基底面に土坑を穿って埋納するタイプ。

以下、それぞれの類型について管見に及んだ遺跡について触れ特徴などを示したい。

(2) 埋納類型の様相

Ａ類

墳丘構築後、墳丘全体あるいは頂部付近を覆うように納置された例を基本とする。確認される場合礫石経が墳丘に散在する状態で検出される場合が多い。

茨城県東茨城郡内原町（現、水戸市）湿気遺跡[6]はわずかな高まりの墳丘の上部全面に直接埋納されたものと思われるが、周辺が畑地であるために明確ではない。

Ｂ類

墳丘構築後、頂部付近に平面形態が円形、あるいは方形を有する土坑を穿ち墳丘中に埋納するものを基本としている。島根県大田市大師山経塚[7]などがあげられる。

大師山経塚は、標高四〇ｍ前後の丘陵上の端にあり、塚の墳丘は自然地形を利用して削り出し、塚頂部に一辺が一・四ｍ前後、深さ〇・四ｍ前後を測る方形の土坑を穿ち直接土坑内に埋納しているものである。経石は約五万個を数え、特筆すべき点は、文字が墨書ではなく黒漆により書かれている点である。このほか、群馬県みなかみ町に所在する菩提木遺跡[8]があげられる。墳丘は周囲三m前後、高さ約一・五mを測り、頂部に平面〇・九×〇・二m、深さ〇・二m前後の方形の土坑が穿たれている。経石は石の表裏に墨書されており、多字一石のものもあり断定はできないが、経種は法華経中に確認できる文言である。

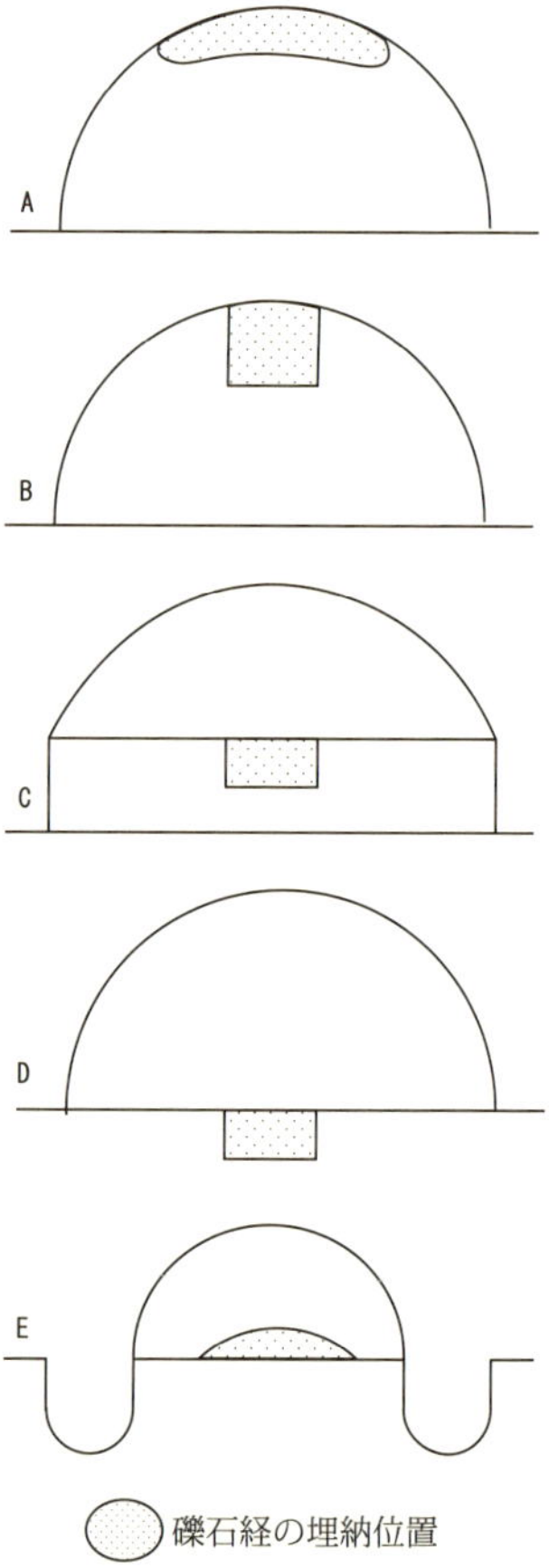

図１　塚埋納の礫石経概念図

C類

塚の基底面である地山から盛土を行ない墳丘構築途中に一旦、平坦面を造りだし土坑を穿ったものを基本としている。壇の規模は様々であり、壇上に①直接埋納した例と、②土坑を穿ち埋納する例とに分類できる。

C—①の例としては、福島県会津坂下町中目経塚[9]と、福島県伊達市行人田経塚[10]があげられる。

中目経塚は旧越後街道沿いに位置している。経塚は周辺とは比高差が約八〇㎝あり墳丘を有している。墳丘は基底面で約七×九mの規模があり、墳丘北側では段違いの平坦部を有している。

経石は、一〇～一五㎝前後の石に多字一石の書写形式で石の表裏に書写されており、

表面に、

「南妙法蓮華経／バク（梵字）為妙……／梵字（アビラウンケン）

裏面に、

「願以此功徳／普及於一切　我等与衆生／皆共佛道／天文十三年甲辰／九月十八日」と書写されており造立年代を考える上において極めて貴重な資料であり、このほかに「梵字（バク）為明□禅」「・……道　為□妙尼」「為……道　為□妙清／南妙法蓮華経　貞性大牙（菩提）／壹綏□□……」「逆修□□青木□□衛」「亡□之□母」などの銘文が確認されており、供養者あるいは個人名、願意の一部なども書写されており、願意も比較的明確な経塚として重要である。報告では、銘文より天文十三年の造立から下限を寛永期までに数度の供養が行なわれたとしている。また、最近では銘文中の「九月十八日」が中目地方の地蔵信仰の縁日に当たることから、この地蔵信仰との関係において埋納されたであろうことが指摘されている(11)。

C―②の典型例には、千葉県香取郡大栄町（現、成田市）かのへ塚(12)があげられる。

遺構は、高さ約二・二mの墳丘を有し、墳丘の基底部規模は東西五・四m、南北六・五mの長方形を有する形態である。墳丘は旧表土上〇・五mほど土

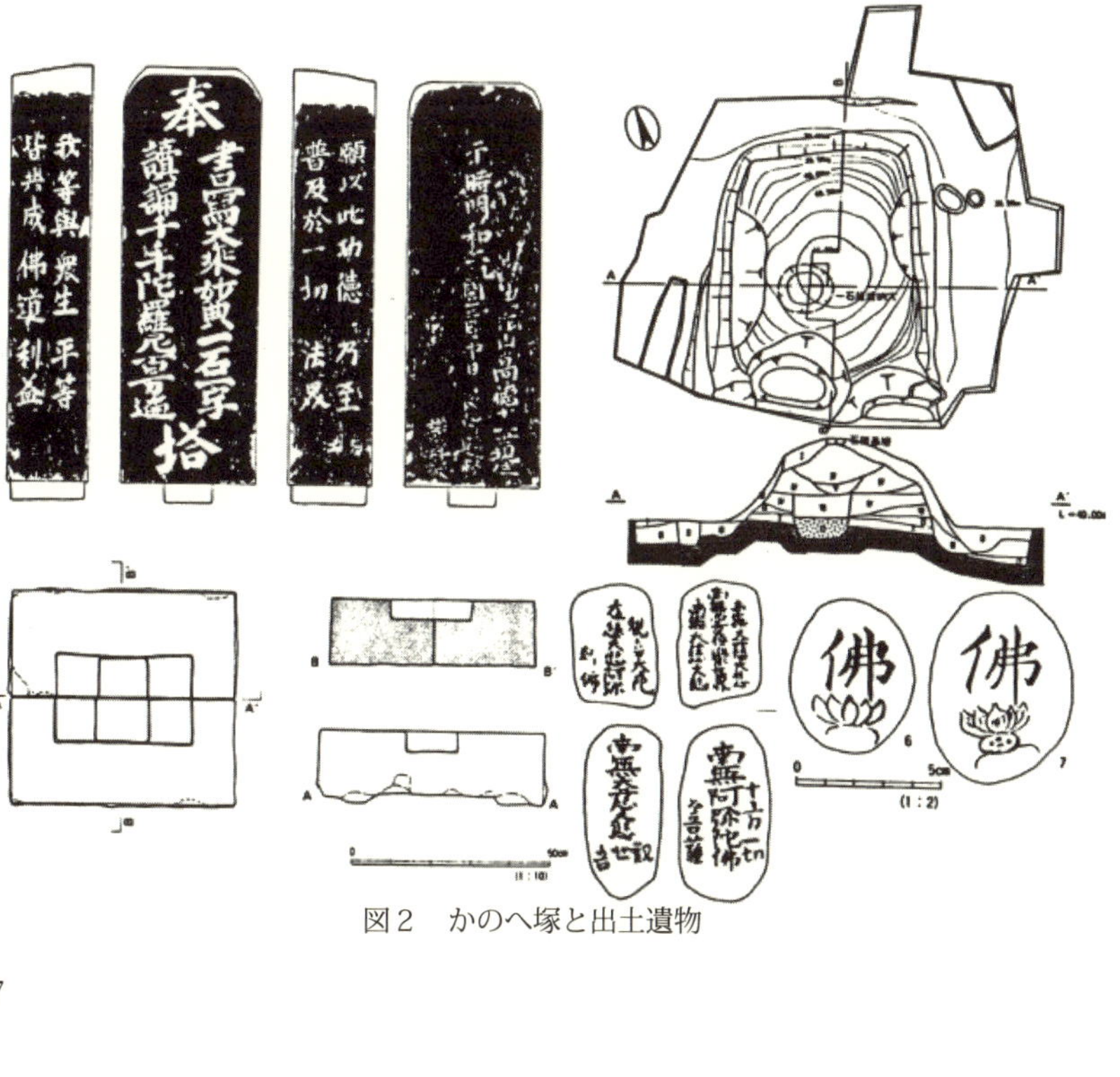

図２　かのへ塚と出土遺物

盛を行なうことで壇を築き、その壇の上面に径約一・四m、深さ一・一mの円形の土坑を穿ち埋納を行なっている。

経石は、総数七、二〇〇個が確認されており、ほぼ法華経一部の文字数六九、七〇七（題と本文の合計、元政版による）に相当している。しかし法華経に含まれていない文字も四五四文字含まれており、他の経がともに埋納された可能性も遺されている。また、文字の識別から書写作業には一人が全体の約五割を行ない三〜四人がこれを助けたことも指摘されており、後に触れるが経碑中に見える「高徳寺十二世住職」が中心的な役割を果たしこれを数名で助けたことが窺える。この経塚は墳丘上に経碑である地上標識を伴っており、経碑と一石経との関係が明確になる例としても貴重である。

経碑は、正面に「書寫大乗妙典一石一字／奉　塔／讀誦千手陀羅尼百万遍」、右側面「願以此功徳　乃至／普及於一切　法界」、左側面「我等與衆生　平等／皆共成佛道　利益」、裏面に「池作山高徳十二世現住／干時明和二乙酉三月中日　良雄題賢／勤拝敬」と刻されており、明和二（一七六五）年に造立されたことが明確である。この経碑で注意しなければならないのは、埋納供養に際し「千手陀羅尼讀誦」が行なわれたことである。この「千手陀羅尼」は、「法華経観世音菩薩普門品」とならび禅宗寺院で一般的に読誦されているもので、高徳寺が成田市伊能宝応寺末寺の曹洞宗寺院であることと合致し、近世における特定宗派と埋納供養の実態が明確な例として重要である。

富山県富山市塚根経塚[13]は、地山を大きく穿ち、礫を用いて下辺約八m四方、上辺約七m四方、高さ〇・三mの方台形状の壇を築き、その壇上に円形に近い土坑を穿ち経石を埋納している。さらに、その上に版築状に土盛を行ない礫で全面を覆い一廻り小さい方形の墳丘を造りだしている。

経石は、一字一石を基本とし、中には「為妙慶」のような法名と思われる文字を書写しているものも確認されている。また、経石には骨片が付着するものもあり、「為妙慶」との関連が注意されており、「妙慶」の火葬骨を分骨し経石とともに埋納された可能性も指摘されている。金沢市河原市経塚[14]の例では、火葬骨の下から礫石経が確認されており、類似した遺跡と言えよう。供養の内容については、経石とともに細砂粒が多量に検出されており、天台宗あるいは、真言宗などで広く行なわれた「土砂加持法要」[15]の痕跡であることが報告されている。年代的には開きがあり直接引用はできないが『吉事略儀』[16]『吉事次第』[17]などに認められる火葬墓における作法と合致する点を注意すべきであり、これらの作法と埋納作法とが密接に関連した明らかな資料として重要である。

壇を土盛により構築するが、その際に偏平な切石を基壇の根石のように用い、その基壇中央に土坑を穿つ例に、群馬県利根郡みなかみ町（旧、新治村）大般若塚[18]がある。

土坑内からは、墨書礫が多数出土し、経文と思われる一字一石や多字による墨書が書写されたものが確認されており、多字の中には、人名や「家内安全」、「子孫繁富」と書写されたものも確認されている。また、この塚に関連する経碑が確認されており、経碑には、結縁者一同の現世利益のため大般若を読誦し、理趣経を一石一字に書写したという願意が刻されており、宝暦三（一七五三）年の銘も刻まれている。埋納背景としては、この新治村が上信越との重要な交通路であり、宿場あるいは関なども設けられた地点であることなどからこの旧三国街道沿いに係わる農村を中心とした経済基盤により経塚の造営と併せて造塔が行なわれたものとされている。この経塚は、立地の特性と願意、結縁者などが明確な遺跡として重要であるといえよう。

D類

周溝により埋納主体部が周囲と区分されており、埋納主体部には基壇や、祭壇的な意味を持たせていると考えられ、C類とした墳丘中に基壇を構築する類型に共通する点がある。

類例は、福島県郡山市馬場小路遺跡[19]、岩手県南館遺跡[20]がある。両遺跡の遺構上の特徴は、C類とした中目経塚が地山に盛土を行ない、壇を築くのに対し、南館遺跡は、溝を巡らすことで周囲と区分し、壇を造り出していることである。特に南館遺跡の場合、溝を巡らしさらに区分された中央は盛土を行ない、塚を築きその頂部全体に直接埋納をしていることである。馬場小路遺跡の場合は、墳丘部の崩壊に伴い溝中に経石が流出してしまっているが同様な構造を有するものと考えられる。これらの溝が周囲を廻ることについては、『吉事略儀』の墳墓の記載にも見られる。また、直接礫石経経塚とは関係はないが大阪府喜連東遺跡(21)では廟堂跡と推定される遺構が確認されている。廟堂と周囲は溝によって区分されており、周囲に土壙が存在し、廟堂自体が周辺の土壙の総供養堂として存在していたらしいことが報告されており、栃木県下古館遺跡(22)での一一二四号遺構の存在は共通する遺構として、今後系譜問題を考える場合重要な遺跡として位置づけられるものであろう。

E類

墳丘構築以前に地山に直接土坑を穿ち埋納施設を構築し礫石経埋納後盛土により墳丘を構築するものを基本とし、埋納施設が①土坑と、②石槨とに区分できる。

E—①は、地山に土坑を穿ち直接埋納する例で、埋納後塚状に盛土するものである。この土坑も深さにより分けられ浅い場合と深い場合があり、鳥取県大河原経塚(23)や、島根県水分経塚(24)、千葉県堀之内遺跡(25)などがあげられる。

E—②は、地山に土坑を穿ち、板状の石や礫を用い埋納主体部を築く例である。愛媛県上三谷経塚(26)、兵庫県諏訪経塚(27)、岐阜県旗鉾経塚(28)などが典型的な例としてあげられる。

上三谷経塚は、一辺が一・四mを測る隅丸方形の土坑を穿ち、約〇・二m前後の角礫を用い石槨を築いている。この経塚には、元文六（一七四一）年銘の六角石柱が伴っている。経石は総数約七七、〇〇〇個が確認されており、経碑の銘文からは「施主　吉兵衛」が確認できる。確認された経石の筆跡は複数によることが報告されていることなどから個人が追善あるいは、現世利益のために依頼し大乗妙典一石一字供養を行なったものとして位置づけられる。また

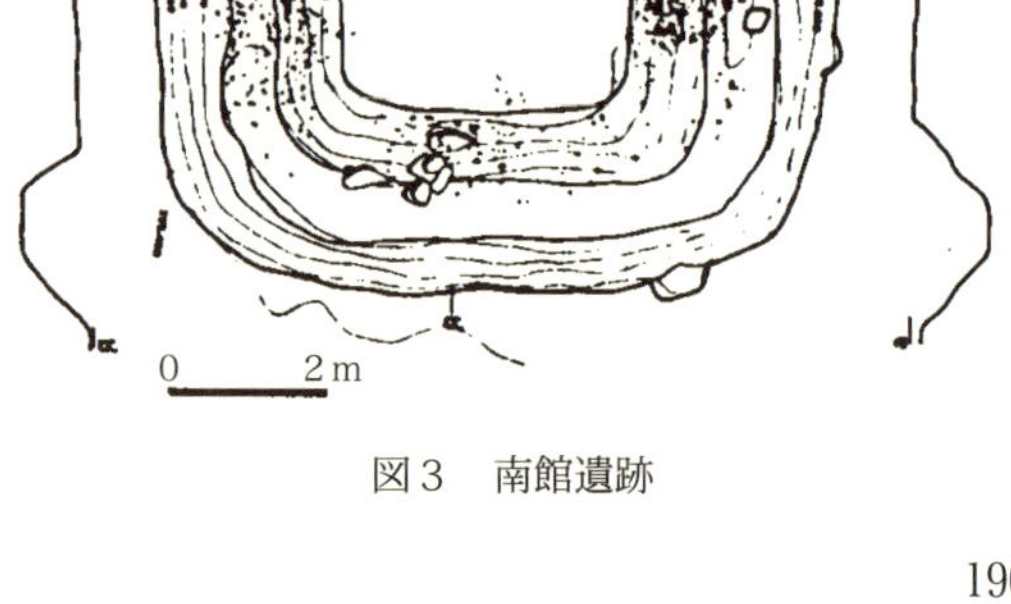

図3　南館遺跡

上部に造立された石柱は、六面が造り出されており、真言宗における六角塔婆を想起させられ「施主」あるいは、「大乗妙典」の銘から回国聖との関連が想起される。さらに、この経塚から数m離れた地点で四基の土壙が確認されており、うち二基からは燈明皿、文鎮、花瓶、銭貨が共伴しており、江戸の前期に位置づけられている。このような状況から周辺は墓域と認められ、その中にこの上三谷経塚が存在するということは、墓域と供養の関係を考える上において貴重な資料である。

岐阜県旗鉾経塚の遺構は、地山に土坑を穿ち礫により楕円形の石槨が設けられ、底部に直接経石が埋納され盛土が行なわれている。

経石は、一字一石と多字一石形式の書写法を取っており、法華経第七品、光明真言、随求陀羅尼、金剛般若経の品題や、経題を記すものも確認されている。このほか「為逆修慶音大徳」「為父母成佛」のように願意が明確になるものもある。年代については「永禄四年閏三月十二日」「永禄六年」の紀年銘が確認されており、少なくとも永禄年間を中心とした逆修と追善供養とを兼ねた個人による個人のための十六世紀中葉の礫石経塚であることがわかる。

以上のように、礫石経が主体的に埋納された例について、地上形態および主体部の構造的特徴に視点を置き、それぞれ代表的な遺跡を見てきたが、これらの埋納形態からは、個々の成立事情に基づいて塚が構築されている。現段階では、類例が少ないことや、願意が明確なものが少ないこと、供養者と被供養者が必ずしも明確でないことなどもあり、埋納主体部の構造差異や、これに伴う墳丘、壇などの大きさや差異が何に起因するものなのかは明確に言及できない。

しかし少ない類例から言えることは、Ａ～Ｅ類の平面規模を比較するとＣ・Ｄ類はＡ・Ｂ・Ｅ類に比べ規模が大きく、造成面から見てもＣ・Ｄ類は壇を築くなど、膨大な労力が注ぎこまれている。このようなＣ・Ｄ類の特徴は、Ｅ類に認められる個人が発願し願主となり造立するよりも、かのへ塚の例が示すように周辺地域の高僧、有識者が願主となり、結衆により造営される場合が多いと言えよう。つまり、Ｃ類が多数作善を目的とし、周辺地域に大きく係わりながら結衆によって造立されるのに対し、Ｅ類は、個人が個人の財力により特定被供養者に対し、追善供養を主目的とし、自らの現世利益も目的とし含めた願意による造立が多いと言えよう。

遺構の形態からは、Ｄ類の周囲に溝を巡らす構造は、『吉事略儀』に記載された墳墓形式にきわめて類似し、長岡京市西陣町遺跡で確認された中世墳墓などとの類例にも共通している。馬場小路、南平、日金山経塚の例はこれに類似し、中世墳墓と礫石経を埋納した経塚との差はあるが、遺構形態において中世的な要素を含むものと言えよう。これと同様、Ｅ類の石槨を有する構造も、中世における墳墓形式において共通するといえる。以上のように、遺構の規模や形態からはＣ・Ｄ・Ｅ類はＡ・Ｂ類に比べ、中世の墳墓形態に極めて類似しており、Ａ・Ｂ類の礫石経塚よりその成立の初源は古く考えておきたい。

これまでの経塚の研究では、近世的な経塚として「礫石経の経塚」が位置づけられてきたが、特にＣ・Ｄ・Ｅ類の礫石経の塚は、埋納施設、あるいはそれに付設された溝が存在する構造であり、中世的な墓所の構造的な系譜の延長線上に位置しているといえよう。特に中世的ということで注目すれば、行人壇経塚では、経筒が出土しており、六十六部関連の経筒が埋納されることも珍しい事例であるといえる。このような中世的な遺構の系譜的な延長線上に礫石経埋納が行なわれた可能性も指摘でき、今後資料が蓄積され新たな背景が明確になることを期待したい。

三　諸堂建築に伴う礫石経

諸堂宇に伴って発見される礫石経は、その出土状態を観察すると管見では、仏教寺院関連の堂宇の床下で中心にあたる部分や須弥壇直下に土坑を穿ち埋納する例が多く確認されている。そのほか、建物の柱穴、柱の周囲などに埋納した事例も報告されている。また、仏教関連の施設に限らず神社関係の堂宇下、柱穴内、鳥居下などに埋納された例も確認できる。それぞれの出土状態について主な遺跡をあげ観察してみたい。また、このほか石造塔や、銅製塔などの基壇や基礎部分に埋納された礫石経もあるが、これは本来、諸堂宇とは分類を分けて捉えたほうがよいのかもしれないが、今回ここでは同一の分類中で扱う。しかし特に石造塔の場合、下部構造に骨類が埋納されている場合などは、次の節の墳墓に伴う礫石経の分類で扱うこととした。以下諸様相について典型的な類例を見てみたい。

(1) 飯能市宝蔵寺の礫石経[29]

埼玉県飯能市宝蔵寺の埋納例は、旧本堂建物の須弥壇下に、四・五×一・六五m、深さ〇・二～〇・三mの長方形の土坑を穿ち埋納した例である。出土した経石には次のような銘が墨書されている。

1願以此功徳／普及於一切／我等与衆生／皆共成仏道

2願主比丘文□□

3武州高麗郡下加治村清／雲山宝蔵禅寺／□□□□古／禅刹也　既年月深遠而殿宇頽／落焉旹寛文己酉冬現住比／丘文沢与諸壇計再修梁柱／旦屈請十余輩写大／乗妙典一字一石而以埋堂下伏望／以此功力山門繁昌起居多福／也

　1は、法華経巻三・化城喩品第七の一部であり、梵天が仏に宮殿を

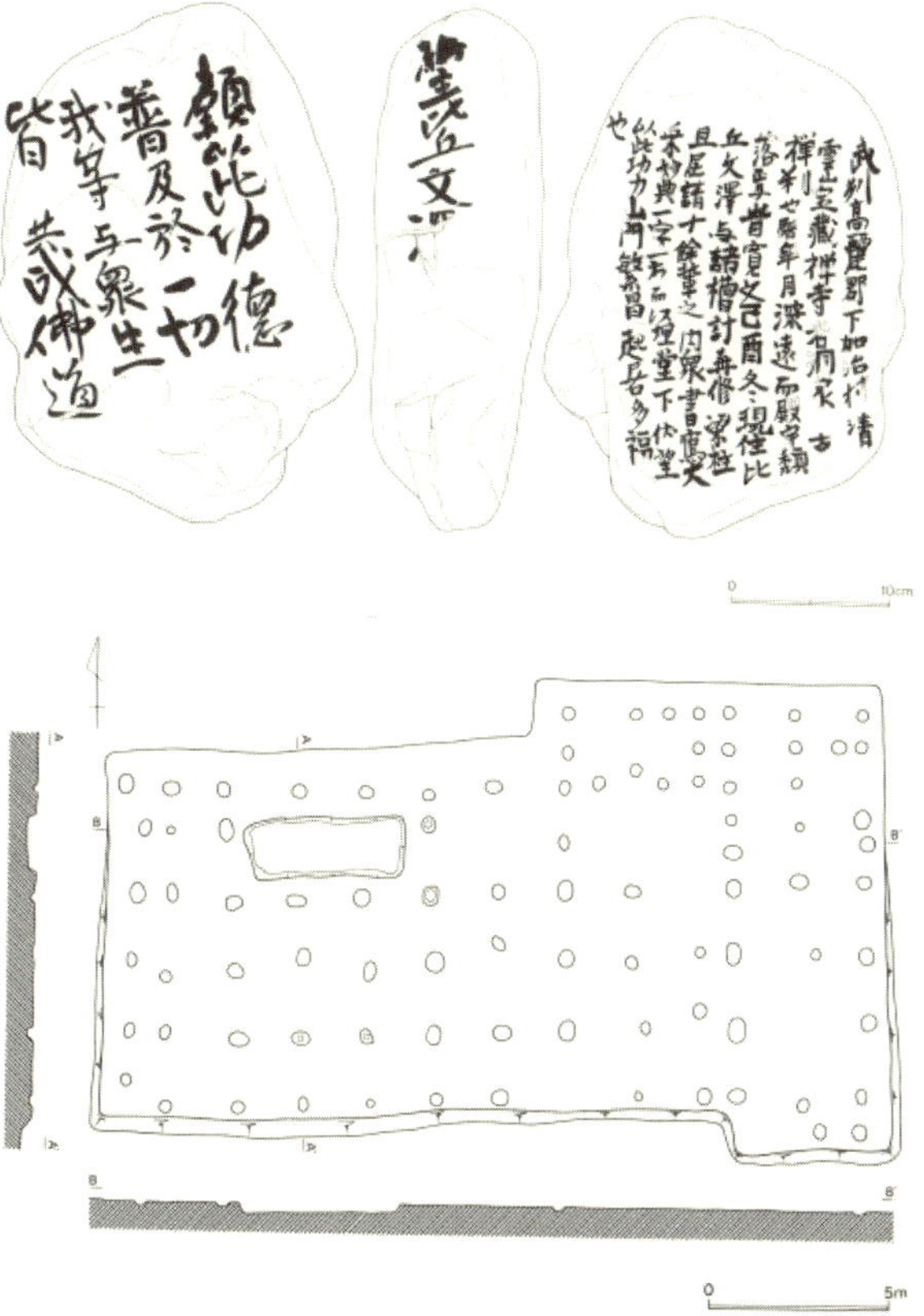

図４　宝蔵寺旧本堂平面図と出土遺物

奉ったときの偈の中にある廻向文であり、3の銘文とともに願意が明確である。そのほか経石中には寛文九（一六六九）年銘墨書が認められ、願意とともに埋納年代が明確な資料として貴重である。

(2) 岩手県正法寺本堂および開山堂埋納の礫石経(30)

本堂内陣に当たる直下に、径約一mの土坑が三カ所に穿ってあり、その土坑内に礫石経が充塡してあった。報告では、礫石経が確認できた土坑の直上は、初代無底良韶、二代月泉良院、三代道叟道愛が祀ってある位置に当たるとされている。正法寺本堂造営に関する歴史については、報告書の中で示されており、貞和四（一三四八）年の創建から下って文化八（一八一一）年に客殿下屋が造営されていることがわかる。

本堂の礫石経の年代については、正法寺本堂の近世期の第Ⅱ期の時期に位置づけられていて、寛永九（一六三二）年前後の時期が想定されている。また、開山堂小屋心束では、開山堂造営に係わる棟札的な墨書が発見されている。報告にはないが礫石経も確認されており、幕末の山内整備に伴う開山堂の新造に際して埋納されたものとして比定でき、次に示す棟札の墨書銘の内容に合致している礫石経埋納事例であり貴重である。

（上段）　令合山之清衆而本柱三十二本江
法華十壹部一字一石而本柱三十二本江
□□自艮之隅始段々埋後ト埋
八巻中戻江ハ為衆生因縁□度之
埋五六巻仰依此功徳而□□
増輝法輪常轉シ故

（中段）　発願主　直歳
當山四十四世良牛　龍雲寺現住
同随喜
當山四十六世良元
現住　典座
當山四十七世良天　萬松寺現住
東玄

（下段）　欽惟今乙酉仲春念四日當山
二祖大禅師祖當四百五拾回遠忌之
辰□而閑居良牛先師発大願心勧論門葉
之諸寺院併合山之大衆十方檀越
門前等□新建立御開山堂一宇
者也
維時嘉永二己酉年
仲春佛敬百

銘文を見ると、上、中、下に内容ごとに分けて記されている。當山四十四世良牛（群馬県龍雲寺住）の発願により、二祖月泉良印大禅師の四百五拾回遠忌、嘉永二年仲春にあわせて、諸寺院および大衆十方檀越などに呼びかけ勧進により開山堂一宇の新築を行なったことが記されている。また実際の建立では、三十二本の柱の基礎の部分に一字一石経を埋めたことも具体的に記している。

以上見てきたように、本堂に伴う礫石経埋納の願意は明確にすることは難しいが、飯能市の宝蔵寺例と比較すると、類似した出土状況を示しており、建立に際しての地鎮として、開山にかかわる須弥壇的な場所に礫石経を埋納したものと思われる。建立当初についいて

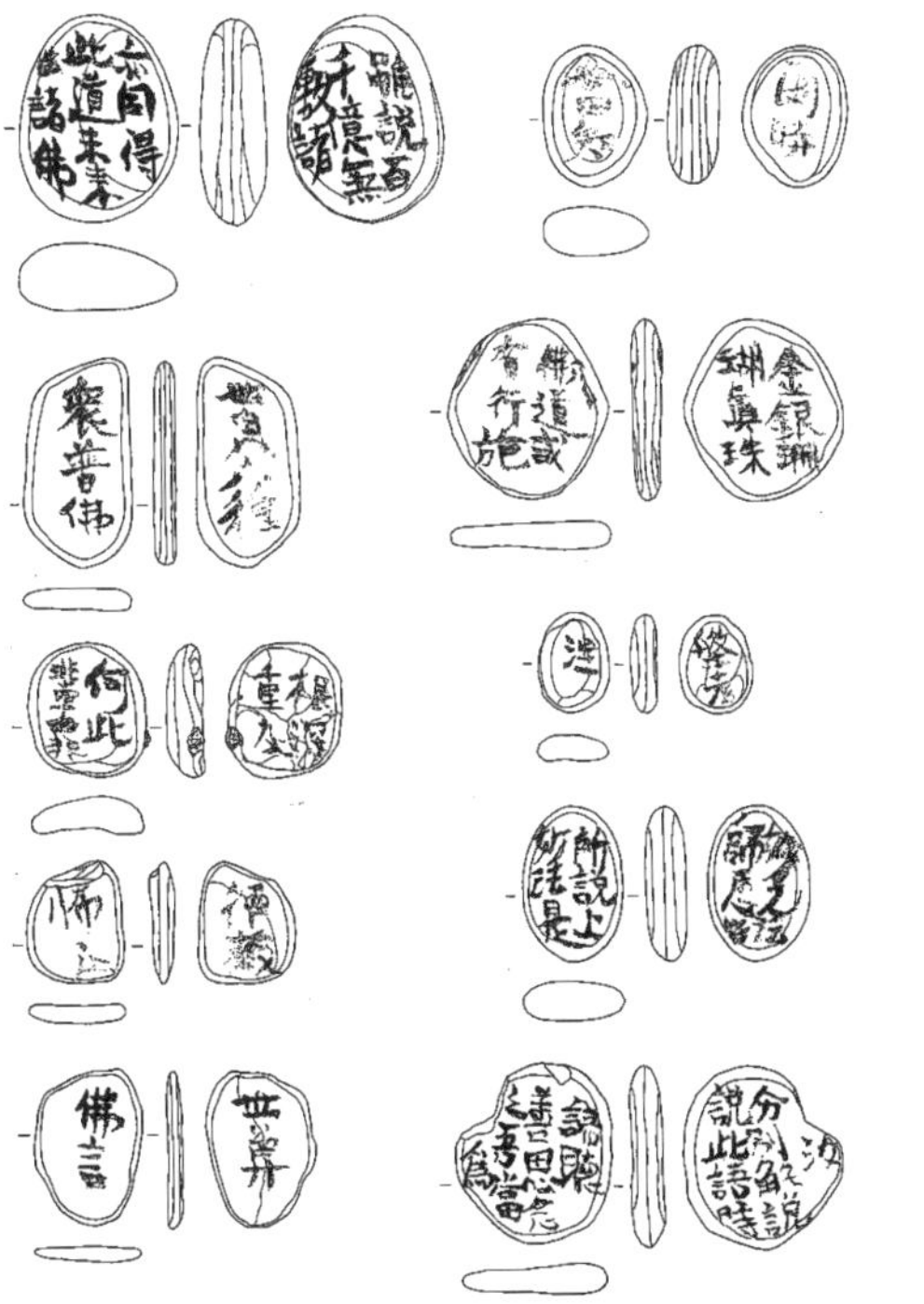

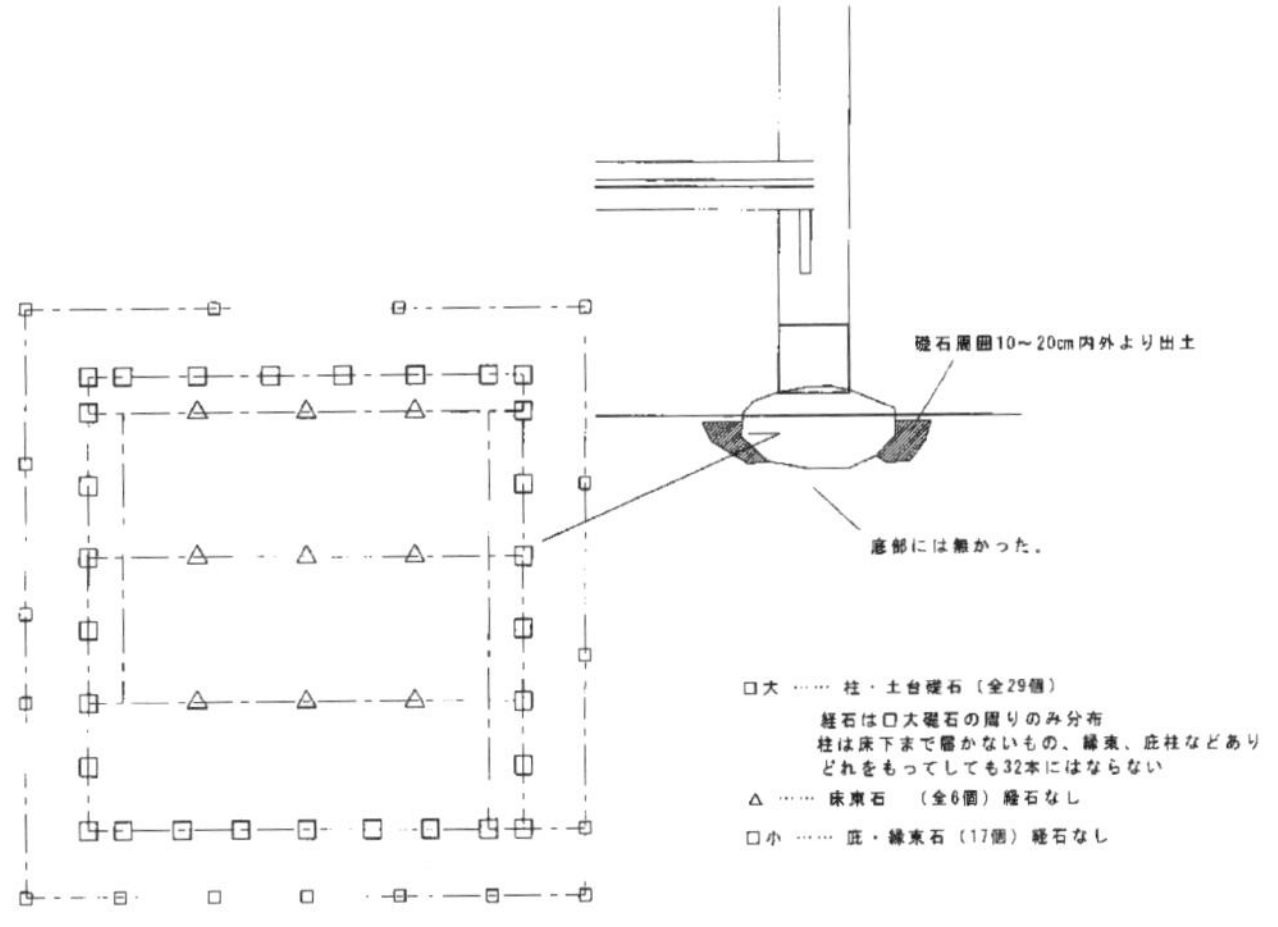

図５　正法寺本堂平面図と出土遺物

考えれば、基壇と基礎が完成した時点で沈めの修法が行なわれ棟上となったものと想定している。一方、開山堂の例は、二祖の四百五拾遠忌に際して、開山堂新築を勧化によって修するために、礫石経の埋納が行なわれた事例であり、近世末期における礫石経の埋納を介して、法筵の寺院をはじめ檀越まで広く勧化した具体的な事例として注目しておきたい。

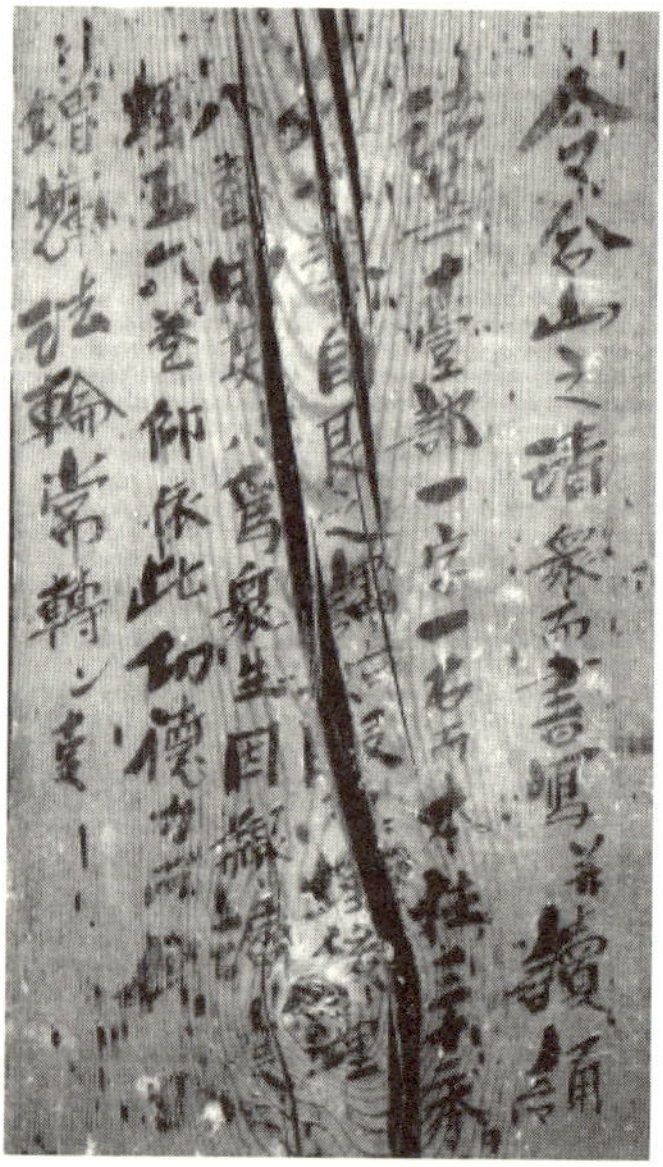

図６　正法寺棟札墨書

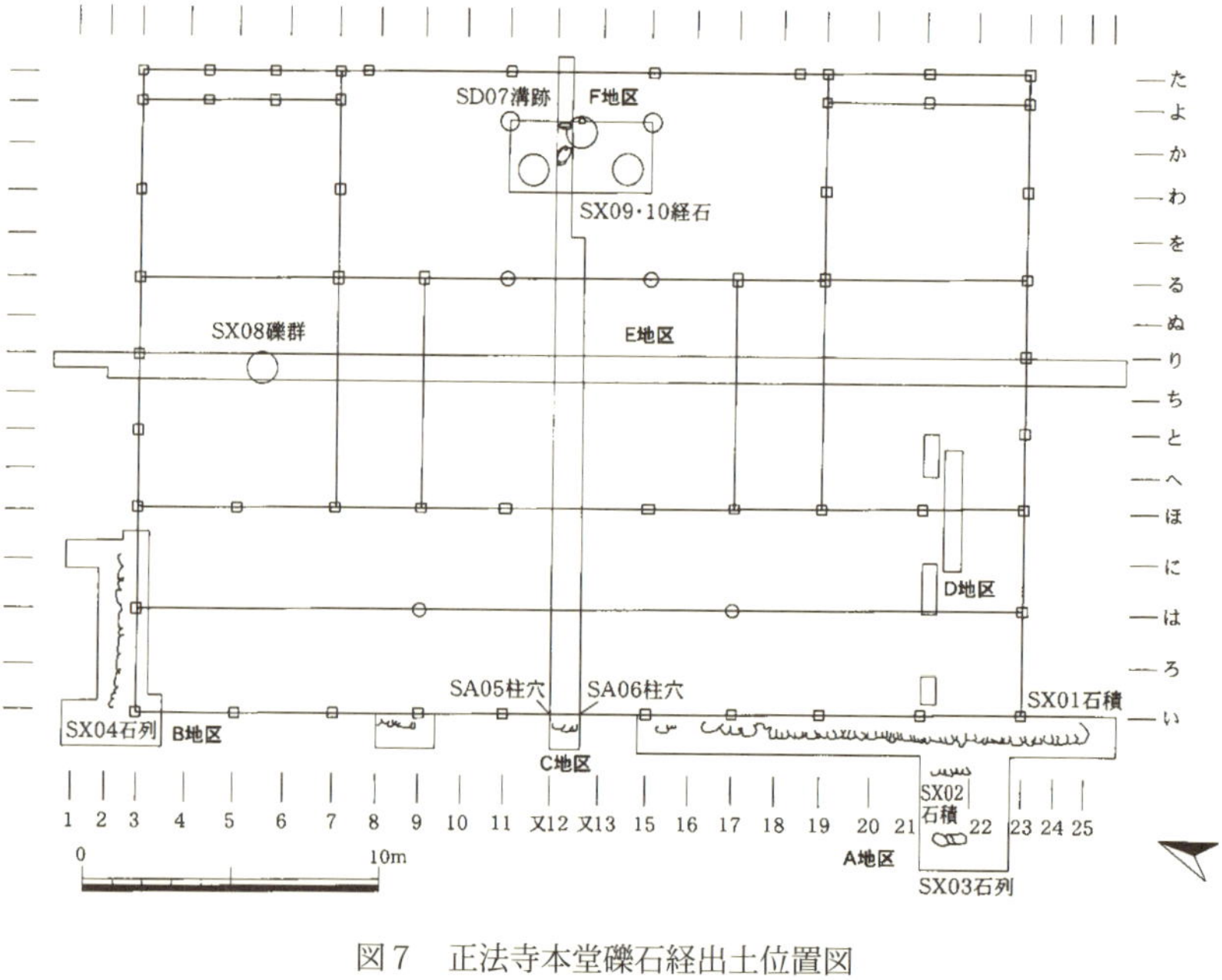

図７　正法寺本堂礫石経出土位置図

(3) 福島県満願寺観音堂棟札銘(31)

「(略) 満顧現住月峯座元希望尤切故付之以為祈寺門盛栄国家昇平令経営一宇宝殿 (略)」 の願意のため堂宇の柱の下に一字一石を埋納したことが明確である。勧請によって資力を準備し観音堂を造立したものである。

満願守衛音堂棟札
奥州信夫郡黒巌山満願禅寺観音薩□之前仏者山僧護持仏也然満顧現住月峯
座元希望尤切故付之以為祈寺門盛栄国家昇平令経営一宇宝殿秋風揮斧剪竹
木懸崖飛揷開皇基地勢漸成如盤石之固加施月峰座元一石一字書写大乗妙典
壱部井敷品柏葉以為礎柱下之擁衛兵魯般於滋策斧彗之切其石也其力用也資
村々落々老穉男女之衆力以相成功黼飛之宝殿緊成加之黼黻文章刻桶丹楹山
節藻税之構棘就清風五百間義哉輪義哉奐帝綱重々如交光何況乎此地霊而造
化

上間　鍾神秀霊籟響山林俯臨欄前江流如箭洄又流仰膽檐間煙雲若緑呑又吐可謂卜
奥陽路之壮観也佗時異月万来之宝素上此宝殿一膽一礼則忽滅無量億劫生死
重罪無魔無障永得福寿安堵
伏願　菩艸叢生枯木花放　懐黒巌山頭端回普落迦巻　自此　山川改観森李成蹊　済院
更新　大慈大悲如風行空三十三身若月卯水　応用□硯自在円通　猶希　仏法紹隆君臣和合　檀信帰崇家国盛栄
□岩宝永七竜集庚寅十月十日花園末枝前法泉主現竜門幣杜多運済院依干月峯
座元之需誌銘焉

(4) 武甲山御嶽神社出土の礫石経[32]

礫石経は武甲山山頂の御嶽神社跡、本殿向拝下部から確認されている。礫石経の大きさは、平均で長さ九㎝、幅六・六㎝、厚さ三㎝あり、偏平な石灰岩質の円礫が選ばれている。書写された経典については、「大般若波羅蜜多経第五百七十八」と書写された礫石経が確認されていることから、玄奘訳「大般若波羅密多経」六〇〇巻の内、五七八巻は「経典」を要約した「理趣分」に当たることが指摘されている。また、「理趣分」が正月三日間や多くの祈禱あるいは、祓いの思想と結び付いて、蓋障、罪障消滅、煩悩障法障業障のために用いられることが多いとされている。また、「蔵王権現社」と書写された礫石経も共伴していることからも、この礫石経は、「蔵王権現社」建立に当たり、地鎮と鎮護のため建物下に埋納されたことが指摘されている。なお、この「蔵王権現社」の建立は、享保十二（一七二七）年銘の棟札が存在することから享保年間に求められている。以上のように礫石経が、建物の下から確認される例は、多数あり小林修[33]によって集成されている。

(5) 妙法寺の礫石経[34]

東京都杉並区堀ノ内に所在する日円山妙法寺は、元和年間（一六一五～二四）に妙仙院日円によって開山された。そして、当寺安置の祖師像は、四十二歳の時、伊豆流罪を逃れた日蓮聖人自らが開眼したという伝承があることから、近世後期には広く江戸市中の信仰を集めた。

礫石経は、祖師堂改修に際して偶然発見されたため、埋納された当初の状態については明確ではなかったが、その後の調査により祖師堂建立当初に基壇内に多字一石経が埋納され、その上に一字一石経によって覆ったであろうという想定が示された。報告によれば、版築によって掘り込み基壇を造成中に火災にあい、その直後に版築造成を再度行ない、礫石経を、直径五二㎝、深さ二一㎝のすり鉢の土坑中に、四回に分けて入れられた痕跡が確認されている。さらに確認された位置については、須弥壇の祖師像の真下に当たることが報告されている。

経石は、多字一石経が一三六点、、一字一石経が五二、七四六点前後確認されている。

書写経典が明確であり、多字一石経には法華経の序品・方便品・提婆達多品・勧持品・安楽行品・従地涌出品・如来寿量品・見宝塔品が確認でき、一字一石経には、法華経が書写された可能性が高いことが示されている。

火災に遭遇するなどのことを考えると、除災・鎮火・地鎮などの鎮めを目的に、本堂建立において、儀式が営まれ棟上を行なったものと推定しておく。

以上の類例が代表的な例であり、神仏に係わらず、建物の直下や、柱の周囲に確認された例についてみると、、宝蔵寺例や正法寺の近世末の例などで明らかなように鎮めの意が込められて礫石経の埋納が行なわれたものと解することができる。経の力によりあらゆる災いを鎮め建物の造立と存続を願っての儀式が執り行なわれたものと思われる。初めに触れたように、神仏に係わらず除災・安全祈願の式が執り行なわれたものと思われる。

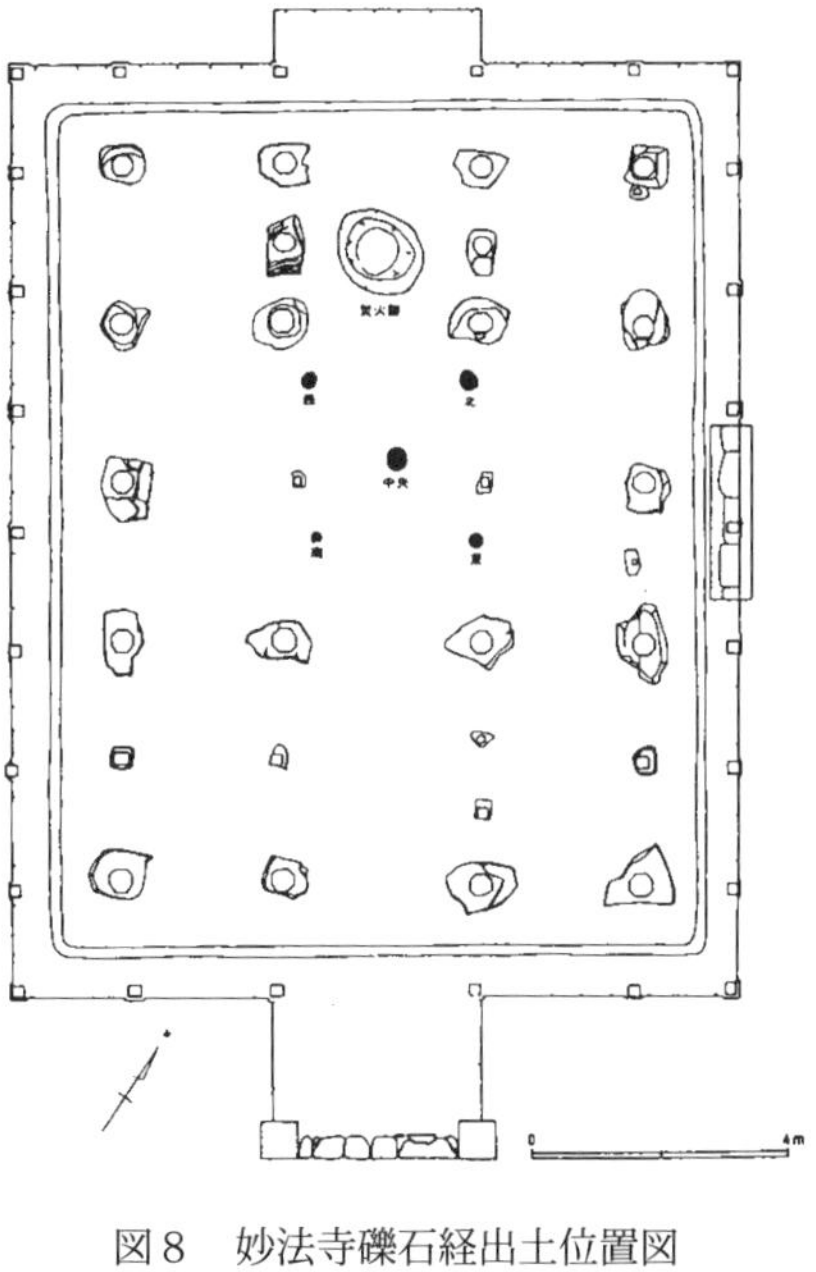

図８　妙法寺礫石経出土位置図

(6) 福島県慧日寺(35)

福島県耶麻郡磐梯町慧日寺に建立された伝徳一廟石造三重層塔に追善、追福により基壇中に近世に埋納された例である。経石は、般若理趣経、金剛界禮懺、胎蔵界禮懺、佛説摩訶般若波羅蜜多心経、九條錫杖経、阿弥陀如来根本陀羅尼、仁王般若経陀羅尼、金剛界五佛、胎蔵界五佛、供養文に、光明真言、地蔵真言とともに「某　宥鍰」などが確認されており、この「宥鍰」が恵日寺六十五世に該当することから一八〇〇年前後の埋納であると報告されている。この徳一廟の場合も高僧徳一の追善、追福はもちろんのこと、胎蔵界、金剛界禮懺などの写経が含まれることなどから三宝帰依の願意のもとに現世利益的な意味を込め礫石経の埋納作善が行なわれたであろうことが窺知できる。

このほか、広島県世羅郡世羅町万福寺では、石造の三重層塔の基壇内から多字一石書写形式の礫石経が確認されており、石塔の銘文から「応安」銘が確認されていることから、南北朝期造立の塔であることが指摘されている。[36]

またこのほかにも宝篋印塔などの基壇内から確認された例がある。

(7) 茨城県協和町所在の蓬田経塚[37]

真壁郡協和町（現、筑西市）に所在する蓬田経塚とされている場所は、明治初年の廃仏毀釈により廃寺となったが以前は天台宗・秋香山地蔵院妙法寺（桜川市本郷）の末寺、北野山慈眼院安養寺の境内に当たる。

礫石経は石造の宝篋印塔基壇最下層で一・五m四方の範囲に直接積まれた状態で出土している。その数については未報告であるが一万個に近い数が出土しているという。[38]石造の宝篋印塔は切り石四段積みの基壇上に造立されており、基礎の部分に「享保十年乙巳稔初亀上旬」、「江戸山本吉郎兵衛作」、「六拾六部供養塔」、「願主長音／圓心大徳」、「安養寺賢者法印舜昌代」、「大□」、「三里四方郷村勧化助成」の銘が確認されている。塔身には四方に陀羅尼が梵字で刻されている。この宝篋印塔の造立は、銘文からもわかるように六部の関与が窺え「願主」の部分に名前が並列されていることからも六十六部聖と思われ、「安養寺賢者法印舜昌代」を中心に「三里四方郷村」に勧化によって勧募が行なわれたことが窺知できる。さらにこのほかの共伴の遺物として礫石経中に寛永通宝が二枚、基壇中に寛永通宝が二九枚、鉄銭一枚、文久永宝一枚、「南無阿弥陀佛」の名号銭一枚などが確認されている。造立後にこの宝篋印塔が「霊塔」として参詣の対象になっていることも興味深い。

(8) 千葉県龍正院宝篋印陀羅尼塔(39)

龍正院銅造宝篋印塔は、寺に現存する棟札から、享保三（一七一八）年五月に造立されたことが明確である。願主は当院住職「歓澂」であり、これを歓澂の弟子でもある青柳氏出身の志海寂玄が助けた。工人は江戸神田鑑町小幡内匠が銘文中に確認できる。またこの宝篋印塔については造立に関する『宝塔建立勧化帳』が残っている。これによれば、宝篋印陀羅尼経と造塔の功徳が示され寄付を募っていることが記載されている。

一、陀羅尼経の巻末に戒名、俗名を書きつけ、塔内に納入する十二文

二、寄付一〇〇〇口には、蓮華座の下部に所と名前が鋳出され、大名帳に氏名が記される。(40)

以上のような具体的な内容により勧進が行なわれており、遺物の上でも確認することができ、近隣だけでなく武蔵国、常陸国など周辺の国々からの勧進も確認でき、五二〇名の名前が確認されている。

ところで、礫石経は、切り石で構築された基壇中盛土に混在して確認されている。個数や、経典銘などについては明確にされていないが、宝篋印塔の基壇の構築と同時に基礎の中に埋納されたと思われ、奉斎的な意味と地鎮的な意味において埋納が行なわれた例である。このように奉斎的な意味と地鎮的な意味を見出せる例は、先に建物に伴う礫

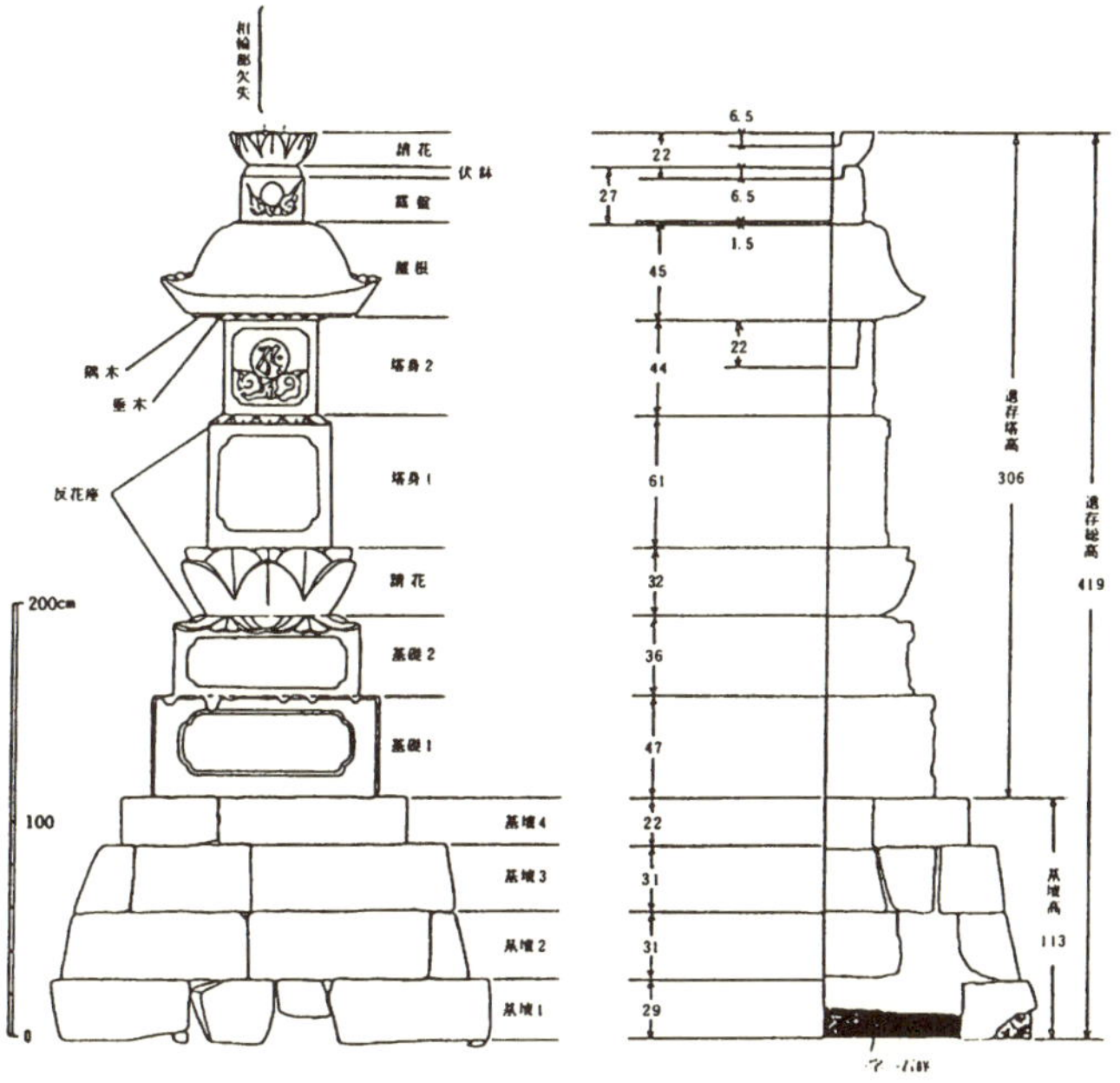

図9　蓬田宝篋印塔実測図

石経の類例で示した正法寺開山堂例が挙げられる。堂宇新造のために勧化によって地域一体のコミュニティーを構築させ浄財勧募を行なっている。その勧募の具体的な方法として礫石経埋納が行なわれたと考えられる。

以上、塔の基壇中に埋納された礫石経についてみてきたが、いずれの例も基壇上部の塔の造立年代や礫石経中に埋納年代が確認でき、埋納数など不明な点が多いが、鎌倉市建長寺の例が最も古く位置づけられ、元亨三（一三二三）年の華厳塔造立に際し追善の願意のもと埋納されており、すでに鎌倉時代末期頃から塔の基壇への礫石経埋納が確認でき、江戸時代においては勧請によって寺院内に建立された塔の基壇に奉斎的な意味と地鎮的な意味において埋納された例として意味づけられる。次に挙げる東京都稲城市の平尾原経塚(41)は、建物の建物基壇の埋納例ではないが、寺院あるいは聖が民衆に対して勧化を行ない回国と勧化成就に際して経筒を埋納した例である。勧化の具体的な方法をよく示す例としてあげておきたい。

この銘文から、聖が商人と民衆を勧化し、自ら巡礼を行ない成就記念に大檀那の居住地である栗木村近くの平尾に塚を築き経筒を埋納し、経碑を造立したものであることがわかる。

図 10　龍正院銅製宝篋印塔

（右　側　面）

常　法　院　鈴　木　小八郎　能谷村　石　川　治兵衛
当村名主御器酒　鈴　木三郎兵衛　長日宿　石　井佐次兵衛　菅　村　西　山　[貞]　助
高屋仁右衛門　馬　場　平兵衛　石　井　源兵衛　金程村　伊　藤太郎兵衛
長日宿　石　井　[善]兵衛　白　井治左衛門　栗木村　鈴　木与右衛門
御地頭　黒　沢　杢之助　御器酒　白　井　吉兵衛　□台施主　同　内　儀　同　村　同　儀左衛門
鈴　木　武兵衛　造華施主　願主　伯母
馬場宇多右衛門　組　頭　石　井平右衛門　白　井　七兵衛　当村　石　井　甚太郎
馬　場吉右衛門　勧化施主　馬　場　与兵衛　御器酒　同　馬　場　角　蔵
石仏施主惣村中　御器酒　馬　場　市兵衛　石　井忠左衛門　御□施主　当村女中

（表）

天下泰平　宝永五戊子年　武州多摩郡平尾村
奉納大乗妙典　日本回国　導師宝泉寺法印賢星
国土安全　十月吉祥日　江戸麻布法菴寺第子
願主　深誉伝心

長日宿　桶　屋七左衛門　御燈明　石　井八左衛門　□[之][丞]□兵衛
右納経余部[己]国中一　伊勢屋太郎兵衛　同　伊兵衛　□之助三□右衛門
江戸赤坂　太田屋　仁兵衛　□　同　金兵衛　□フチ□右衛門
宿[同]養并供養奉加入　勧化施主　万　屋　吉兵衛　勧化施主　同　祐左衛門　□七
畳　屋　市兵衛　同　六兵衛　慈慶院関翁書之
数殊一切施主等不残　古金屋[甚]右衛門　□　同　惣兵衛
[桶]屋七郎右衛門　白　井六右衛門
帰衣人数都合三千六百六十人
記之入壱安置石仏下　石　屋　久兵衛　根　来　一　菴

（左　側　面）

図 11　平尾原経碑銘文

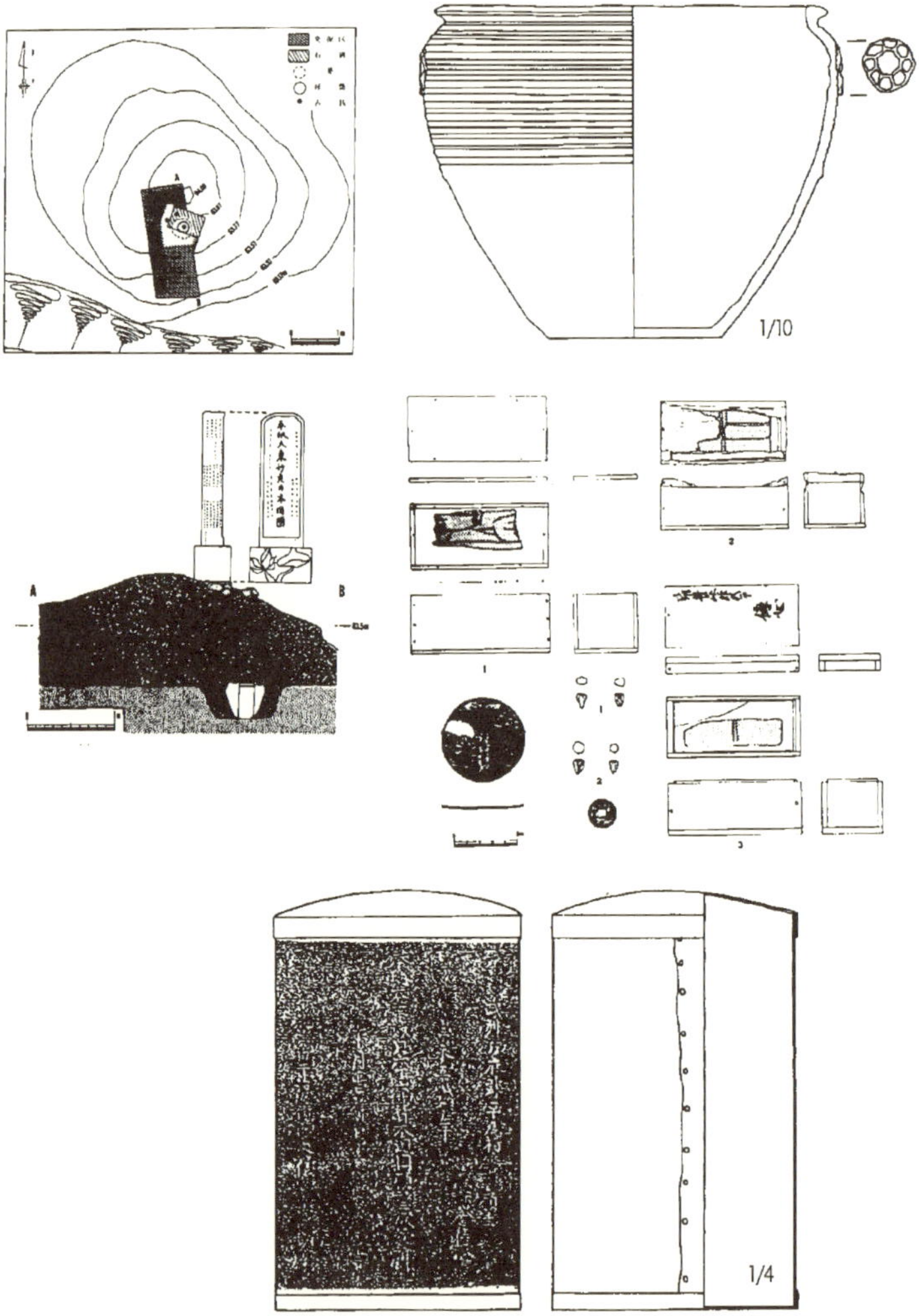

図 12　平尾原経塚出土遺物

(9) 和歌山県海禅院多宝塔と礫石経(42)

和歌山市和歌浦に浮かぶ妹背山は、高市志友編『紀伊國名所圖會』(文化八〈一八一一〉年)、歌川広重「六十余州名所図会紀伊和歌之浦」の図などにその景観のすばらしさを讃えて紹介されている。特に『紀伊國名所圖會』には、景観が抗州の六橋の面影にも匹敵するくらいのすばらしさが記されている。

また、天保十(一八三九)年成立の仁井田好古編『紀伊續風土記』巻二十二では「妹背山水閣」の様子が次のように紹介されており、経石や埋経についても触れている。

「舞台の所より西にむかひてのぼる石階、十五段あり。段の上に門ありて、左右は棚なり。門より内は小石をしく。真中に経堂あり。二間二二間半。仏像はなくて、堂の真ん中そらには天蓋ありて、下に礼磬および机の上に経有は、軸をならへいりたりとみゆる函を安す。左右には燈籠をつりてあり。一説には、此経堂の下に、法華経を石に書て一石に一字つゝなりと云埋経たりとも云。」また、石燈籠が二基あるがこれについても丁寧に紹介している。

「石階の左右に石燈楼二基あり。銘に奉寄附燈石一雙株、三浦長門守平為時、慶安二年己丑春二月十五日とあり。燈台石、六角なるに、一面

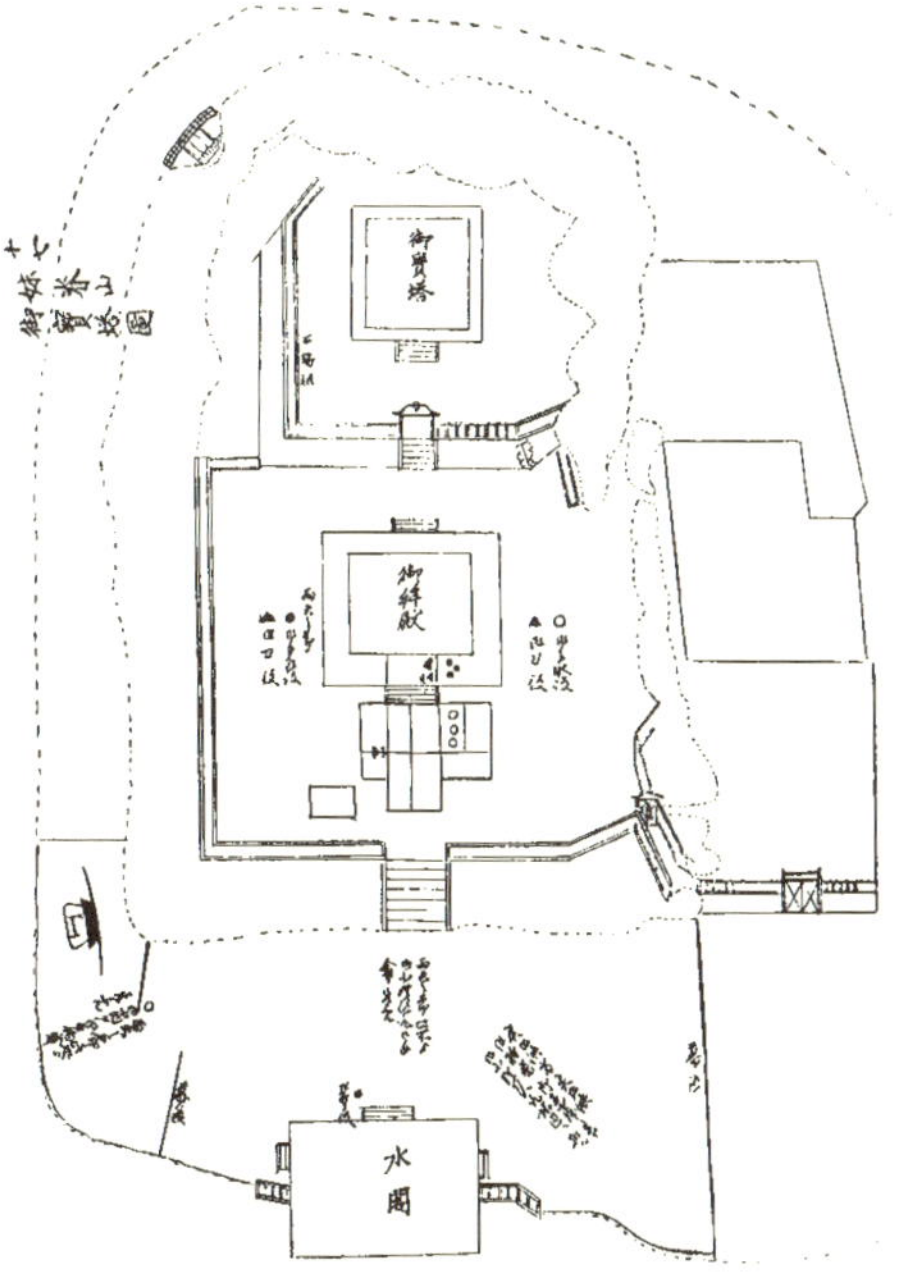

図 13　妹背山御宝塔図

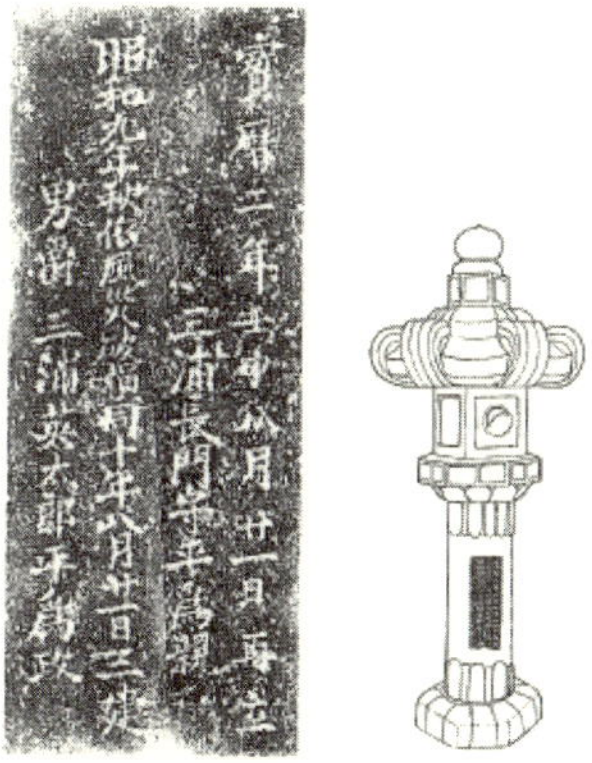

図 14　妹背山再建燈籠

に二字つゝほりあけたる字あり。右には廣説諸経而於其中此経第一全長私に加註す。法花経見宝塔品の文なり。とあり。左には此経能令一切衆生離諸苦悩私に加註す。これは同経薬王菩薩本事品の文なり。と有り。又燈台頂上のきほうしゆの台、六角なるに、一面に一字つゝ妙法蓮華経燈と云六字を、左右に彫りあけに切付たり。」

この燈籠については、慶安二（一六四九）年に紀州藩の家老で養珠院の甥に当たる三浦為時（～一六七六）が寄進したものと記されており、現状では、宝暦二（一七五二）年に三浦長門守平為親の寄進で再建されたことを、昭和九年に風災害で破損したことによる再寄進の際に旧来歴を再刻しており修復の一端が明らかになり貴重である。

木造の多宝塔の中には、題目を刻んだ碑がある。

この碑は、正面に「南妙法蓮華経」と一遍首題が記され、その下に「養珠院殿妙経日心大姉」の銘が刻されている。碑は正面と裏面を加工している。正面および裏面は頭部を丸く仕上げ、二段に浅く掘り下げて面を整形している。なお、正面下部には蓮華側面および頭部は加工痕跡は明確ではないことから自然面であろうと思われる。題目碑の大きさは、報告によれば砂岩製で高さ一八一cm、幅七五cm、厚さ四五cmであった。

図15　養珠院題目塔

図16　養珠院題目塔華座

正面と背面の銘文は次のようである。

(正面)

南無妙法蓮華経　養珠院妙晋紹日心大姉

(背面上部)

東照大権現

南無多寶如来

南無釈迦牟尼佛

大辨才天女

(背面下部)

琢石通題書寫之発願者為

東照大権現三十三回之追奠及使桑域所有群品等之作害者滅罪生善遭殺者抜

苦与楽也是以国主普門一品獨筆而返号数千返親子仝真翰以貢鑒納信婦信姫

不耐思慕与翼修善寫数万反亦俾僧書八軸与開結尚教歴人書無緇無白競進摸

焉于茲任運蜜觸

黈纊而自

仙院后宮以至妃嬪膝嬙磨石費筆九万九千八百九十返其効用善際無云為乎聞之者合爪曰

叡慮映石典是前代未聞奇異耳凡五十万返書寫既成矣終於妹背山穿

巖洞深納石経蕨功蕨徳大哉至哉　銘曰

丕　発志願博書経王報恩恩祖廟施存亡

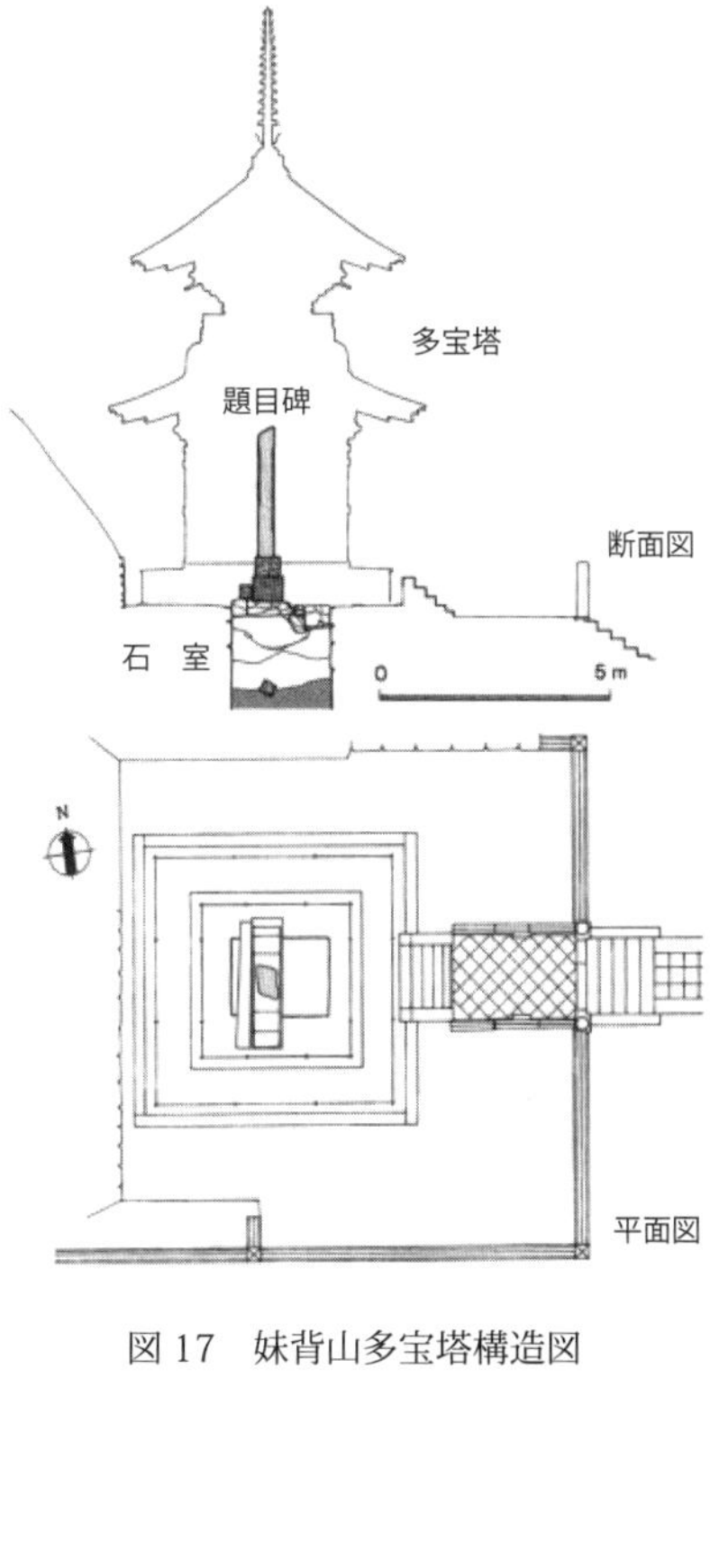

図 17　妹背山多宝塔構造図

衆人獲福誰為壽量劫石有盡妙用無彊
願主紀州大納言源頼宣卿御母堂
尊氏十四代裔蔭山長門守息女法号
養珠院妙晋紹日心大姉
慶安第二暦己丑仲春十七日　権大僧都法印中正院日護謹誌

以上の日護上人の撰文した養珠院の書写供養についての銘文は抄訳がある。これによれば、東照大権現の三十三回忌の追福のために、あらゆる階級の人々の滅罪正善と抜苦与楽のために発願し経王を書写して、祖廟への報恩を供えるとともにその利を生存者と死亡者に施すならば、その功徳は計り知れないものがあるとし、却石が尽きるともこの共石が尽きることがあっても、この経石供養の利益は永遠に尽きることはないであろうとその功徳をあげている。

また、『南紀徳川史』[43]には御水尾天皇と東福門院の宸筆を経石が染めたことや、宮中の人々、女官、諸王侯卿、僧侶、俗人にいたるまで題目を書して埋納したことを記している。また、御水尾天皇と皇后東福門院の宸翰石を賜わったことにより別の石函に納め埋納したことも記されている。

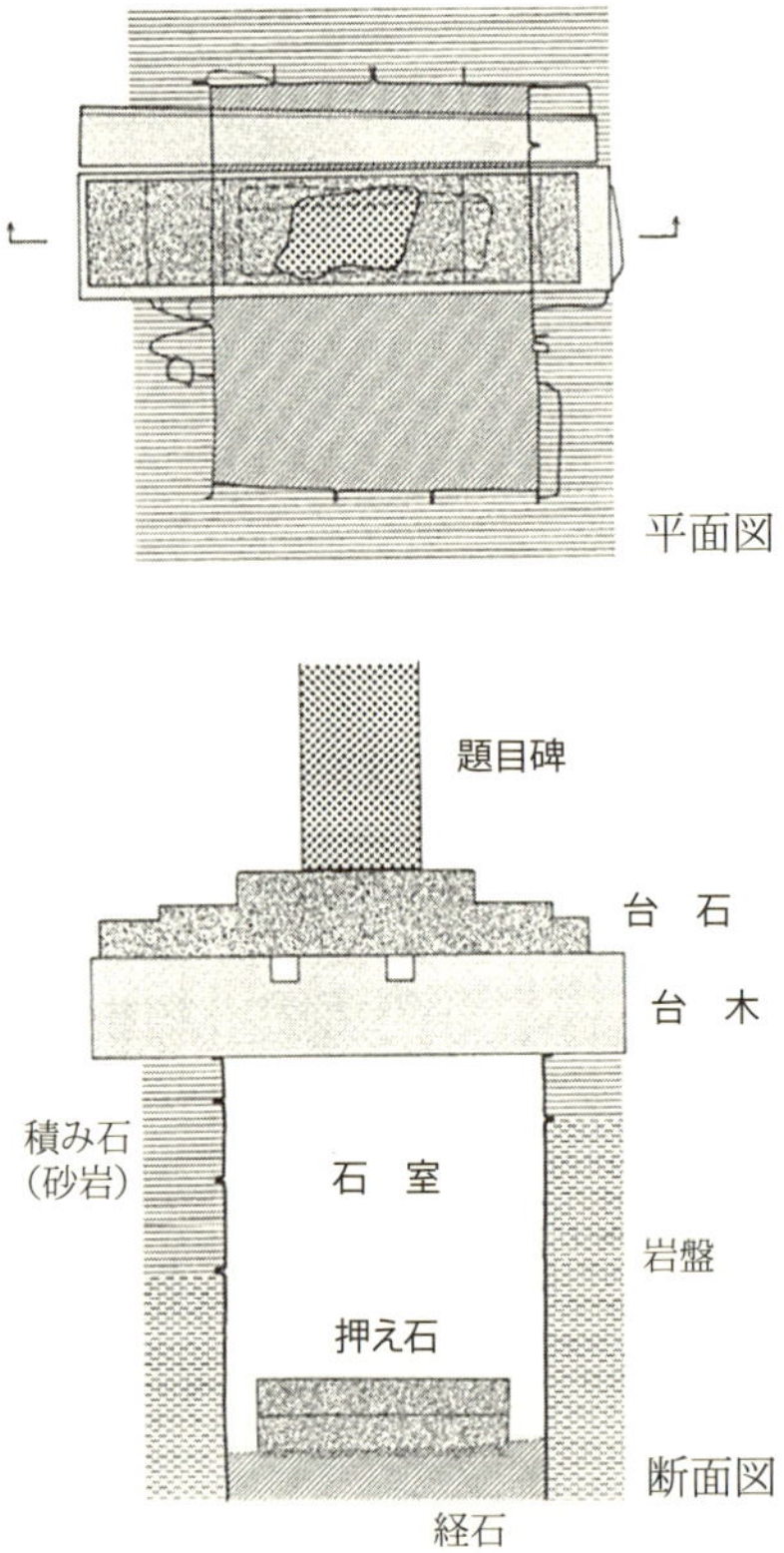

図 18　題目塔と断面図

以上見たように、多宝塔の地下には二一万個におよぶ養珠院発願の経石が埋納され、題目碑が納められた。なお、先に見た題目碑の造立年は、慶安二年であるが、多宝塔の塔部分の年代との関係を見てみると次のようである。つまり、多宝塔の建築部材に墨書銘は「明暦元（一六五五）年乙未五月吉日」が記されていたことによって題目碑が建立された後に多宝塔が造立されとされている。

この多宝塔と養珠院の関係は、『養珠寺由緒書』によれば、養珠院生存中に次のことを遺言している。

「私シガ菩提所ヲ御営ミアレバ妹背ヲ以テ寺号トシ、私シガ戒名ヲ以テ寺号トシ、寺山相遠距ナラザル場所へ御設立被下度、次ニ私シガ廟ヲ宝塔中ニ□立被下度右御願置候云々」とあり、この遺言により、多宝塔の建立は養珠院の遺命によるものであったと見られる。また、『養珠寺記』には次のことが記されている。

「禅入寂之後國主憶賢母艸創之地及新起寶塔而安仏像並瘞霊骨輪換於旧制也、又側造刹号養珠寺」

これによれば、養珠院の入滅後に頼宣が母の草創の地を思い新たに宝塔を建て、仏像を安置し、胎内に母の霊骨を納め元より壮大で美しくしたこと、またそばに養珠寺を建立したことを示しており、菩提所である大野山本遠寺と並んで重要な遺骨分収の地として定めていたことがわかる。

続いて、石造物に伴って確認される礫石経についてふれてみたい。この類例の特徴は、碑面に「経碑」、「一字一石経」などと記載されており、明治の初期の研究から「一字一石経」埋納の碑「経碑」として注意されてきているものが最も一般的であろうと思われる。全国各地の石造物の悉皆調査などでもその存在は容易に確認でき様々な塔形が造立されていることが紹介されている。ここでは、かかる様々な形態の石造物に伴い確認された礫石経について管見に及んだ主な例について触れてみたい。回国巡礼成就記念塔や宗祖・祖烈遠忌塔なども含めた。

(10)　福島県常法寺の石塔出土の礫石経(44)

福島県常法寺の塔は、安山岩製の地蔵菩薩坐像の下に、元禄十三（一七〇〇）年銘の組合せ式の切石経筥が造られており、この中に礫石経が納められていた。

経石は石の表裏に多字一石書写形式で書写され、一石に十文字を基本としている。経典は経筒の銘文から「法華経」であると思われる。

石製の経筒についてはこのほか栃木県内や兵庫県でも確認され、地中に埋納される礫石経のほか本例のように石造物に伴い地上の経筒中に確認できる例も認められ「奉納」形式の礫石経として考えておきたい。かかる形式の礫石経は、島根県太田南八幡宮鉄塔内で確認された礫石経も類似例と思われる。

(11) 静岡県二股村（現、富士宮市）石塔に伴う礫石経(45)

舟形後背形式の菩薩立像の石塔の下に埋納された礫石経の例である。経碑には「駿州富士二股村本願阿闍梨宥傳敬白／奉巡礼　秩父　坂東　湯殿山／西国四国／奉書写大乗妙典／石経成就宝永六年巳丑年八月　本尊施主若林喜兵衛／助願／若林甚兵衛／曽比奈／渡辺半左衛門／奉造立念仏講中男女／同行四十六人宝永七寅九月日」の銘文が刻されており、六十六部関連の二股村本願の阿闍梨宥傳が願主・講中の依頼で巡礼を行ない、本願地に戻り礫石経の埋納と石仏の造立が行なわれたものと思われる。報告では、巡礼の背景に宝永四年十一月二十三日の富士山の噴火と関連づけて考察されている。

以上のような例は、近世における六十六部聖と礫石経、富士講中と礫石経が結びついた例として注意しておきたい。

このほか、特筆すべきは、日蓮宗関係の礫石経の遺跡として東京都池上本門寺、山梨県上条北割経塚、葛谷峠経塚、高源寺経塚などをあげることができる。

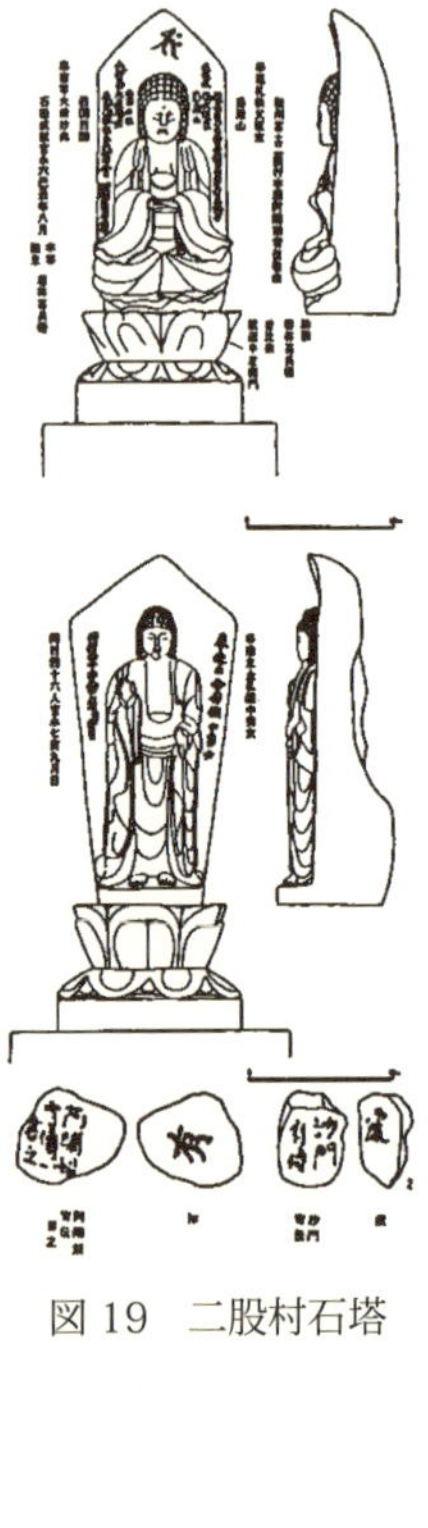

図19　二股村石塔

（12）日蓮上人の五五〇年遠忌・日朗上人四五〇年遠忌塔[46]

池上本門寺では日蓮上人の五五〇年遠忌・日朗上人四五〇年遠忌に際し造立された塔の下層約一m前後の所から甕に納められた礫石経が確認されている。また、本門寺の北西裏鬼門に当たる方向七五〇mの位置に所在する林昌寺には角柱型の日蓮聖人五百遠忌塔が所在しており、その下部からも甕に納められた礫石経が確認されている。同様な類例の報告が山梨県にいくつかあるのであげておきたい。

韮崎市旭町に所在する上条北割経塚[47]は、偏平な自然石を使った「南無妙法蓮華経」髭題目塔の下から礫石経が確認されている。以上のことから特定宗派との関連も重視しなければならないであろう。特に日蓮宗を例にとれば、開祖の遠忌塔の下部に礫石経が埋納されていた例が多い。遠忌塔造立次第に関する文書は残っていないが、背景を考えると、遠忌にあたり造立案が立てられ勧化によって浄財勧募が行なわれ、その際に礫石経が基壇下、塔内などに埋納されたものと思われる。近世初期などの日蓮宗の造塔例を見てみると、供養塔を造立するに当たり、「読誦十万遍」など銘文で明らかな通り造塔に際して経文読誦を執り行なっている例が非常に多く、銘文などから見ると結衆して造立された例が多いことも特徴である。つまり、遠忌塔造立では、読誦を当然儀式として執り行なわれているのであろうが、礫石経の存在などから考えると、講中というコミュニティーを中心として行なわれた浄在勧募の結果を視覚的に示すための道具として礫石経が選択されたものと思われる。日蓮宗における遠忌塔造立こそ坂詰秀一が指摘しているようにいわば近世の礫石経の一面を端的に示しており、「シンボリックな経碑」造立の典型といえよう。

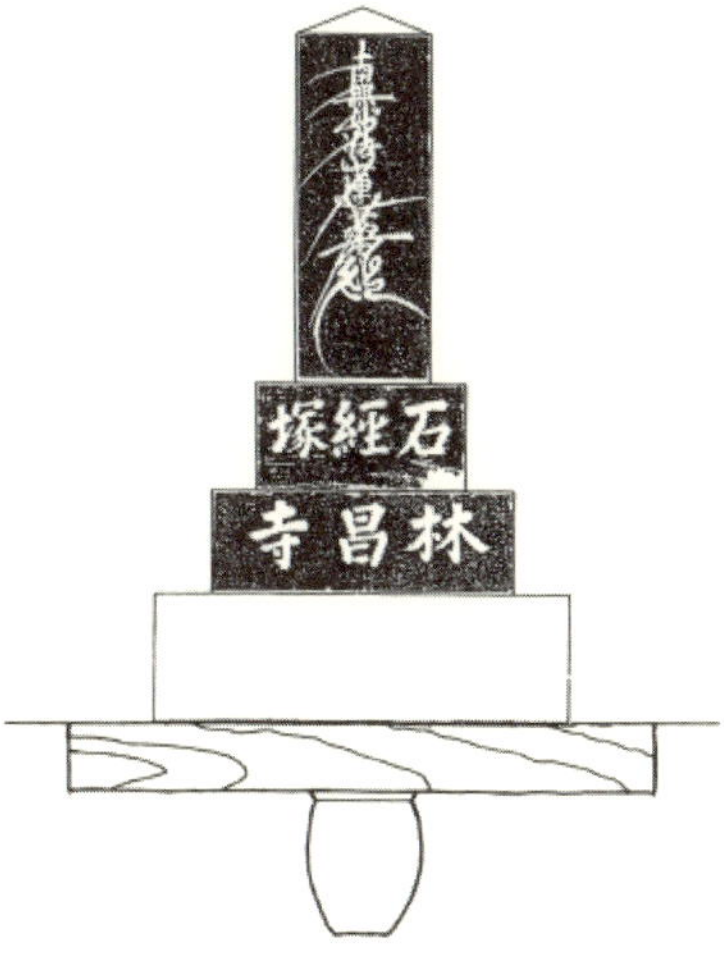

図20　林昌寺題目塔

「シンボリックな経碑」を造立しなければならなかった背景としては、日蓮宗は不受不施の問題から幕府から大きな弾圧を受けていたことがあげられよう。かかる状況において、不受不施から受不施への証文提出を余儀なくされ、これにそむけば摘発を受け寺の存続さえも危ぶまれた時期がある。十七世紀後半期がその時期であり、この時期以降、寺が自坊経営のために檀家との関係も今まで以上に密接にしなければならなかったものと思われる。したがって、宗祖の遠忌をきっかけに講中というコミュニティーを作り上げ、このコミュニティーが主体となり造塔などの記念事業が執り行なわれるというスタイルを作り上げるために、遠忌塔の造立が選ばれたであろうことを想像するには難くない。

以上見てきたように、近世の礫石経は、造塔することが主目的で主体的に埋納される例は少なく、追善、追福のための副埋品として使われたことが明らかである。日蓮宗の場合は、遠忌塔の造立に際して、浄財勧募の道具として使われ、講中など地域のいわばコミュニティーの形成などに利用されたといえる。このことが寺院の経営安定に継がったことも事実である。

(13)　葛谷峠経塚(48)

山梨県と静岡県の県境南巨摩郡南部町の葛谷峠に所在する葛谷嶺砦の南側に位置している。現地には「日蓮大菩薩」、「南無妙法蓮華経」の髭題目が刻された「文政十二年」銘の石塔があり、銘文から日蓮上人の「五五〇遠忌塔」であることが明確である。この遠忌塔の移築の際に塔の下から約五万点におよぶ一字および多字一石経書写形式の礫石経が確認されている。さらに、甲府市高畑一丁目高源寺境内には、「宝暦七年」銘の日蓮上人五百遠忌の塔があり、この経碑の下からも四千点余りの礫石経が確認されている。以上のように、日蓮聖人の遠忌供養に関連した礫石経の資料は、全国的にも認められるが、この山梨県内においては比較的多く調査が行なわれており、今後特定宗派と礫石経を考える上において貴重な資料となろう。

(14) 山梨県武田勝頼の二百回忌塔(49)

山梨県甲州市大和町田野に所在する曹洞宗寺院、天童山景徳院に武田勝頼・北条婦人・嫡男信勝親子の墓とされる石塔が三基あり基壇上に造立されている。武田勝頼の最期についての史料は、『甲陽軍鑑』、『信長公記』、『家忠日記』、『三河後風土記』などがあげられるが記載の内容が様々であり詳細については不明な点が多い。

勝頼は、天正十（一五八二）年三月三日、早朝に新府城を出発し、翌日には田野に入るがここが最期の地となった、と伝えられており、三月十一日に織田信忠と家康が勝頼親子の首実検をしたとされている。

『信長公記』や『甲陽軍鑑』には、勝頼親子の首が飯田に梟された後に京都に送られて六条の下御霊神社の獄門に梟された、とされている。また、京都妙心寺の記録では、快川国師の嗣南化玄興が織田信長から首をもらいうけ葬儀執り行ない埋葬したとされており、法名が『妙心寺史』(50)に記されており以下の通りである。

龍公華公智雄三禅門秉炬
新損館　玉山龍公大禅門（勝頼）

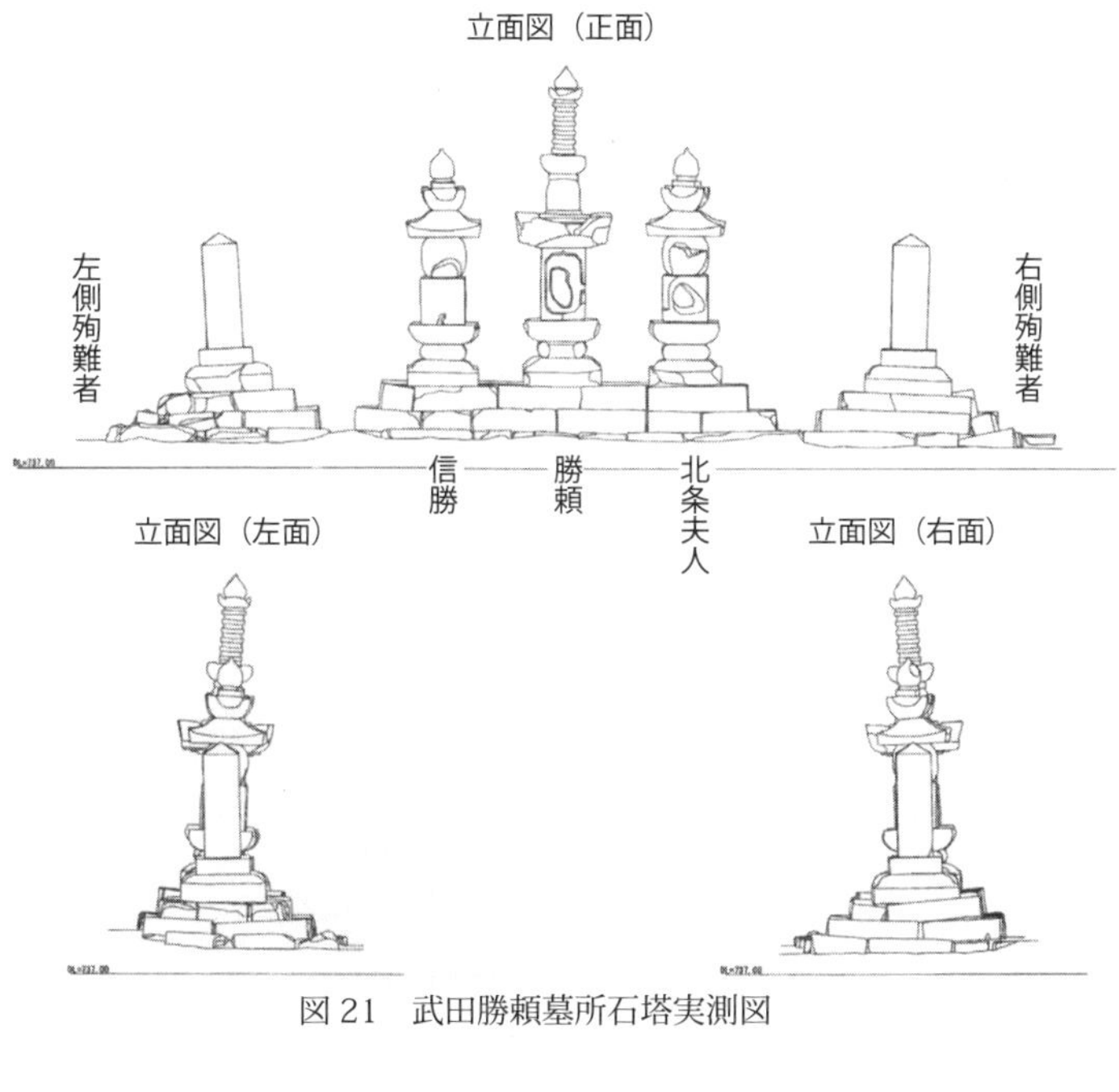

図21　武田勝頼墓所石塔実測図

春山華公大禅門（信勝）
英叟智雄禅定門（信豊）

以上のように明確な記録として限定的に考えられるものはない。

平成十九年に行なわれた整備に伴う発掘調査では、勝頼をはじめとした三人の供養塔とその両脇に立つ殉難者のための供養塔の下部が明らかになった。

勝頼塔は宝篋印塔で、向かって右に北条夫人、左に信勝の五輪塔がある。三基とも石塔の下部に蓮座を置き、返り花座と敷茄子の形式をとる基礎である。

石塔の銘文は、中心に立つ勝頼の墓「二百遠忌」、「安永四年」、「十一世要道」と刻されている。石塔基壇解体により出土した礫石経は、中央の石塔基壇の中から四、八四三点、右基壇から二三六点、左基壇から二三六点が確認された。右基壇から「景徳院殿頼山勝公大居士法雲院（殿）甲巌勝信大居士北条院殿模安妙相大禅定尼」と墨書された遺物が確認されている。また、この遺物の裏面には「安永九子年　七月」、「奉　天瑞　書者」の銘文が確認された。

詳細は、以下の通りである。

（表）仰冀三宝夫俯垂照鑒
上来諷誦金剛般若波羅蜜経
首楞厳神呪大悲神呪黄開甘露門
消息陀羅尼所集功徳者為

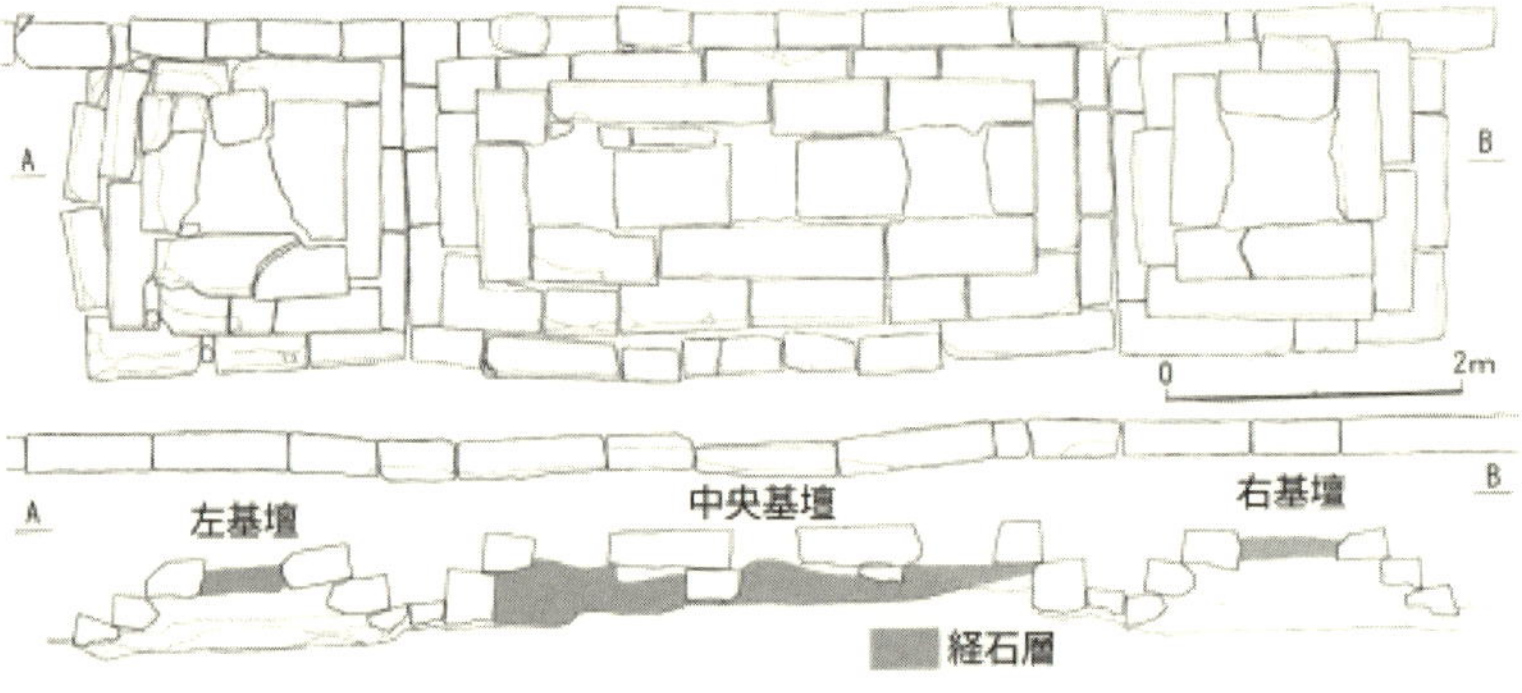

図22　武田勝頼墓所平面図

景徳院殿頼山勝公大居士法雲院甲巌勝信大居士
北条院殿模安妙相大禅尼御家身尊霊
為佛果菩薩各々同圓種智者十方三世一
切佛世尊諸菩薩摩訶菩薩若波羅蜜

（裏）

安永九子年七月　　奉天瑞書者

報告では、石塔に記されている「安永四年」が勝頼の二〇〇遠忌にあたり三基の石塔造立が行なわれ、五年後に左右の殉難者の石塔が造立されたとされている。しかし、礫石経は左右と中央部分からも出土している。おそらくは同時の造立であろうと考える。石塔造立と埋経がずれることはないわけではないが考えづらい。むしろ、五年後であるが「天瑞」によって遠忌の供養とともに石塔が造立され、同時に礫石経を埋納したものと考えることはできないであろうか。ここでは、安永九年の二百遠忌の追善のための造立と埋納供養の結果と捉えておきたい。

つまり、「天瑞」による烈祖信仰や寺隆の復興に向けたパフォーマンスの痕跡としても考えられないであろうか。

（15）　大般若塚遺跡(51)

群馬県みなかみ町の旧三国街道沿いに所在する。遺跡は、旧三国街道の歴史保存のための環境整備に伴い緊急発掘されたものである。遺構は、方形の盛土でその周囲を角礫により基壇状に二段に構築したもので、基壇中央部には埋納土坑が確認された。この埋納土坑は攪乱が著しくその大きさと形態は明確にはできないが、一辺が約一・二m前後、深さ約〇・三m前後の規模を有すると思われる。遺物は、埋納土坑内から、墨書痕跡のある石一七五点、銭貨一一点が確認されている。墨書痕跡のある石は記載された内容により分類されており、人名、人名＋願文、地名に区分されている。また、願文となるであろう「子孫繁富」、「家内安全」の文字が確認されている。報告では、この願文が人名と同一の石に書写されていることから、他の人名についても、供養対象者としての亡者ではなく造塔に関与した縁者であろうとされており、『相定願之事』の寛延四年銘連判状との人名の比較も行なわれている。また、供養碑の銘文には、特に旅人の安全を祈念し、さらに、現世利益的な願意も込められており、大般若経六〇〇巻を読誦し、そのうち理趣分について一字一石の写経を行なったことが明確に記されているが、遺物には経文の可能性があるものはわずかに五点を数えるだけであった。このことは、供養塔の銘文中には一字一石書写を行なったことが明確に記されているが、造立に係わった人間の現世利益、子孫繁栄などの願意に基づき、勧進した聖のような導師の人名だけを記し埋納した可能性が残り、礫石経埋納が省略された興味深い資料として考えられないであろうか。

このほか、石造物に伴い礫石経が確認された例として小千谷市山谷の笠塔婆に伴った例も確認できる。碑面に「妙法宝華寶塔」と刻された笠塔婆の移転に伴い礫石経が確認されており、「享保十六年」に「善祥寺」の十七世の住持が「衆生擁護」を願い埋納されたことが礫石経から明確になっている。

四　古墳の再利用や窟・園地跡出土の礫石経の様相

塚に主体的に埋納されたり、諸堂宇に伴って埋納された以外に、様々な場に奉埋納された類例がある。ここではそれらの類例のうち古墳の主体部などを利用して埋納された例や、高僧に纏わる窟に埋納された例、園地跡とされる場所から検出された礫石経などを中心に触れてみたい。

(1) 古墳の石室を利用した礫石経の奉埋納

古墳の石室を利用した埋納については、すでに全国的な視点からその類例の存在は指摘されており纏められている。[52]代表的な類例では、宮城県長谷寺、道安寺、あるいは九州地方で確認されており全国的に類例が確認できる。たとえば、奈良県の仏塚古墳の石室内では、鎌倉時代後期から室町時代初期の仏具がセットで確認されており、後世に石室を再利用して修法が営まれ、納骨堂として再利用されたことが明らかな類例である。この場合礫石経は確認されていないが古墳を再利用して修法が行なわれる点で共通する点が窺え注意しておきたい。

経塚古墳は、東大阪市上四条町に所在する花草山古墳群に含まれる横穴式石室を有する古墳である。

この古墳の玄門に「如来蔵」と刻された宝暦十三年銘の石塔が造立されている。また、玄室には大量の礫石経が納められており、さらに玄室壁面にも墨書による経典の書写が確認されている。報告に従い詳細を確認したいと思う。

石塔の正面に次の銘文がある。

宝暦十三癸卯年四月八日

如　来　蔵

書写願主沙門實通無恭敬建

そして、「如来蔵」について、山川公見子が次の解釈をされており興味深い(53)。

「如来蔵とは、人が如来となる性質を持っていること、または、人が如来となる空間をさしており、石室を切石で封鎖することにより、閉鎖された中の石室を「如来の胎」と位置づけている。言い換えれば、「如来蔵」という万物の諸相が成立する根源である空間を、古墳の石室を再利用することで具現化したものであろう」としている。また、閉塞の一部が開いた状態は、願主實通が行きをして仏へ通ずるための修験窟的な性格も有していたことが示唆されている。これを裏づけるポイントとして釈迦の生誕を示す「四月八日」が記されていることが重要であるとしている。

壁面に記された経典については、『大佛頂如来密因修勝證了義諸菩薩萬行首楞厳経』巻七を部分的に写したもので、経典の主眼として「接心によって菩提心を了得し真浄の妙心を体得することである」のでそれを阿弥陀を通していかに仏心に目覚めていったのかを述べることによって表現したものとしている。また、この経典が雑部密教に属しているが、「如来蔵の信仰の作善の方法が示されていること」から禅宗的な使われ方をした可能性が指摘されている。

(2) 園地出土の礫石経

遺構の性格上、良好な出土状態を示すものはないが、管見では鳥羽離宮東池[54]、大物浦遺跡[55]や太宰府[56]の調査で確認されているので若干触れてみたい。

太宰府第七八次の調査例は、池跡内から十四世紀中頃から十六世紀中頃に至る陶磁器類とともに確認されている。池跡は、観世音寺子院跡関連の園地であろうと考えられている。礫石経は、共伴関係は明確ではないが「嘉禄三」（一二二七年）と推読されている卒塔婆や柿経と共伴しており、仏教関係の何らかの遺構の存在が注意されている。同様な園地内出土の例として鳥羽離宮東池例がある。時期が明確ではないが十五世紀代の池を埋めた整地層内の出土との報告がある。園地における礫石経や、柿経、納骨塔などの報告例は、九州の井相田Ｃ遺跡[57]、足利の法界寺[58]、岩手県毛越寺[59]などもあるが、各報告では出土状態が明確でないことから廃棄の痕跡として結論づけられており、何らかの儀礼の後に廃棄されたものとして位置づけられている。同様な例としては、大物浦遺跡出土の一、一〇〇個の礫石経がある。この出土例は近隣にある大輪田泊平将門伝説にも関連する港湾遺跡で注目されている。南北朝期に成立したとされる『帝王編年記』承安三年の記事に「石面書写一切経、即以其石得修固、号日経島」と記されており、大物浦の港湾を経典の力で堅固に守るために埋納した可能性が考えられる遺跡である。建物以外の構築物に経典の地鎮効力を望んだ例として重要である。

(3) 高僧に纏わる窟・聖地への奉埋納

聖地への礫石経奉埋納は、下野の大谷寺[60]が挙げられる。

大谷寺は、平安期の磨崖仏でも著名であり、古代より信仰の霊地である。中世の信仰を示すものは多くはないが、凝灰岩製の五輪塔と銅製の椀が遺存している。特に銅椀は次の墨書銘が残っている。

「御器／永□敬白／天文廿／年辛亥／三月十六日／奉皈進／大谷寺／□安」

「天文廿」年は一五五一年である。またこのほか、礫石経が数点遺存しており、その内読める銘文は二点であり、次の通りである。

「右□越者一字一石／経修謹心文　母為／六月」、「梵字六字名号／梵字キャ・カ・ラ・バ・ア／梵字キャ・カ・ラ・バ・ア／南無阿弥陀仏／南無阿弥陀仏／応永廿一」と確認出来る。「応永廿一」年は一四一四年である。したがって礫石経の年代から十五世紀前半代には、霊地としての信仰が遡れ、礫石経の奉埋納が行なわれていたものと推定でき重要である。

続いて、霊地としての窟を利用した埋納例では、江ノ島第一浮窟胎蔵洞下層窟修法遺跡(61)がある。調査は昭和二十九年に行なわれ、多字一石と一字一石書写形式の経石が確認され、室町末期から江戸時代にかけての信仰上、修法上の遺跡であることが報告されている。このほか江ノ島地区内には木食上人洞窟内でも経石が確認されており、高僧に係わる伝承地などへの埋納例として注意したい。造立背景などが具体的な例として次の広見寺般若窟経塚を示しておきたい。

広見寺般若窟経塚(62)

広見寺は、昭和二年に埼玉縣史蹟名勝天然紀念物調査会の縣社寶登山神社社司・塩谷俊太郎により調査が行なわれ明らかにされた。当初は、「広見寺石経蔵」の名称で紹介されている。遺跡は自然の岩盤に横穴を穿ち、これに礫石経が納められており、本来は閉塞されていた状況が報告されている。また、横穴の丘陵上には、「大般若石経蔵」という経碑が残っていることが報告されている。この報告によれば、横穴の大きさは、「窟内廣凡方三間半、高さ七尺容積約十四立方坪、窟口縦五尺五寸横六尺」である。礫石経は、約五千個確認され、大きさは大小様々であり、「楕圓盤形」を呈している。大きいものは厚さ「四五寸」、長さ「壹尺五六寸」、小さいものは厚さ「一二寸」、長さ「四五寸」で、「荒川流域に所在する秩父花崗岩」を用いて、大般若経が書写されていることが確認されている。また、当寺には延享四年銘「大般若石経書写願文並序」、明和五年銘「大般若石経書写願文序」、「大般若石経書写之定規」が伝えられており、大般若経の功徳と石経書写の功徳とが切々と記されている。さらに、「願文」中には、越後紫雲観音菴主宗龍禅師を迎え坂東三十四所観音巡礼の勧請が記されている。当寺は、正徳四（一七一四）年に坂東三十三所観音霊場の勧請を行なっていることが広見寺文書の中で確認されており、明和五年のこの勧請は、正徳年間から五〇年余りが経過しており、正徳年間の次住あるいはそれ以降の住職の勧請であろうとされている。当寺の近隣は、秩父三十三所巡礼札所の十九番、二十一番、二十二番があり巡礼道に当たっている。これらの地理的条件の中で、越後から禅師を招き「坂東巡礼札所」の勧請が行なわれた要因には当寺の寺院経営と大きく係わっているものと思われ、「勧請」に伴い民衆に対する寄付行為の証を示す方法として礫石経の書写が勧められていることに注目しておきたい。近世における巡礼寺院における寺院経営と大きく係わった礫石経の遺跡として重要である。このような類例は、先に触れた千葉県の龍正院の例などにも認められ、観音霊場信仰と近世の霊場寺院の経済経営を考える上において注意したい遺跡である。

得宗和尚の礫石経(63)

新潟県内で最も南に位置する糸魚川市田代に所在する金峰山大雲寺において当寺十二世高雲得宗和尚血書修行の偉業の中に血書による礫石経の存在が大雲寺蔵『血書畧縁記并記録』の中から確認できる。記録では、享保十二年から十三年にかけて法華経八巻、金光明最勝王経一〇巻、首楞厳経全一〇巻、維摩経全一〇巻、浄土三部経を血書により書写されたことがわかり、嘉永二（一八四九）年七月には自ら門前に「血書大般若供養塔」を建立しており、血書修行、断食など難業苦行により悟道に達しようとした禅僧に関連した興味ある資料としてここにあげておきたい。このほか「豪朝禅師(64)」にかかわる経碑が九州地方で確認されており、特定な地域ではあるが高僧に関連した埋納例が確認でき、高僧の足跡を辿ることができるとともに近世における勧進活動の一端が明確な資料として注意したい。

五　おわりに

以上、塚に埋納された礫石経と、塚以外から出土する礫石経を概観したが、様々な遺跡において、様々な信仰に基づいて礫石経の埋納や奉納が行なわれていることが明らかになった。以上の出土礫石経の様相をもう一度概観してみると以下のようになる。

塚に埋納された礫石経の年代観は十六世紀代が中心であり、十五世紀まで遡る例は現段階ではない。そして造営は、個人ではなく結縁による場合が多い。この場合結縁は同族であったり、地域の講のような紐帯を介する人々による例が確認できる。年代観から六十六部聖の関与も大いにあったものと思われる。平尾経塚のように経筒を埋納した例もあることがこれを裏づけよう。目的としては、追福追善が主たる願意と思われる。

そして塚以外に埋納される礫石経は、様々な場面で礫石経を用いていることが明らかになった。目的ごとに分類してみると、すでに触れたように、①回忌供養に伴う場合や、②宗祖や祖烈の遠忌塔に伴う礫石経がある。そのほか③葬送に伴う礫石経が挙げられるが、③に示した葬送と礫石経については次節で詳しく触れたい。

註

(1)　関　秀夫『経塚の様相とその展開』雄山閣出版、一九九一年

(2)　三宅敏之「遺跡と遺構」(『新版仏教考古学講座』第六巻　経典・経塚、雄山閣出版、一九七七年)
　三宅敏之「経塚造営について—藤原兼実の埋経を中心として—」(『史学雑誌』第六七編第一二号、一九五八年)

(3)　註(1)に同じ

(4)　註(2)に同じ

（5）註（1）に同じ
（6）財団法人茨城県教育財団「湿気遺跡」（『茨城県教育財団文化財報告ＸⅠ』一九八一年）
（7）島根県教育委員会「大師山経塚」（『島根県埋蔵文化財調査報告書』第Ⅱ集、一九七〇年）
（8）小林　修「棚下不動堂埋納の礫石経―棚下不動寺経塚について―」（『群馬考古学手帳』一六、二〇〇六年）
（9）中目経塚調査会「会津坂下町中目経塚」（『福島考古』第一七号、一九七六年）
（10）霊山町教育委員会『行人田遺跡』一九八三年
（11）註（1）に同じ
（12）財団法人香取郡市文化財センター『千葉県香取郡大栄町かのへ塚・寺ノ上遺跡』一九九一年
（13）富山市教育委員会『富山市塚根経塚発掘調査報告書』一九七八年
（14）石川県教育委員会『金沢市河原市遺跡』一九七四年
（15）藤沢一夫氏蔵「土砂加持作法」（『真言秘密作法書作法部巻第三』永享六年銘）
（16）斎藤　忠『日本史小百科４　墳墓』一九七八年
（17）註（16）に同じ
（18）群馬県利根郡新治村教育委員会『三国街道　大般若塚発掘調査報告書』一九八八年
（19）郡山市教育委員会「馬場小路」（『郡山東部Ⅲ　穴沢地区遺跡』一九八三年）
（20）岩手県教育委員会「南館遺跡」（『東北新幹線関係文化財調査報告書』Ⅵ、一九八〇年）
（21）大阪府教育委員会『喜連東遺跡　（KR86－3）現地説明会資料』一九八二年
（22）江崎　武「下古館遺跡の再検討」（早稲田大学考古学会『古代』一二一号、二〇〇八年）
（23）鳥取県関金町教育委員会『大河原経塚』一九八五年
（24）島根県教育委員会「益田・水分経塚」（『島根県埋蔵文化財調査報告書』第Ⅸ集、一九八五年）

(25)渋谷興平・渋谷　貢『堀之内遺跡』一九八二年
(26)財団法人愛媛県埋蔵文化財調査センター『上三谷古墳群』一九八七年
(27)山田宗之「諏訪経塚の経石について」(『但馬考古学』第五号、一九八八年)
(28)『鉾旗遺跡・鉾旗経塚』丹川村教育委員会、一九八六年
(29)埼玉県飯能市教育委員会『宝蔵寺経塚調査報告書』一九八七年
(30)水沢市教育委員会『水沢遺跡群範囲確認調査　平成十三年度発掘調査概報　正法寺』二〇〇二年
現地で水沢市教育委員会・高橋千秋氏より説明を受け、資料の提供を受けた。
(31)藤田定興「近世における禅宗寺院存立の具体例―信達地方の妙心寺派寺院を中心として」(『福島県歴史資料館研究紀要』第二号、一九八〇年)
(32)武甲山総合調査会『秩父武甲山総合調査報告書〔中巻〕武甲山山頂遺跡発掘調査報告書』一九八七年
(33)註(8)に同じ
(34)有富由紀子「妙法寺祖師堂床下の経塚」(『杉並区立郷土博物館研究紀要』第八号、二〇〇〇年)
(35)福島県磐梯町教育委員会『伝徳一廟保存修理工事報告書』一九八三年
(36)是光吉基「中国」(『考古学論究』三号、一九九四年)
(37)茨城県協和町教育委員会『町指定文化財(建造物)宝篋印塔移設調査概報』一九八七年
(38)註(37)に同じ
(39)龍正院『千葉県指定有形文化財　龍正院銅造宝篋印塔保存修理工事報告書』一九九二年
(40)下総町教育委員会『下総町史　近世編　史料集Ⅱ』一九八九年
(41)稲城市教育委員会『稲城市平尾原経塚発掘調査報告書』一九七八年
(42)菅原正明「和歌浦の妹背山多宝塔」(和歌山県立博物館『研究紀要』第六号、二〇〇一年)

菅原正明『久遠の祈り　紀伊国神々の考古学②』清文堂、二〇〇二年
(43) 名著出版『南紀徳川史』第一冊、一九七〇年
(44) 福島県湯川村教育委員会『常法寺経塚』一九八二年
(45) 富士宮市教育委員会『駿州富士郡二股村石経塚』一九八七年
(46) 大田区教育委員会『大田区の近世経塚』（大田区の埋蔵文化財第一三集、一九九〇年）
(47) 山梨県立考古博物館『第十一回特別展図録　山梨の経塚』一九九三年
(48) 註(47)と同じ
(49) 山梨県考古学会『山梨考古』第一〇四号、二〇〇七年
(50) 川上孤山『妙心寺史』思文閣、一九七五年
(51) 註(18)と同じ
(52) 斑鳩町教育委員会『斑鳩・仏塚古墳』一九八〇年
(53) 山川公見子「仏教信仰による横穴式石室の再利用」（藤井直正古稀記念論文集『摂河泉とその周辺の考古学』二〇〇二年）
(54) 京都市文化観光局『鳥羽離宮跡発掘調査概要―平成元年度』一九八八年
(55) 神戸市教育委員会『福原京とその時代』一九九六年
(56) 九州歴史資料館『大宰府史跡―昭和六二年発掘調査概要』一九八八年
(57) 北九州市教育委員会『井相田C遺跡』一九八八年
(58) 足利市教育委員会『法界寺跡発掘調査基本計画書』一九九二年
(59) 岩手県立博物館『岩手の経塚』二〇〇〇年
(60) 大谷寺の礫石経は実査による。
(61) 石野　瑛「江ノ島第一浮窟胎蔵洞下層窟修法遺跡並びに経石」（『日本考古学年報』七、一九五八年）

（62）埼玉県『自治資料　埼玉県史蹟名勝天然紀念物調査報告　史蹟及天然紀念物之部』第四輯、一九二八年
（63）青木不二夫『金山血書房得宗の研究』一九八八年
（64）熊本市文化財調査会『昭和四七年度熊本市文化財調査報告書』一九七三年

第四節　葬送と礫石経

一　はじめに

十一世紀後半から十三世紀の顕密仏教の宗教的危機意識としての末法思想は、五十六億七千万年後の弥勒下生の時に龍華三会の説法に値遇したいとする思いを主たる願意として経典埋納を促したが、未来へ経典を保全する願意を基本としながらも「現世安穏・息災延命」「上品下生・極楽浄土」「値遇慈尊出世」や現世への祈り、来世への信仰などの様々な願いが込められ経典埋納という儀式として執り行なわれてきたことは経筒の銘文などからも明らかである(1)。本来は、あらゆる儀軌に則った如法経作法による経典書写を行なうことに願意達成の意が込められていたのであろうが、これらは経典保全の意識は薄れ、経典を霊地、霊所などに「奉埋納」するという儀式にすり替えられていったと思われる。ここには寺と貴族層の間に勧進と勧請のシステム形成を看取できる。勧請は重要な意味のある場所に諸仏、諸神の分身、分霊を望むことで目的を達成しようとするものであるが、「如法経雑事」の中の「奉納事」に記されたように自由な場所への奉埋納を促すことで、奉埋納行為を儀式の中心に変化させたものと思われる。

「一、奉納事

　或本所（如法、堂辺）、或霊所霊社、或墳墓砌、各在願主意楽……」(2)

やがて、奉埋納の儀式は、勧請以外に様々な目的を付加させることで鎌倉期には各地に広まった。あらゆる目的の一つに菩提や死霊供養的な意を目的とした埋経と同じレベルで葬送に用いられ墓へ埋納した例が多いことが指摘されている。そこで、すでに指摘されているところではあるが墓と紙本経の関係を確認し、紙本経の経典埋納の系譜の最終的な形が礫石経の埋納である可能性を考えてみたい。

二　文献からみた墓と経典埋納

経典が墳墓へ埋納される例について考えてみたい。とりわけ古代の葬送を執り行なえる階層は貴族層であり、天皇が主な対象者として記録に散見する。(3)大方は官葬であると見てよい。そこで「儀式」として行なわれた葬送における経典埋納を見てみたい。平安貴族層の葬送については田中久夫の先駆的研究(4)に支えられながら見てみたいと思う。

九世紀段階における墳墓への経典埋納の早い例は、仁明天皇が挙げられる。天皇は、嘉祥三（八五〇）年三月清涼殿で崩じ、四日後に深草山陵に葬られた。陵には陀羅尼を納め、卒塔婆を造立したことが記されており、墳墓における経典埋納と陵墓における石塔造立の最も古い段階の記述としてもすでに指摘されている。また、陵側には、御子の文徳天皇によって嘉祥寺が建立され、嘉祥四（八五一）年二月には仁明天皇が使用されていた清涼殿の移築が行なわれ、三月に同寺で一周忌の法要が営まれている。(5)

十世紀段階における同様な例としては、寛政五（一七九三）年に法印権大僧都守満によって謹識された比叡山天台座主である慈恵大師（良源）『御遺告』をあげることができる。(6)

良源は寛和元（九八五）年に没するがそれ以前に遺言として遺告を残したものである。『御遺告』のうち「葬送事―拾骨所」の部分に次の記載があり、仁明天皇同様に陀羅尼を納めた石卒塔婆を造立することを命じていることがわかる。

「葬送事―拾骨所」（『御遺告』）

（前略）

拾骨所。
入棺焼所。人々中可勤之。
右卒塔婆生前欲作運。若未運前命終者。
且立假卒塔婆。其下堀穴深三四尺許。
置骨於穴底上可満土。四九日内作石卒塔婆。
可立替之。是為遺弟等時々来禮之標示也。
卒塔婆中安‐置随求大佛頂尊勝光明五字阿弥陀等真言。
生前欲書儲若未書入滅者。良照道朝慶有等同法可書之

十一世紀段階には、白河天皇の中宮藤原賢子は応徳元（一〇八四）年九月、三条内裏で崩じ、遺体は翌々日に備後守経成の四条高倉の宅に移し、その六日後に鳥戸野で火葬され遺骨を瓶容器に入れさらに金銅小塔に納入され、石櫃に納めて円光院の仏壇の下に埋納されたことが記載されている。埋納された石櫃と金銅小塔については「応徳二乙／丑七月日」（一〇八五年）の刻銘を有する石櫃と銅紙に真言を墨書した経巻を納めた五色彩の銅製五輪塔が旧円光院の仏壇跡から慶長十三年に掘り出されているという(7)。

さらに、同時代の葬送における経典埋納例は、大治四（一一二九）年七月に崩じられた白河天皇の葬送にも確認できる。白河天皇の場合は、衣笠山東山麓、香隆寺西北で火葬され、拾骨された後に香隆寺に安置され、その二年後に鳥羽の東殿にある木造三重の塔の塔下に埋納されたことが記録されている。埋納の際に銅箱入りの銅紙漆塗金字経と金胎両阿弥陀仏像を納めた銅小塔も埋納されたという。

同様な例は、鳥羽天皇とその中宮である待賢門院藤原璋子の両葬送の記録においても確認することができる。

また、天皇関係以外の貴族階層についてみても次の文献例があげられ、特定階層以上の埋葬に伴って墳墓への経典

の埋納が行なわれたことが明らかである。(8)

藤原兼実の日記で著名な『玉葉』には、埋経供養が記されているので見ておきたい。兼実は、安元二（一一七六）年に智詮阿闍梨の熊野詣に際して「臨終正念」、「往生極楽」、「一切衆生」を願文として金泥心経を託したことが記されている。

また、養和二（一一八二）年の四月十六日の条には、

「此日如法経終写功奉埋最勝金剛院山。（故女院御墓所近辺也）先奉書終之後、余書願文并名帳、奉入筒了。入筒之後書手各付封。其後補闕分。（経円阿闍梨勤之）次十種供養。日来道場依無便、奉渡御経於御堂、導師智詮阿闍梨也。十種両方儲之、其外供養八燈。其後奉渡法性寺。聖人四人之外有仮聖人等。御経奉出之後、余、大将、僧都、同車向法性寺。自外道参会也。自御所門内歩行。輿傍奉埋之後、以石（兼運）置之築垣、其上立石五輪塔。（法性寺座主被書梵字也）其後於御墓所読阿弥陀経了。帰参御堂之後帰宅。今日十種供養有小捧物。道場荒涼之人不可入。仍只自後戸辺送宿所也。余帰宅之後又以別捧物送僧都之許。日来此行之間殊被入力之故也。」

また、「此日如法経終写功奉埋最勝金剛院山。（故女院御墓所近辺也）」の「故女院」は、「其所求之意趣（略）為消戦場終命之輩怨霊也（略）。且又此願上分欲資故御菩提」とある「故御菩提」と同じ人物で、日記を記した前年の養和元年に亡くなった兼実の異母姉である皇嘉門院聖子の霊を指している。つまり、皇嘉門院聖子の死霊に対しての追善供養のために十種供養を行なった如法経を「御墓所近辺也」に埋納したことを示している。

さらに、文治元（一一八五）年八月には、

「無動寺法印相具如法経、被参笠置寺、為先師法親王書写如法経、為奉瘞彼霊屈也」

とあり、無動寺法印（慈円）が彼の師であり、養和元年に没している故「覚快法親王」のために如法経を修して「屈」に埋納していることが明らかである。

また、建久六年九月十五、十六日条を見ると、十五日には「此如法経為先妣」、「自是向光明院先母墓所也、修小仏事、即奉埋経」と記されていることから、亡き母のために仏事として埋経を行なった例である。

以上見たように、兼実が如法経書写供養に結縁して参加している中で、故皇嘉門院の追善を発願し、墓所の近辺に埋経供養を行なったことが明らかであり、後の建久六年の光明院の埋経も、近親に対しての追善供養であることがすでに指摘されている。[9]

また、鎮源編の『本朝法華験記[10]』（下巻）に肥後国官人某の説話として引用される中に次の文章がある。

「昔有一聖、此西峯上立率都波、籠法華経立誓願言、願法華経住此境野、救済受苦一切衆生、爰積年月、塔婆破損、妙法華経随風、往散他方世界、妙之一字、猶住此処、利益衆生、当知此処羅刹悪鬼所集之処、我住於此、度諸衆生、免羅刹難」

法華経の霊験は、塔婆が朽ちようとも「妙」の一字で見事に所願成就で利益衆生になることが説かれている。一字の経典の大きさを説いたものとして、礫石経の発生に係わる意味合いを有しているものと思われ注視したい。

また、昭和三十六年に大阪で発見された覚超『修善講式[11]』には、

「此処ハ是レ部内ノ大衆ノ有縁□□子ノ勧ニ依テ過去・現在ノ父母・祖先・近親并郷内ノ有縁・無縁ノ存亡□輩ヲ計ヘテ其ノ為ニ□佛ヲ捺シ、又彼輩及自身并□界衆生平等利益ノ為ニ仏ヲ図シ経ヲ書テ卒塔婆ヲ霊験地ノ佛地ヲシテ毎年今日恭敬□□□奉ル処也。……」と記しており、墳墓、霊地、霊廟への埋経を勧めている。

また、『兵範記[12]』には、久寿二（一一五五）年五月二十日の条、

「（前略）年来供養阿弥陀経数百巻、納竹筒、其穴四方立亘之、其中安御骨瓶、其上奉埋之、立卒塔婆、構釘貫、……」

同『兵範記[13]』仁安二（一一六七）年七月二十七日の条には、

「次奉殯穴底、乍革袋うつふしに、次埋土其上立五輪塔奉埋也、故實也被書法華又構釘貫、其邊立六萬本小卒土婆

経六部也」

『長秋記』[14]天承元（一一三一）年七月九日の条には、

「其所安御骨壺、其上覆石蓋、其上置止銅御経、銅紙漆金字銅筥、其上又置土(以下省略)」が埋納例としてあげられる。

九世紀から十二世紀における史料で確認できる葬送に伴う経典埋納例を見てきたが、ある時期には天皇関係の人間であっても蓮台野などに遺棄され、さらに一般民の間では平安京内に遺棄された例もかなりの数であると思われる。[15]このことからも特に当該期における一般民衆の葬送儀礼は中央の平安京内はもちろんのこと、地方でも墓が確認されていないこともあり明確ではない。

続いて中世にみられる葬送に伴う埋経について、文献例をいくつか見てみたい。追善供養として経の埋納が確認できる例は、『門葉記』の応安年間の記述に、青龍院における二親王の三十三回忌供養に伴う経典の埋納や、故禅尼墓所あるいは、光明院墓所に追善、廻向を目的とした如法経の埋納が行なわれたことが記述されており、特定の階層の供養作法として、経の埋納が行なわれたことが確認できる。[16]

特に次の文献資料については、経塚と墳墓との関連を示す史料としてすでに指摘されており、墓と経典埋納供養を考える上においては重要な文献といえるので注意しておきたい。

『摂津多田荘政所沙弥某禁制状写―摂津満願寺文書―』文永十（一二七三）年閏五月二十二日の条には、

「右山者、為満願寺仏前之上、為如法経数部奉納之地、諸人幽霊之墓所也」。[17]

『三長記』[18]建永元（一二〇六）年九月六日条には「今日前大僧正於₂故御殿墓所₁令₂供₋養如法経₁給。即被₂埋₋御墓傍₁。……」とあり、前年の二月に亡くなった子供である良通の追善に嵯峨にある墓所近辺に埋納したことが明らかである。

これまで確認したように、古代から中世における文献からみた葬送に伴う経典埋納は、いずれの場合も紙本経であり、特定な墓への埋納は九世紀段階にすでに行なわれていたことが明確である。文献的には仁明天皇を上限に九世紀中頃を嚆矢として確認できる。考古学的な資料からは、太安万侶墓調査の事例が紹介され、墓内部で確認された被熱した真珠の存在が法華経に現われている珠類とされ仏式による葬送儀礼の想定も指摘されており、紙本経の埋納が八世紀前半に遡る可能性も併せて指摘されていることも注意しておきたい[19]。さて、文献にみた経典埋納はすべて紙本経であるが、経典埋納に視点を当てると、紙に書かれた経典以外に墓に納めた経典の例としては石が挙げられる。つまり礫石経である。ここでは、墓に伴って埋納された礫石経に着目してみたい。前節で触れた「塚」に埋納した礫石経や、建物建設に伴って埋納された例との違いを出土状態などによって確認してみたい。中世から近世における代表的な例を取り上げ、墓への埋納状況などを確認することで、葬送における埋納目的やその方法の一端が垣間見れればと考える。

三　墓と礫石経埋納の様相

(1) 群馬県慈光寺

慈光寺[20]は天台宗関東別院都幾川山一乗法華院と号し、釈道忠による開山とされている。寺宝には、貞観十三（八七一）年前上野国権大目従六位阿部朝臣小水麿奉納の墨書大般若経をはじめとして、国宝紙本墨書法華経、寛元三（一二四五）年銘銅鐘、同徳治二（一三〇七）年銘金銅密教法具などが伝えられ、古代以来中世にわたる信仰を今に伝えている。

今回ここで触れる礫石経は、国指定重要文化財で、慈光寺に現存する最古の建造物とされている開山堂下より確認されている。寺記には、この開山塔は開山釈道忠の入定地に建立されたという伝承が残っているがその造立年代については定かではない。現在の開山塔については、天保年間に参詣した「入間郡勝呂村　林言海」の雑記に次の記録が残されている。このことと建築様式などから、室町時代末頃の十六世紀中葉の段階の造立年代が考えられている。

【慈光寺大塔開山堂也露盤銘】

武州天台別院都幾山慈光寺開山塔并奉鋳升形

願主権大僧都重誉　天文二五年丙辰二月六日
西蔵坊　大工小韓　仕廻松本日迓助」

しかし、基壇部の調査では、基壇内部中央で、直径約一・二m、深さ約〇・九mを有する土壙に、十四世紀段階の渥美窯の壺が骨蔵器として使用されていたことが確認されている。礫石経はこの基壇の内外から確認されており、当寺中興開山の墓所に礫石経が埋納された可能性が高く、礫石経の埋納年代も、上限は骨蔵器に伴って埋納された時期を上限とし、下限については「露盤銘」などからも天文二十五年を下らないものと思われる。さらに、注意したいのが、土壙周辺では、木炭片とともに骨片も確認されており、茶毘の場と埋葬の場が共通した火葬墓としても注意したい。

茶毘と埋葬ということについて注意してみると、正応三（一二九〇）年八月に入滅された西大寺叡尊の墓である西大寺奥之院五輪塔や、正応五（一二九二）年八月に入滅された唐招提寺法興二世証玄和尚の墓にも五輪塔が造立されており、茶毘所の上に墓塔としての五輪塔が建立されている。また、嘉元元（一三〇三）年に入滅された叡尊の法弟鎌倉極楽寺忍性の葬送においても茶毘所の上に五輪塔が造

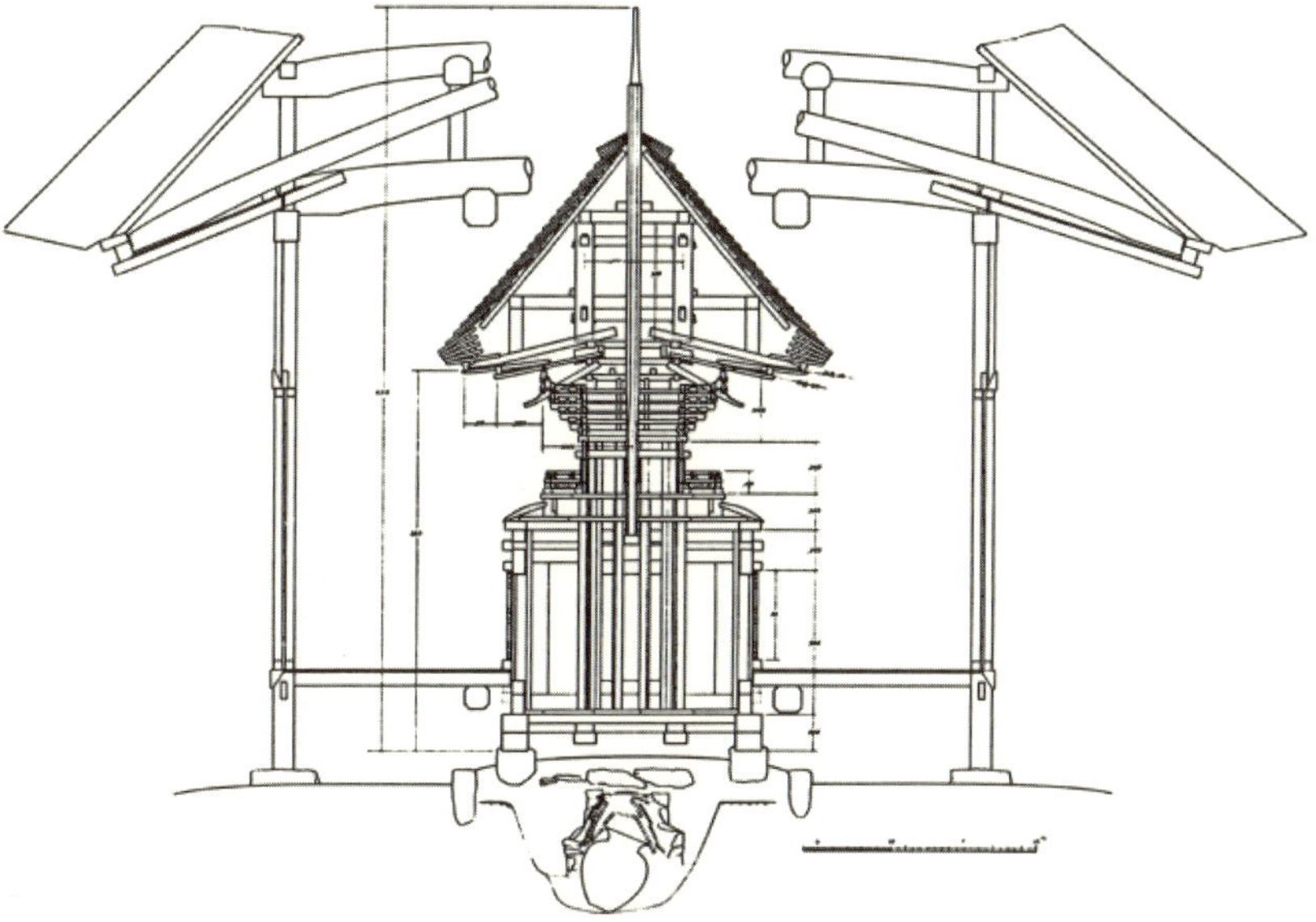

図１　慈光寺開山塔

塔されたことが確認されている。このことは中世における真言律宗系の葬送儀礼の埋葬形態を端的に示す明確な資料として、慈光寺の宝塔下層の墳墓の意味づけを考える上に注視しておきたい。

このほか、特定の墓域に埋経された礫石経の例として「やぐら」出土の礫石経があり、鎌倉市材木座新善光寺跡内やぐらや、多宝律寺やぐらがあげられる。

(2) 神奈川県新善光寺跡内やぐら

新善光寺跡内やぐら(21)は、二基のやぐらとコ字状遺構からなり、正確にはこの「コ」字状遺構から礫石経が出土している。遺構は幅約七m、高さ五m、奥行き五・五mの「コ」字を呈するもので、遺構内に火葬墓二基、一間×二間の玉垣状遺構、納骨穴二基が確認されている。礫石経は、これらの遺構を覆うように長軸三・七m、短軸一・七m、厚さ〇・二m内外の範囲で一面に敷き詰められているのが確認されている。多字一石の形式で書かれ、法華経第一〜三品、十二・十三・十七品の経文と法華経以外の台密四門真言の梵字も確認されている。

礫石経の年代的な位置づけは、骨蔵器に利用された中国元代の白磁四耳壺の類例が、若干地域は離れるが、埼玉県東松山市の光福寺所在の関西形式の宝篋印塔の基壇下層から出土している(22)。光福寺宝篋印塔の基礎部分に「元享癸亥」の銘文が刻されており、白磁四耳壺の年代を押さえることができる。

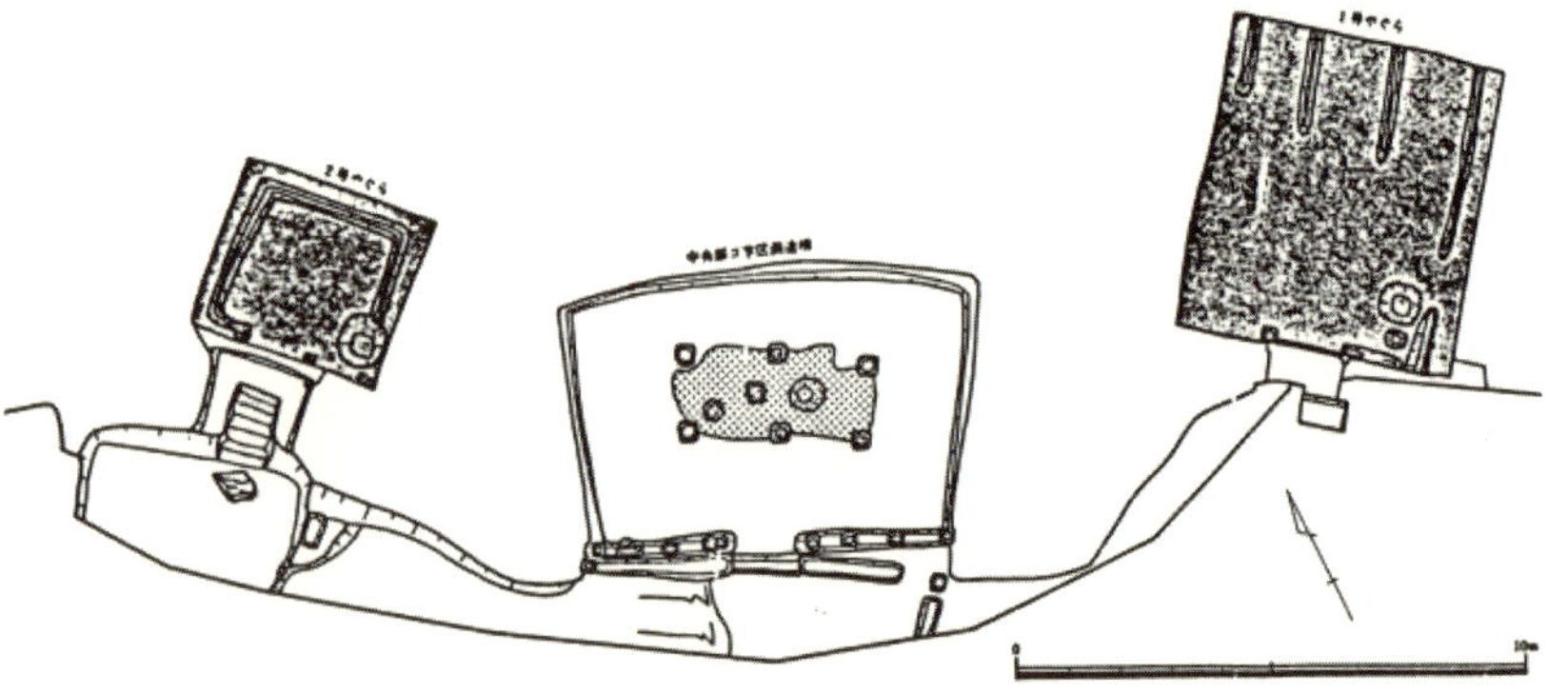

図２　新善光寺跡内やぐら

「奉造立宝篋印塔一基　右塔婆者　大日本国
武州比企庄大岡　此国山福（禅）寺沙門鏡空
了円　元亨癸亥□□仏成道日起之誌之矣　当
寺大檀那　比企尼妙明　藤原光定朝臣　施主
沙門聞阿」

また、同骨蔵器内には、火葬骨、水晶製数珠九個、木製数珠、経巻残欠も埋納されていたことが確認されている。

以上の銘文と形態的な特徴から新善光寺跡内やぐら出土の白磁四耳壺も同時代的な遺物として十四世紀前半に位置づけられよう。また、同様な出土状況を示す遺跡として多宝寺跡やぐらをあげることができる。

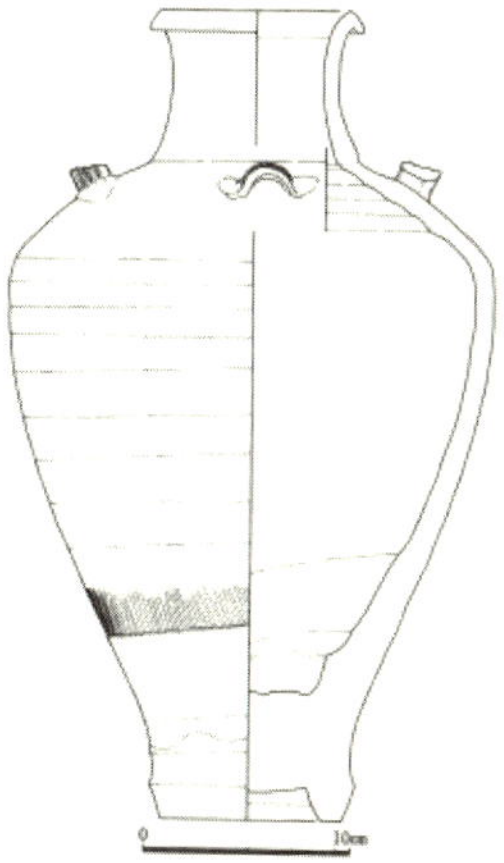

図３　白磁四耳壺

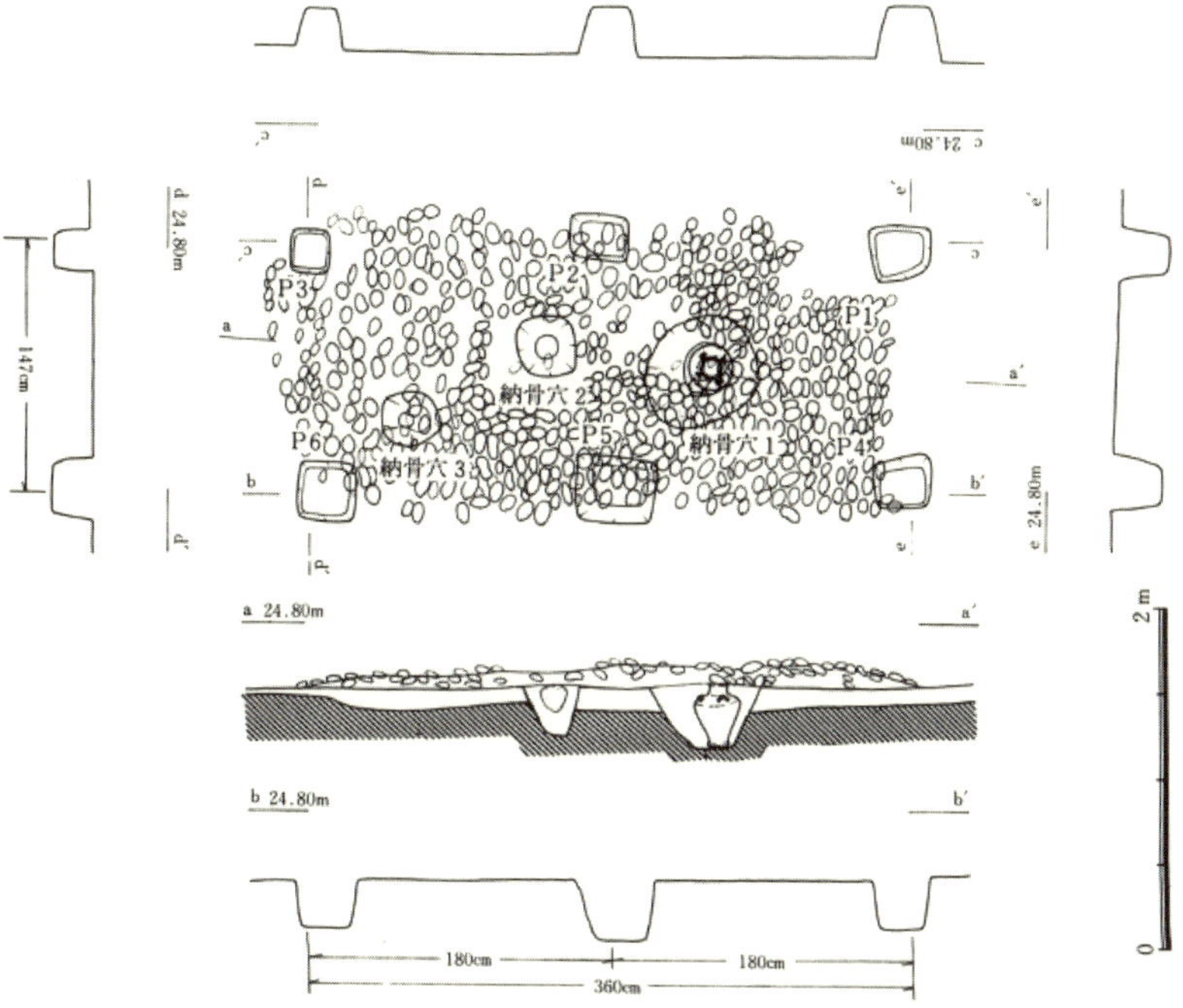

図４　新善光寺跡内やぐら遺物出土状態図

(3) 神奈川県多宝寺跡やぐら

やぐらの構造は平天井を有する片袖式である(23)。共伴の骨蔵器は古瀬戸瓶子を用い、土坑を穿ち埋納している。礫石経は、この骨蔵器の上面を覆うように埋納されており、きわめて新善光寺の出土状況に酷似するものである。

年代的な位置づけは、多宝律寺やぐら群が十三世紀中葉から十四世紀後半に展開されたことが指摘されており、この礫石経を出土した窟は群中最も古く位置づけられる一群に属している。また、礫石経の出土状況は先に示した新善光寺跡内やぐらに出土状況がきわめて似ていることからも、十四世紀を相前後する時期の所産として考えられる。この十四世紀前後の時期は、当寺は「称名寺結界図背書」に「元亨三年……多宝寺長老俊海律師」が認められるように律宗寺院であったことがわかり、このやぐらの性格として、当寺に関係した僧侶あるいは檀越の墳墓窟としての性格を強く示していることが指摘されている。

やぐらの築造と律宗との関係については以前より論究されている。やぐらという特殊形態の墳墓窟に伴い礫石経が埋納されている例が鎌倉内の周辺地域にもいくつか確認されており、やぐら内に営まれた火葬墓に伴う礫石経の例が意外に多く、特定の時期に特定集団や宗派による葬送儀礼、供養行為に伴う埋経として捉えられる。そして葬送には、忍性らの存在などからも東大寺、西大寺に認められるような中世律宗寺院における下層僧徒として存在した斎戒衆などの存在も想起させられる。これらの問題については、やぐらの年代的な位置づけと遺構内に見い出される遺物などから供養の復原を行なうことにより今後明らかにされるであろう。

(4) 福岡県横岳遺跡

横岳遺跡(24)は、これまでの調査で掘立柱建物、礎石建物が確認されており、中世横嶽崇福寺の建物に関する遺構の一部が明らかにされてきた。そして近年の調査によって、推定「心宗庵」と中世前期後半の墓群が確認された。この遺構群は、『横嶽志』に記載された「開山及歴代諸祖塔散在於東西林麓」に合致する可能性が非常に高いことが調査成果として特筆されている。また、検出された遺構群や、現地に残る地名、地形などの分析から『伽藍図』との比較検討による復元的な研究の一端も報告されている。1ST二〇〇という遺構は、三時期ある時間軸のうち、最終段階の遺構である。墓として造墓が繰り返し行なわれてきたがその最終段階に、荒廃した墓の石塔類を回収して、改めて造立する墓の基礎部分に取り込んでいることが明らかになり、段掘りされた遺構の中心土坑部分に礫石経を埋納しており埋経による供養的な行為・儀式が執り行なわれた可能性が指摘されている。

1ST二〇〇の被葬者は明確ではないが崇福寺山主に係わる墓群の内の遺構で、歴代の墓が荒廃した状態の中、集約的に墓の改葬が執り行なわれ、その際に古い石塔を埋納し、供養として礫石経の経典埋納が行なわれた可能性が高いものとして位置づけられる。高僧や祖烈に係わる信仰に基づいた顕彰行為としての改葬と経典埋納行為であったといえる。

そして、あまり時間差がない状況で礎石建物が建立されている可能性があり、礎石建物に伴う遺物として、建物の

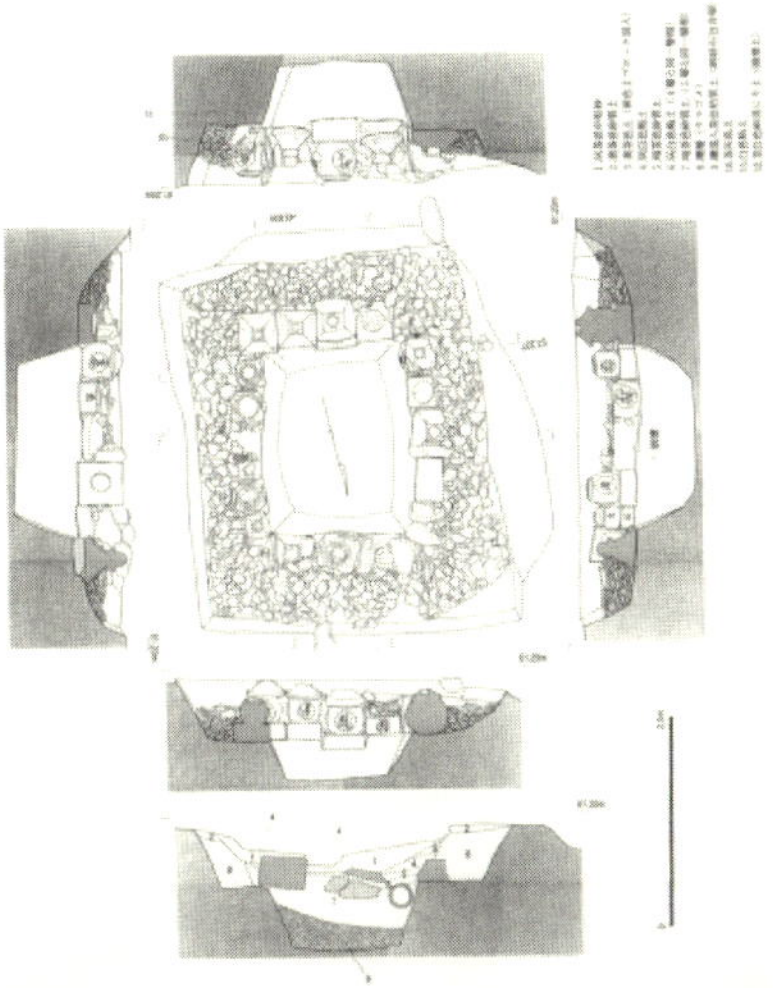

図５　横岳遺跡遺構図

図６　横岳遺跡全体図

中心に位置する所から甕と骨片が確認されていることから、墳墓堂的な性格を有した建物の可能性も高いものと思われる。つまり、墳墓堂の建立に際して、周辺に造立されていた歴代に関連する墓塔群を整理改葬し、埋経の供養が執行され儀式の後に上部に礎石建物が建立された状況を示しているものと捉えられる。遺物からすると二代にわたり葬送が行なわれた可能性が高いことも指摘されている。このような調査結果は、墳墓堂の成立と、寺院内における歴代の葬送の一端が明らかな事例といえよう。

(5)　新潟県小千谷市桜町竜ケ池塚群

竜ケ池塚群[25]は、西から東へ緩やかに傾斜した愛宕山の最も裾野部分に当り、東は集落が広がる位置に所在している。

調査は、昭和五十六年から五十七年にかけて二次にわたり行なわれている。調査の結果、当遺跡は、十四世紀中葉から十六世紀前半にかけて機能した墳墓群であることが確認された。礫石経は、六×七・五ｍのほぼ方形の基部を有し、高さ一・六ｍ前後の墳丘の上面で、ほぼ四ｍ四方の範囲に厚さ一五㎝程度が確認されている。このことから埋納施設などなく、墳丘を被うように埋納されている状態であることがわかる。この墳墓群は、二時期以上の造成拡張が考えられ、報告中第二四号墳とされている墳墓群が最も古く当初の墳墓群として考えられ、第二二号墳とされている礫石経が確認された墳墓群は、第二四号墳墓群を造成拡張して構築されたことが、墳墓群の土層断面から窺える。墳墓群の時期に関しては、緑泥片岩製板碑が出土しており、近隣の遺跡との比較により十四世紀中葉の年代が考えられている。また、珠洲系陶器については十五世紀前半に位置づけられること[26]から、礫石経もこの十五世紀代の成立が考えられ、礫石経の経塚を中心として墓域が形成されていった事例として重要な遺跡である。

(6)　長野県山寺廃寺跡出土礫石経

大町市社関田に所在する山寺廃寺[27]の旧寺域内から確認されている礫石経がある。山寺廃寺跡は寛延四（一七五一）

年の『盛蓮寺観音堂縁起』によれば、仁科盛遠の母、仏母尼の建立した高野山遍照光院の末寺であったとされている。寺域は、山の斜面を利用し三段よりなり、平坦面には鐘楼跡なども含め七堂の伽藍を備えた寺であったとされている。礫石経は、別当寺跡（字山寺四一五六―一二）とされている平場の裏手より確認されており、共伴の遺物には骨蔵器としての古瀬戸の瓶子と同四耳壺、青磁水注が確認され、これを取り囲むように多くの土器と礫群が確認されている。骨蔵器内には多くの骨片と、炭化物が詰まった状態で確認されている。また、さらに、これらの周囲からは、五輪塔の笠部や、灰釉陶器小皿、青磁なども検出されたことが報告されている。

この骨蔵器の年代については、中世前半に位置づけられるとして明確に時期には触れていないが、図７―１は、鎌倉市扇ケ谷多宝寺やぐら出土の黄釉四耳壺にきわめて類似しているように思われる。多宝寺やぐら出土の黄釉四耳壺は、嘉暦二（一三二七）年銘の五輪塔の下部に埋納されており骨蔵器として用いられていたものであり、五輪塔の年代から十四世紀第２四半期の年代に位置づけられているものである。さらに、２・３の古瀬戸の瓶子は岐阜県白山長滝神社境内出土の正和元（一三一二）年銘の黄釉瓶子に類似しており、四耳壺とほぼ同時代の時期に位置づけられている。経石は骨蔵器の真上に若干の間層があり、蓋のような状態で埋納されていた。経石は二五・四×二三・五×一〇㎝の大きさで、経文は法華経常不軽菩薩品第二〇を六面全面にわたり整然と書写されている。共伴の出土遺物から、この伝別当寺跡周辺は墓所であったと思われ骨蔵器に伴い埋納された礫石経の経石として注意しなければならない。さらに、以上のような調査結果などからは、当遺跡は、長野県内において年代の明確な多字一石書写形式

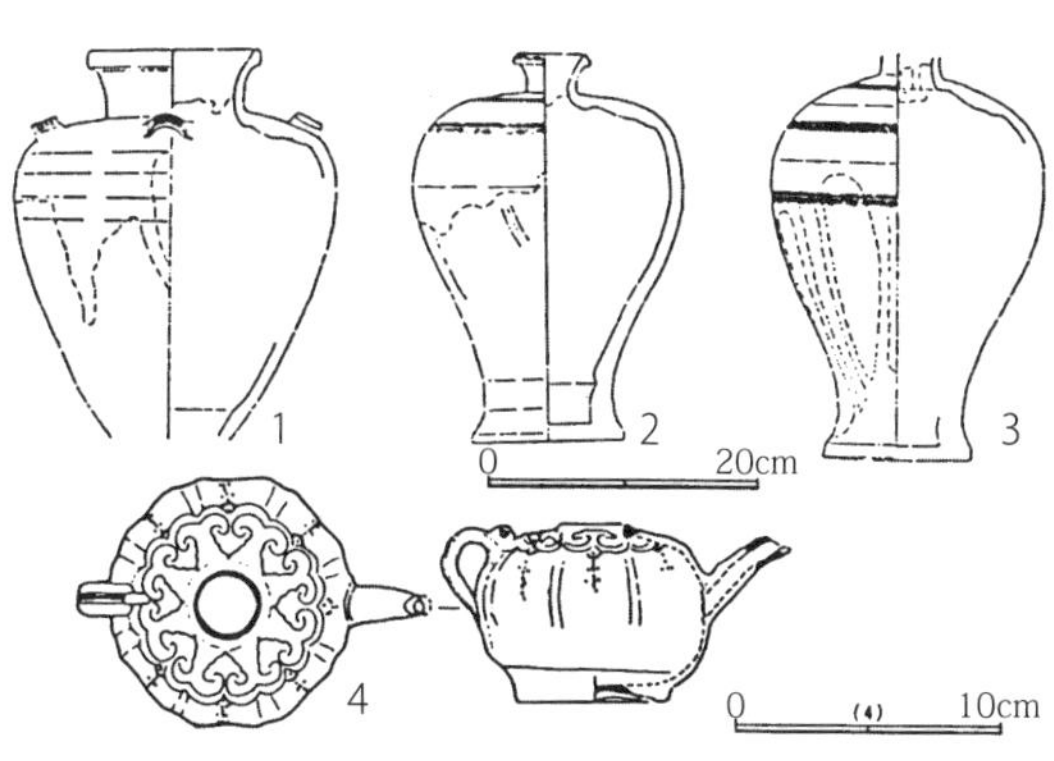

図７　山寺廃寺出土遺物

を有する礫石経として貴重な資料でもあると言えよう。

続いて墓としては認識することが難しいが、追善のために造営された「場」において確認された礫石経について考えてみたい。

(7) 福島県籾山遺跡

遺跡(28)は、周辺地域では最も高所で標高約二六五m前後の丘陵の尾根の背に所在する。周辺には御所館跡、柏木館跡、籾山廃寺、籾山十三塚などの遺跡が確認されており、南北朝時代の城跡・宇津峰城とは一〇㎞の至近の距離にある。

遺構は、礫石経経塚一基、火葬墓壙一六基、また礫石経経塚を取り囲むように周辺から個体数にして約二〇〇基の板碑片が確認されている。その内墨書銘を有する板碑が三二基、紀年銘の明確な資料が五点確認されている。

礫石経は、火葬墓壙群中に位置し、長軸約五m、短軸三・八mを有する土坑である。土坑中、河原石類はかなりの量で確認されているが墨書痕を確認できるものは二三六個である。この礫石経の特徴的な点は、礫の片面、上下に書写されており、上に梵字、下に文字が書かれていることである。梵字はア・アン・バンが確認されており、特に大日を示す梵字が多い。この礫石経は板碑と周辺の礫群を除去した後に検出されていることから板碑群および周辺の火葬墓壙群に共伴することが確認されている。礫石経と板碑群、火葬墓壙群の造立年代は、板碑の紀年銘から考えると暦応二（一三三九）年〜応安五（一三七二）年銘が確認されており、これらの年代の相前後する時期に埋納が行なわれていることは明確である。また、板碑の銘文中には「百ヶ日」、「三ヶ年」、「第七忌」などの銘文が読み取れ、回忌・年忌供養により造立されたことが明確である。

(8) 宮城県大門山遺跡

遺跡(29)は、熊野新宮社旧参道に位置し、国指定文化財一切経三千巻が遺る新宮寺に近接して所在する。遺跡は、標高差約二〇m前後の東南に面する緩やかな斜面を数段にわたり段切りを行ない構築されており、非整形板碑一五三基の内、紀年銘が明確なもの八五基、建治四（一二七八）年〜康暦二（一三八〇）年の銘文が確認できる。これらの板碑群からは、火葬骨や骨蔵器も多数出土している。この大門山は古くから経塚山と呼ばれ「石の唐戸」という名称で言い伝えられている塚が存在しており、この周辺から礫石経が確認されていた。調査では、大門山Ⅱ区斜面下方より九個の礫石経が確認されており、直接板碑あるいは、土壙などに共伴して出土していないが周辺における板碑の年代からも相前後する年代が考えられている。

板碑群の性格を位置づけるために重要な資料として、複数の板碑に注意したい。下記に示したとおり六基の板碑の銘文が特徴的に板碑群全体の性格を物語っている。

つまり、②の銘文を見ると、「孝子・道一・尼妙性」が悲母の十三回忌のために如法経供養を行なっていることが明確である。また、①、⑤、⑥の銘文

図８　大門山遺跡平面図

だけで想定すると、「道一」は、延慶二年の六月二十一日に没しており、⑤、⑥の銘文に施主の名が略されていることを考えると、一族あるいは家臣的な人物による造立と見られないだろうか。そして、①は、「道一」の中陰に造立され、④が三回忌に造立された板碑であろうと思われる。

このことから、板碑群は、「道一」を中心とした一族の供養所、家臣の造立を認めるならば、一族の「拝所」的性格の強い場所といえよう。火葬骨の出土量から考えると、荼毘所は別の場所にあり、葬送の儀式が行なわれ、遺体との決別は済んでおり、拾骨した骨の一部をこの地に納めることで、個人の霊を祖霊化し、多くの家臣が拝することが出来るようにしたもので、十四世紀前半において祖霊信仰が板碑の銘文と遺構の状況から認められる重要な遺跡と言える。この配所遺構に伴って一石経が確認されていることは注意したい。さらに、図８―②の板碑には「如法守護」という銘文が刻されており如法供養が行なわれ、その標識として造立されたことが指摘されている。このような板碑が経塚の標識として造立された例として熊野関係では紀伊熊野新宮旧社地神倉神社の板碑が参考としてあげられる。銘文には、「奉納一万□□□／開結二□□□／□□□／応□／□□」と刻されている。

以上のように、板碑の銘文「如法守護」でも確認できるように、大門山では古くから経典による供養が行なわれており、他の板碑の銘文などからは、この周辺域全体が「如法守護」の板碑に見える比丘尼を中心とした同系家族の墓域の可能性が高く、名取熊野新宮社を中心とした熊野信仰に関連した修験関係の社僧集団の墓域であったろうことが指摘されている。このような墓域における礫石経による追善のための総供養は、先にあげた籾山遺跡の場合と同様に考えられ、墓域における追善供養、あるいは総供養的な意味合いが極めて強い礫石経の埋納事例として重要であると言えよう。

(9) 東京都多摩ニュータウンNo.五一三遺跡

東京都西部、稲城市大丸に所在し、多摩市連光寺に至る谷戸（瓦谷戸）の入口部に位置している。(30)

遺跡は、奈良・平安時代の窯跡と中世城跡が主で、墓は城跡の第三郭南側斜面中腹で、五輪塔の部材などを伴う二八基の板碑集中部と、東側腰曲輪下方で中世墓二基（第一、二号墓）と経塚（第三号）が確認されている。

中世城跡の主郭段切り部、東側腰曲輪下方で確認された中世墓と経塚は切り合い関係があり、若干の時間差が認められるが遺構の形態的特徴は、三基ともに平面形態は〇・七〜一m前後の不整円形を呈し、深さは遺存部分で〇・五mを測るものであり共通している。

遺物は、第一号墓からは、肩部にヘラ書のある渥美壺と、北宋銭一九枚、骨粉微量が確認されている。構築年代は渥美壺の年代から十二世紀後半から十三世紀前半代に位置づけられている。

第二号墓では、常滑系三筋壺と刀子が確認され、土壙の基底部には砂の堆積が認められた。

第三号からは大小の銅製の経筒と、小型の経筒内から経巻九巻が確認されている。

第二号墓出土の常滑系三筋壺は、十二世紀第２四半期から十二世紀後半前後の年代が考えられているが、底部の外面の摩滅が著しいことが報告されており、壺の形態的な特徴による編年観よりは、若干使用期間なども考慮されるべき遺物であると思われる。また、第一号墓との切り合い関係から最も新しい年代をとっても十三世紀前半を前後する時期として捉えたい。以前、太宰府出土の初期高麗青磁の編年を考えるに当たり生産地での編年の年代観とわが国で出土する年代には約一世紀の時間的な差も存在することを示された論考がある(31)。常滑系三筋壺については、一世紀という時間差は考えなくていいにしても、底部の摩滅が著しいという観察結果からは、使用期間を考慮に入れ、廃棄後に骨蔵器として転用された物かあるいは個人が身近に使用したものを骨蔵器として利用したことも想定でき、その期間がどれくらいの期間であるのかは明確ではない。

第三号の経塚の年代は、銅板打物製の経筒の年代から考えて、第二号墓の年代とほとんど時間差を考えずに十三世紀前後の年代と捉えられる。したがって、第一号と第二号との間には土層断面でも切り合い関係が認められ、第二号↓第一号の関係が認められるが、これと経塚との前後関係については報告でも明確ではない。また、第一号墓の土壙基部に若干骨片が認められるだけで、第二号墓壺内には認められないことも問題として残る。しかし、第三号で確認された小型の経筒内には、墨書と朱書の経巻が確認されることなどから考えて、第二号墓に対しての追善の願意のほか、逆修善根による埋納も認められるのではないかと思われる。

このほか、十三世紀代における墓に伴った追善の埋経例について類例を示すと地域が四国であり離れてしまうことと時代が若干遅れ十四世紀代に入ってしまうという直接比較の無理があるが、徳治三（一三〇八）年銘の銅打物製経筒二口と多くの経巻と火葬骨が埋納された五輪塔とが確認された遺跡として愛媛県松渓経塚をあげておく。

(10) 東京都多摩ニュータウン№四〇五遺跡

遺跡[32]は、南から北に向かい舌状に延びた台地の平坦部の標高約一〇〇m前後で確認されている。『新編武蔵風土記稿』に記載されている「教福寺」に比定されている遺跡である。遺跡は面積約二、一〇〇㎡の範囲が調査され、南北約五〇m、東西約二〇m前後の平坦面と、その平坦面から東西にそれぞれ広がる斜面部の確認が行なわれた。

遺構は、この斜面部を利用し段切りを行ない墓域が設定されている。特に、第七・八・九・一〇号土壙墓が検出された範囲では、北側の一部と、西、南面が一辺六m前後にわたり方形基壇を意識したと思われ、地山の削り出しを行なっている。第七号上面には、板碑と集石が認められる。遺構内には渡来銭が認められ、その内、初鋳年の最も新しい永楽通宝の年代から考えても一四〇八年を上限として遡ることはない。十五世紀前半以降の構築といえる。

第八号は、第七号土壙との重複関係から第七号より新しい。覆土中には焼土粒、カーボン粒、骨片が含まれている。

第九号土壙は、南北の長軸をとる主体部に対し、東側に風穴が付属する火葬跡とされている。主体部の東側に炭化物が多く確認され、主体部北から頭骨が確認されている。

第一〇号土壙墓は、主体部が南北に長い長方形を呈し、土壙墓上面は一〇〜三〇㎝前後の厚さで集石が認められ、二〇〜三〇㎝大の礫の集石の上に経石を含む小礫の集石が認められた。また、この大型の礫中には宝篋印塔の残欠も確認されている。この土壙墓の年代は、上部集石中で確認された宝篋印塔から考えて、中世宝篋印塔が最も小型化した時期でおおよそ十五世紀段階の遺物と考えられる。

以上見てきたように、本遺跡における墓の変遷は、第九号、一〇号が構築された後に、第七、八号が構築されたことは明らかであり、火葬墓から土壙墓への変遷が認められる。また、第一〇号からは骨などの検出がなく銭貨が六枚確認され、石塔片が認められること、また、第九号が火葬墓であることなどから考えて、第九号火葬墓で火葬に付され、第一〇号を墓として構築し、追善供養に石塔の造立と併せて礫石経の埋納が行なわれたと思われる。

続いて最後に近世の墓に直接関連して葬送において埋納された例として徳川将軍墓で確認された礫石経について見てみたい。

(11) 東京都増上寺徳川家墓所[33]

増上寺境内、徳川家墓所内で明確に内部から礫石経が確認できたものは、九代家重、十二代家慶（嘉永六〈一八五三〉年没）、十四代家茂（慶応二〈一八六六〉年没）の墓内石槨上部の箱状埋納施設から確認されている。

特に九代家重の墓からは最も多数

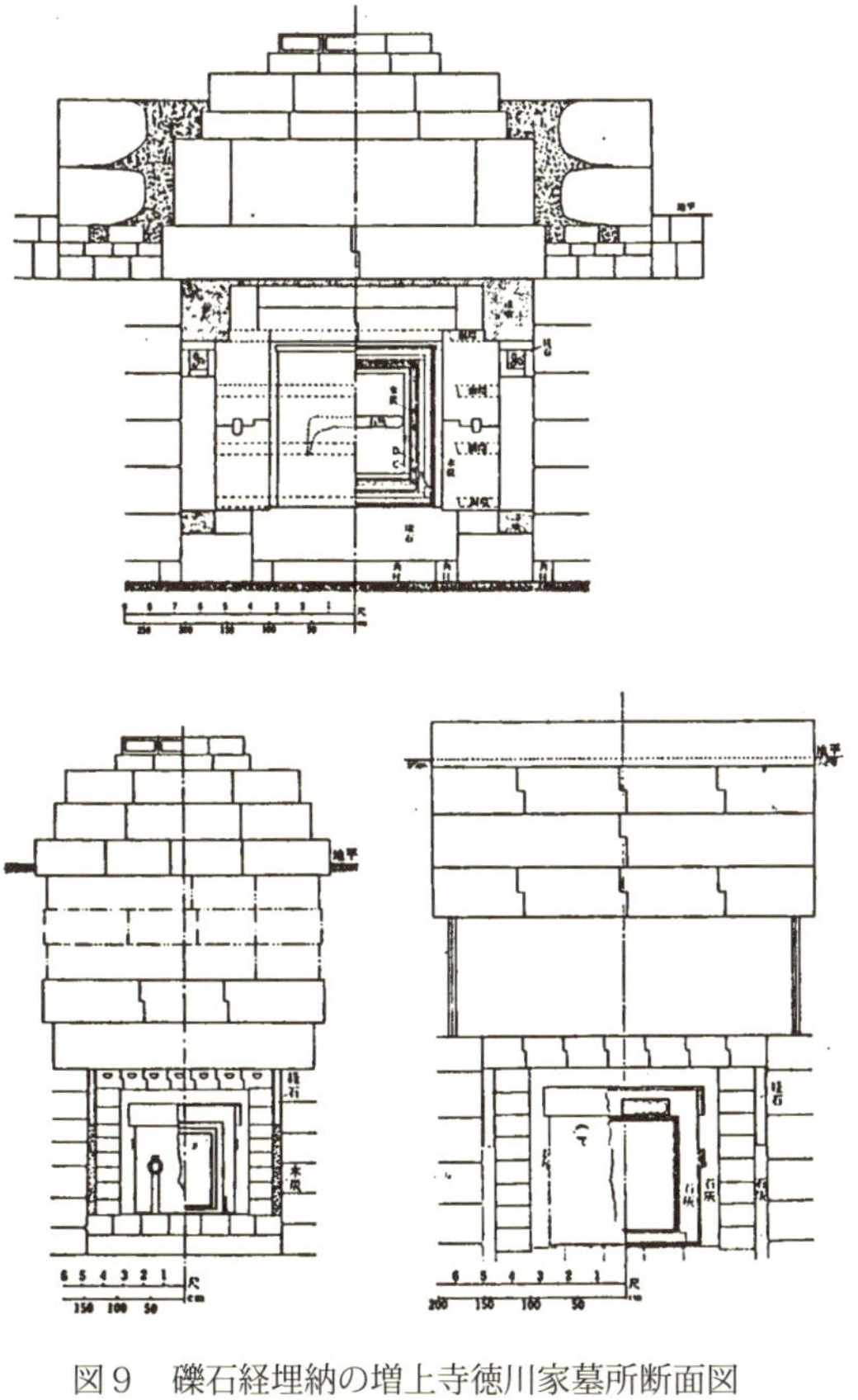

図９　礫石経埋納の増上寺徳川家墓所断面図

の経石が確認されており、方角石の表裏に一字ずつ書写した礫石経が約一二、六七四個出土している。

墓構造は、間知石で石槨を構築し、この石槨内に銅製と木製による五重構造の棺が納められていた。礫石経は棺と外槨の間に薄い板石により誂えた暗渠状の中に納められており、棺の上部の四方を囲むように埋納されていた。墓の上部は全体を漆喰で被われ、その上に基壇を設け宝塔が建立されている。

墓中に礫石経を埋納することについては、『増上寺文書』の中に次の記載が見える。

「御廟窟江御棺被為納候節、御棺外相詰候水晶石、三万先年茂御経書写仕候間早々御渡相下候様仕度書写仕置申上度存候　以上　六月十四日　役」

さらに徳川家の墓の中では四代将軍家綱（延宝八〈一六八〇〉年没）の葬送に伴って埋納されたことが、『東叡山有院殿実記』に「幽宮に水晶を納めた」と記されていることから将軍家における礫石経の埋納は、十七世紀第３四半期まで遡ることが明白である。

四　葬送と礫石経埋納

古代から近世初期において、経典が墓に埋納されてきたことを文献と遺跡の例から確認してきた。特に紙本経を墓へ埋納したことは、文献から多数指摘されている。また、紙本経以外の例として礫石経の墓への埋納について、具体的な出土状態などに触れながら類例を見てきた。最後に、墓と礫石経の関係について、あらためて時代的な変遷やその意味にふれてまとめとしたい。

遺跡から見た葬送儀礼に伴う礫石経埋納の上限は、新光善寺跡内やぐらの出土例に代表される十四世紀前半と思われる。十四世紀代を境に礫石経と入れかわるかのように紙本経による墓への経典埋納は確認できなくなる。紙本経自体は有機物であるために遺存しないという条件付も含んでいるが、大方の流れは違わないと考える。墓への埋納が確認できなくなる紙本経は、当該期にはすでに山形県羽黒山において、六十六部による経筒奉納が確認されており、(34)

六十六部聖を媒介とした霊山・霊場への紙本経の奉納が認められる。また、西では高野山奥之院への納骨に伴った紙本経も確認されており、霊場信仰を背景とした奉埋納が認められるようになる。したがって、奉納では常に紙本経が用いられる。とすると礫石経はいかなる場合に用いられたのであろうか。改めて確認してみたい。十四世紀前半は全国的にも集団墓が造られ、集石墓あるいは火葬墓の数が増大し、墓域も拡大される時期とされている。山寺廃寺や観音平経塚(35)で確認された多字一石の礫石経などは集団墓で確認された典型的な例である。出土状況と大きさから山寺例などは骨蔵器を塞ぐ蓋に用いられていた可能性が高い。つまり、骨蔵器に伴い僻邪や追福の目的で埋納されたものと解される。同様な類例は、鎌倉における「やぐら」に納められた骨蔵器に伴い埋納された新善光寺跡内やぐら例や、慈光寺例のように中興の墳墓を覆うように埋納された例もあげられる。両遺跡ともに真言律宗系寺院とされ、当該期における特定宗派の高僧の壙墓に伴う礫石経埋納の事例として重視したい資料である。かかる状況において、礫石経の消長を簡単に見てみると次のようである。

現段階では、礫石経の起源についてはは明確にできないが、経典ということで捉えれば、古代末期から鎌倉期に認められる紙本経を墓への副埋納することに起源が求められ、葬送儀礼と密接に係わってとり入れられ成立したと思われる。紙本経と礫石経との接点を示す遺跡が、京都弁天島経塚第十二号の経塚(36)である。川原石による石槨内に経筒が納められており、経筒の下に多字一石経の礫石経が据えられていた珍しい出土状態を示している。経筒の年代観から十二世紀代として位置づけられている。礫石経の出土状態が明確な遺跡としても弁天島例が最も初源的な遺跡であり、紙本経を納めた経筒と共伴し、経筒の下に礫石経が据えられていたという出土状態にも着目をしておきたい。

葬送に直接関連した例では、新善光寺跡内やぐらなどの出土例が最も早く、十四世紀代の葬送儀礼と密接に関連し埋葬に伴う追福、僻邪の作法のひとつとして成立したものと思われる。特に先に示した骨蔵器の蓋として使われる例や骨蔵器を覆い尽くすように積んだ例などは、まさに追福と僻邪の思いが込められているものと思われる。その思いは、石全体に丁寧に経文が書写し尽くされていることからも、経典の持つ僻邪の力を引き出す作法か経典の力に頼るという被葬者側の心理を端的に示しているものと思われる。

また、十四、十五世紀代という時代の潮流は、他の種類の遺物で見てみると、例えば板碑では、一三五〇年代に造立のピークを迎える。それと同時に、結衆による交名の板碑が盛行する。また、十五世紀代には板碑そのものの造立数が減少しつつも逆修の造立が増える。つまり、十四世紀代には、死者を敬い霊として崇め一族の祖烈とし、霊を祖烈化した後に特定な場を一族の聖域として位置づけるための儀礼を盛んに行なったと考えられる。その一方法に追福と僻邪としての礫石経が用いられたものと思われる。大門山遺跡や多摩ニュータウン例などでは、骨が出土する「場」に伴った礫石経として、「墓」に伴う礫石経として捉えてきたが、詳細に遺跡や遺物の出土状態などを観察すると、骨の細片は確認できるが墓としては捉えられない。火葬骨の量が少なく分骨と考えられるような状況である。かかる状況から、葬送儀礼とは違う目的で築かれた塚あるいは「場」への礫石経埋納といえる。墓との直接的な関連はないが、確実に「霊」、「骨」を意識した儀礼が存在した痕跡は捉えられ、葬送儀礼との関連を考える上では見落とせない例といえる。つまり板碑が造立された地はいずれも葬地とは認められないのではなかろうか。しかし、死者への追善追福を示す紀年銘を有する板碑は存在する。さらに、骨の細片も存在している。したがってこのような状況は、五来重が指摘している「霊移しの鎮魂儀礼(37)」を示す場として捉えられないであろうか。穢れた葬地から遺体を聖地的な場に移すため遺骨を使った儀礼が執り行なわれた場と考えられ、後世に一族の聖地と認識され崇敬崇拝が行なわれ年忌に伴って仏教的儀礼が執り行なわれたものと考えておきたい。さらに注意したいのは、聖域一帯に骨片が散在している箇所が確認できることである。これらの出土状況はどのように考えればよいであろうか。

特定の階層である人物の「死」によって穢れ多い埋葬地から、選地された場への「霊移し」が行なわれ、これによって聖域化される。当初は一族の霊地、聖域として維持される。時間の経過とともに仏教儀礼の追善の儀式と一体となり一族とそれに関連した人々が礼拝する状況が生まれ、家臣も含めて一族として結縁するために広く納骨という「霊移し」が繰り返し行なわれた痕跡として捉えたい。したがって礫石経も祖烈を崇めるために造営された礼拝のための

「場」で聖跡の僻邪と祖霊追福のために埋納されたものとして捉えておきたい。

十五世紀以降、特に十六世紀代は、いわゆる聖が経典を利用し、全国的に活躍する時代へ移行する。聖地霊地への奉納を勧化しそれを代行するという商品企画化された行為が全国的に流行する。経典奉納はすでに十四世紀の前半から如法経の書写奉納という形で存在したが、より広い階層の人々が現世利益の思いを経典奉納によって実践できるようになったことは六十六部の活躍といえる。(38) つまり、十六世紀には、祖烈を崇めたり、一族や領民を集約するためのシンボリックな宗教行為による地域の統制が難しくなり制圧が出来なくなっていたことを物語っている。領主層は、郷程度の狭い範囲を領域支配する程度になり、下克上の風潮の中、祖先祭祀、祖烈信仰、一族の紐帯としていた聖域への意識は低下していったものと思われる。一方かかる状況において民衆の活動は活発で、自由な往来が盛行した。また、それまで領主層と結びついていた寺社仏閣は、民衆に目を向け始めるが、巷には神社仏閣神仏に属さず独自で宗教活動を行なう人々さえも登場する。これがいわゆる六十六部と称される人々である。彼らは民衆が切望する現世利益という信仰心を巧みに操り、回国巡礼による奉納といういわばパッケージ商品を発案し、霊地への盛んな参詣の代行を行なった。したがって、民衆の死者に対する思いは、自我に対する現世利益の追求へと変化して行ったことは明らかである。したがって葬送儀礼に伴って開発された礫石経埋納は必要性を失ったものと思われる。

一方、近世には、礫石経埋納の様相は一変する。「一字一石経碑」などの石塔造立とセットされた様式に再案され、個人が行なうというよりは集団で「講」を起こし、その金字塔として埋納と造立を盛んに行なうようになる。このような造立の根底には、人々の信仰心は存在するが、その信仰心を操った寺院側のいろいろな思惑も見え隠れしており、寺院経営と密接に関連させた寺院側の事業の結果を端的に示していることに注意しておきたい。寺院側の思惑の背景には寺檀制度による民衆統制という幕府の思惑があり、人々は、寺と一対一の関係を強いられ檀家制度によって統制された。さらに、各寺院は幕命という好都合の状況において、仏事や石塔造立を斡旋する方法を執るようになった。また、元禄四年以後に幕府から出されたとされる「邪宗門吟味之事、御条目宗門檀那請合之掟(38)」などを見ても庶民には葬送儀礼や、仏事に関する一切について選択の余地はなく、寺側の差配に従わざるを得ないような状況にあった。いわゆる辻善之助が指摘した「近世仏教は堕落仏教であり、葬式仏教で、法要仏教である」とした所以である。かかる状況において近世では寺院経営に直接かかわる埋納例として、日蓮宗寺院に特徴的に認められる講中による遠忌塔造塔に伴った礫石経が多いといえる。また、埋納の目的が地鎮の儀礼に際して埋納される例もふえる。

近世における墓と係わった礫石経の例は意外に少なく、次にあげる佐賀県多久市西ノ原等覚寺境内の例[39]や徳川家墓所発見例などを代表的な例としてあげておきたい。

西ノ原等覚寺の遺構は、地山に土坑を穿ち、基底面に台石を据えその上に青白磁の骨蔵器を甕に入れ納められており、その骨蔵器と甕の隙間を埋めるように礫石経が埋経されており甕周囲にも重鎮されていたという。甕の蓋には法華経提婆達多第十二品、如来神力品第二十一の経文が刻されていた。銘文からは祖父への追善と、子孫繁茂、武運長久の現世利益的な願意が明確に刻されている。

東京都港区増上寺の九代将軍徳川家重、十四代将軍家茂墓の石槨内の埋納事例があげられるが、報告では法華経と記されているが徳川家の葬送は、すべて仏式であろうか。神道葬との関係も注意したい。方角石に墨書による礫石経であるが、仏教経典の特定がどのように行なわれたかは定かにされていない。つまり、神道葬であっても、経典は壁邪のために埋納した可能性もある。このように近世の墓に骨蔵器に伴い副埋納される例などは中世以来の葬送儀礼と係わった系譜の中で捉えられるものと、仏教仏事以外の神事における仏教的な儀式において埋納した場合も想定できることを注意しておきたい。神仏習合における類例も今後注意したい。

註

(1) 石田茂作「経塚」『考古学講座』第二〇巻、一九二九年
三宅敏之『経塚論攷』雄山閣出版、一九八二年

(2)『門葉記』第八〇巻「如法経二」(『大正新修大蔵経』図像十二)
(3) 福山敏男「中尊寺金色堂の性格―平安時代の葬礼史からみる―」(『佛教藝術』七二号、一九六九年)
(4) 田中久夫「平安時代の貴族の葬制―特に十一世紀を中心として―」(『近畿民俗』四三号、一九六七年)
(5) 註(3)に同じ
(6)「慈恵大僧正御遺告」(『群書類従』第二十四輯　釈家部、一九三二年)
(7) 註(3)に同じ
(8)『玉葉』養和二(一一八二)年四月二十六日条
(9) 三宅敏之「経塚の造営について―藤原兼実の埋経を中心として」(『史学雑誌』六七―一二、一九五八年)
(10)『本朝法華験記』(京都大学国文資料叢書三八、臨川書店、一九八三年)
(11) 赤松俊秀『新鎌倉仏教の研究』一九七三年、『修善講式』前半は、寛政九年の写しである。
(12)『史料大成』一五　兵範記一、一九三四年
(13)『史料大成』一七　兵範記三、一九三六年
(14)『史料大成』七　長秋記二、一九三四年
(15) 山田邦和「平安貴族葬地の地・深草―京都深草小墓の資料―」(同志社大学考古学シリーズⅥ『考古学と信仰』一九九四年)
(16)『門葉記』第八六巻「如法経八」(『大正新修大蔵経』図像十一)
(17)『鎌倉遺文』一一三二八五号
(18)『史料大成』二五、一九三六年
(19) 坂詰秀一「太安萬侶墳墓の発見」(『考古学ジャーナル』一六〇、一九七九年)
(20) (財)文化財建造物保存協会『重要文化財慈光寺開山塔修理工事報告書』一九七六年

(21)　新善光寺跡内やぐら発掘調査団『新善光寺跡内やぐら発掘調査報告書』一九八八年
(22)　東松山市教育委員会『光福寺宝篋印塔』一九八〇年
(23)　学習院大学史学部輔仁会『中世墳墓「やぐら」の調査』一九六六年
(24)　太宰府市教育委員会『横岳遺跡　遺構編』一九九九年
(25)　小千谷市教育委員会『龍ヶ池観音堂塚群発掘調査報告書』II、一九八三年
(26)　楢崎彰一「初期中世陶器における三筋文の系譜」（『名古屋大学文学部研究論集』LXXIV、一九七八年）
(27)　大町市教育委員会『長野県大町市遺跡詳細分布報告書　大町の遺跡』一九八八年
(28)　福島県教育委員会『東北新幹線関連遺跡発掘調査報告書』II、一九八〇年
(29)　名取市教育委員会『大門山遺跡発掘調査報告書』一九八八年
(30)　(財)東京都埋蔵文化財センター『多摩ニュータウン遺跡No.５１３』一九八七年
(31)　山本信夫「日本における初期高麗青磁について―太宰府出土品を中心として」（『貿易陶磁研究』No５、一九八九年）
(32)　(財)東京都埋蔵文化財センター『多摩ニュータウン遺跡　平成三年度第一分冊』一九九二年
(33)　鈴木　尚・矢島恭介・山辺知行編『増上寺徳川将軍家と遺品・遺体』（東京大学出版会、一九六七年）
(34)　木口勝弘『新版　奥州の経塚』一九九五年
(35)　長野県埋蔵文化財センター『上越自動車道埋蔵文化財発掘調査報告書』二一、一九九九年
(36)　京都市埋蔵文化財研究所『弁天島経塚―現地説明会資料―』一九七七年
(37)　五来　重『日本人の死生観』一九九四年
　　堀　一郎『日本宗教の社会的役割』一九六二年
(38)　池上　悟「六十六部廻国供養塔について」（『考古学論究』一九九一年）
(39)　渋谷忠章「九州・沖縄」（『考古学論究』第三号、一九九四年）

第四章　聖と経済

第一節　六十六部聖と経典埋納

一　はじめに

藤原道長の大和金峯山における埋経事例を最古として展開するわが国の経塚は、遺物遺構構造、埋経形態あるいは奉納形態などにより整理してみると時代的な流れとともに、その特徴から大きく三分類することが可能である。第一は、平安時代、十二世紀を中心として展開した「埋経の経塚」である。第二は、十三世紀末以降、六十六部聖の勧進により進められ、十六世紀代に最も盛行する「納経の経塚」である。第三番目として、室町時代の後半より庶民の手によって行なわれ、江戸時代にその最盛期がある「一石経の経塚」である(1)。

ここで取り上げる、静岡県御殿場市古沢の古宮神社経塚は先学諸氏により研究されているが、経筒に銘文がないことからその所産年代も室町時代の経塚という大まかな位置づけである。そこでここでは、銘文など紀年銘が不明な経筒の年代的位置づけの試論として、帰属する室町時代の経塚出土の遺物などから、相対的な年代の位置づけの方法について改めて考えてみたい。

二　古宮神社経塚の概要について

東京国立博物館に保管されている「埋蔵物録(2)」の記録によれば、この経塚は大正七年四月十八日、古宮神社旧境内地にある畑地を、田に変換するための作業を行なっていた際に、偶然に発見されたものである。

発見届けは、

「地下八尺ノ所ヨリ古銭数拾個掘出シ其他下ニ直径弐尺位円形ニ丸石ヲ以テ築キアルヲ取除ケタルニ其中央ニ別紙模写図ノ如キ石櫃ノ存置スルヲ発掘シ該石櫃ノ覆蓋ヲ開キ見ルニ内部ニ別紙第二模写図ノ如キ金属製円筒存置シアリタルモノナリ」

と発見当時の状況を報告している。

この報告によれば　この経塚の遺構および検出された遺物は次のようである。

地下約八尺のところに、直径約二尺の円形の土壙を穿ち、丸石を用いて石室を構築し、さらにこの土壙内に、銅製経筒を納入した石櫃が、納置されていた。また、この土壙の直上からは、埋経時に伴うと思われる奉賽銭(3)であろうか、五八枚の銭貨が検出されている。

現在、東京国立博物館には次の遺物が、古宮神社経塚出土品として保管されているのでここに示しておく。
①　銅製経筒　　　一（総高一二・〇㎝）
②　石製外筒　　　一（総高二四・二㎝）

図１　古宮神社経塚出土品

③　銭　貨　五七枚

これらの遺物については、すでに触れたように先学諸氏により多くの観察および研究がなされ屋根の上に屋を重ねる感はあるが、ここでは気付いた点などについて観察結果を主に、若干触れてみたいと思う。

①銅製経筒

総高一二・〇cm、口径五・三cmを測る。

製作技法は、銅板打物製で、蓋は、被せ平蓋形式をとる。

筒身は、縦一二・〇、横一六・三、身厚〇・一cm内外の銅板を円筒状に曲げ、〇・六cm幅の臘付けにより整形している。また、筒身下端には、底部が入り底形式をとるため、その留めにほぼ均等に、三カ所にわたり、〇・四×〇・二cm内外の舌状の爪が造り出されている。

さらに、この筒身には鍍金の痕跡が確認でき、発見当時の記録には「五天工す」との銘文が確認できたことも報告されているが、この銘文については、現在、筒身器面の腐食が著しく、その痕跡すら確認することは容易ではない。

経筒内部には、発見当初は、経頭、あるいは経巻残欠と思われる塊状の腐食物が認められたというが現在これを確認することは出来ない。

②石製外筒

総高二四・〇cm、内口径一〇・四cmを測る。

石質は、安山岩を石材として用い、刳貫式外筒である。器面には、長さ五・〇cm、深さ〇・五cm内外の、ノミ状工具によるビシャン叩き痕であろうか、これが全面を被い凹凸が著しい。

③銭貨　五七枚

図２　古宮神社経塚の経筒

開元通寶　五、太平通寶　二、咸平元寶　三、皇宋通寶　九、治平元寶　一、熈寧元寶　四、元豊通寶　四、元祐通寶　九、至道元寶　一、大観通寶　一、政和通寶　一、紹聖元寶　三、天禧通寶　一、祥符元寶　一、正隆元寶　一、至和元寶　一、明道元寶　二、不明銭　八。

以上の東京国立博物館に保管されている古宮神社経塚の出土遺物からは、この経塚の絶対年代をおさえることのできる遺物はなく、先学諸氏によって位置づけられた室町時代という年代としてしか捉えられていなかった。そこでここでは、これまでの先学諸氏の研究成果を踏まえ、改めてこの経塚の年代的な位置づけを考えるとともに、室町時代における経塚、経筒の特徴について考えてみたいと思う。その最初の手がかりとして、特に経筒の大きさ、規格などの違いに着目して考えてみたい。

三　中世、特に室町時代の経筒について

先にもふれたが、この室町時代における経塚は、六十六部聖という「経」を勧める回国聖により、霊場巡礼が行なわれ、原則的に六十六部の法華経が各霊場および奉納所に「奉納」され全国的な規模で広められたと言っても過言ではない。この中世の代表的な奉納所の一つに、幕末から明治にかけてまとめられた『石見国名跡考』の中にも散見する、太田南八幡宮およびその鉄塔がある。この鉄塔造立については不分明な点が多く明らかにし得ないが、昭和三十九年六月の八幡宮六角堂の修理に伴う調査で、この鉄塔内、下部より総数一六八口の奉納された経筒が一括で検出されたことが報告されている(4)。これらの経筒は比較的残りがよく一四九口についての法量、銘文、製作技法などの詳細な観察結果が示されており、銘文からは、全国各地から奉納されたことがわかり室町時代、特に十六世紀の奉納経筒の一括資料としては貴重である。ここでは、これらの資料あるいは調査結果を援用しつつ、当該期に位置づけられている古宮神社経塚の経筒の特徴について考えてみたい。

(1) 経筒の規格

経筒の規格については、古くは石田茂作が「経筒の大きさと時代」と題し、平安時代から近世にいたる有紀年銘経筒をその資料とし、経筒の筒身高と口径とを現行の曲尺により整理している。(5) ここでは、室町時代の経筒の資料は一五点挙げられているだけであるが、これによれば、経筒の筒身高は、三〜四寸のものが一般的であり、年代が下降するにしたがい、この筒身高も大きいものから小さいものへと変化するとしており、これらの傾向は経巻の大きさにより規定されるものであるとされている。

このような一般的傾向について、とくに規格ということに注意し、筒身高と口径について太田南八幡の資料を示すと図３のようになり、主観的ではあるがいくつかのまとまりある群を示しているようであり、これらの群が、ある一定の規格の基に存在するようには考えられないだろうか。そこでここでは、いくつかの仮定を想定して論をすすめ、その中から、経筒製作上における規格を導きたいと思う。

①「尺」について

中世の「尺」については、江戸時代後期に幕命を受け屋代弘賢が中心となり『古今要覧稿』を、あるいは狩谷掖斎が、古代より近世に至る日本の度量衡の種類・変遷を実証的に追求、考証し三部にまとめた『本朝度量権衡攷』が最も詳しく、度量衡研究のよりどころとなる資料としてしばしば引用される。

最近の研究では、これらの史料と現在伝承されている遺物とを比較検証した中世の基準尺の復原的研究がいくつかあり、極めて示唆的であるので

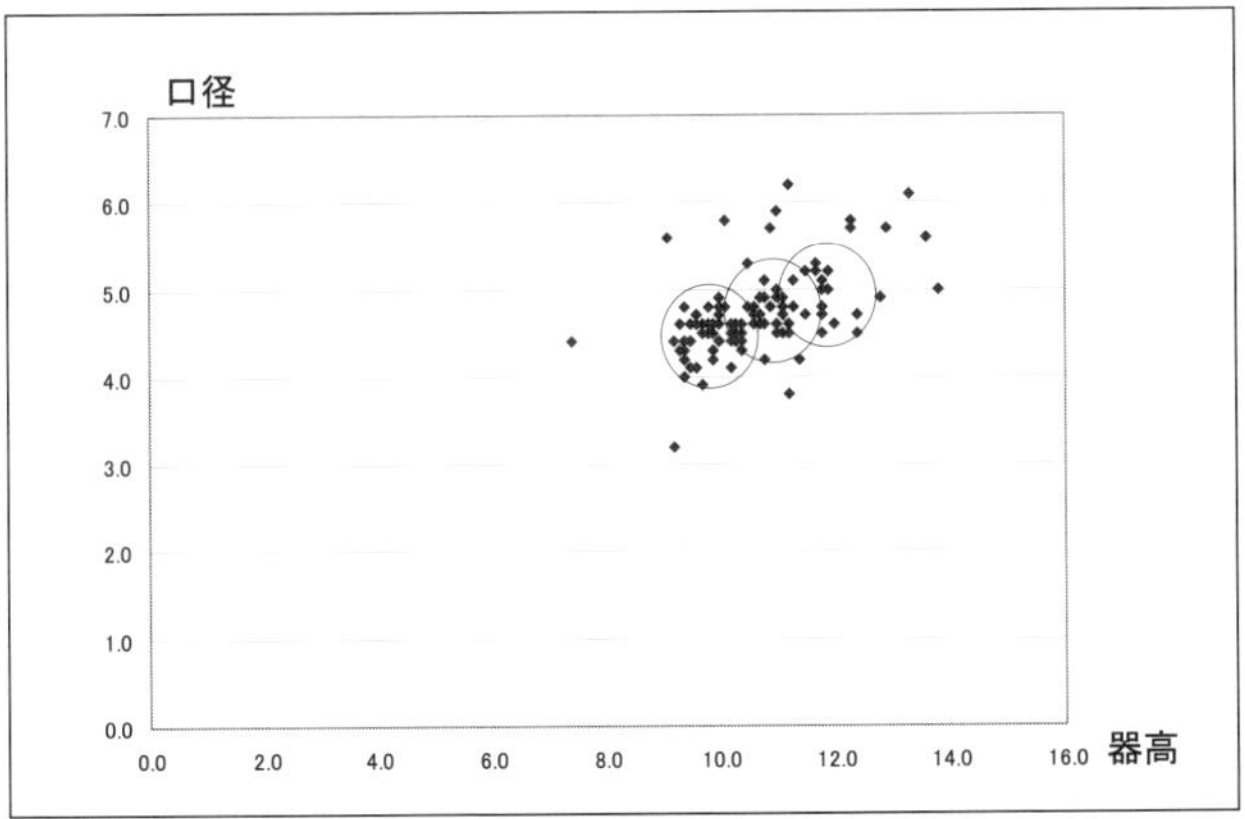

図３　太田南八幡宮奉納経筒の規格

ここに紹介しておく。

山岸素夫は中世の甲冑の大袖遺例のうち代表的な遺例を対象とし、その横幅の実測値と、甲冑製作に用いられたとする鷹バカリ尺度との照合を試み、この中世の大袖のほとんどが、現行の曲尺の一尺一寸五分を一尺とする尺度の換算値と合致し、室町時代における「甲冑鷹バカリ」の一尺単位として三五・〇七五cmが存在したことを結論とされている。(6)

このほか、年代的な位置づけについては断定的でないが、おおよそ一六〇〇年前後と考えられる阿弥陀三尊種子板碑の基準尺と規格問題を扱った論考がある。

これによれば、板碑製作に当たり、遺物の実測値から一尺＝三一・三cmという基準尺が想定され、三尊種子の月輪、蓮座、頭部の二条の顎などが配置されていることが指摘されている。一六〇〇年代前後における板碑製作上の基準尺として注目したい。(7)

最後に、中世の物差二種について紹介しておく。

昭和六十二年、重要文化財に指定された園城寺唐院に伝来した二口の竹計（園城寺尺）である。

(1)　唐院預竹計　　実長三五・六cm、厚〇・三cm

(2)　唐院預尺　　実長三六・九cm、厚〇・六cm

(1)は、「応永卅一年四月十九日　預香實領納竹計也　宋順花押」の刻銘がある。

(2)は、「唐院預尺為後證寫之　准后御初授　応永卅三年三月十五日」と墨書銘が残っており、いずれのハカリも、一四二四年、一四二六年と、室町期の所産であることがわかり、(1)は、いわゆる呉服尺の長さに近似しており、(2)は、いわゆる鯨尺にほぼ近い値を示しているとし、(2)については絹や布類の計測に用いられた尺の写しと考えられることが指摘されている。(8)

以上、中世の尺について板碑製作に着目した復原的研究と伝承されるハカリについて触れてきたが、すでにこれらの例からも、測る対象物により基準単位となる尺が、それぞれに使い分けられた可能性があることが考えられる。そこで、これらの中世の基準尺を参考に太田南八幡の経筒の尺あるいは、規格ということについて考えてみたい。

最初に、太田南八幡の経筒における筒身高であるが、図３に示したように筒身高と口径の分布には、いささか主観的ではあるが、おおよそ三群あり、経筒製作上の規格さえも想起させられる。そこでいくつかの想定のもと経筒製作上における規格ということについて考えてみたい。

②規格について

まず、筒身高は、それぞれ一〇cm、一一cm、一二cmを相前後する大きさにあると言える。そこで、試論として、先に示した四種の基準尺のほか、現行の曲尺も含め、それぞれの値を尺に換算すると筒身高の分布には園城寺(1)の基準尺が最も合致するが、さらに基準尺ということに固執し、恣意的ではあるが数値を操作すると、基準尺として一尺＝三六・〇cmという数値がより分布に合致し、筒身高における三群の分布は、それぞれ二・七五寸、三寸、三・二五寸の分布ということになり、説明がつく。

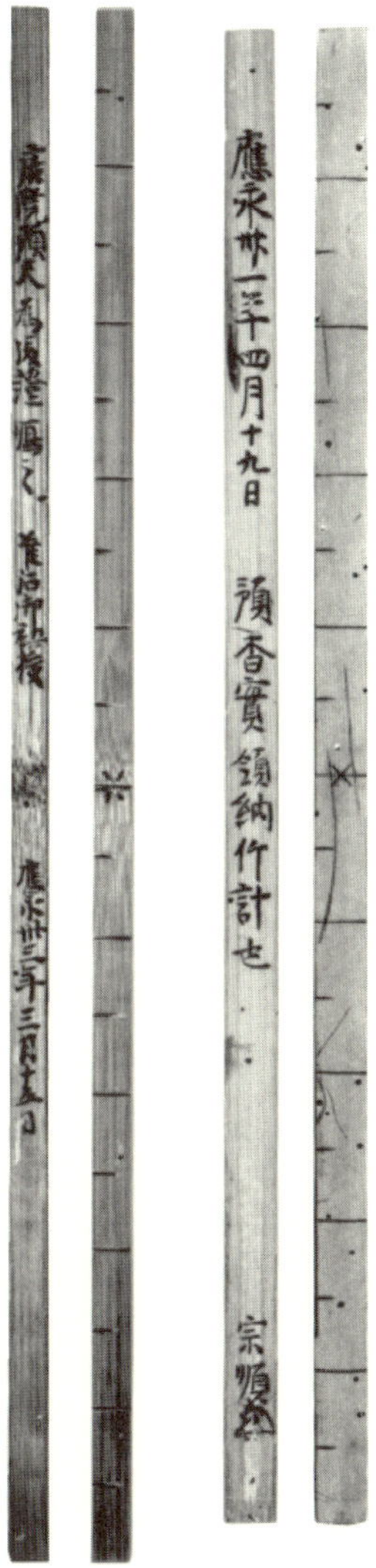

図４　園城寺尺２口

ところで、筒身高の分布状況から基準尺＝三六・〇㎝の存在の可能性を示したが、この基準尺からは、口径の規格を容易に説明することはできなく、基準尺の存在すら否定される。しかし手がかりとして、筒身高と口径の関係に注意したい。

最初に、想定し得る製作上の規格として、口径を法量の基準とした場合。

この結果からは、口径を法量の基準単位一とした場合、筒身高は二・二倍（二四・二％）、二・三倍（二三・五％）が全体の五七・七％を占め、次いで二・一倍（二四・四％）、二・四倍（二二・九％）となる。

続いて、想定し得る製作上の規格として、筒身高を法量の基準単位一とした場合。

先に示した口径の測定値から推定周を求め（推定周には前もって接合のための舌、あるいは臘付けのための値として〇・五㎝加算して考える）、筒身との関係を図に示すと図３の如くである。つまり筒身高を規格基準単位一とする時、円周は、一・四倍の値が最も集中し全体の四〇・二％を占め、一・三倍（三一・〇％）、一・五倍（二〇・五％）がこれに続く。

以上の、口径あるいは、筒身高を製作上の基準単位とする二つの場合を想定したが、数値の上からは、筒身高を、経筒の円筒部分製作時に、基準単位一として、銅板上、縦に筒身高一をとり、横を基準に一・三〜一・五倍の大きさとして決め、これにより自ずと口径は決まる、といった製作上の規格が想定できよう。

(2) 製作技法と年代的位置づけ

次に、規格と年代的な関係について考えてみる。

図３で示したように、基準となる筒身高が大きい値をとる場合（おおよそ一一・五㎝前後以上の値）、十六世紀代においても比較的古い時期に位置づけられ、永正年間から大永年間の初期に位置づけられる。また、筒身高の値が一一㎝前後、あるいは一〇㎝前後をとる場合、相前後するものもあるが、比較的大きい値を示すものは古く位置づけられ一〇㎝前後のものがこれに続き、十六世紀末の段階に位置づけられる。また、先に示した筒身高を基準とする大

きさの規格については、年代的な変遷は明確には認められず、十六世紀代を通しての製作上の規格基準としてのみ存在するだけであるようである。

また、製作技法ということについて触れておくと、太田南八幡における経筒の製作技法は、その違いから五分類されるが、全体の約三分の二（一二二口）のものが、筒身の二〜四カ所を舌留めにより接合し、底部は筒身下端に二〜三の舌を造り出し、底部に切込みを造り、被底形式をとるものであり、十六世紀代全般に認められる。ついで多い技法としては、一一点であるが、筒身を鑞付けする資料であり、永正十七（一五二〇）年から天文五（一五三六）年銘までのものが存在する。古宮神社経塚出土の経筒は、この鑞付け技法により筒身が成形されているが、太田南八幡の資料との違いは、底部の形式である。この底部の形式については、古く石田茂作が分類されており、それによれば、平底系ののせ底形式をとり、古式である。よって太田南八幡の鑞付け技法に伴う被底形式の技法より、古く位置づけられる。また、先に規格の中で筒身高から示した年代などを勘案して、この古宮神社経塚は、十六世紀第２四半期を相前後する時期の所産であると言える。

以上、太田南八幡に奉納された経筒資料から十六世紀代における経筒の製作上における規格と尺、あるいは技法とその年代との関係についてふれ、古宮神社経塚の相対的な位置づけについて試論を繰り返してきたが、ここで注意しておかなければならないのは、比較資料として用いた太田南八幡の資料は、その銘文からは、全国にわたる聖により同一の奉納所に奉納された奉納経筒であるかのように認められるが、筒身高の分布や、筒身高から想定される規格などから考えて、当該地域における、専業の職能集団による経筒製作が想起され、規格化というよりむしろ、極論すれば商品化した経筒のあり方を示しているようにも思われる。このことは、製作技法にもおいてもいえ、全体の約三分の二の資料の接合方法や細部の技法が同一であるということからもこれを補強するものである。

これに対して、古宮神社の経筒は、六十六部の関連した遺物に多く認められる典型的な定形句のように見られる銘文もない。経筒の製作技法も古式を残すことから考えても、太田南八幡に奉納された商品化した経筒とは同一視できない。また、信仰という精神的な面において同様である。この違いは、経筒の奉納と埋経の違いから容易に想起できる。また、石櫃といった石製の保護容器を伴うことからも埋納することの重要さを示していると言えよう。

(3) 石製外容器について

室町時代における保護容器を伴う「埋経」の遺跡は絶対数の上では少なく管見では次の遺跡があげられる。

①福島県五職神社経塚（図５―２）、②群馬県上高尾経塚（図５―３）、③同県三原経塚（図５―４）、④茨城県嘉良寿里経塚（図５―１）、⑤富山県日中経塚、⑥長野県霊泉寺経塚、⑦滋賀県横川経塚、⑧大阪府槙尾山経塚、⑨和歌山県高原経塚、⑩鳥取県上ノ谷経塚、⑪広島県加蔵経塚、⑫兵庫県古尾経塚、⑬同県名谷経塚、⑭島根県愛宕山経塚

１茨城県嘉良寿里経塚、２福島県五職神社経塚、３群馬県上高尾経塚、４群馬県三原経塚

図５　石製外容器と六十六部経筒

これらの遺跡の内、石櫃を経の保護容器として伴う遺跡は①～④の遺跡であり組合せが不明であるが、⑧からも石櫃と六十六部関連の永正銘を持つ経筒が出土している。以下⑤～⑭の遺跡からは経の保護容器として陶製の外筒が検出されており、⑧の遺跡を除いては、分布において石製外容器を伴う遺跡は東日本に遍在し、陶製外容器を伴うものは西日本に遍在するという地域性も指摘できる。この遍在性が何によるのかは現在指摘されていないが、古宮神社経塚や、③三原経塚は現地で調達できる石材を利用している。

四　おわりに

本節では、特に古宮神社経塚の年代的な位置づけということについて主眼を置き、その方法の一つとして、室町時代における経筒の規格性、あるいは尺度などの復原を試みたが、これらの復原結果については、恣意的な操作もままあり、資料の抽出という点においても、島根県太田南八幡宮の奉納経筒に留まってしまったという偏りもあり、一般的な傾向として指摘し得るかどうかについては今後の資料の蓄積と論考を待ちたいと思うが現段階では、古宮神社経塚の年代は、十六世紀第２四半期を相前後する時期の所産と位置づけたい。

改めて遺跡の性格について、埋納された経筒が六十六部関連の遺物に大きさ、形態に共通点がある。そこで、六十六部聖による同時代的な奉納経筒の例と比較してみて埋納された意味づけを考えてみたい。古宮経塚の経筒は、大きさと形態の特徴は、若干筒身高が高い点を除けば、六十六部聖関連の奉納経筒に類似しているといえる。

六十六部聖は、全国六十六の聖地・霊地に「大乗妙典」を奉納するとされているが、これまで全国で発見された六十六部奉納経筒の内、同一人物の奉納と確認できる資料は六例しかない。各地を巡礼し納経を行なったことを証明する請取状が確認できる好例として承応四（一六五五）年結願埋納の大和中之庄経塚を挙げることができる。この回国納経は、承応二年十月に大和春日大社を出発して中国・四国・九州を一年五カ月かけて巡り、承応四年丹後成相寺に納経して終了している。そして、承応四年七月に一門眷属一二〇名の結縁によって埋納の儀式を執り行なったことが明らかな例である。同様な結願の例として、東京都稲城市の平尾経塚も注意したい。これまでの六十六部関連の経筒が出土あるいは奉納された例を見てみると、回国納経の方法として三類型がありそうである。①は、依頼された聖が回国巡礼を行ない、満願成就で本願地に戻り経塚として埋納する場合で講中による納経儀式が執り行なわれると思われる。また②類は、霊地霊場に納経するという単純な方法である。この場合、請取状などを受領して施主に届けたものと考えられる。太田南八幡神社の奉納経筒などは中世末期の典型的な例であろう。③経筒発見地が奉納される霊地霊場とされる場所の場合。

以上見たように銘文などで奉納地と施主の本貫地が明確に出来る回国納経の二類型とは違って今回触れた古宮経塚のような場合は、③類型とした埋納の意味が満願による埋納なのか、聖地霊場への埋納なのかの判断が非常につけにくいタイプの例である。聖地的な伝承などが明確ではないので、今回の場合、施主の依頼に対して満願成就の埋納儀式が行なわれた結果として捉えておきたい。先に示した大和中之庄と同系譜で考えておきたい。六十六部聖が埋経を道具として民衆あるいは個人を言葉たくみに勧化した最終段階の状況を示す遺跡として位置づけておきたい。

註

（1）関　秀夫『経塚の諸相とその展開』一九九〇年

（2）東京国立博物館『埋蔵物録』

（3）松原典明「礫石経塚と出土銭貨」（『出土銭貨』第六号、一九九六年）

（4）近藤　正「島根県下の経筒について」（『島根県文化財調査報告書』三、一九六五年）
近藤　正「太田南八幡宮の鉄塔と経筒について」（『山陰古代文化の研究』一九七八年）

（5）石田茂作「経塚」『考古学講座』第二〇巻、一九二九年

（6）山岸素夫「中世大袖の規格化と甲冑用鷹バカリについて」（『甲冑武具研究』第七七号、一九九一年）

（7）川越市教育委員会『河越館跡』（考察「板碑の規格と単位に関する試論」）一九八八年

（8）安達直哉「園城寺尺をめぐって」（『ＭＵＳＥＵＭ』第二四二号、一九九六年）

第二節　奉納経筒から見た信仰と経済

一　はじめに

十二世紀を中心とした古代の「埋経の経塚」(1)についてはすでに多くの先学により、銘文あるいは遺物を中心に研究が重ねられ位置づけられている。また、十六世紀を中心に展開する六十六部関連の「納経の経塚」については、これまでの研究は、銘文を中心とした金石文的研究方法がその主流であったといっても過言ではない。しかし、近年の遺物を中心とした研究では、六十六部聖の活動あるいはその性格にも言及されており、極めて示唆的であると言える。(2)そこで、ここではこれまでの先学の研究成果を踏まえながら、この六十六部聖関連の経塚、特に「奉納経筒」について考えてみたい。

その視点として、これまでの研究成果によれば、六十六部関連の経筒に刻された刻銘には定型句とも言えるほどの共通した銘文が確認でき、また、大きさの点についてもほとんどの経筒が一〇㎝を中心とした大きさであると指摘されている。このことから本節ではこれらの共通点に着眼し、十六世紀、室町時代の六十六部聖関連の奉納経筒にみる規格性ということについて考えてみたい。

先にも触れたが、この室町時代における経塚は、六十六部聖という「経」を勧める廻国聖により、霊場巡礼が行なわれ、原則的に六十六部の法華経が一国一部ずつ、各霊場および奉納所に「奉納」され全国的な規模で広められたと言っても過言ではない。この中世の代表的な奉納所として現在の島根県に所在する太田南八幡宮がある。そこでここ

では、この太田八幡宮に奉納された一六八口に及ぶ経筒の一括資料をその分析資料として参酌したい。(3)

二　太田南八幡宮とその奉納経筒について

太田南八幡宮は、中世、石見東部の豪族小笠原氏が十三世紀の終わり頃から地頭としてこの地に勢力を拡げた際に相模国八幡宮から勧請されたものらしく、大永七（一五二七）年には官幣にあずかっているという。(4)

さて、奉納所としての八幡宮は、幕末から明治にかけて編纂された『石見国名跡考』の中に「鉄塔は安濃郡太田南村の八幡宮の境内にありて六十六部廻国の者大乗妙典を比塔内に納る処なり。相伝へて皆　源右府の世に緒に置といふ。其制高六尺、胴廻り五尺九寸、台廻り一丈二尺六寸、其形石の夜燈の如し。平に四角なる穴あり。是より経をいる塔内に長四寸、廻り七寸ばかりの銅筒に経文を紙にかきて入れたるあり。其銘に大永三年また天文年中のものあり。塔の底下に瓶あり。中に右の経巻を数多くいれて石灰にてつめ、瓶の廻りを小石にて圍ひてありとぞ。嘉永七年甲虎乃修覆志て六角堂を立てて圍ふ。」と八幡宮およびその境内に立つ鉄塔あるいはその内部構造までも詳細に紹介されており、この鉄塔が六十六部聖による「経」の奉納場所として機能していたことが窺える（図1）。

また、この鉄塔の造立年代については、鉄塔下段の胴部に陽鋳銘により「奉□立　八幡宮□御宝□前　□□□敬白　□主□司□永□正十七□年□□」の銘文が確認できており、その年号の読み方により、「永享」、あるいは「永正」との諸説があったが、現在では永正十七（一五二〇）年造立として捉えられている。また、鉄塔が造立された位置については、『石見国名跡考』の記載に見

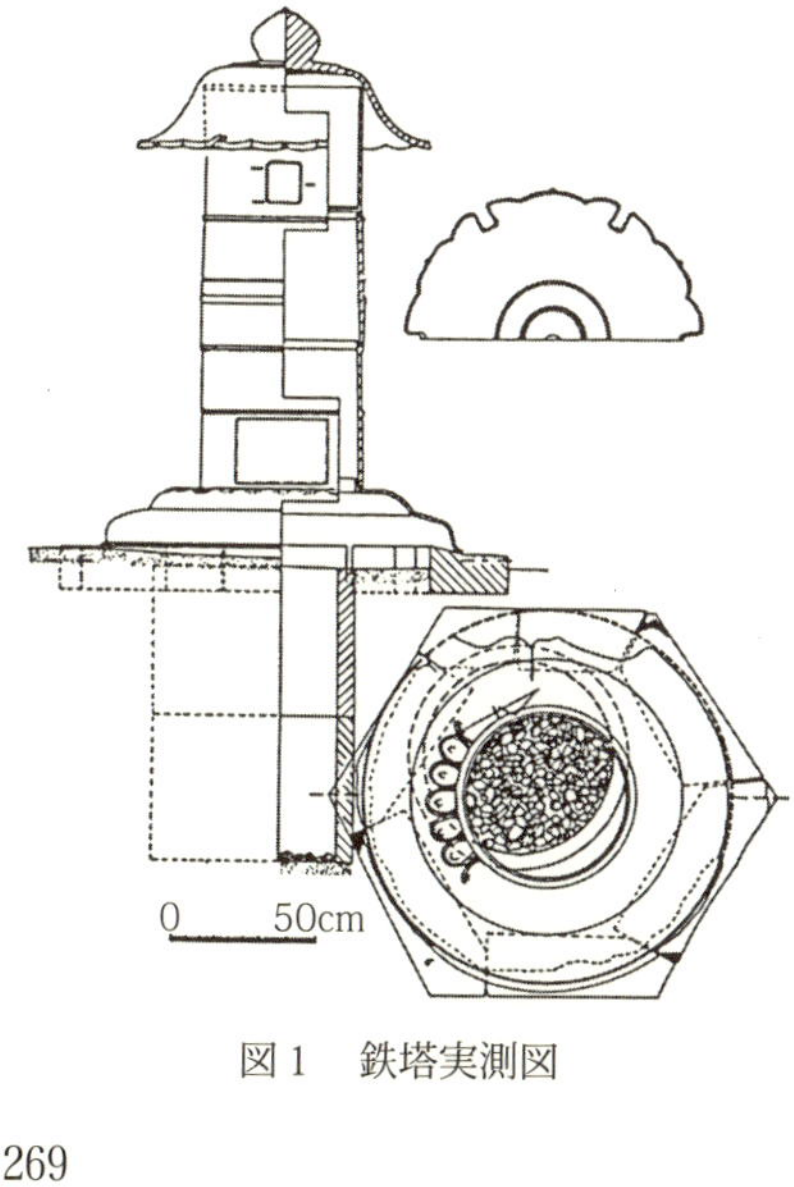

図1　鉄塔実測図

える鉄塔内部構造と現行の内部構造およびその内部状況とが違っていることや、台座の一部に補修がみられることなどから原位置とは考えにくく、現行の鉄塔は二次的に移築されたものであろうとされている(5)。

鉄塔に関連した遺物は、昭和三十九年六月の八幡六角堂の修理に伴う調査で確認されている。鉄塔納入品は次のものが検出されているのでここで示しておく。経筒一六八口、納札七枚（図2―1～7）、木箱収納経石一括、懸佛二体（図2―8・9）、飾金具二個（図2―12）、鉄製品一個（図2―14）、五輪塔形泥塔一基（図2―11）、土器一個（図2―13）、銭貨六六七枚（図2―15）。

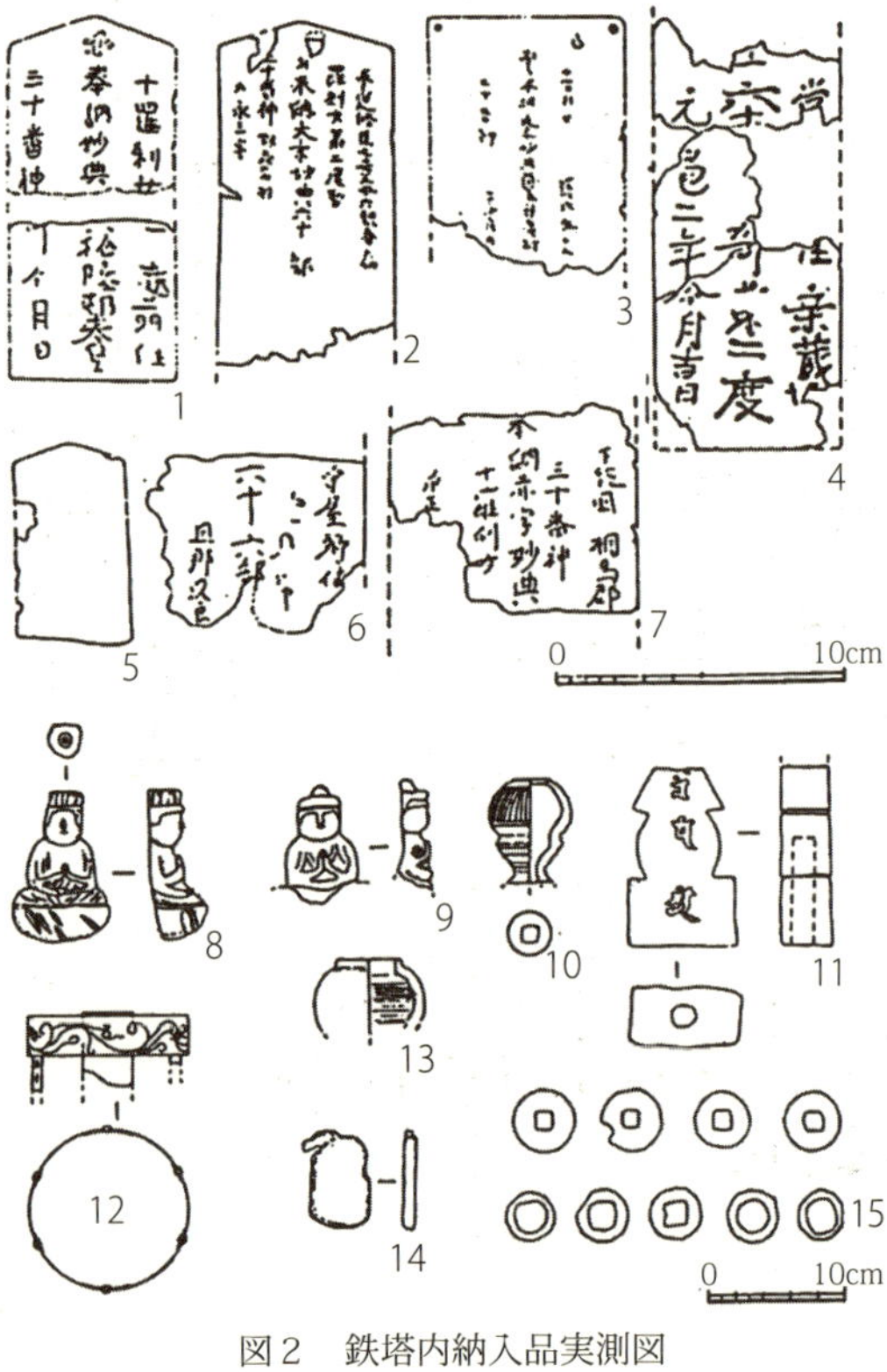

図2　鉄塔内納入品実測図

これらの発見された遺物の内、特に「奉納経筒」は比較的残りがよく、一四九口についての法量、銘文、製作技法などの詳細な観察結果が示されている。

銘文からは、永正十（一五一三）年から元亀二（一五七一）年にかけて北は羽前国、南は大隅国までの五十国に及ぶほぼ全国各地から奉納されたことがわかり、室町時代特に十六世紀の奉納経筒の一括資料として極めて貴重である。

そこで、つづいてこれらの資料あるいはその観察結果を援用しつつ、当該期における六十六部関連の「奉納経筒」の規格性について考えてみたい。

三　経筒の規格性について

経筒の規格については、古くは石田茂作が「経筒の大きさと時代」と題して、平安時代から近世にいたる紀年銘経筒について、経筒の筒身高と口径に着目して現行の典尺（三〇・三㎝）を用いて整理されている。[6] 具体的には、室町時代の経筒一五例をあげ、経筒の筒身高は、三〜四寸のものが一般的であり、年代が下降するに従い、筒身高も大きいものから小さいものへと変化することを示した。加えて、経筒の大きさは、経巻の大きさによって規定されるものであるとしている。以上の石田が示された室町時代の奉納経筒の大きさを示す一般的傾向について、規格性ということに着目して、太田南八幡宮に奉納された経筒資料から、より具体的な時代傾向とさらには特徴について考えてみたい。

(1) 基準長としての大きさ（図４）

図４から規格性についての手がかりを見つけてみると、まず、筒身高にはそれぞれ一〇㎝、一一㎝、一二㎝を相前後する大きさにあると言える。また、口径に関しては全体的に

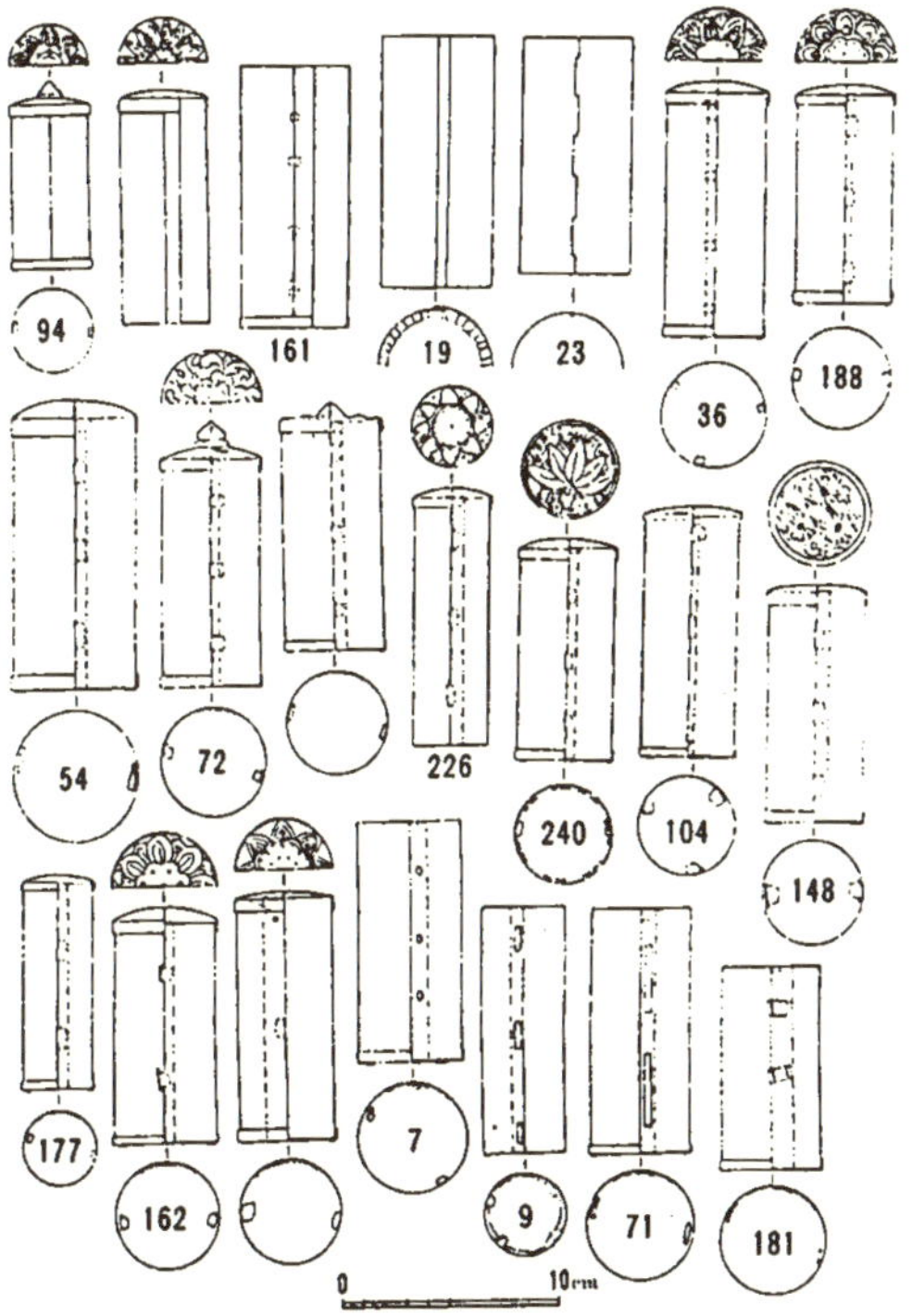

図３　鉄塔納入経筒実測図

ばらつきはあるが四・五、四・六㎝に最も集中していると言える。さらにこの筒身高と口径の分布にはおおよそ三群あり、このことからも筒身高と口径には何らかの相関関係が認められ、大きさあるいは形における規格が大いに想起される。そこで、相関関係を導き出す基準となった部位の抽出をするためにそれぞれの大きさの分布について触れておく。

口径を法量の基準単位とした場合、筒身高は二・二倍（三四・二％）、二・三倍（三三・五％）が全体の五七・七％を占め、次いで二・一倍（一四・四％）、二・四倍（一二・九％）の値を示す、という関係にあり、全体の六割前後の資料に関して筒身高は口径の二・二、三倍の大きさにあると言える。つづいてこれらの大きさの分布と年代的な関係について見てみたい。

(2) 大きさと年代（図6）

ここでは便宜的に時代区分としての年号ごとの変遷について見てみる。

年代的な変遷について年号毎に見てみると図5・6のようにまとめられ、永正年間から天文年間にわたる規格の変化を見ることができる。最も古い時期である永正年間においては二・三、二・四が全体の五〇％を占め、これにつづいて二・二あるいは二・六が存在する。また奉納数が最も多い大永年間においては規格の主流は二・二、二・三が全体の五〇％を占め前代の二・四の規格が確認できる。つ

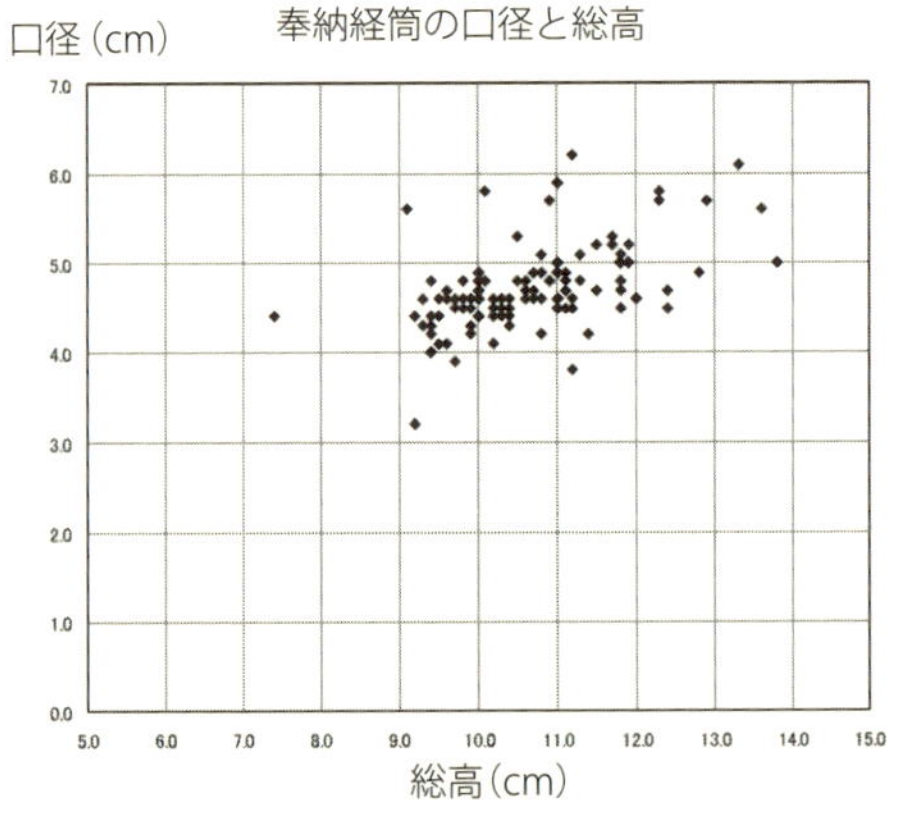

図4　経筒の規格

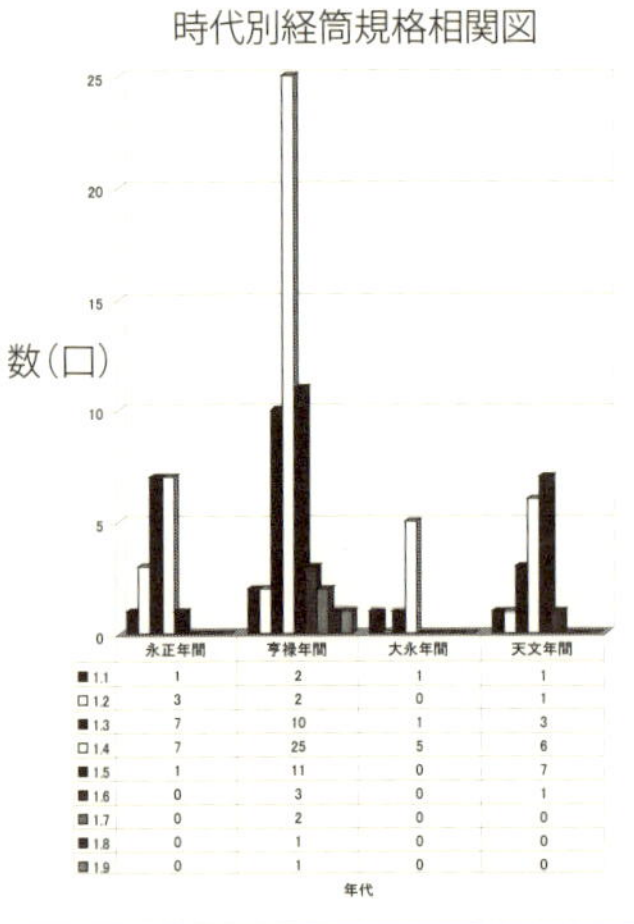

図5　元号別奉納経筒数

づく享禄、天文年間においても二・二、二・三の規格は主流となり全体の五割前後の値を示し、この二・二、二・三の規格は全時期を通し最も一般的であったと言える。

また、二・一〜二・五の規格は全時代を通して確認することができ、時間的な変遷とはあまり明確な関係が認められないが、特に先に示した二・二、二・三の規格からは、数値の上からではあるが製作時における法量の規格基準として口径の大きさを基準に経筒全体の大きさが決定された可能性があるのではないかということも指摘できよう。さらに、このことは先に触れたが、口径の分布が四・五あるいは四・六cmに最も集中しているということからもこれを補足できないであろうか。

また、先に示した筒身高と口径の相関関係における三群の分布はおおよその時間的変化を示しているようである。つまり筒身高がおおよそ一一・五cm前後以上の値を取るとき十六世紀代の比較的古い時期の所産と言え、永正年間から大永年間の初期に位置づけられる。また筒身高の値が一一・五cm以下で、大きい値を

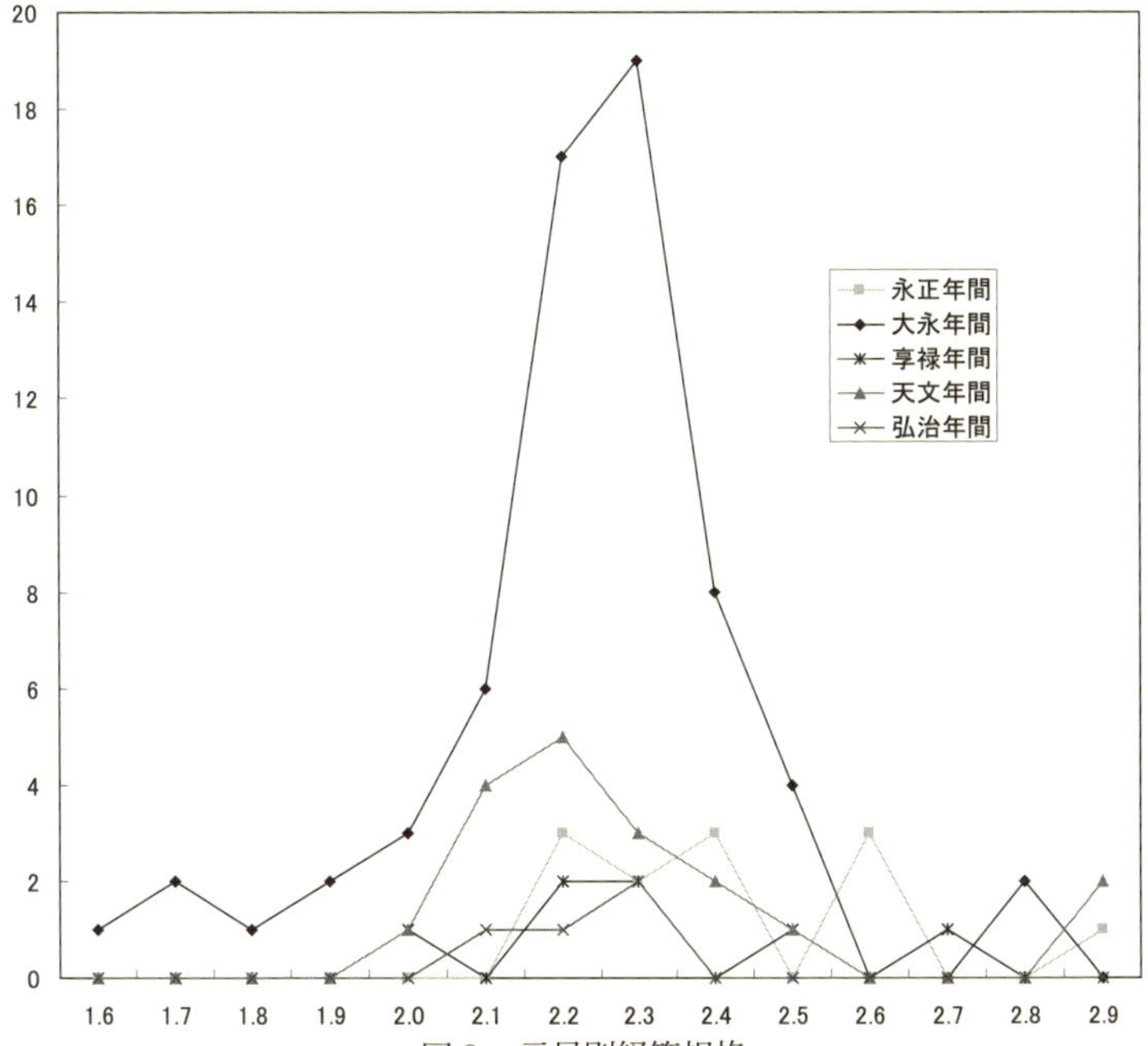

図6　元号別経筒規格

示すものは比較的古く位置づけられ、一〇㎝前後のものは、十六世紀第３四半期から第４四半期にかけての時期に集中するといえる。

(3) 製作技法と年代

最後に製作技法と年代について触れておくと、太田南八幡における経筒の製作技法は、その違いから五分類されるが、全体の約三分の二（一二二口）のものが、筒身の二～四カ所を舌留めにより接合し、底部は筒身舌端に二～三の舌を造り出し、底部に切込みを造り、被底形式をとるものであり、十六世紀代全般に認められ、六十六部聖関連経筒に共通する製作技法として位置づけられよう。また、このほかわずかであるが筒身を鑞付け技法により成形し底部形式は入り底形式をとる資料があるが、これらの資料は永正年間から大永年間の古い時期に認められ、太田南八幡に奉納された経筒においては、筒身を舌留めにより成形し、底部の被せ底形式の組合せによる製作技法に先行する技法として位置づけられる。

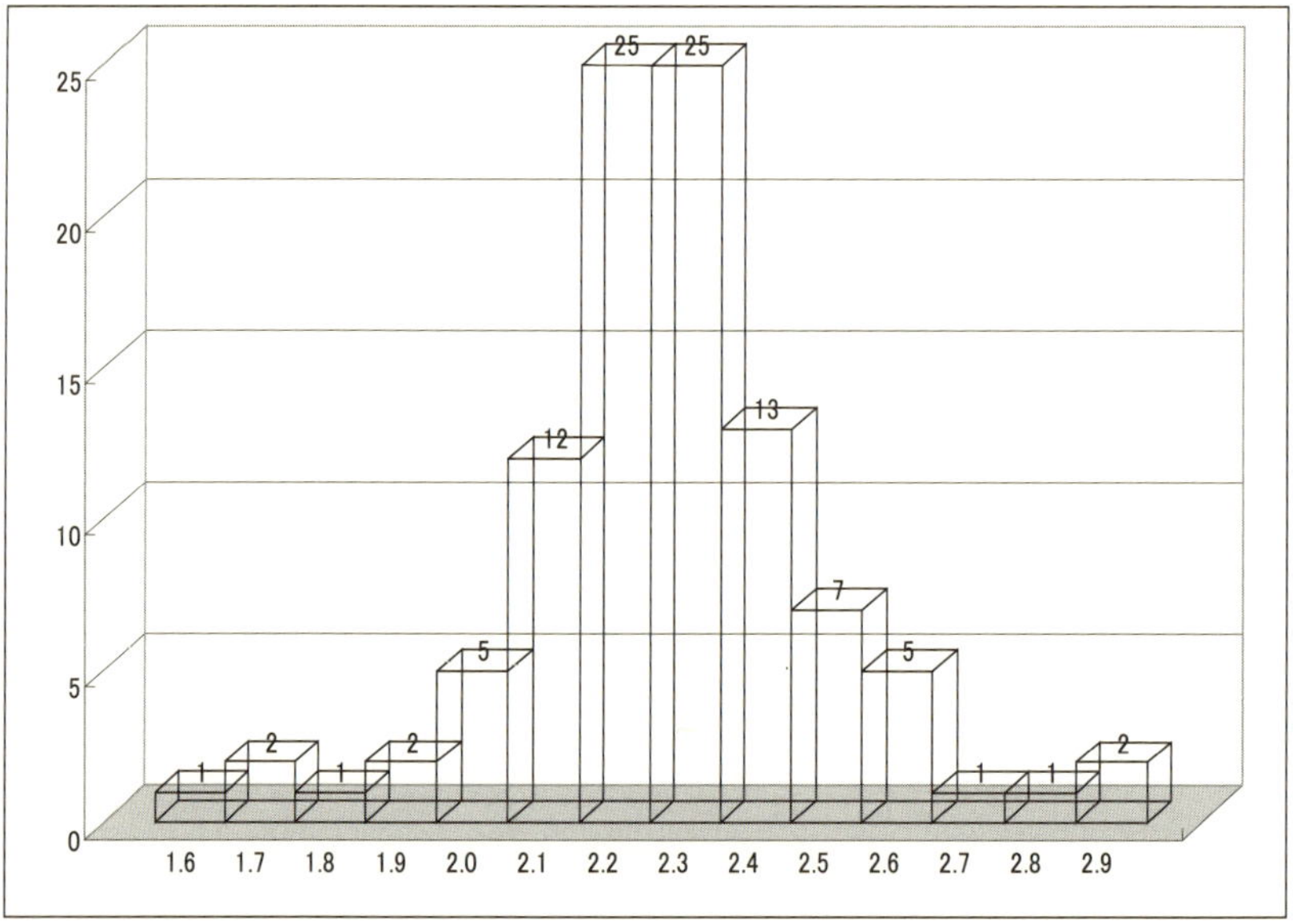

図７　経筒規格別奉納数

四　おわりに

本節で資料として用いた太田南八幡宮の資料は、その銘文からは、全国から聖により持ち込まれ奉納された経筒であるかのように考えられてきている。しかし、先に示した筒身高の分布や、口径から想定される規格などから考えて、当該地域における専業の職能集団による現地での経筒製作が大いに想起される。極論すれば商品化した経筒のあり方を示しているようにも思われる。このことは、全体の約三分の二の資料の接合方法や底部の技法が同一であるという製作技法の面からもいえる。また、このほか、最近の蛍光X線分析法による任意の五八口の分析結果からは、成分の際立った違いは認められないことから経筒の材質には相違が認められず、材料の現地調達が大いに考えられることが指摘されており、太田南八幡宮と六十六部聖関連の「奉納経筒」を考える上においてはきわめて興味深い結果と言えよう(7)。加えて、先に示した経筒製作時における規格基準長は、管見に及ぶ範囲の資料ではあるが、他の六十六部聖関連の経筒資料を確認してみると、そのほとんどが先に示した基準長として、筒身高が口径の二・二、二・三に集中し、二・四、五倍がこれに続くという規格によって製作されたことがいえ、太田南八幡の結果とも合致する。この規格自体が室町時代における六十六部聖関連の経筒に認められる一般的な規格基準長として存在したことが想定できるのでは

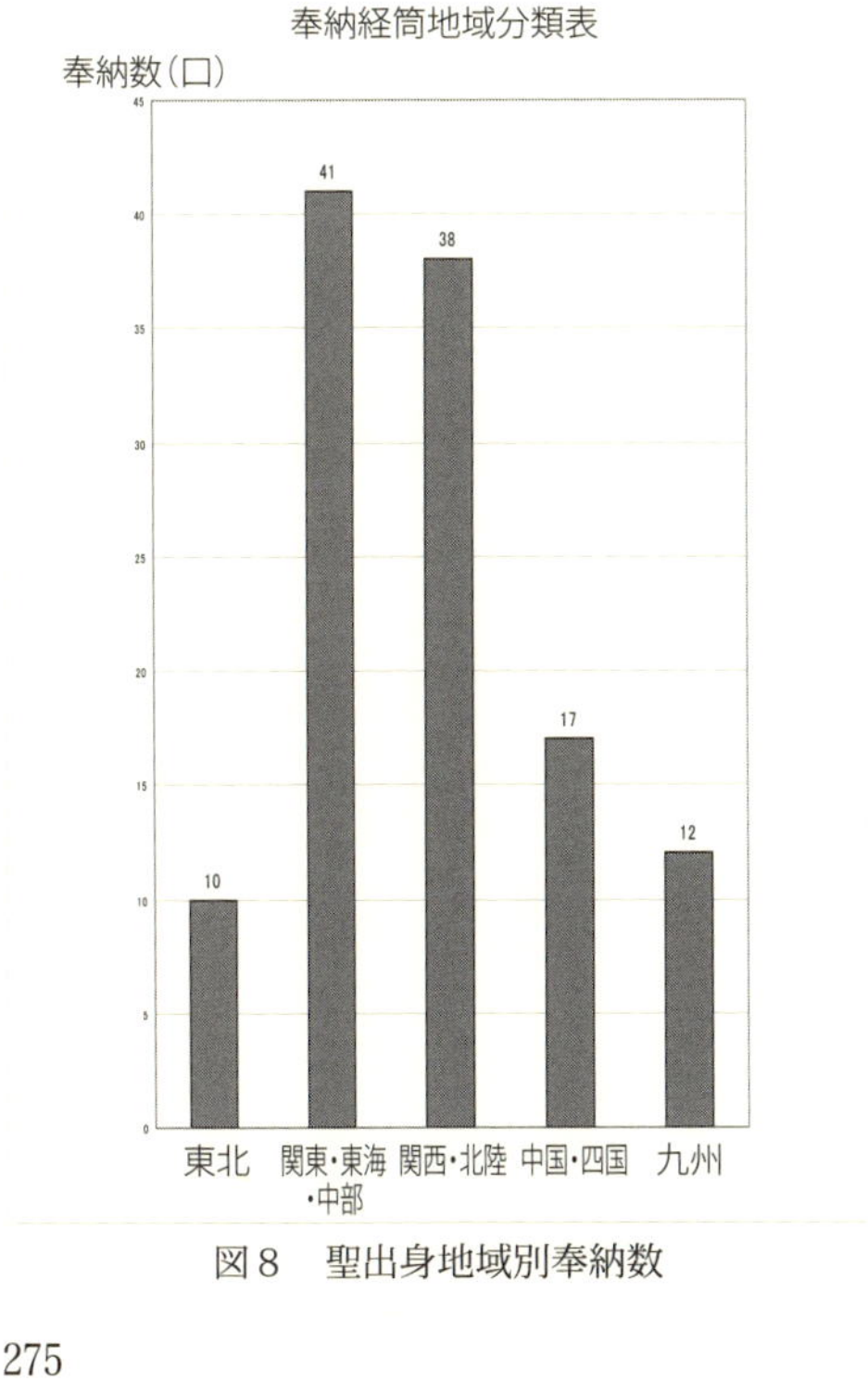

図8　聖出身地域別奉納数

なかろうか。

以上、口径を製作上の基準単位とする場合を想定し触れてきたが、単純に数値の上からは製作時の基準長として口径が存在した可能性のあることが想定できるが、経筒製作時における規格の復原を考える上においては細部にわたる観察結果や計測値、製作技法の検出など不十分であり、単に口径と筒身高の相関関係を示しただけに留まっており、製作時における規格制の復元は今後の課題としたい。

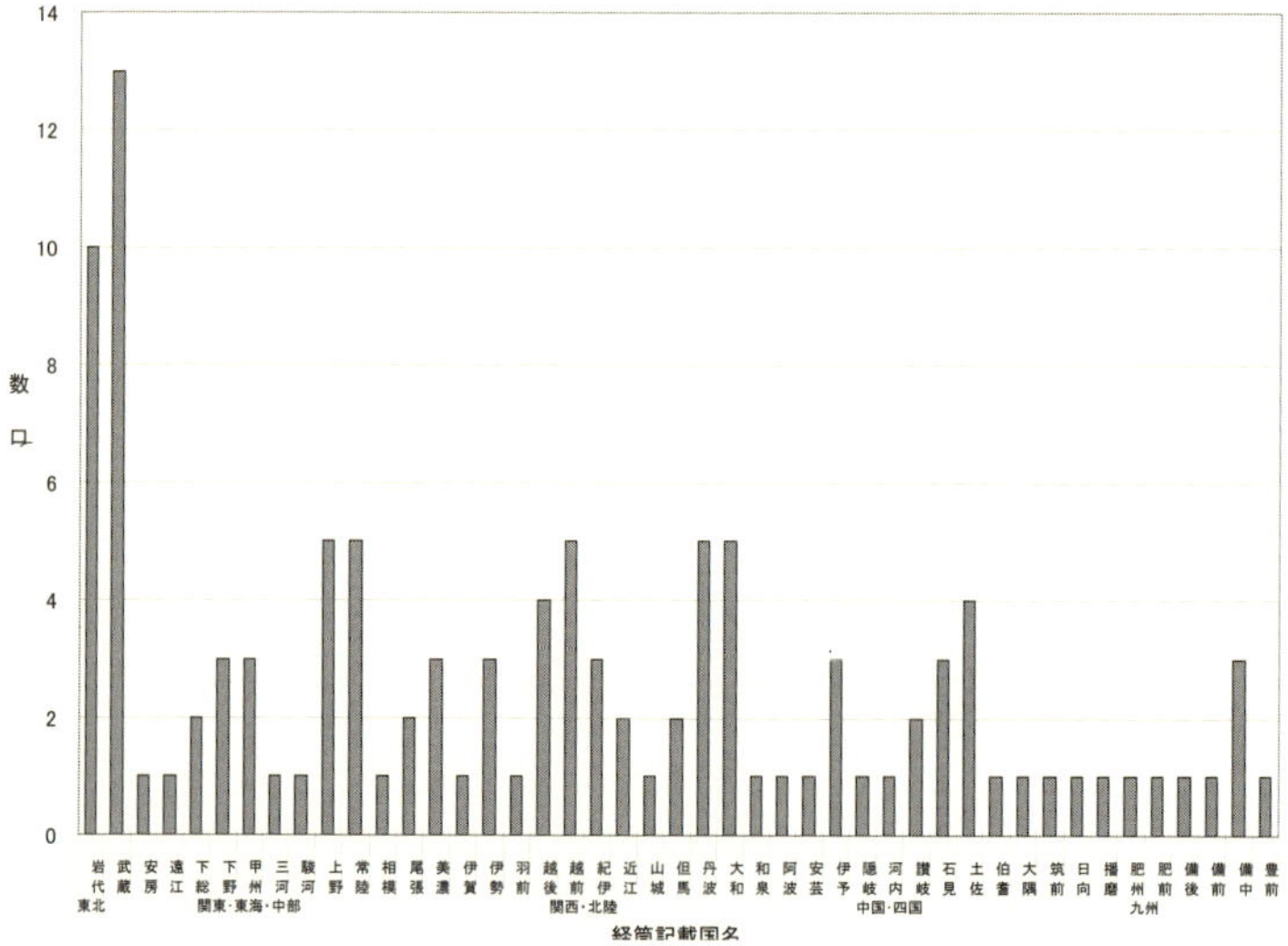

図９　聖出身地別奉納数

番号	西暦	復元高	身高	口径	円周	身高／口径	円周／身高	国名
7	1515		10.8	4.9	15.4	2.2	1.4	日向
9	1516		11.2	3.8	11.9	2.9	1.1	肥前
8	1516		11.8	5.0	15.7	2.4	1.3	下野
12	1518		11.7	5.2	16.3	2.3	1.4	武蔵
11	1518	12.3	11.8	5.1	16.0	2.3	1.4	越後
15	1518		12.0		0.0		0.0	上野
13	1518		12.4	4.7	14.8	2.6	1.2	越後
20	1519		11.2	4.6	14.4	2.4	1.3	和泉
19	1519		11.5	5.2	16.3	2.2	1.4	出雲
27	1520		9.1	5.6	17.6	1.6	1.9	
23	1520		10.8	5.1	16.0	2.1	1.5	
24	1520		11.3	5.1	16.0	2.2	1.4	隠岐
26	1520		11.8	4.5	14.1	2.6	1.2	伊勢
25	1520		12.8	4.9	15.4	2.6	1.2	豊前
22	1520		13.6	5.6	17.6	2.4	1.3	出雲
41	1521		9.7	3.9	12.2	2.5	1.3	三河
36	1521	11.6	11.0	4.5	14.1	2.4	1.3	常陸
33	1521		11.3	4.8	15.1	2.4	1.3	紀伊
38	1521		11.5	4.7	14.8	2.4	1.3	甲斐
29	1521	12.4	11.8	5.1	16.0	2.3	1.4	肥州
32	1521		11.9	5.2	16.3	2.3	1.4	岩代
53	1522				0.0			備中
48	1522				0.0			武蔵
52	1522		10.0	4.6	14.4	2.2	1.4	武蔵
55	1522	10.6	10.2	4.1	12.9	2.5	1.3	武蔵
44	1522		10.5	4.8	15.1	2.2	1.4	
62	1522		10.7	4.6	14.4	2.3	1.3	大和
50	1522	11.3	10.8	4.6	14.4	2.3	1.3	下野
56	1522		10.9	4.8	15.1	2.3	1.4	岩代
46	1522	11.6	10.9	5.7	17.9	1.9	1.6	大和
60	1522		11.0	5.9	18.5	1.9	1.7	但馬
51	1522		11.1	4.8	15.1	2.3	1.4	讃岐
47	1522		11.2	4.6	14.4	2.4	1.3	武蔵
45	1522		11.3		0.0		0.0	下野
59	1522	12.3	11.8	4.7	14.8	2.5	1.3	
61	1522		11.9	5.0	15.7	2.4	1.3	越後
54	1522	13.2	12.3	5.8	18.2	2.1	1.5	紀伊
49	1522		12.9	5.7	17.9	2.3	1.4	丹波
57	1522	14.3	13.8	5.0	15.7	2.8	1.1	遠江
68	1523				0.0			
65	1523				0.0			周防
74	1523	10.3	9.4	4.8	15.1	2.0	1.6	
71	1523	10.1	9.7		0.0		0.0	伊予
70	1523		10.0	4.7	14.8	2.1	1.5	武蔵
72	1523		10.9	4.8	15.1	2.3	1.4	武蔵
73	1523		11.1	4.7	14.8	2.4	1.3	武蔵
76	1523		11.2	4.5	14.1	2.5	1.3	讃岐
67	1523	12.5	11.7	5.2	16.3	2.3	1.4	伊予
69	1523		12.3	5.7	17.9	2.2	1.5	周防
80	1524	10.0	9.3	4.3	13.5	2.2	1.5	岩代
78	1524		10.4	4.6	14.4	2.3	1.4	石見
79	1524		10.8	4.2	13.2	2.6	1.2	岩代
77	1524		11.2	6.2	19.5	1.8	1.7	近江
81	1524	12.9	12.4	4.5	14.1	2.8	1.1	大和
88	1525				0.0			尾張
90	1525	10.4		4.0	12.6			甲斐
94	1525	8.6	7.4	4.4	13.8	1.7	1.9	丹波
102	1525		9.8	4.6	14.4	2.1	1.5	岩代
99	1525		10.0	4.6	14.4	2.2	1.4	越前
100	1525		10.3	4.5	14.1	2.3	1.4	土佐
87	1525	12.2	10.3	4.6	14.4	2.2	1.4	武蔵
92	1525		10.4	4.3	13.5	2.4	1.3	筑前
86	1525		10.6	4.6	14.4	2.3	1.4	備後
85	1525		10.7		0.0		0.0	伯耆
93	1525		10.7	4.7	14.8	2.3	1.4	出雲
84	1525	11.4	11.0	4.6	14.4	2.4	1.3	伊賀
101	1525		11.1	4.5	14.1	2.5	1.3	丹波
91	1525	12.4	12.0	4.6	14.4	2.6	1.2	播磨
98	1525	14.1	13.3	6.1	19.2	2.2	1.4	岩代
112	1526		9.4	4.3	13.5	2.2	1.4	岩代
108	1526	10.6	10.1	4.8	15.1	2.1	1.5	岩代
111	1526	10.7	10.1	5.8	18.2	1.7	1.8	大和
105	1526		10.2	4.5	14.1	2.3	1.4	河内
109	1526	10.7	10.2	4.6	14.4	2.2	1.4	出雲
110	1526		10.4	4.4	13.8	2.4	1.3	常陸
104	1526	11.4	10.9		0.0		0.0	尾張
125	1527		10.2	4.5	14.1	2.3	1.4	甲州
116	1527		9.6	4.6	14.4	2.1	1.5	伊予
124	1527		9.7	4.5	14.1	2.2	1.5	上野
120	1527		9.7	4.6	14.4	2.1	1.5	羽前
115	1527		9.8	4.5	14.1	2.2	1.4	大和
121	1527		9.9	4.6	14.4	2.2	1.5	上野
117	1527		10.0	4.9	15.4	2.0	1.5	伊勢
129	1527	10.9	10.2	4.5	14.1	2.3	1.4	常陸
128	1527	10.9	10.2	4.5	14.1	2.3	1.4	安房
127	1527		10.3	4.4	13.8	2.3	1.3	大隅
118	1527		10.5	5.3	16.6	2.0	1.6	伊勢
123	1527		10.7	4.9	15.4	2.2	1.4	備中
130	1527		11.1	4.9	15.4	2.3	1.4	美濃
119	1527	12.2	11.7	5.3	16.6	2.2	1.4	近江
126	1527		11.9	5.2	16.3	2.3	1.4	丹波
131	1528				0.0			美濃
139	1528	10.8	10.0	4.4	13.8	2.3	1.4	武蔵
137	1528		10.6	4.8	15.1	2.2	1.4	駿河
148	1529	10.7	10.4	4.5	14.1	2.3	1.4	美濃
143	1529		11.0	5.0	15.7	2.2	1.4	武蔵
151	1529		11.8	4.8	15.1	2.5	1.3	下総
156	1530				0.0			
162	1531	10.6	9.8	4.8	15.1	2.0	1.5	備中
159	1531	11.5	11.0	4.9	15.4	2.2	1.4	土佐
165	1532		9.2	3.2	10.0	2.9	1.1	阿波
168	1532		9.6	4.7	14.8	2.0	1.5	越前
169	1532		9.8	4.5	14.1	2.2	1.4	越前
167	1532	11.1	10.6	4.7	14.8	2.3	1.4	備前
177	1533	9.6	9.2	3.2	10.0	2.9	1.1	土佐
174	1533	10.6	9.9	4.5	14.1	2.2	1.4	
175	1533		11.4	4.2	13.2	2.7	1.2	上野
188	1534	9.9	9.4	4.4	13.8	2.1	1.5	常陸
181	1534		9.6	4.1	12.9	2.3	1.3	石見
180	1534	10.7	10.0	4.8	15.1	2.1	1.5	出雲
182	1535		9.4	4.0	12.6	2.4	1.3	山城
197	1536		9.2	4.4	13.8	2.1	1.5	武蔵
198	1536		9.9	4.2	13.2	2.4	1.3	相模
204	1540		10.2	4.1	12.9	2.5	1.3	越前
207	1542		9.3	4.6	14.4	2.0	1.6	石見
212	1542		9.5	4.6	14.4	2.1	1.5	
208	1542		10.5		0.0		0.0	上野
214	1543		9.4	4.2	13.2	2.2	1.4	武蔵
215	1544	10.5	10.0	4.9	15.4	2.0	1.5	出雲
218	1546	10.4	9.9	4.5	14.1	2.2	1.4	紀伊
221	1547		9.9	4.3	13.5	2.3	1.4	下総
223	1548		9.8		0.0			岩代
226	1549				0.0			越前
227	1549	10.4	10.0		0.0			丹波
230	1551	10.2	9.7	4.5	14.1	2.2	1.5	岩代
240	1555	10.1	9.5	4.1	12.9	2.3	1.4	但馬
239	1555		9.5	4.4	13.8	2.2	1.5	越後
242	1555		10.2	4.4	13.8	2.3	1.4	常陸
249	1558		9.6	4.5	14.1	2.1	1.5	安芸

付表　太田南八幡宮奉納経筒計測表

註

(1) 関　秀夫「六十六部聖による納経の経塚」(『経塚—関東とその周辺』東京国立博物館研究図録、一九八八年)

(2) 註(1)と同じ

(3) 島根県教育委員会『島根県埋蔵文化財調査報告書』第一集、一九六五年

(4) 島根県教育委員会『島根県埋蔵文化財調査報告書』第三集、一九六七年

(5) 近藤　正「島根県下の経筒について」(『山陰古文化の研究』一九七八年)

(6) 石田茂作「経塚」『考古学講座』第二〇巻(雄山閣、一九二九年)

(7) 稲垣晋也・井口喜晴「蛍光X線分析法による経塚遺物の研究」(『科学的方法による仏教美術の基礎調査研究』奈良国立博物館編集、一九八二年)

(8) 畑　大介「戦国期における六十六部廻国納経の展開」(『戦国時代の考古学』高志書院、二〇〇三年)

結　章　近世宗教考古学の課題と展望

第一節　宗教考古学と石造塔婆研究の現状と課題

一　石造塔婆研究と概念

石造塔婆研究は、江戸時代水戸藩士中山信名の『墳墓考』、栗田寛の『葬礼私考』などを嚆矢とし、明治時代に入ると白井光太郎や鳥居龍蔵による所在地論、分布論に始まり、明治三十二（一八九九）年平子鐸嶺の「本邦墳墓の沿革」や同年八木奘三郎の「鎌倉発見の石塔婆は何人の墳墓か」において、主な石造塔の形態的な変遷が示され、石塔の大きさが造立の階層性に起因するとされた(1)。明治三十五（一九〇二）年『考古便覧』の「墳墓の改革」の中では「塔婆時代」として触れ、歴史考古学における墳墓研究の方向性が示唆された。大正時代は、高橋健自が「中世の墳墓」（『史林』四―二、一九一九年）において墳墓標識としての塔婆の変遷を示し、加えて墓の下部構造である主体部と骨蔵器との相関関係に着目し明治期からの方法論を発展させた。その他この時期には、関野貞、天沼俊一、池上年など建築史学者の業績を高く評価しなければならない。昭和時代になると、昭和八（一九三三）年田中重久が『日本に遺る印度系文物の研究』や同年石田茂作が「我国に於ける塔形の種類と其の系統」（『塔婆之研究』夢殿論誌第十冊特輯）の中で塔婆の種類とその系譜の概略を示され、橋本凝胤は同書「佛教々理史より視たる塔婆」で、塔婆の概念をインド仏教史や、仏教教理に照らし合わせて説き、造塔思想の背景にも論及しており改めて重視したい。橋本の「塔婆」の概念は、近年の板碑と火葬骨の問題や近世墓への移行問題を考える上においても極めて示唆的といえ、改めて橋本概念を援用しつつ「塔婆」とは何かについて触れておきたい。

塔婆とは、遺骸の有無に係わらず供養儀礼が執り行なわれた際、その証として石や木材に文字や図を刻むか墨書したものであり、それを設置することにより記憶に留められるものである。塔形の如何に係わらず供養儀礼が記された石造物を石造塔婆・塔の概念の中で捉え、造塔は供養儀礼・作善行として執り行なわれた結果とし、〝石造塔婆は供養の表象・表徴である〟という視点(2)から出発したい。

二　塔婆研究の視点

塔婆研究の視点について近年の発掘調査から重要な発見について触れ、若干まとめてみたい。注目したい遺跡・遺物は平成十年海蔵庵板碑群の調査、平成十八年長野県千曲市社宮司遺跡出土の六角木幢、平成二十年野々江本江寺遺跡出土の木製笠塔婆と木製板碑などがある。海庵寺板碑群の調査では、主なる板碑を仏龕様式に祀る特殊な埋置方法が確認され、社宮司遺跡、野々江本江寺遺跡では、平安末期に遡る木製の笠塔婆・経幢型式の塔婆が確認されている。石造塔婆との接点の問題も含め、絵画史料との比較の重要性も再度示しておきたい。

年忌供養と礼拝対象の板碑

海蔵庵板碑群(3)（宮城県石巻市尾崎）は、板石で仏龕状に天井と側面を組み、その中心に年忌供養や追善の板碑を設置するという特殊な埋置形態をとっている。古代において仏教は、貴族のものであり、護国のためでもあったため、民衆個々を救うことはできなかった。しかし十三世紀以降展開する新仏教は、信心為本の立場から民衆個々の精神的な救いを重要視し、顕密とは真逆の遁世僧を中心とした仏教の展開がなされ、庶民と寺院との関連が密接となり、寺院は檀徒との関係をさらに重視するようになった。最も端的な現象は遁世僧は、民衆獲得のために古代仏教では触れなかった遺骸処理や、葬礼との係わりを強く打ち出し、死者への供養を行ない、仏への供養は礼拝からという形を形成したとされている(4)。海蔵庵板碑群の板碑は年忌供養の板碑がほとんどで、主に祀られる板碑の両脇に対となる二基が配されており、荘厳された仏龕や仏堂を彷彿とさせる形式に祀られている。板碑群が構成される場では、火葬による葬送（遺骸処理）が行なわれ、板碑と火葬骨の埋置によって死霊の存在を認識し、一族、一結衆によって年忌追善供養をここで営むことにより死霊から祖霊化へのプロセスが認められる。祖霊化には、礼拝、参拝という儀礼、法要が重要であり、そのため当然導師が存在し、導師と施主の関係も成立しているものと考える。(5) 特殊な埋置法と礼拝の対象については以前、千々和実が「板碑に見る中世仏像表現」（『仏教芸術』八九、一九七二年）の中で、「板碑の源流は、立体的・建築的な塔であったが、礼拝するために平面的に正面間を重視し板状に造り、板状卒塔婆の出現を促した」と指摘している。つまり、最古とされる嘉禄三（一二二七）年銘板碑、埼玉県歓喜院門前、台東区法源寺の善光寺式三尊板碑を代表とする初発期の板碑の像容は、陽刻で本地を表現している。特に、歓喜院のそれは狭座間の上に三尊がありこれを荘厳するように天蓋が表現され、まさに仏堂を示していると言える。板碑の形状については、頂部の山形や、二条線は建築的な表現の簡略と捉えられ、仏龕に系譜を求められるのではないか。仏龕からの様式的な変化過程におけるタイプとして山形県、福島県に集中する、框状の中に陽刻された来迎三尊や、額部が発達したタイプの板碑群を、龕構造が形骸化したものとして捉えられないであろうか。赤湯の逆修永仁銘三連磨崖板碑は、海蔵庵板碑群と同義であり、三基を並列して陽刻することで仏龕状を示したものと考えられる。主の板碑と一対の板碑の三基を同時に造立することは、御陵に造立する三本塔婆として『醍醐寺事記』という醍醐天皇の葬送記事に「十二日、山作所、於山陵立塔婆三基」と記されている。(6) これらのことから、特定階層の墓所（山作所）の供養儀式におい

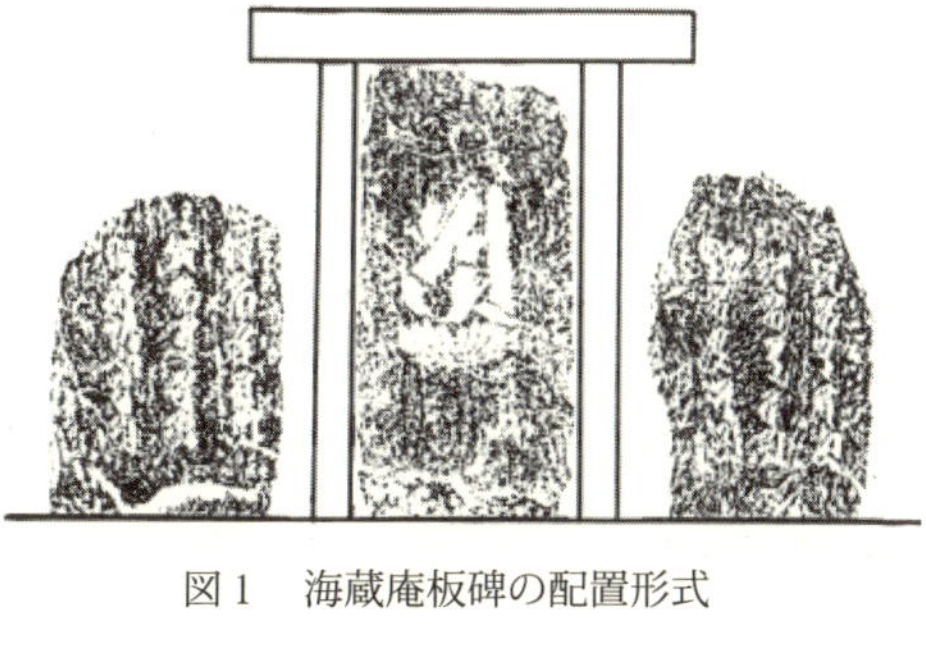

図１　海蔵庵板碑の配置形式

図２　長野県飯田市の文永寺五輪塔

ては、三基造立が正式な作法・作善とした可能性も想像できよう。

特殊な埋置として、仏龕・厨子形式の石塔との共通性に着目すると、最古型式の播磨古法華山石造厨子の系譜も注意したい。このほか、同様な例として長野県飯田市の文永寺（弘安六〈一二八三〉年銘）の龕に収められた五輪塔（図2）も拝所形式をとる石塔の系譜の中で重要な資料である。

三　絵画史料と石造塔婆

絵画史料を活用することによって中世史が復元できる可能性は大きい。しかし絵画史料を扱う場合、それが歴史的な断面・場面を絶対的に表現しているかどうかの検討が必要であり、その史料批判を行なった上で「絵画資料」を「絵画史料」として読み解くことが肝要であろう。代表的な研究成果として黒田日出男による一連の論考を大いに注視し、学際的研究として今後考古学的な方法論との接点を考えていく必要があろう。絵画史料に現われた「石造塔婆」に焦点を当てた論考として『一遍聖絵』、『春日権現記絵』の読み解きが挙げられる。特に『一遍聖絵』「七条市屋道場」の場面に描かれた八尺の石造五輪塔が、空也上人に係わる重要な聖なる場であり、五輪塔そのものが上人を示し象徴として表現されたものとして位置づけられている。一遍上人は比叡山から民衆に下り、同時代の比叡山の源信と対照的に表わされていることも興味深い。官僧と遁世僧あるいは「持経者」の持つ意味と、描かれた場面が示す「場」の意味づけを考察することの重要性が指摘されている。二〇〇七年、珠洲市野々江本江寺遺跡で木製笠塔婆および木製板碑が発見されたが、発表によれば『餓鬼草子』に描かれた塔婆類に似ていることから平安末期から鎌倉時代前期（十二世紀後半〜十三世紀前半）の墓との関係が指摘されている。『一遍上人絵伝』では、祖父河野通信の墓として描いた土饅頭の図には卒塔婆が描かれていないが、関寺の門前、上野の踊屋、輪田泊の観音堂など御堂の周囲には木製塔婆が立つ風景が描かれている。出土地を直ちに墓と決めることは慎重でなければならない。二〇〇六年発見された長野県の木製六面幢も、出土状態では大溝上層で大礫と共伴しており遺棄などの可能性さえもあるので注意したい。

四　石造塔婆と遺骸と土壙墓

延文五（一三六〇）年に示寂した円覚寺住持可允や、応永五（一三九八）年に示寂した前天龍寺住持周己などの葬送の記録をみると、「葬す」ではなく「塔す」という語が使われており、葬ることは塔を立てて祀ることと一連の行為として認識されていた(11)。十四世紀中葉から造墓、造塔までを含めて、特定階層や高僧において「葬送」の認識があったことが指摘されている(12)。しかし、各地の庶民、農民層とされる中世墓には銭貨などの副葬品を確認できる例は多いが、荼毘跡や石塔が供伴している例はまれである。つまり、造墓と造塔は別物で、造墓は副葬品も入れる通り葬送の儀式として考えられ、石塔造立は追善供養であったと考えたい。土壙墓と石塔が同じエリアに確認できる場合、葬送と供養の場が同じであり、石塔と火葬骨、骨蔵器とが共伴関係を持つ場は、葬送はすでに火葬という遺骸処理により完了しており、礼拝や祀るために造営された「供養の場」と考えられる。火葬骨の一部を埋納することは、屍と霊を分離させ、霊魂を骨に寄せ、遺骸処理の地から死霊の礼拝、供養の祭場へ移す意識を示しているものと考えられないであろうか。つまり遺骸への意識はなく、骨を霊の拠代として埋置し、石塔は「供給資養」するための三昧形であろう。石塔は、親族、一族、第三者に対しても礼拝の対象物へと変わり、烈祖聖霊の供養の表象に変化する。経典埋納碑＝経碑などは、経典埋納を行なった儀式、儀礼の時点では埋納を示す碑であるが、造立の場面では遺骸の場合と同様、礼拝、崇敬など作善行、功徳行への結縁の意が生じ、その時点で経碑は結縁を前提とした供養の表象として造立された塔といえよう。

五　高僧の墳墓と石塔と霊廟

『高野山奥院興廃記』には「仁明天皇御宇承和二年三月廿一日寅時結跏趺坐大日定印奄然入定……畳石壇例入可出入之許其上仰石匠安置五輪卒塔婆入種々梵本陀羅尼其上更亦建立宝塔安置仏舎利」と記されている。空海の入滅後遺

骸は、石室に納め、その上に五輪卒塔婆を置き、さらにその上に宝塔を建て中に仏舎利を安置したことが記されている。つまり、墳墓の上部に礼拝の廟を造り、仏を供養し、死者である弘法大師を廻向し礼拝するという廟と廟墓が一体となった形式の建物であったことが指摘されている。

このような礼拝構造を有する墓は、高僧を中心とした階層に広まった。そして、宗派や教義の違いは、塔形、礼拝殿の構造の違いによって表現されたものと思われる。

一方、以上のような礼拝構造は、戦国期から近世期に、藩祖を祀る建築へと系統するようである。元和三（一六一七）年完成の久能山東照宮（家康廟）、同年日光東照宮、承応元（一六五二）年日光大猷院殿霊廟（家光廟）、増上寺台徳院霊廟（秀忠廟）などがあり注意しておきたい。

六　近世墓標と石材流通

畿内淀川、木津川流域の特定型式の墓標の凌駕と在地産でない和泉石の墓標加工の普及が期を一にすることから、流通体制の整備により和泉石の普及を促したことが指摘されている[13]。従来の研究では木津惣墓における同型式の墓標の変遷を追う坪井良平の方法論に終始してしまいがちであった。近年は先に示したように石材との関連に着目し、寺請制度、海運など流通の背景も考える方向性が伺える。注意すべきは、和泉石が珍重された理由として石材の色が挙げられているが、運搬の重量問題、加工技術など複数の理由により選ばれたのであろう。石塔造立において、石工（工人）の選定は、造立者にあったという想定がなされているが、むしろ型式と石材の斉一制が認められるならば、管理する側の寺と石工との密接な関係も推定できよう。寺と石工（工人）、あるいは問屋が一体となった寺を中心とした墓石製作に係わる地域ネットワークが完成されていたからこそ、大量の同一型式と同一の石材が普及したのではないか。これは畿内ということに限らず、江戸における石材の流通についても、今後のさらなる研究に期待したい。最近の石材流通の新しい視点は港と丁石場との関係や、地方から江戸に荷を持ち込んだ船が帰りに多くの物資を積んで帰る点に着目してみると、地方に江戸の石材が持ち込まれている類例などもいくつか指摘されている。(14)伊豆半島東岸と関東の港については綿貫友子氏によって文献を中心に詳しく考察されている。実際に愛知県幡豆郡花岳寺などには安山岩製光背型の墓標を確認することが出来るので、新たな視点で流通品と地方との関連を見直す必要がありそうである。知多半島南端に位置する幡豆崎などは伊勢湾岸海運においても最重要地点と指摘されていること(15)と、江戸に見られる型式の墓標があることも海運を裏づける。実際には、波不知船などの小型船の存在も注意すべきである。

七　今後の石造塔婆研究の視点

石造塔婆研究は、川勝政太郎の『石造美術』（一九三九年）、田岡香逸の『石造美術概説』（一九六八年）を基礎として展開してきた。近年の研究は「石造美術」には留まらず、仏教考古学の研究対象として「モノ」研究が進められており、地域的な研究やその中で見出された特徴ある塔形式の変遷と分布研究（原田昭一・松井一明など）が盛行している。また、分布論を展開する中で、工人問題、石材の種別の問題など考古学的な方法論の手続きのもと広まっている。また、特定塔形としては吉河功が『庭研』（一九九六年）に連載した「宝篋印塔の成立考」(16)の中で中国宝篋印塔の存在を明らかにした意義は大きく、これを発展させた山川均、岡本智子の中国塔意匠将来についての詳細な論考は汎アジア的な視点と、日本仏教との関連についても論及した点が新たな視点といえよう。さらに、塔婆と葬送に関する研究が大きく進展している。「ココロ」、「霊」と塔婆との係わりを研究する前提としては、詳細な遺物に対する分析が必要不可欠である。板碑の製作技法では三宅宗議・磯野治司ら(17)の一連の研究により僧侶と工人の抽出という造顕に係わる問題をも明らかにされつつあり、板碑だけでなく塔婆への基本的な捉え方が示された論考として重要である。銘文から「ココロ」、「霊」を捉えた新しい論考として小林義孝の「五輪石塔の造立目的」(18)がある。石塔に示された「霊」、「為」の表記や銘文の記載型式に改めて着目し、供養塔と墓碑的な石塔との位置づけを示している。また菊地大樹のように日本仏教史研究の立場から見た考古学遺物の解釈(19)は、新しい有益な視点といえる。持経者と遺物と儀礼の関係も明快に指摘されており、塔婆の中世仏教史における位置づけの方法論が示された論考として重視したい。このほか、思想史と仏教史的な観点から中世の石塔と「霊場」を捉えた論考として佐藤弘夫、入間田宣夫の一連の研究に着目したい。特に佐藤弘夫『霊場の思想』（二〇〇三年）では思想史的な観点から「垂迹」ということがキーワードとして説かれ、霊場の成立、展開、石塔造立や納骨信仰における塔婆の位置づけなども示されている。また、祖師信仰との関連や死生観からみた骨の問題などの捉え方は、五来重、堀一郎らの研究を重視したい。文献研究では、細川涼一、勝田至、水藤真による葬送に関する著作が基本的であり、フィールドにおける検出状況と、葬礼の記述の比較など重要な視点を示している。現状における石造塔婆の研究動向は当然のように、仏教史や思想史的な視線が必要不可欠となっている。このことは坂詰秀一が「宗教考古学の模索」の中で指摘している通りであり、漸く学際的な研究へと進み出したといえる。

註

（1）水藤　真『中世の葬送・墓制』吉川弘文館、一九九一年
（2）坂詰秀一「宗教考古学の模索」（『歴史と宗教の考古学』吉川弘文館、二〇〇〇年）
（3）宮城県教育委員会『海蔵庵板碑群』一九九九年
（4）佐藤弘夫・千々和到『争点　日本の歴史』第四巻中世編、新人物往来社、一九九八年
（5）藤井正雄『祖先祭祀の儀礼構造と民俗』弘文堂、一九九三年
（6）註（1）と同じ
（7）黒田日出男「『表象』としての空也と一遍―五味文彦『絵巻の視点』批判―」（『思想』五、一九九四年）
（8）五来　重「踊念仏と念仏踊へ」（『国語と国文学』四三巻一〇号、一九六六年）
（9）石川　博『中世遊行聖の図像学』岩田書院、一九九九年

(10) 註(1)と同じ
(11) 木村隆徳「日本人の死生観と仏教」(『東アジア仏教―その成立と展開』春秋社、二〇〇二年)
(12) 桃崎祐輔「高僧の墓所と石塔」(狭川真一編『墓と葬送の中世』二〇〇七年)
(13) 朽木　量『墓標の民族学・考古学』慶應義塾大学出版会、二〇〇四年
(14) 綿貫友子『中世東国の太平洋海運』東京大学出版会、一九九八年
(15) 綿貫友子「尾張参河と中世海運」(日本福祉大学知多半島総合研究所『知多半島の歴史と現在』No.５、一九九三年)
(16) 吉河　功「宝篋印塔の成立考」(『石造宝篋印塔の源流』二〇〇〇年)
(17) 磯野治司「初発期板碑の種子類型」(『埼玉考古』三九、二〇〇四年)
(18) 小林義孝「五輪石塔の造立目的」(『帝京大学山梨文化財研究所研究報告』第一〇号、二〇〇二年)
(19) 菊地大樹『中世仏教の原形と展開』吉川弘文館、二〇〇七年

第二節　宗教考古学研究の成果と視座

(1) 石塔への視座

近世宗教考古学研究と題して、特に第一章では考古学的な型式学的方法により同型式の石塔の偏在性に着目し、クロノロジカルに位置づけを行なった。そして偏在性は、曹洞宗という特定宗派による教線の拡張と密接に係わっていることを示した。石塔を捉える場合としてこれまではどうしても「墓」、「供養塔」という見方だけで遺物を捉えてきた感がある。オーソドックスと言うか、基本としてまずは、「墓」、「供養塔」という観点から捉える必要があるが、今後は、分布論的な視点と、いわゆるトーテミズム的な視点も取り入れるべきであろう。トーテミズムの考え方は簡単に言い換えることは乱暴であるが、「トーテミズム」は長く「未開性」の象徴としてみなされてきたが、人類学で社会を概念化する枠組みとして注目されてきたカテゴリーの思考がトーテミズムの理論であり、「社会構造」を端的に示す手段としては「象徴」を捉えることで、社会構造の中の「固体」を捉えられることに結びついてくるとされている。このような考え方がレヴィ・ストロースが示した「構造分析」であろう。「構造」の概念は「差異」と「同一性」によって成り立っていることが指摘されており、両者を区分することが出来たときに初めて社会構造が明白となる。考古学に置き換えてみると、石塔の存在自体が極めてシンボリックであるということを忘れてはならないと思う。つまり、内面に存在するココロを形に変えたものが「塔」であり、その「塔」を造立する目的が様々に考えられるということであろう。このココロの部分に宗教的な一面を読み取ることが出来よう。

戦国期の石塔は、前代に爆発的な伝播があった板碑の消長と対照的な関係にあると言える。板碑は素材である緑泥片岩の産地が身近であったことに端を発して濃い分布状況があるが、その他に宗派が教線拡大をする関連を強く示していたのであろう。「同一性と差異」を示すために型式学的に塔を捉えることで時間軸と平面的な分布の視点に立って、周辺地域における意味づけを考えることが重要と思われる。一般的な見方としていわゆる「虎」、「蛇」などの認識が塔形式であり型式でもあった。「虎の石塔＝華飾ある戦国期の宝篋印塔」の存在の意味は、「蛇の石塔＝石幢」を同時に捉えることで、地域の社会構造を明らかにでき、宗教的な意味も抽出できたといえる。

シンボリックという点では、第二章で示した近世日蓮宗と養珠院という特別な篤信者に係わる石塔が主要な日蓮宗寺院に造立されていることに注目した。その結果、造立には特定な導師が存在しており、この導師の宗教活動が政治と密接に繋がることを明らかにした。石塔造立という意味を一元的に信仰だけで捉えがちであるが、その背景は信仰以外に特定な宗教者や政治の思惑が反映された結果として「塔」という形に具現化されていることを明らかにした。

石塔を宗教考古学の方法論で扱うということを考えてみると、石造物の研究は、かつて天沼俊一の指導のもと、川勝政太郎が示した「石造美術」としての方向性から、主観的な美意識だけによる研究へ向かうこともあったが、川勝によってあらためて型式学的な分類を基礎とした「石材工芸史」の視点が示されたことや、その影響を受けた田岡香逸の『石造美術概説』、小野勝年『石造美術』などによって敷衍され方向修整しつつある。また、近年では精緻な実測図による比較編年や、石材、石工への関心が高まりつつあり喜ぶべき方向と言える。しかし、そこで終わることなく、それらの結果を基礎として次の新しい視点として「宗教」、「信仰」を捉えることを視野にいれて「モノ」から石塔造立の意味を考えてみたものである。

(2)　葬送への視座

第二章の重要な視座は、発掘調査で得られた資料から必要とする情報をどのようにして得て、それをどのように解釈するかを実践的に試みた。最初に葬制の違いに着目し、背景には歴史的な伝統の継承による選択や、創唱宗教特有の宗祖との結縁という特殊な信仰事情における葬制の選択が行なわれたことを明らかにした。

続いて、発掘調査で得られた情報から、葬送の復元を試みている。復元には、文献の参照や絵画史料などの情報からの考察と復元を行なった。そのほか、大名家の祖墓における平面的な構造に着目した。特に、墓を意識構造体と捉えて構造体内の配置に着目したことで、墓は被葬者だけの依代ではなく、霊魂に拝謁するための家臣も含めた第三者までを意識した空間（霊廟）として造られているものがあることを示した。埋葬された被葬者の霊魂は、宗教や政治と密接に関連して、あるものは神格化されることもあったことも示した。

(3) 礫石経の考古学的研究

礫石経研究における新たな視点は、礫石経の淵源は、紙本の経典を墓あるいは墓の近辺に埋納することに発しており、骨蔵器に伴う例が最も初期的な例といえることを示した。このような墓制の系譜の中で埋納された礫石経の流れとは別な系譜として、様々な宗教儀礼の中で埋納されたものが存在し、仏教儀礼以外の場面でも埋納された例があることも指摘した。

(4) 聖の活動

中世末期における聖の宗教活動について、埋納された経筒と霊場・霊地への奉納経筒に視点を当てることで、民衆を勧化する姿を浮かび上がらせた。また、遺物では奉納経筒の大きさに着目して既製品的な仕様があることを指摘した。既製品化された背景には、聖が考案した回国のシステムの仕様の変化があることを指摘した。中世末期の経筒の埋納あるいは奉納は、施主の信仰的面を物語っているが、施主の信仰についての情報のほかに、民衆を勧化するために商品開発によって考案を積極的に行なった道具の一つであったことを明らかにした。つまり、聖側の事情・情報なども内包されていたことを示した。

以上のような近世を中心とした「石造塔婆」、「葬送」、「礫石経」、「経筒」の象徴的な面を取り上げることで、宗教考古学の有効性と可能性、そして今後の方向性を抽出できたと思う。

宗教を考古学することは、人間の生を考古学することであり、すべて「生きとし生けるもの」が主役であり、人間の行為の復元とそこから導き出される背景の考察こそ、歴史の復元であり叙述することであると言えよう。

あとがき

本書は一九九八年坂詰秀一博士の還暦記念論文集に寄稿するために纏めた「下野における五輪塔考」に端を発している。この論考は、学部時代に考古学専攻生ということだけで、自分の郷里の『壬生町史』の編纂の仕事を手伝わせていただくことがきっかけで最初に卒論で纏めたものであった。『壬生町史』への参加は、大学の大先輩でもあり、私を考古学の道に引き込んだ張本人である中山晋先輩からお誘いを受けてのことであった。現地調査では板碑の研究で著名な千々和到先生が先頭に立ち、拓本の採り方や銘文の記録の仕方など野外調査を指導していただいたことは記憶にまだ新しい。これらの諸先生方との応接が今日の石造物に接している自分自身を築いてくださったものと思っている。

しかし、卒業論文以来大学院では、瓦に興味を持ち仏教考古学とは何かを、坂詰秀一博士から薫陶を受けた。そして、坂詰先生のお計らいにより東京国立博物館の考古課での資料整理の嘱託になることができ、当時有史課の部屋の関秀夫先生の元で数年学ぶこととなった。関先生は、ご承知のとおり、三宅敏之先生に経塚を学び、ご自身でも多くの大著を纏められている。関先生のもとでは、「関東とその経塚」の特別展準備のための資料整理をお手伝いし、その中で中世後半に活躍する六十六部聖関連の遺物に間近かに接することができ、授業でしか学べなかった石田茂作先生が構築された仏教考古学の一端に接するような思いであったことを思い出す。このとき、特に「太田南八幡神社奉納の経筒」と関東の六十六部聖関連の経筒の比較ができ、規格性が高いことに大きな興味を覚え『ＭＵＳＥＵＭ』の執筆の機会を与えていただいた。

その後、大学院博士後期過程に戻り、改めて坂詰先生のもとで仏教考古学の講義を拝聴することとなった。二〇〇六年、惜しまれながら病気により亡くなった上野恵司君と、芦屋に戻られた山川公見子君とは同期の入学であった。終了後お互いに、論文を纏めなければならないことを漸く意識し始めた時に、上野君は帰らぬ人となってしまった。

この間に坂詰先生からは何度か論文を纏めるようにとのご指導をいただきながら、長く放っておいたのは事実である。

二〇〇七年冬、改めて坂詰先生からこれまでの成果を纏めるようにお話を頂いた。博士後期課程を中退して以来、二〇〇四年から池上本門寺および国土安穏寺、永寿院で近世大名家関係の墓所調査に携われる機会に恵まれ、旗本格の狩野家の墓所調査を含めると八基の墓所を調査した。発掘調査の成果は葬送儀礼に直接係わる重要な知見も数多く得られていた。これらの成果は発掘調査報告書として逐次纏めていたが、多くが事実報告であり、考察を深めるまでには至っていないものばかりであった。そこで本書のために改めて若干考察を行なったものである。纏めるに際してキーワードとして、「宗教」、「信仰」、「儀礼」「葬送」、「経済」、「政治」などの語彙が考えられた。信仰や宗教は、とかく前向きな信者を取り上げることが多かったと思う。本書では、被葬者や、被葬者を見送る人物、宗教指導者と政治の係わりなど、辻善之助博士が、近世仏教を堕落仏教と称したが、ここではあえて信仰を司った人々の生き様を、考古の遺物や出土品、石造塔婆などから考察することで、これら宗教指導者たちの考古学的な位置づけが行なえれば、勧化された民衆との関係も浮かび上がらせることができるものと考えたのである。「ココロ」という観念を考古学で扱うことは非常に難しいことであり、これまでの考察では全くこれを果たせていない。近年の研究では「垂迹」という概念と板碑を結びつけた方法論も重要であると考える。方法論も含めて近世の社会構造を宗教的な側面から改めて考察することを今後の課題としたい。

最後になりましたが本書を纏めるにあたり、坂詰秀一先生には大きな機会を与えていただき、また日頃から多方面にわたっての御指導を賜り感謝の意を言葉では表せないほどである。そして身に余る学恩を成果として示せないのが非常につらいことです。今回与えていただいた機会を生かせるよう今後さらに励みたいと思います。

末筆になりましたが、本書の編集におきまして雄山閣の編集長宮島了誠氏には大変お世話になりました。記して感謝を示したいと思います。

二〇〇九年四月

松原典明

初出論文一覧

序章　新稿

第一章第一節「同型式石塔から見た宗教事情」は、「戦国期の同型式石造物からみた宗教事情—特に北武蔵を中心として—」を改題・加筆（坂詰秀一先生古稀記念論文集『考古学の諸相』Ⅱ、二〇〇六年）。

第二節「石塔から見た近世初期日蓮宗における造塔事情」は、『石造文化財』二、二〇〇六年。

第三節「近世塔婆の地域的な研究視点」の第一項「伊豆国における中近世石造塔婆造立の事情」は、「石塔から見た中・近世の伊東」（伊東市史調査報告書第二集『伊東市史の石造文化財』二〇〇五年）。

第二項「近世下野における石造塔婆造立考」は、「下野五輪塔考」（坂詰秀一先生還暦記念論文集『考古学の諸相』Ⅰ、一九九六年）を改題。

第二章「近世葬制の諸問題」の第一節「墓所の構造とその背景」は、永寿院『芳心院殿妙英日春大姉墓所の調査』（二〇〇九年）に加筆。

第二節「大名家女性の葬制」は、池上本門寺『近世大名家墓所の調査』（二〇〇三年）、永寿院『芳心院殿妙英日春大姉墓所の調査』（二〇〇九年）の考察に加筆。

第三節「近世後期葬送儀礼の考古学的研究」は、天下長久山國土安穏寺『貞龍院殿妙経日敬大姉墓所の調査』二〇〇八年に加筆。

第四節「副葬品の復元と考古学的研究」は、池上本門寺『奥絵師狩野家墓所の調査』（二〇〇五年）に加筆。

第五節「近世寺院と鋳物師」は、永寿院『芳心院殿日春妙英大姉墓所の調査』（二〇〇九年）に加筆。

第三章「礫石経の考古学的研究」第一節「礫石経研究の回顧」、第二節「礫石経研究の背景」は新稿。

第三節「礫石経の諸相」は、「礫石経研究序説」（『考古学論究』第三号、一九九四年）に加筆。

第四節「葬送と礫石経」は、「経典埋納と墳墓」（『立正史学』第七八号、一九九五年）に加筆。

第四章「聖と経済」の第一節「六十六部聖と経典埋納」は新稿。

第二節「奉納経筒から見た信仰と経済」は、「六十六部聖の奉納経筒にみる規格性について―太田南八幡宮奉納経筒を中心として―」(『MUSEUM』第四六〇号、一九八九年)に加筆。

結　章「近世宗教考古学の課題と展望」の第一節「宗教考古学と石造塔婆研究の現状と課題」は新稿。

第二節「宗教考古学研究の成果と視座」は新稿。

挿図出典一覧

口絵1　著者撮影

口絵2　青銅製骨蔵器は不変山永寿院所蔵

口絵3―1　國土安穏寺所蔵

口絵3―2　東京都立中央図書館木子文庫所蔵

口絵4―1・2　池上本門寺所蔵

第一章第一節

図1　埼玉県教育委員会『埼玉県中世石造遺物調査報告書』Ⅱ図版編(一九九八年)と群馬県史編纂委員会『群馬県史』資料編八(一九八八年)

図2　実査

図3　埼玉県教育委員会『埼玉県中世石造遺物調査報告書』Ⅱ図版編(一九九八年)と群馬県史編纂委員会『群馬県史』資料編八(一九八八年)

図4　埼玉県教育委員会『埼玉県中世石造遺物調査報告書』Ⅱ図版編(一九九八年)と群馬県史編纂委員会『群馬県史』資料編八(一九八八年)

図5　実査
図6　アルプス社地図使用
図7・図8　著者作図
図9・10　実査
図11　二尊院墓所実査
図12　鈴木　武「兵庫県の一石五輪塔」（『日引』第九号、二〇〇七年）

第一章第二節
図1　池上本門寺『近世大名家墓所の調査』（二〇〇三年）
図2　実査
図3　大田区教育委員会
図4〜11　実査

第一章第三節第一項
図1　伊東市史調査報告書第二集『伊東市史の石造文化財』二〇〇五年
図2　本間岳人「駿河国中世石塔集録」（『石造文化財』二、二〇〇六年）
図3・4　埼玉県教育委員会『埼玉県中世石造遺物調査報告書』Ⅱ図版編（一九九八年）
図5・6　伊東市史調査報告書第二集『伊東市史の石造文化財』二〇〇五年
図7　「湯河原城願寺土肥一族石塔群の調査」（『石造文化財』一、二〇〇一年）
図8　伊東市史調査報告書第二集『伊東市史の石造文化財』二〇〇五年
図9　実査
図10・11　伊東市史調査報告書第二集『伊東市史の石造文化財』二〇〇五年と一部実査

第一章第三節第二項

図1〜5　実査、図4　壺の図は、壬生町史編纂室『壬生町史』資料編原始古代・中世編（一九八七年）

第二章第一節

図1・3・4　瑞鳳殿『伊達家の墓とその生涯』二〇〇〇年

図2　実査

図5　永寿院『芳心院殿日春妙英大姉墓所の調査』二〇〇九年

図6　金沢市『野田山墓地』二〇〇三年

第二章第二節

図1・2・4・6　池上本門寺『近世大名家墓所の調査』二〇〇三年

図5　永寿院『芳心院殿日春妙英大姉墓所の調査』二〇〇九年

図7　鈴木　尚・矢島恭介・山辺知之『増上寺徳川将軍墓とその遺品・遺骨』東京大学出版会、一九六七年

図8・9・10　金沢市都市政策部国際文化局文化財保護課『金沢久昌寺遺跡』二〇〇六年

図11　大正新修大蔵経八一巻

第二章第三節

図1〜4　天下長久山國土安穏寺『貞龍院殿妙経日敬大姉墓所の調査』二〇〇八年

図5　東京都図書館木子文庫所蔵

図6・7　國學院大學日本文化研究所「吉田流葬祭」（『神葬祭資料集成』一九九六年）

図8　金沢市都市政策部国際文化局文化財保護課『金沢久昌寺遺跡』二〇〇六年

図9　東京・池上本門寺所蔵

図10　京都・本圀寺所蔵『日蓮聖人註画讃』

図11　滋賀・聖衆来迎寺所蔵『模本「六道絵」』

第二章第四節
図1〜6　池上本門寺『奥絵師狩野家墓所の調査』二〇〇五年
図7　出光美術館所蔵『過去現在　絵因果経』（奈良時代・八世紀—重要文化財　紙本着色墨書一巻）
図8　京都・妙法院蔵「三十三間堂雷神像」
図9　板橋区立美術館蔵
図10　承久寺本北野天満宮所蔵「北野天神絵巻」とメロポリタン美術館蔵「北野天神絵巻」

第二章第五節
図1・2　池上本門寺

第三章第三節
図1　著者作図
図2　財団法人香取郡市文化財センター『千葉県香取郡大栄町かのへ塚・寺ノ上遺跡』一九九一年
図3　「南館遺跡」（『東北新幹線関係文化財調査報告書Ⅵ』岩手県教育委員会、一九八〇年）
図4　埼玉県飯能市教育委員会『宝蔵寺経塚調査報告書』一九八七年
図5・6・7　水沢市教育委員会『水沢遺跡群範囲確認調査　平成十三年度発掘調査概報　正法寺』二〇〇二年
図8　有富由紀子「妙法寺祖師堂床下の経塚」（『杉並区立郷土博物館研究紀要』第八号、二〇〇〇年）
図9　茨城県協和町教育委員会『町指定文化財（建造物）宝篋印塔移設調査概報』一九八七年
図10　龍正院『千葉県指定有形文化財　龍正院銅造宝篋印塔保存修理工事報告書』一九九二年
図11・12　稲城市教育委員会『稲城市平尾原経塚発掘調査報告書』一九七八年
図13・14・17・18　菅原正明「和歌浦の妹背山多宝塔」（和歌山県立博物館『研究紀要』第六号、二〇〇一年）
菅原正明『久遠の祈り　紀伊国神々の考古学②』清文堂、二〇〇二年

図15・16　実査
図19　富士宮市教育委員会『駿州富士郡二股村石経塚』一九八七年
図20　大田区教育委員会『大田区の近世経塚』（大田区の埋蔵文化財第一三集、一九九〇年）
図21・22　山梨県立考古博物館『第十一回特別展図録　山梨の経塚』一九九三年

第三章第四節

図1　（財）文化財建造物保存協会『重要文化財　慈光寺開山塔修理工事報告書』一九七六年
図2　新善光寺跡内やぐら発掘調査団『新善光寺跡内やぐら発掘調査報告書』一九八八年
図3　東松山市教育委員会『光福寺宝篋印塔』一九八〇年
図4　新善光寺跡内やぐら発掘調査団『新善光寺跡内やぐら発掘調査報告書』一九八八年
図5・6　太宰府市教育委員会『横岳遺跡　遺構編』一九九九年
図7　大町市教育委員会『長野県大町市遺跡詳細分布報告書　大町の遺跡』一九八八年
図8　名取市教育委員会『大門山遺跡発掘調査報告書』一九八八年
図9　鈴木　尚・矢島恭介・山辺知行編『増上寺徳川将軍家と遺品・遺体』東京大学出版会、一九六七年

第四章第一節

図1・2　東京国立博物館所蔵
図3　著者作図
図4　大津市園城寺所蔵
図5　東京国立博物館所蔵

第四章第二節

図1〜3　島根県教育委員会『島根県埋蔵文化財調査報告書』第一集、一九六八年
図4〜9は次の文献をもとにグラフ化

島根県教育委員会『島根県埋蔵文化財調査報告書』第三集、一九七七年
近藤　正「島根県下の経筒について」(『山陰古文化の研究』一九七八年)

結章
図1　宮城県教育委員会『海蔵庵板碑群』一九九九年
図2　著者撮影

【著者略歴】
松原典明（まつばら・のりあき）
1960年　京都府に生まれる
立正大学大学院文学研究科（史学専攻）博士後期課程単位取得
経　歴　現在　石造文化財研究所
著　者　『板碑の総合研究』2地域編（共著、1983年、柏書房）
『歴史考古学の問題点』（共著、1995年、近藤出版）
『仏教考古学辞典』（共著、2003年、雄山閣）
『石造文化財』2（共著、2006年、雄山閣）

近世宗教考古学《きんせいしゅうきょうこうこがく》の研究《けんきゅう》

2009年5月20日　印刷
2009年5月25日　発行

著者　松原典明
発行者　宮田哲男
発行所　株式会社　雄山閣
〒102-0071　東京都千代田区富士見2-6-9
振替　00130-5-1685　電話　03-3262-3231
FAX　03-3262-6938
組版　㈲創生社
印刷　東洋経済印刷㈱
製本　協栄製本㈱

ISBN 978-4-639-02086-8　C3021